KB127119

Sports Biomechanics

운동역학

이 성 철 저

dcb

머 리 말

학생들에게 운동역학을 가르치면서 항상 미안하고 안타까운 마음을 금할 수 없었다. 운동역학이라는 과목이 어렵다는 얘기를 너무 많이 들어 왔기 때문이다. 운동역학의 많은 부분들이 수학 및 물리의 내용들을 기초로 구성되어 있다. 그러나 현실적으로 고등학교에서 인문 계열 학생들은 수학이나 물리 등 과학과목을 제대로 이수 하지 않고 대학에 진학하는 학생들이 상당수 있으며 반면에 그런 과목들을 이수하였다 하더라도 체육 계열에 진학하는 학생들은 비교적 그런 과목들을 소홀히 여기는 경향이 있는 것도 사실이다. 그러므로 부족한 기초로 인해 운동역학을 어렵고 지루하게 여기는 것이 당연할 수도 있다. 대학에 따라 다르겠지만 체육관련 학과에 진학하여 교양과목이나 기초과목으로 수학이나 물리 과목을 이수하지 않기 때문에 그런 문제는 해결되지 않고 있다.

매우 흥미롭고 필요한 과목인 운동역학을 많은 학생들이 기피하는 것에 대해 운동역학을 가르치는 사람들 중의 한사람으로서 책임을 느끼면서 책을 집필하게 되었다. 이 책에서는 운동역학의 근간을 이루고 있는 과학적 원리를 통한 개념들을 좀 더 자세히 설명하려고 노력하였다. 가능하면 공식들을 그냥 나열하지 않고 그 공식이 나오게 된 과정을 유도하여 근본적으로 이해할 수 있도록 하였다. 학생이 이 책을 스스로 공부해도 깨우칠 수 있기를 바라는 마음에서 출발한 것이다.

물리학의 역학적 개념과 원리의 충분한 이해를 통해서만 여러 스포츠 동작 및 인체 동작의 역학적 원리를 알 수 있기 때문에 이 책에서는 역학적 원리와 개념에 더욱 초점을 맞추고 있다. 그래서 이 책은 본격적인 운동역학을 공부하는데 필요한 기초적인 내용과 대학의 학부에서 다뤄야할 기본적인 내용을 담고 있다.

이 책을 쓰는 중에도 부족하고 미흡한 부분이 계속 발견되어 수정 보완하였지만 온전히 이루어지지 않아 부끄러운 마음이 들기도 한다. 그럼에도 불구하고 저자는 이 책을 접하는 모든 학생들이 스포츠 과학의 중요한 분야인 운동역학의 매력에 빠져보기를 기원한다.

끝으로 이 책이 나오기 까지 도움을 준 대경북스 민유정 사장님과 직원 분들께 고마움을 전한다. 그리고 세 용들에게도...

2014년 8월

저 자 씀

차 례

제1장 서론-운동역학이란?

제2장 기본용어-동작과 운동형태

제3장 선운동학-직선운동

제4장 선운동학-곡선운동

제5장 선운동역학-힘과 뉴턴의 운동법칙

제6장 선운동역학-충격량과 선운동량

제7장 선운동역학-일과 에너지

제8장 각운동학-회전운동과 원운동

제9장 각운동역학-토크와 무게중심

제10장 각운동역학-각운동량과 회전운동에너지

제11장
평형과 안정성

제12장
유체역학-물과 공기의 저항

1

서론-운동역학이란?

사람은 태어나 4주 정도의 신생아 기간을 보낸 후 유아기 기간에 누워서 스스로 머리를 돌리며 팔다리를 움직이는 등 여러 동작을 하게 된다. 누워서 뒤집기, 혼자 앉기, 엎드려 기기 등을 하다가 스스로 설 수 있게 되면 걷기 동작을 시작하게 되는데 개인차가 있지만 대부분의 아기들은 생후 14~15개월 정도에 걷기 동작이 시작 된다. 걷기 동작은 가르쳐 주지 않아도 혼자 반복적인 연습을 통해 습득하게 되는데 사람마다 특징 있는 걸음걸이의 형태가 이때부터 형성되기 시작한다. 그 이후에 좀 더 복잡해진 동작인 뛰기, 던지기 등의 동작들도 익히게 되고 성장하면서 새로운 동작을 습득함으로 복잡한 동작으로 발전하게 된다. 특히 수영, 스키, 골프, 테니스, 태권도, 기계체조, 무용, 배구, 농구 등의 스포츠 동작들은 누구의 도움 없이도 비슷하게 흉내 낼 수는 있지만 정확한 동작(여기서 정확한 동작이란 보기에 아름답고, 부드럽고, 효율적인 동작임)을 습득하기 위해서는 각 종목의 전문가를 통해 교육 받는 것이 가장 좋은 방법일 것이다.

스포츠 동작을 처음 배우거나 별로 익숙하지 않은 초보자부터, 선수로 활약하고 있는 숙련자에 이르기 까지 동작의 발전과 개선을 이루기 위해서는 지금 현재의 동작에 대한 정확한 분석을 바탕으로 평가가 먼저 이루어져야 한다. 이와 같이 동작의 향상을 위해서는 동작 분석 전문가의 도움을 필요로 한다. 동작에 대한 학습뿐만 아니라 동작을 제대로 가르치기 위해서는 그 동작을 과학적(운동역학적)으로 이해하고 있어야 가능하다. 배우는 사람 입장에서도 동작에 대한 과학적 원리를 이해하게 된다면 한 동작을 습득하는데 시간이 단축될 뿐 아니라 비교적 쉽게 동작을 배울 수 있다.

스포츠 동작을 배울 때 왜 그렇게 해야 하는 지에 대한 과학적 원리를 알고 있다면 보다 쉽게 배울 수 있다. 예를 들어 빨리 달리기 위해서는, 보다 높이 뛰기 위해서는, 골프공을 더 멀리 보내기 위해서는, 축구에서 슈팅시 골문 안으로 정확하게 차기 위해서는, 피겨 스케이팅에서 많은 회전 점프동작을 수행하기 위해서는, 이런 동작 안에 숨어 있는 과학적 원리들을 찾아내고 이해하는 것이 필요하다. 그러나 일선 현장 그리고 다양한 분야에서의 체육 및 스포츠 지도자들은 안타깝게도 잘못된 동작이나 기술을 과학적인 관점에서 진단하고 지도

하는 것이 아닌 지도자의 경험 위주로 지도하는 경우가 종종 있다. 반면에 정확히 가르치고 있으면서도 과학적인 원리를 제대로 파악하지 못해 설명이 부족하거나 단순히 동작을 보여주는 것만으로 대신하는 경우도 있다.

이 책을 읽고 있는 우리는 체육교사, 코치, 트레이너, 사범 등의 체육 관련 지도자이거나 체육 및 스포츠 분야의 전문가가 되기 위한 체육 계열의 학생일 것이다. 혹은 인체의 동작 기술분석에 관심이 있는 직종에 종사하는 사람일 것이다. 훌륭한 자질을 갖춘 체육 및 스포츠 전문가가 되기 위해서는 많은 노력이 필요하다. 특히 스포츠 동작을 지도하기 위해서는 그 동작의 과학적 원리를 명확하게 파악하고 정확한 용어를 사용하여 학생 혹은 선수들이 잘 이해할 수 있도록 지도하여야 한다. 먼저 간단히 얘기하면 인체 동작의 과학적 원리를 밝혀내고 그것을 바탕으로 동작을 발전시키는 학문 분야를 운동역학이라 할 수 있다. 그러면 지금부터 구체적으로 운동역학이란 무엇이며 무엇을 공부하는 것이고 왜 공부해야 하는지를 알아보도록 하자.

1. 생체역학(Biomechanics)이란 ?

생체역학이라는 학문 분야를 처음 접하는 사람들은 이 용어자체가 매우 낯설 것이다. 그러므로 본 장에서는 운동역학(sports biomechanics)을 구성하고 있는 생체역학에 대한 정의, 범위 및 인접 학문 분야에 대해서 먼저 살펴보고자 한다. 생체역학으로 명명되는 Biomechanics는 bio와 mechanics의 합성어이다. bio는 살아있는 생명체를 의미하며 mechanics는 물리학의 한 분야로서 물체의 운동을 설명하고 어떻게 힘이 운동에 관여하는지 등과 관련된 연구를 하는 학문이다. 그러므로 생체역학은 물리학의 한 분야인 역학(mechanics)을 살아있는 생명체에 적용하여 그 생명체의 구조와 기능 및 운동을 연구하는 학문이다. 이런 생체역학은 세부 목적에 따라 여러 분야로 나누어진다. 스포츠 동작을 분석하고 연구하는 운동역학을 비롯해서, 인공 관절 및 인공 분절 등을 연구하는 정형생체역학(orthopedic biomechanics), 자동차 충돌 및 스포츠 상황에서의 충돌 시 발생하는 상해 등을 연구하는 충돌생체역학(impact biomechanics), 작업하는 현장에서 발생할 수 있는 상해 방지, 작업 환경 및 도구의 개선을 연구하는 작업생체역학(occupational biomechanics) 등으로 구분할 수 있다. 사람이 아닌 포유류, 파충류, 곤충, 물고기, 식물 등을 대상으로 연구하는 생체역학도 있다. 이런 생체역학 연구를 통해 실생활에 유용한 여러 로봇 등을 제조하는데 큰 기여를 할 뿐 아니라 영화나 애니메이션 등 여러 엔터테인먼트사업에도 도움을 주고있다.

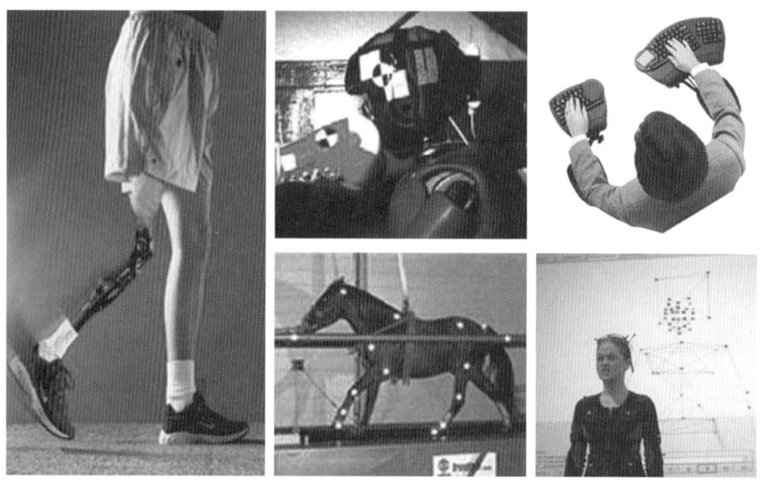

그림 1-1. 다양한 생체역학의 적용분야

2. 운동역학(sports biomechanics)

스포츠와 관련된 생체역학분야를 운동역학 혹은 스포츠 생체역학이라고 한다. 운동역학(sports biomechanics)은 역학(mechanics)을 바탕으로 스포츠 동작을 이해하고 설명하며, 동작 기술을 개선하여 경기력 향상과 상해 예방에 도움을 주는 스포츠과학의 한 분야라 할 수 있다. 더 나아가 일상생활에서 발생하는 동작인 앉기, 서기, 걷기, 계단 오르기와 내리기, 여러 무용 동작 뿐 아니라, 피아노 연주 시 손과 손가락 동작, 바이올린 연주 시 팔의 동작과 같이 스포츠 동작에만 국한하는 것이 아니고 사람의 모든 움직임에 운동역학을 적용하여 연구할 수 있다. 운동역학은 여러 학문분야가 융합하여 탄생한 학문이므로 그 학문분야를 이해하는 것이 필요하다. 그 관련분야들로는 먼저 인체에 관련된 것이므로 해부학, 그리고 물리학, 수학 등을 꼽을 수 있다. 물리학 중에서도 운동역학의 근간을 이루는 분야는 역학이다.

역학은 여러 개의 하부 분야로 이루어져 있다. 즉 강체역학(rigid body mechanics), 변형체역학(deformable body mechanics), 유체역학(fluid mechanics), 상대론적 역학(relativistic mechanics), 그리고 양자역학(quantum mechanics) 등으로 나눠진다. 운동역학에서는 인체의 팔과 다리와 같은 각 분절을 강체(rigid body)로 가정하여, 인체를 관절에 의해 연결된 강체들의 연결체로 간주하기 때문에 앞으로 공부할 내용은 대부분 강체역학에 근거를 둔 것이다. 또한 수영과 같은 수중운동, 스키 점프나 야구공, 골프공과 같이 공기의 저항을 고려하여야 하는 동작들은 유체역학의 원리를 통해 연구된다.

하나의 강체란 야구 방망이와 같이 변형 없이 전체가 같이 움직이는 물체를 일컫는다. 즉, 구부러지거나 늘어나거나 눌려지지 않는 물체를 의미한다. 어느 특정 물체가 강체라면 그 물체에 위치한 특정한 두 점 사이의 거리는 언제나 변화가 없이 일정하다. 실제로 인체분절은 근육과 뼈 등으로 구성되어 있기 때문에 강체와는 달리 늘어나고, 구부러지며, 눌려지는 변형이 가능하다. 그렇지만 그 변형되는 정도가 작기 때문에 하나의 인체 분절을 강체라고 가정하고 인체는 이런 분절들이 서로 연결된 연결체로 가정하여 운동역학에 적용하는 것이다.

그럼 강체역학(rigid body mechanics)에 대해 알아보자. 지금부터 강체역학을 간단히 역학이라 한다. 역학은 두 분야로 나눠 질 수 있다. 첫 번째가 정역학(statics)인데 이는 움직임이 전혀 없거나 일정한 속도(등속)로 움직이는 물체에 관한 연구를 하는 분야다. 실제로 등속 운동하는 경우를 찾아보기 어려우므로 간단히 정역학은 움직임이 없는 상태의 물체에 관한 학문이라고 할 수 있다. 사람의 경우 움직이지 않고 똑바로 서 있으려 해도 눈으로 확인 할 수 없을 만큼 미세하게 조금씩 앞뒤, 좌우로 흔들리기 때문에 움직임이 없는 상태라 할 수 없다. 그러나 이런 미세한 움직임은 없다고 가정하기 때문에 똑바로 서있거나 균형을 잡고 있는 상태, 물구나무서기는 정역학적으로 연구한다. 두 번째가 동역학(dynamics)으로 이는 속도의 변화가 있는 상태의 물체에 관한 학문이다. 다시 말해 항상 가속도가 존재하는 동작을 하는 물체에 관한 연구를 하는 분야다. 정역학과 달리 동역학은 간단히 말해 움직임이 있는 상태의 물체에 관한 연구라고 할 수 있다. 대부분의 스포츠 상황은 동역학적 연구로 이루어진다.

동역학은 다시 운동학(kinematics)과 운동역학(kinetics)으로 세분화 된다. kinetics를 운동역학이라고 번역했기 때문에 우리가 지금 공부하는 운동역학(sports biomechanics)과 혼동될 수 있으므로 주의해야 한다. 그래서 원어를 그대로 사용하는 것이 더욱 이해하는데 도움이 되기 때문에 본 책에서는 원어 그대로 사용하기로 한다. kinematics는 시간과 공간적인 요소를 사용하여 물체의 움직임을 묘사하고 설명하는 것을 다루며, kinetics는 그 운동의 원인이 되는 힘에 관한 것을 다룬다. 흔히 kinetics와 kinematics의 관계를 원인과 결과의 관계라고 하는데, 이는 힘 즉, kinetics의 결과 시간과 공간에서 움직임이 발생하고 이 움직임을 묘사하는 방법이 kinematics이기 때문이다. 여기서의 힘은 생명체에 작용하면 움직임을 유발시킬 뿐만 아니라 건강한 자극이 되어 성장과 발달을 촉진시키고

표 1-1. Kinematics와 Kinetics를 구성하는 물리량

	Kinematics (운동학)	Kinetics (운동역학)
물리량	위치 변위 거리 속도 속력 가속도	힘 역적 모멘트/토크 파워

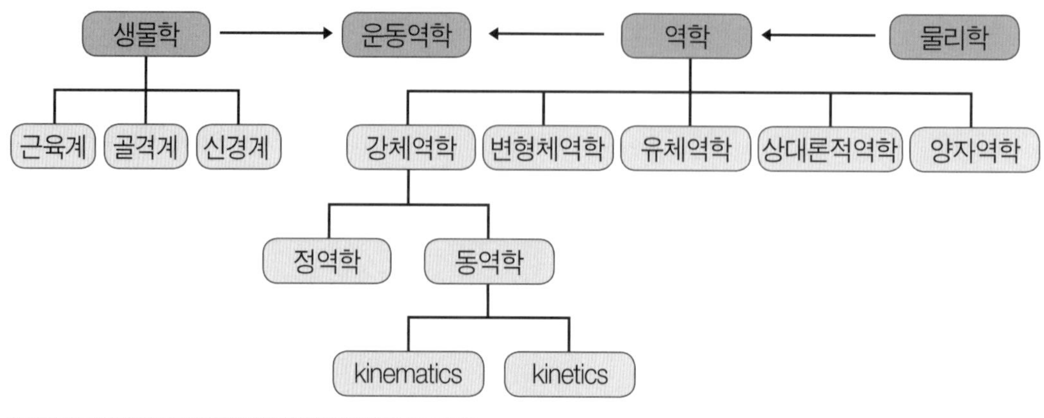

그림 1-2. 운동역학의 구성

과도하게 작용하면 상해를 유발하기도 한다.

사실 대부분의 사람들은 거리, 각도, 속도 등과 같은 kinematic 요소들과 더욱 친근하다. 100m 달리기를 운동역학의 kinematics 관점에서 볼 때, 스타트를 얼마나 빨리 하느냐 그리고 얼마나 빨리 달리느냐에 관심을 갖게 된다. kinetics 관점에서는 스타트할 때 스타팅 블록에 어느 정도의 힘을 가하는지 그리고 발을 딛을 때 지면 반력의 크기와 그로 인해 인체의 관절이 받게 되는 힘의 크기 등에 관심을 갖게 된다.

1) 운동역학의 목적

운동역학의 목적은 크게 경기력 향상과 상해 예방에 있다고 할 수 있다. 실질적으로 경기력에 영향을 끼치는 여러 요소들 중에 신체적 특성, 생리적 능력, 심리적 상태, 그리고 동작 기술의 수준 등이 중요한 요소라 할 수 있다. 스포츠 종목에 따라 수행하는 기술이 가장 중요한 요소가 되기도 하고 기술 보다는 신체적 특성, 생리적 혹은 심리적인 요소가 더욱 중요한 요인이 되기도 한다. 예를 들어 농구나 배구 등과 같은 종목에서는 신체적 특성 즉 키가 매우 중요한 요소다. 마라톤과 같은 장거리 달리기 종목은 동작 기술 즉 주법이 중요한 요소임에는 틀림없으나 생리학적으로 심폐 및 근 지구력을 향상시키는 것이 경기력 향상에 보다 큰 효과를 줄 수도 있다. 반면에 짧은 거리에서의 골프 퍼팅은 심리적인 요소가 매우 크게 작용한다고 할 수 있다. 평상시에는 성공할 수 있는 것도 심리적으로 불안하면 실패할 확률이 매우 높아진다. 그렇기 때문에 경기력의 향상을 위해 생리학적 연구와 심리학적 연구도 필수적이다. 그림 1-4는 지난 100여 년 동안의 남녀 마라톤 기록의 추이를 보여주고 있는데, 운동생리학의 발달로 인해 많은 기록향상을 이뤘음을 알 수 있다.

운동역학적 관점에서 경기력 향상이라는 목적을 달성하기 위해서는 다음과 같은 노력이 필요하다. 첫째로, 동작의 기술을 향상시켜야 한다. 체육교사나 코치들은 학생이나 선수들의 동작 기술을 개선시키기 위해서 알고 있는 역학적 원리를 적용하여야 한다. 그리고 운동역학자들은 새로운 기술이나 더욱 효과적인 기술을 개발하거나 기존에 기술을 더욱 개선, 발전 시켜야 한다. 이렇게 발전된 기술을 실제로 현장에 접목시키기 위해서는 운동역학자와 체육교사, 코치들 간의 교류가 활발히 이루어져야한다. 그러나 무엇보다도 이런 것들이 이루어지기 위해서는 동작 분석이 선행되어야 한다.

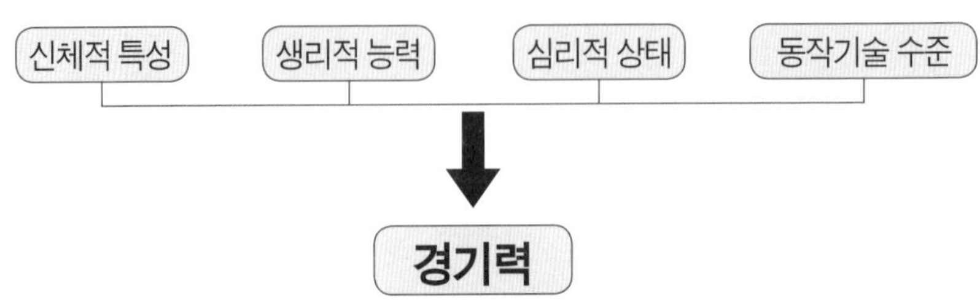

그림 1-3. 경기력의 요인들

동작 분석은 정성분석(qualitative analysis)과 정량분석(quantitative analysis)으로 구분할 수 있다. 정성분석은 동작을 측정하거나 계산하지 않아서 숫자를 사용하지 않고 동작을 분석하고 설명하는 방법이다. 정성 분석을 위해 일반적으로 비디오를 사용하여 동작을 촬영한다. 촬영한 동작을 관찰하여 그 동작의 강점과 약점을 평가 한 후 진단을 내려 동작의 향상을 꾀한다. 요즘은 비디오 대신 스마트 폰이나 태블렛PC를 이용한 동영상을 사용하기도 한다. 정성 분석은 주로 현장이나 운동장에서 코치나 체육지도자들에게 활용된다. 반면에 정량 분석은 여러 기구를 사용하여 동작을 측정하거나 계산하여 얻어진 데이터를 이용하여 동작을 분석하는 방법이다. 정량 분석의 일반적인 진행은 다음과 같다. 먼저 인체의 해부학적 경계점에 그 지점을 알 수 있도록 마커를 부착한 후, 고

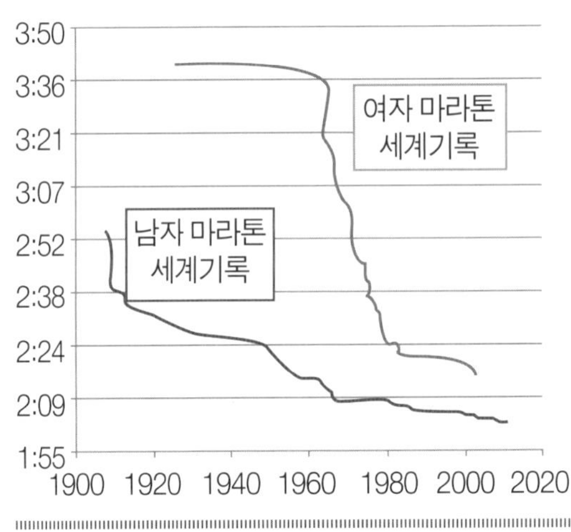

그림 1-4. 남녀 마라톤의 세계기록

속카메라로 동작을 촬영한다. 고속카메라 영상에서 시간에 따라 변하는 마커의 위치를 X, Y의 값으로 전환하는 좌표화 과정을 거쳐 얻은 후, 여러 계산식에 의해 운동역학적 데이터를 얻는다. 여기서 좌표화 과정은 일일이 수작업으로 해야 하므로 번거롭고 많은 시간이 소요되는 문제가 있다. 그러나 과학기술의 혁신과 컴퓨터의 발달로 동작 분석을 위한 장비들이 현격하게 발전되고 성능도 뛰어나 운동역학 분야에 큰 공헌을 하고 있다.

특히 실험실에서 사용하는 동작 캡처 시스템은 지속적으로 발전하여 좌표화 과정이 자동으로 이루어지기 때문에 매우 많은 실험대상자도 짧은 시간 내에 분석이 가능해졌다. 그림 1-5a는 반사마커를 해부학적 경계점에 부착하여 실험실에 배치된 여러 대의 적외선카메라에 의해 동작이 캡처되는 것을 보여 준다.

그림 1-5b는 반사마커의 위치가 자동으로 좌표화 되고, 내장된 컴퓨터 프로그램에 의해 관절 중심의 위치를 계산하여 그 위치들을 연결한 스틱 휘겨(stick figure) 모습의 컴퓨터 영상이다. 이와 같이 현장과 실험실 내에서 캡처된 동작

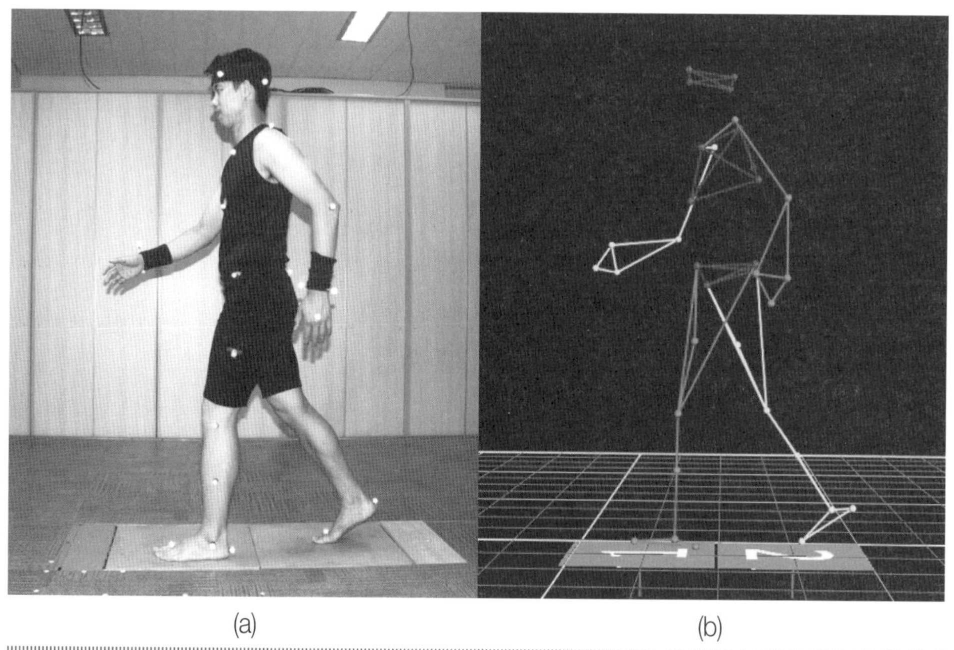

(a) (b)

그림 1-5. 동작분석을 위해 반사마커를 해부학적 경계점에 부착하고(a) 이를 컴퓨터 모델링을 통해 스틱휘겨로 전환한 그림(b)

그림 1-6. 배면뛰기

그림 1-8. 공기저항을 줄이기 위해 효율적으로 발전된 사이클과 헬멧

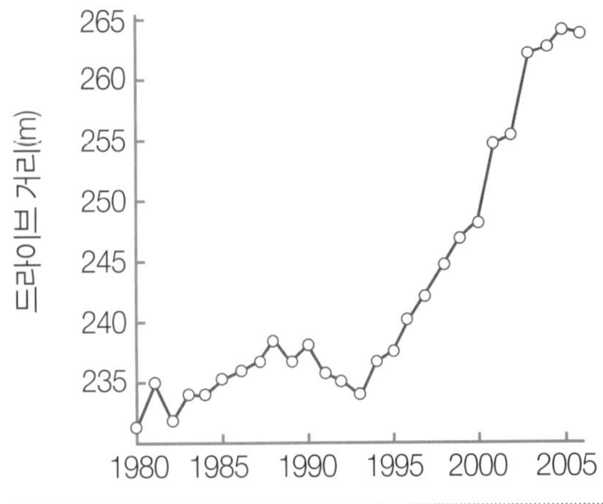

그림 1-9. 골프 드라이브 거리의 증가

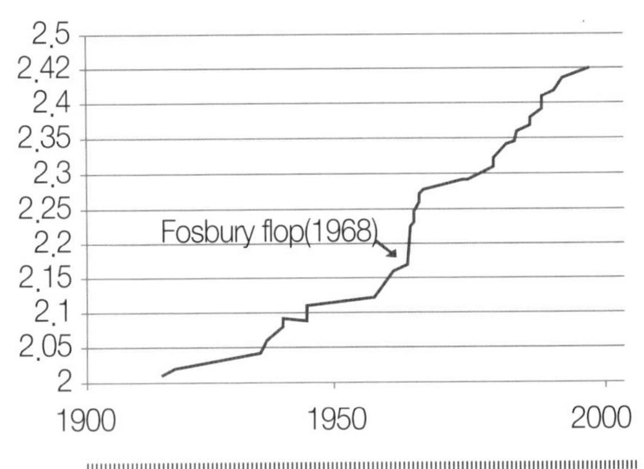

그림 1-7. 남자 높이뛰기 세계기록

이 운동역학 연구자에 의해 분석되는 방법을 정량 분석이라 한다.

동작의 기술이 혁신적으로 발전된 예를 높이뛰기에서 찾아 볼 수 있다. 1968년도에 처음으로 배면뛰기(Fosbury flop)(그림 1-6) 라는 기술이 시도되면서 높이뛰기 기록은 놀랄 만큼 향상되었다.

두 번째로, 경기력의 향상을 위해서는 각 종목에서 사용되는 운동장비의 향상이 수반되어야 한다. 신발과 운동복뿐만 아니라 스키, 스케이트, 테니스, 골프, 자전거(그림 1-8) 등에서 사용되는 기구들은 새로운 재질을 사용하여 더욱 가볍고 효율적인 디자인으로 계속 발전되고 있으며 이를 통해 경기력이 향상 되고 있다. 그림 1-9은 프로 선수들의 골프 드라이버 거리가 증가하는 것을 보여준다. 특히 골프채의 샤프트 및 헤드의 발달과 골프공의 발달로 28% 이상 증가하였다. 스케이트 종목에서 크랩 스케이트(그림 1-10)가 1996년도 이후 본격적으로 사용되면서 기록이 많이 향상되고 있다. 크랩 스케이트(clap skate)는 발목의 운동 범위를 증가시켜 더욱 오랫동안 얼음 면에 힘을 가할 수 있을 뿐 아니라 스케이트 날과 얼음 면과의 접촉 시간도 늘어나 얼음이 녹으면서 마찰력을 줄이는 효과가 발생하여 결과적으로 기록을 단축시킬 수 있는 것이다. 여기서 크랩이라는 용어는 스케이트 날이 떨어졌다 붙었다 하는 것이 박수 치는 모습과 박수 칠 때 발생하는 소리와 같다고 하여 붙여진 이름이라고 한다.

그림 1-10. 크랩 스케이트

그림 1-11. 크랩 스케이트 날이 빙판과 계속 접촉하고 있다

세 번째로, 훈련의 향상이 이루어져야한다. 어떤 기술을 수행하거나 향상된 기술을 시도하기 위해서는 충분한 근력과 이를 조정하는 신경계의 조절 능력이 필요하다(근-신경제어: neuro-muscular control). 그림 1-12과 같은 동작을 성공적으로 하기 위해서는 어떤 근육들이 발달되어야 하는지를 알아야 하고 그 근육들의 근력을 향상시키고 유지하는 훈련을 계속해야 된다. 또한 근육들을 올바로 사용하는 방법에 대한 훈련 또한 필요하다. 운동역학적 분석은 어떤 기술을 수행하는 데 필요하고 중요한 점이 무엇인지 찾아내어 훈련하는 데 도움을 준다. 예컨대 피겨스케이팅의 김연아 선수가 점프 동작을 성공하기 위해서는 공중에 떠있는 시간 동안에 충분히 회전한 다음 착지해야 된다. 그러기 위해서는 무엇보다도 빠른 회전을 필요로 한다. 그림 1-13은 공중 자세에서 양 팔을 몸에 붙이고 다리도 서로 엇갈리도록 붙인 것을 볼 수 있다. 이런 자세는 빠른 회전을 위해 필요하기 때문에 이 자세를 보다 빨리 취해야 되며 회전하는 동안 계속 유지해야 된다. 이 동작에 적합한 상체와 하체 근육 발달 훈련과 지상에

그림 1-12. 근력이 필요한 기계체조 동작

그림 1-13. 피겨스케이팅 점프의 공중자세

그림 1-14. 보호대 착용 후 태권도 시합

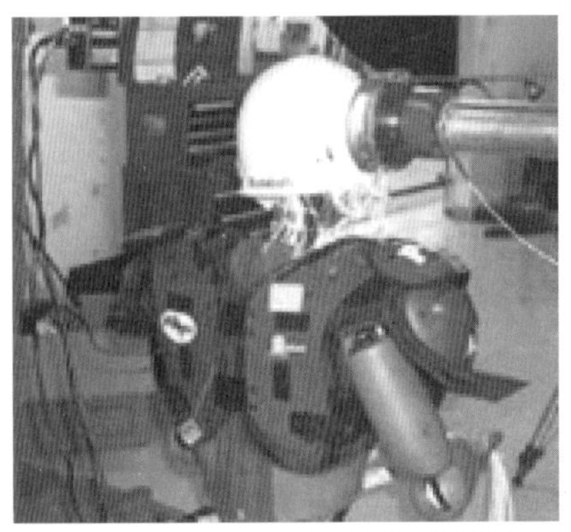

그림 1-15. 미식축구 헬멧의 충격실험

그림 1-16. 충격 완화를 위한 운동화

서의 적합한 훈련이 필요하다. 이와 아울러 착지 시 몸의 자세를 올바로 파악하여 적절히 근력을 활용하여 자세를 유지하는 조정 능력이 동시에 필요하다. 체조의 평균대 운동은 가장 대표적인 근력과 신경계의 조절 능력을 보여주는 운동으로서 이를 위해서는 지속적인 외부 자극에 대한 반응으로 몸의 자세를 유지하는 밸런스 운동과 같은 훈련이 필요하다.

운동역학의 또 다른 목적은 상해 예방에 있다. 인체의 근육, 뼈, 인대, 등 각 조직들의 역학적 특성뿐만 아니라 움직이는 동안 외부로부터 받는 부하 등의 정보를 제공하는 운동역학적 연구를 통해 상해 예방에 도움을 주고 있다. 상해 예방을 위해서는 첫째로, 상해를 줄일 수 있는 동작이나 기술을 개발해야 된다. 외부로부터 받는 부하가 클수록 상해 가능성이 크기 때문에 그 부하를 줄일 수 있는 동작이나 기술을 제시해야 된다. 예컨대 점프 후 착지할 때 충격에 대한 연구를 통해 부하를 줄이는 착지 방법을 찾거나, 남자 선수들에 비해 전방십자인대 부상이 많은 여자 선수들에 대한 운동역학적 연구들을 통해 상해 원인을 밝혀내고, 이를 토대로 상해 방지를 위한 훈련의 개발 등 중요한 정보들을 제공하고 있다. 상해 예방을 위한 두 번째 일은 운동 장비의 개발이다. 운동 장비는 경기력 뿐 아니라 상해에도 직접적으로 관여한다. 예컨대 1980년대 세계적으로 조깅이 유행되면서 많은 사람들의 발목과 무릎의 상해가 증가하였다. 이때부터 신발에 대한 충격 완화를 위한 운동역학적 연구가 활발히 진행되어 상해 예방에 큰 역할을 하고 있다. 태권도 보호대, 머리를 보호하기 위한 헬멧의 발전 등도 상해 예방의 좋은 예라 할 수 있다(그림 1-14).

2

기본용어-동작과 운동형태

1. 해부학적 용어

무릎을 구부린다, 팔 혹은 다리를 올린다, 몸을 숙인다, 등은 실생활에서 사용되는 말들이지만 운동 동작에 적용하기에는 불분명한 말들이다. 특히 팔, 다리를 올린다는 말은 어느 방향으로 올린다는 것인지 매우 모호하기 때문이다. 이런 문제들을 해결하기 위해서 보다 정확하고 통일된 해부학적 용어가 필요하다. 동작을 설명하고, 연구하고, 분석하기 위해 쓰이는 해부학적 용어는 한 동작을 올바르고 통일되게 설명할 수 있도록 도와줄 뿐 아니라 학자들 간 혹은 이 분야에 종사하는 사람들 간의 의견을 교환할 수 있도록 세계적으로 공용되기 때문에 운동역학을 이해하는데 필수적이다. 그러므로 본 책에서는 최신 용어 뿐 아니라 주로 쓰이는 용어 및 원어를 더불어서 소개하고 있다. 하지만 여기서 나오는 용어들은 원어 그대로 습득하여 사용하는 것이 더욱 편리하다.

1) 해부학적 자세

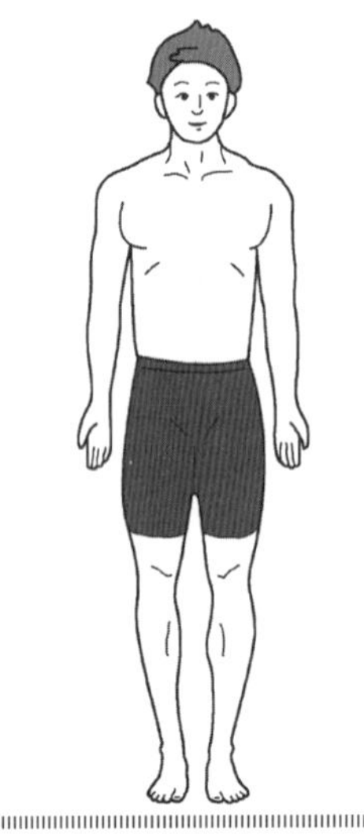

그림 2-1. 해부학적 자세

인체는 움직이기 때문에 인체 분절들의 위치도 계속 바뀐다. 그래서 관절의 움직임이나 각 분절의 위치를 서술하기 위해서는 기본이 되는 자세가 필요한데 이를 해부학적 자세(anatomical position)라 한다. 해부학적 자세는 해부학자들에 의해 오래전에 설정이 되어 지금까지 사용되고 있다. 똑바로 서고, 앞을 보고, 팔은 몸에 붙이고, 손바닥은 앞을 향하도록 하고, 다리는 모여 있는 자세를 해부학적 자세(그림 2-1)라 한다.

2) 방향 용어

해부학적 자세를 기준으로 방향 용어는 동작이나 인체 부분의 위치를 정확히 표현하는데 사용된다. 일반적으로 방향 용어는 상대적 위치를 묘사하는데 사용된다. 표 2-1은 자주 사용하는 해부학적 방향 용어들을 요약한 것이다.

표 2-1. 해부학적 방향 용어

용어		뜻	사용 예
anterior	앞(전측)	앞쪽	흉골은 심장에 비해 anterior에 위치
posterior	뒤(후측)	뒤쪽	손등은 손의 posterior에 위치
superior	위(상측)	위쪽	머리는 가슴에 비해 superior에 위치
inferior	아래(하측)	아래쪽	배는 가슴에 비해 inferior에 위치
medial	안쪽(내측)	중앙쪽	코는 귀에 비해 medial에 위치
lateral	가쪽(외측)	바깥쪽	어깨는 목에 비해 lateral에 위치
proximal	몸쪽(근위)	몸통과 가까운 쪽 (팔, 다리)	무릎은 발목에 비해 proximal에 위치
distal	먼쪽(원위)	몸통과 먼 쪽(팔, 다리)	손은 어깨에 비해 distal에 위치

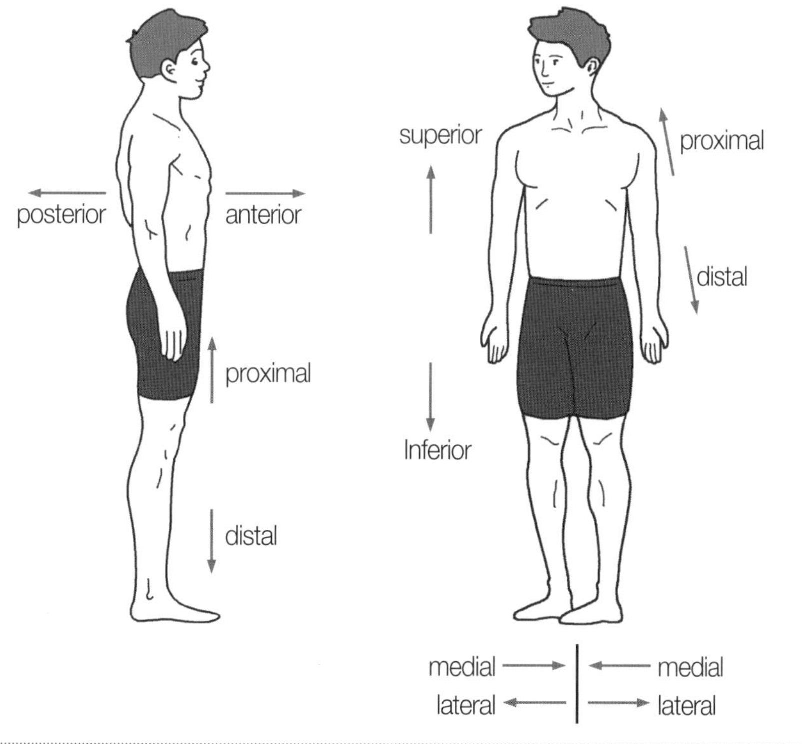

그림 2-2. 해부학적 자세에서 해부학적 방향 용어

3) 기준면

인체 동작을 묘사하는 기본적인 방법은 면과 축의 개념에 근거하고 있다. 면은 2차원적 평면을 의미한다. 인체동작은 3차원 공간에서 이루어지므로 동작을 설명하기 위해 가상의 3개로 구성된 기준면(reference plane)에서의 동작들로 분할해서 설명하곤 한다. 이러한 이유는 인간의 동작은 어느 한 평면에서 이루어지는 경우는 거의 없으나 세 평면에서 동시에 발생하는 동작을 이해하기란 매우 어렵기 때문이며 특정 동작들을 각 세 평면으로 분할해서 관찰할 경우 보다 수월하게 동작들을 이해할 수 있게 된다. 이는 질적인 분석을 할 때 종종 쓰이는 방법이지만 양적인 분석을 할 때도 세 평면에서 각각 분석하는 방법을 빈번히 사용한다. 기준면들은 해부학적 자세를 취한 상태에서 서로 직각을 이루고 무게 중심을 지나간다. 3개의 기준면들은 시상면(sagittal plane), 관상면(coronal plane 혹은 frontal plane), 수평면(horizontal plane 혹은 transverse plane) 으로 구성된다. 먼저 시상면은 인체를 좌우 질량이 서로 같도록 좌우로 나누는 면이다. 관상면은 인체를 앞뒤 질량이 서로 같도록 앞뒤로 나누는 면을 일컫는다. 시상면 중에서 몸의 정중앙을 지나게 되는 평면은 특별

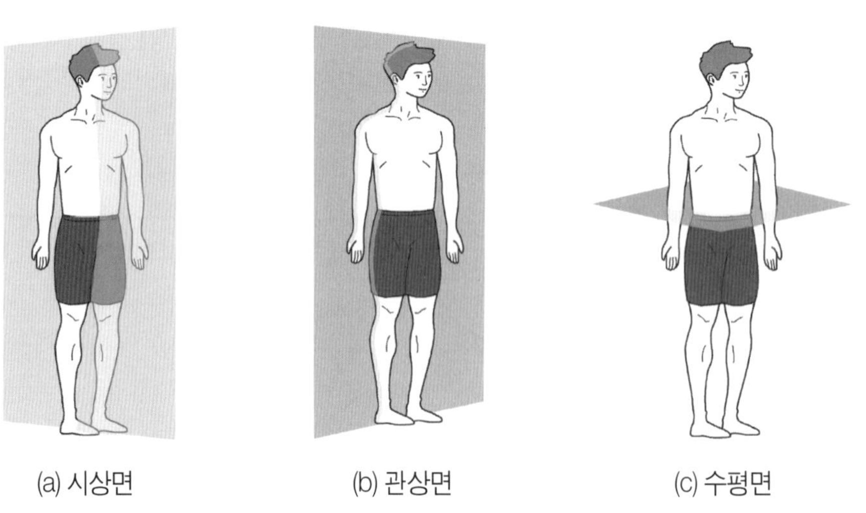

그림 2-3. 세 개의 기준면

히 정중면(median plane)이라고 부른다. 수평면은 인체를 위아래 질량이 서로 같도록 위아래로 나눈다. 해부학적 자세에서 3개의 기준면이 만나는 한 점이 있는데 바로 이 점이 무게 중심점이다.

인체가 하는 동작을 기준면의 관점에서 보면 손 짚고 앞뒤로 구르기, 공중돌기 등은 시상면에서 이루어지는 동작이라 할 수 있다. 손짚고 옆으로 돌기 동작은 관상면에서 이루어지는 동작이고, 피겨스케이팅의 스핀동작은 수평면에서 이루어지는 동작이라 할 수 있다. 모든 동작이 기준면에서만 발생되는 것은 아니다. 한 예로, 골프스윙은 기준면이 아닌 기울어진 면에서 이루어진다.

위에서 살펴본 바와 같이 몸 전체의 동작뿐만 아니라 인체 내의 관절의 동작들도 기준면에서 발생한다고 할 수 있다. 예를 들어 무릎을 굽히고 펴는 동작은 무릎관절에서의 시상면에서 이루어지는 동작이고 팔을 옆으로 들어 올려 귀 옆으로 붙이는 동작은 어깨관절에서의 관상면 동작, 그리고 목을 좌우로 흔드는 경우에는 목 관절에서의 수평면 동작이다.

4) 기준축

한 장의 A4용지 가운데를 펜으로 뚫어 끼운 후 펜의 양끝을 손가락으로 잡은 후 돌려보면 A4용지는 돌아가며 면을 형성하는 것을 알 수 있다. 다시 말해 가운데의 볼펜은 회전축이 되며 A4용지는 면이 된다. 이와 같이 기준면도 기준축(reference axis)이라는 회전축에 의해 만들어 진다고 할 수 있다. 시상면을 만들기 위해서는 시상면에 수직이 되는 기준축이 필요한데 이 기준축을 내외축 또는 좌우축(mediolateral axis)이라 한다. 관상면은 전후축(anteroposterior axis), 수평면은 수직축(longitudinal axis)에 의해 형성된다. 3개의 기준축들은 서로 직교한다.

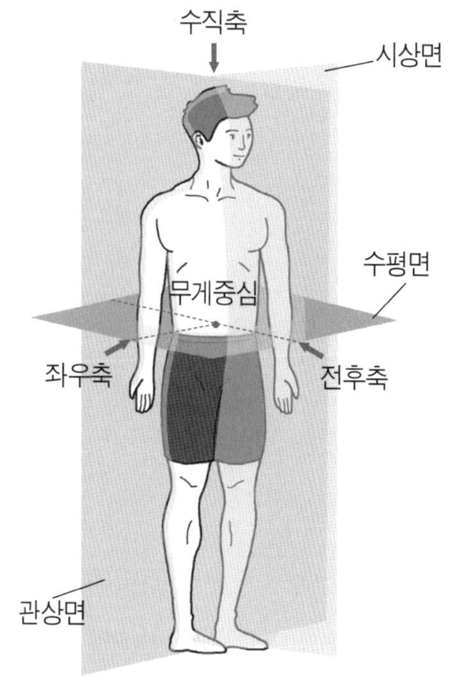

그림 2-4. 세 개의 기준면과 기준축

2. 관절동작의 표현

기준면은 정확히 인체의 가운데를 지나는 반면 많은 인체 분절들은 가쪽(lateral)에 위치하고 있기 때문에 대부분의 분절 동작은 기준면에서 이루어지지 않는다. 기준면과 평행인 면들은 무수히 많이 존재한다. 기준면과 평행인 면들도 기준면이라고 가정한다. 그러므로 인체 전체의 동작 뿐 아니라 각 관절이나 분절의 동작도 기준면과 평행인 면에서 발생한다면 3개의 기준면과 기준축으로 표현할 수 있다.

1) 시상면 동작

걸어가는 동작을 생각해 보자. 이 동작은 시상면에서 이루어진다. 이때 대부분의 관절동작도 시상면 동작이다. 대표적으로 어깨관절, 엉덩관절, 무릎관절에서 팔과 다리가 움직이면서 관절의 각도가 작아졌다 커졌다를 반복한다. 이와 같이 시상면에서 내외축을 중심으로 관절의 각도가 작아지는 동작을 굽힘(굴곡, flexion)이라 하는데 해부학적 자세에서 멀어지는 것이다. 반면에 각도가 커지는 동작을 폄(신전, extension)이라 하고 해부학적 자세로 되돌아가는 것이다. 굽힘과 폄은 목, 몸통, 어깨, 팔꿈치, 손목, 손가락, 엉덩관절, 무릎, 발목, 발가락 등 우리 인체에 있는 대부분의 관절에서 발생하는 동작이다(그림 2-5).

2) 관상면 동작

관상면에서 발생하는 주요 동작은 벌림(외전, abduction)과 모음(내전, adduction)이 있다. 벌림은 전후축을 중심으로 인체의 중심부나 분절의 중심부에서 멀어지는 동작으로 해부학적 자세에서 멀어지는 동작이다. 모음은 이와 반대로 중심부로 가까워지는 동작이며 해부학적 자세로 돌아오는 동작이다. 예를 들어 점프하면서 다리와 함께 팔을 벌리는 동작을 계속하는 것은 어깨관절과 엉덩이관절에서 벌림과 모음을 반복하는 것이다. 손을 편 상태에서 손가락

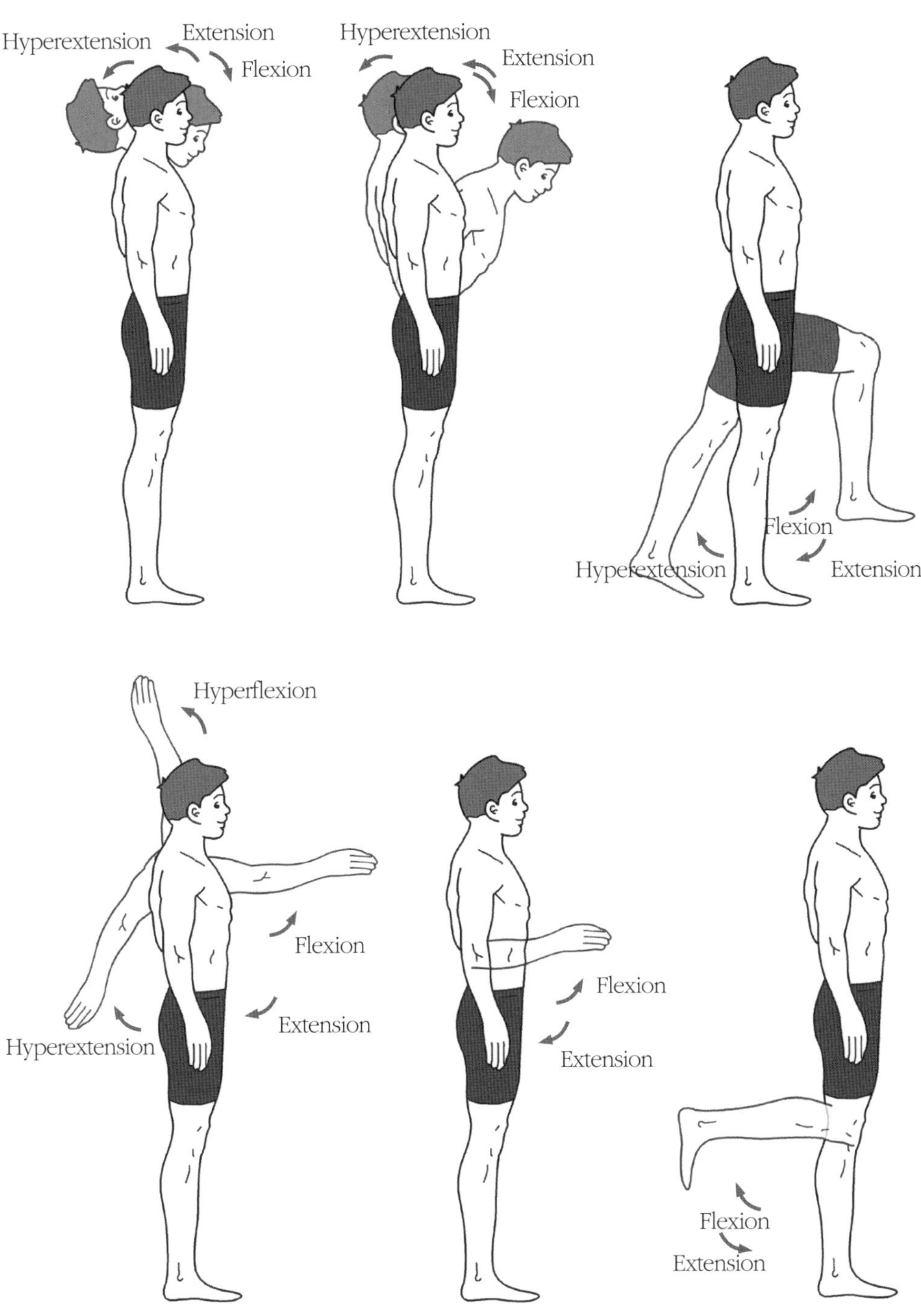

그림 2-5. 시상면 동작 (flexion, extension)

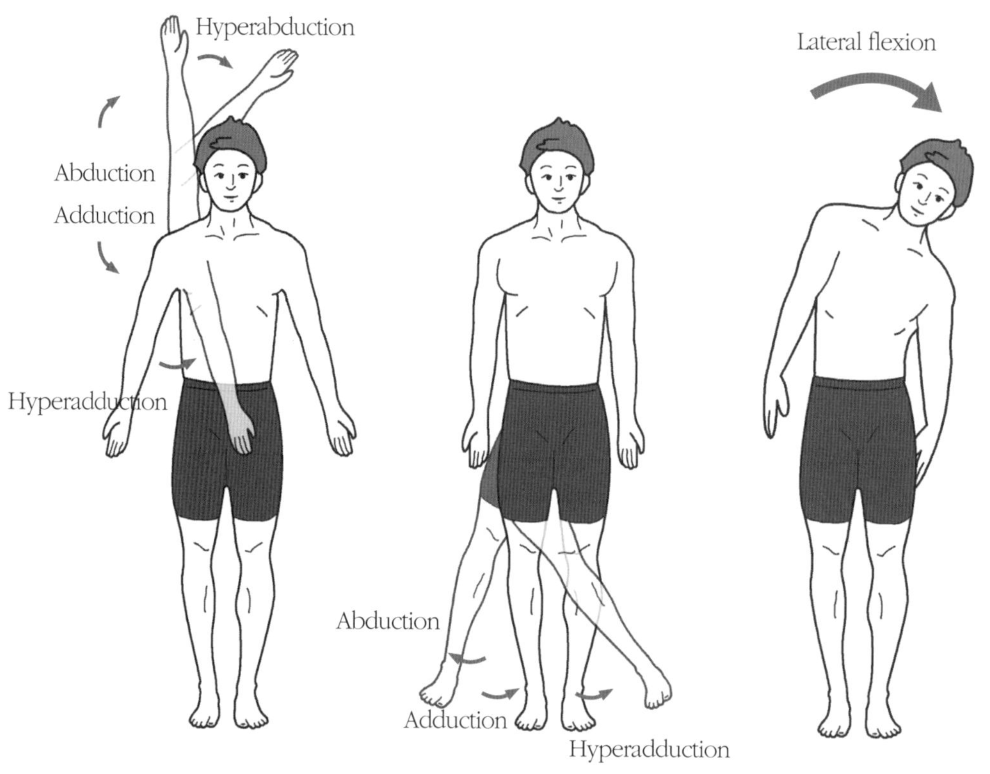

그림 2-6. 관상면 동작 (adduction, abduction)

을 벌려 서로 떨어뜨리는 동작은 벌림이며 손가락을 모으는 동작은 모음이다. 몸통이 왼쪽 혹은 오른쪽으로 굽힘 되는 것도 관상면에서 일어나는 동작이지만 중심부가 함께 움직이므로 벌림과 모음을 사용하지 않고 가쪽굽힘(외측굴곡, lateral flexion)이라 한다.

3) 수평면 동작

인체 중앙에 있는 머리와 몸통의 회전은 수직축을 중심으로 발생한다. 이런 경우 단순히 오른쪽으로 돌리면 오른쪽 회전, 왼쪽으로 돌리면 왼쪽 회전으로 불린다. 팔과 다리의 회전을 회전하는 방향에 따라 안쪽돌림(내측회전, medial rotation or internal rotation) 혹은 가쪽돌림(외측회전, lateral rotation or

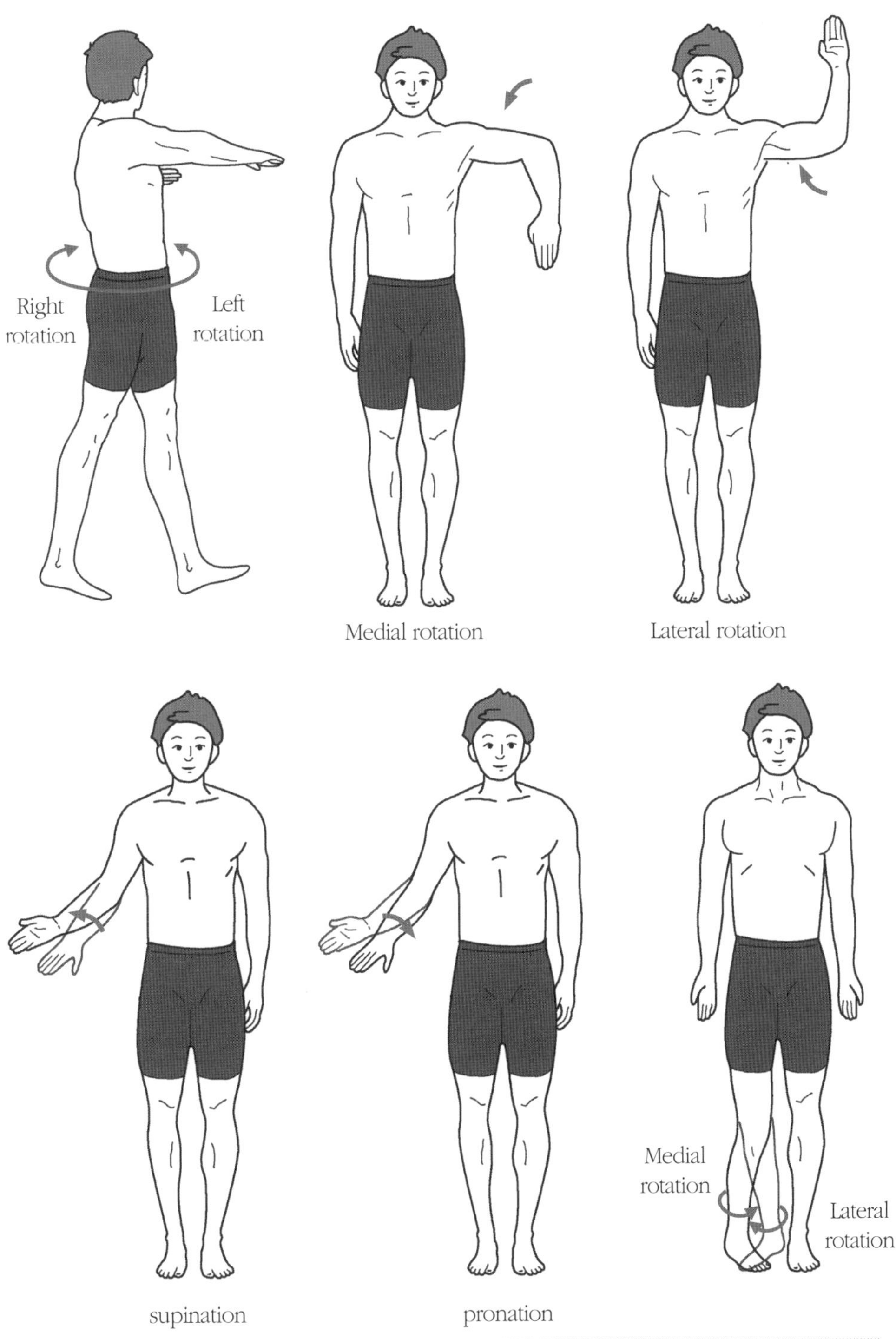

그림 2-7. 수평면 동작 (rotation)

external rotation) 이라 한다. 어깨관절에서의 내측회전은 팔이 수직축을 중심으로 안쪽으로 회전하는 동작이고 외측회전은 바깥쪽으로 회전하는 동작이다. 예를 들어 공을 오른손으로 던지기 위해 팔을 뒤로 젖히는데 이 때 어깨에서 가쪽돌림이 되며 팔이 다시 앞으로 당겨지면서 안쪽돌림이 된다. 오른쪽 어깨를 위에서 볼 때 시계 방향으로 회전하게 되면 가쪽돌림이 되고 반시계 방향으로 회전하게 되면 안쪽돌림이 된다. 왼쪽 어깨의 경우는 반대가 된다. 엉덩관절에서도 똑같이 적용된다. 팔꿈치의 요척관절(radioulnar joint)에서는 엎침(회내, pronation)과 뒤침(회외, supination)이 있다. 엎침은 손바닥이 앞을 향해 보이고 있는 해부학적 자세에서 손등이 보이도록 돌리는 동작이며 뒤침은 다시 손바닥이 보이는 해부학적 자세로 돌아가는 동작이다. 그러므로 해부학적 자세는 뒤침되어 있는 상태이다. 엎침은 안쪽돌림, 뒤침은 가쪽돌림의 특별한 경우라 할 수 있다.

표 2-2. 관절의 동작

면	축	관절 동작
시상면	전후축	flexion/extension
관상면	좌우축	abduction/adduction
수평면	수직축	medial/lateral rotation pronation/supination horizontal abduction/adduction

4) 특수한 동작

대부분의 관절동작은 기본동작 굽힘(flexion), 폄(extension), 모음(adduction), 벌림(abduction), 안쪽돌림(medial rotation), 가쪽돌림(lateral rotation) 등 6개에 포함되지만 좀 더 세분화된 동작 명칭이 필요하다. 정상적인 운동범위를 넘거나 해부학적 자세 이상으로 동작이 이루어 질 때 과다(hyper)를 붙여 사용하는데 과다굽힘(과굴곡, hyperflexion), 과다폄(과신전, hyperextension), 과다벌림(과외전, hyperabduction), 과다모음(과내전, hyperadduction) 등이 발생할 수 있다. 팔을 앞으로 들고 점점 더 위로 올리게 되면 머리까지 가게 되고 이때의 굴곡 각도는 거의 180도에 이르게 된다.

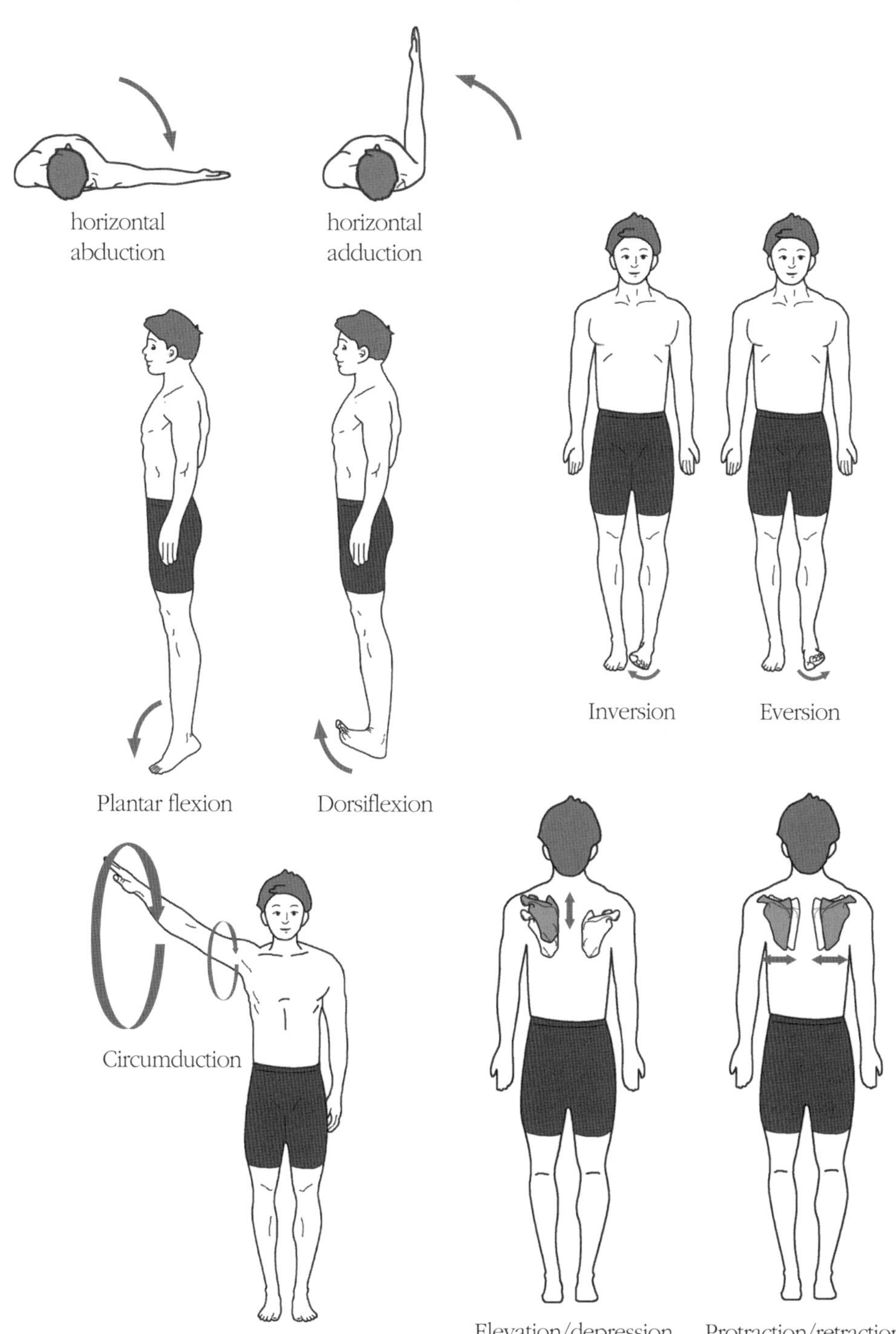
horizontal abduction
horizontal adduction
Inversion
Eversion
Plantar flexion
Dorsiflexion
Circumduction
Elevation/depression
Protraction/retraction

그림 2-8. 특수한 동작

표 2-3. 발목 관절의 동작

면	발목 관절의 동작	다른 관절의 동작
시상면	dorsiflexion-plantarflexion	extension-flexion
관상면	eversion-inversion	abduction-adduction
수평면	abduction-adduction	internal rotation-external rotation

그 이상으로 머리를 지나게 되면 굴곡각도가 180도보다 크게 되는데 이런 경우를 과다굽힘(과굴곡, hyperflexion)이라 한다. 다시 팔을 내려 어깨가 원래의 각도를 회복하도록 신전한 후 팔을 더 뒤로 당겨 해부학적 자세에 비해 팔이 더 뒤로 가면 어깨에서 과다폄(과신전, hyperextension)이 발생하게 된다. 예컨대 배구에서 언더서브를 위해 팔을 뒤로 뺄 때 어깨관절에서, 축구에서 공을 차기 위해 다리를 뒤로 뺄 때 엉덩관절에서 과다폄이 발생한다. 하지만 팔꿈치나 무릎에서 과다폄이 발생하게 되면 상해를 당할 가능성이 매우 높다. 팔을 옆으로 들게 되면 어깨에서 벌림이며 머리까지 간 이후에 더 지나가게 되면 과다벌림이 된다. 원래의 위치로 온 후 몸통을 지나게 되면 과다모음이 발생한다(그림 2-8).

해부학적 자세에서 팔을 앞으로 든 상태에서 옆으로 벌리는 동작을 수평벌림(수평외전, horizontal abduction)이라 하고 그 상태에서 다시 원위치로 되돌아오면 이 동작을 수평모음(수평내전, horizontal adduction) 이라 한다. 예컨대 팔굽혀펴기 동작에서 굽히는 동작은 어깨에서 수평벌림, 펴는 동작은 수평모음이다. 엉덩관절에서도 마찬가지로 적용된다. 휘돌림(회선, circumduction)은 두 방향 이상으로 움직일 수 있는 분절이 속한 관절에서 만들어 질 수 있는 동작이다. 손가락 끝으로 원을 그리는 동작, 손목 돌리기, 팔을 쭉 뻗어 손끝으로 원을 그리는 동작, 몸통 휘돌리기 등이 있다. 굽힘, 폄, 모음, 벌림(flexion, adduction, extension, abduction)이 계속 연속적으로 반복되어 발생하는 동작이며 무릎과 팔꿈치를 제외한 대부분의 관절에서 가능하다.

발은 여러 뼈들이 함께 많은 관절을 형성하고 있으므로 여러 동작이 발생한다. 먼저 발바닥쪽굽힘(족저굴곡, plantarflexion)과 발등쪽굽힘(배측굴곡,

dorsiflexion)이 있다. 발바닥쪽굽힘은 발끝을 펴는 동작으로 plantar는 발바닥을 뜻하므로 발바닥 쪽으로의 굽힘을 의미한다. 똑바로 서 있다가 발뒤꿈치를 들게 되도 바닥쪽굽힘이 된다. 발끝을 피는 동작은 기계체조나 발레 동작에서 많이 발생한다. 발등쪽굽힘은 발끝을 잡아당기는 동작으로 dorsi는 발등을 뜻하므로 발등 쪽으로의 굽힘을 의미한다. 태권도의 발치기 동작에서 발뒤꿈치로 차기위해 발끝을 잡아당기는 발등쪽굽힘은 필수적이다. 또한 안쪽번짐(내번, inversion)과 가쪽번짐(외번, eversion)이 있다. 안쪽번짐은 발의 안쪽이 들리는 동작으로 똑바로 서 있다가 안쪽을 들게 되면 바깥쪽 면으로만 서게 된다. 엄지발가락 쪽이 들리는 동작이다. 스케이트에서 바깥 날로 탈 때의 발의 형태다. 가쪽번짐은 반대로 바깥쪽이 들리는 동작으로 새끼발가락이 들린다. 스케이트에서 안쪽 날로 탈 때의 발의 형태다.

견갑골(scapula)의 움직임을 표현하는 용어로 견갑골을 위로 올리는 동작 즉 어깨를 위로 올리는 동작을 올림(거상, elevation), 밑으로 내리는 동작을 내림(하강, depression)이라 한다. 추울 때 어깨를 움츠리거나 골프 스윙에서 골프채를 잡고 준비 자세를 취할 때 견갑골은 서로 멀어지며 앞으로 당겨진다. 이런 동작을 내밈(전인, protraction), 반대로 어깨를 펴게 되면 견갑골은 서로 가까워지며 뒤로 움직이게 되는데 이를 뒤당김(후인, retraction)이라 한다.

그림 2-9는 박찬호 선수의 투구 동작 중의 한 장면이다. 이 때 박찬호 선수의 각 관절에서 발생하는 동작을 원어로 설명하면 다음과 같다. 왼쪽 어깨 abduction, 왼쪽 팔꿈치 flexion, 왼쪽 손목 flexion, 왼쪽 엉덩관절 flexion, horizontal hyperadduction, 왼쪽 무릎 flexion, 왼쪽 발목 dorsiflexion, 오른쪽 어깨 abduction, external rotation, 오른쪽 팔꿈치 flexion, 오른쪽 손목 hyperextension, 오른쪽 엉덩관절 hyper-extension, 오른쪽 무릎 flexion, medial rotation, 오른쪽 발목 plantarflexion, inversion

그림 2-9. 투수의 투구 동작

3. 운동의 형태

인체 동작이나 스포츠에서의 공 또는 도구들의 움직임은 선운동, 각운동, 그리고 두 운동이 혼합된 복합운동으로 나눌 수 있다(그림 2-10).

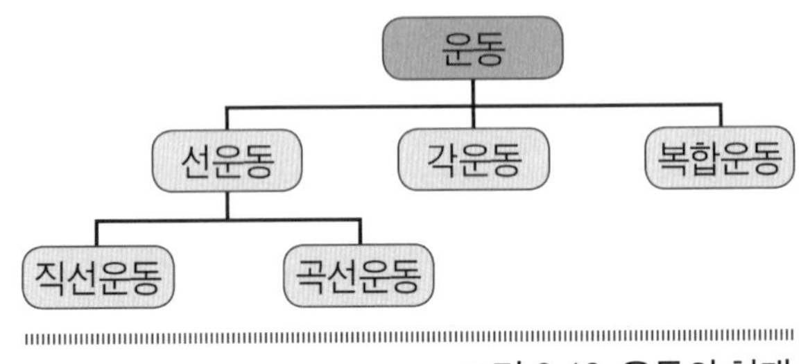

그림 2-10. 운동의 형태

1) 선운동

선운동(linear motion)은 물체의 모든 부분이 동시에, 같은 방향으로, 같은 거리를 이동하는 운동이다. 그래서 그 물체의 모든 부분의 경로는 하나의 점이 이동한 것으로 가정할 수 있다. 그 경로가 직선 혹은 곡선일 수 있다. 움직인 경로가 직선이면 직선운동(rectilinear motion), 곡선이면 곡선운동(curvilinear motion)으로 구분한다. 이 책에서 사용되는 물체라는 용어는 주로 스포츠에서 사용되는 기구, 공 뿐 아니라 사람을 지칭할 때 사용된다. 직선운동은 직선을 그리듯이 움직이는 운동으로 방향이 바뀌지 않고 똑바로 이동하는 운동이다. 예를 들면 피겨 스케이팅에서 활주를 하다가 활주를 멈추게 되면 똑바로 미끄러지는데 이런 미끄러지는 동작, 아이스하키의 퍽이 빙판 위에서 이동하는 운동 등이

그림 2-11. 선운동의 예

있다. 이런 직선운동은 1차원적 운동이라고도 한다. 곡선운동은 직선으로 이동하는 것이 아니고 방향이 바뀌는 운동 즉 곡선을 그리면서 이동하는 운동이다. 예컨대 스키점프에서 일단 몸이 공중으로 뜨게 되면 착지하기 전까지는 몸의 자세는 변하지 않으며 몸이 이동하게 되는데 이때 몸이 지나간 궤적을 보면 직선이 아닌 곡선임을 알 수 있다. 던져진 공도 곡선의 궤적을 그리며 이동한다. 이런 운동을 곡선운동이라 한다. 곡선운동은 2차원적 운동이라 할 수 있다.

2) 각운동

각운동(angular motion) 또는 회전(rotation)은 회전축을 중심으로 물체의 모든 부분이 같은 방향으로 동시에 같은 각도로 회전하는 운동이다. 그러나 모든 부분이 같은 거리를 움직이는 것은 아니다. 관절을 축으로 하여 발생되는 인체 분절의 움직임을 각운동이라 할 수 있다. 각운동할 때 회전하는 분절의 모든 부분은 같은 각 변위를 갖게 된다. 걸을 때 팔이 흔들리는 동작은 어깨를 축으로 하여 팔 분절에서 각운동이 발생하는 것이다. 상황에 따라 그 회전축이 물체 내에 있을 수도 있고 물체 밖에 있을 수도 있다. 예를 들면 기계체조의 마루운동에서 공중돌기를 수행할 때 회전축은 무게중심점을 지나가는 축을 중심으로 회전하게 되는데 몸의 형태에 따라 회전축은 몸 안에 있을 수도 있고 밖에 있을 수도 있다. 걸을 때의 손만 따로 생각한다면 손도 어깨를 축으로 하여 각운동을 하는 것이므로 회전축은 손의 내부가 아닌 외부에 있는 경우가 된다.

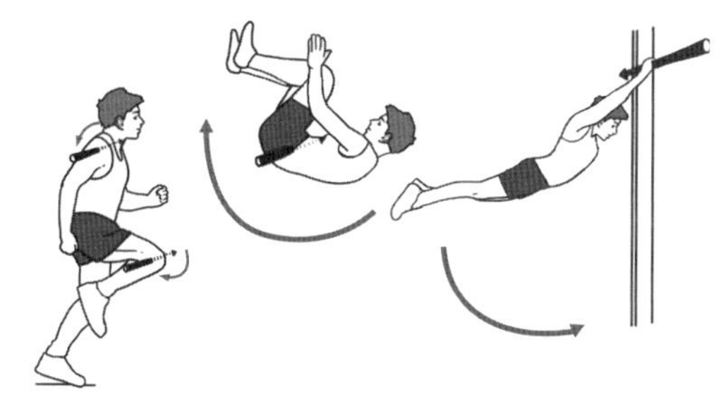

그림 2-12. 각운동의 예

3) 복합운동

대부분의 인체 운동은 선운동과 각운동이 결합된 형태의 운동인 복합운동(general motion)을 한다. 전체적으로는 선운동의 형태를 보이는 것 같지만 부분적으로는 각운동을 한다. 예컨대 자전거 타는 것을 생각해 보면 상체는 선운동을 하며 하체는 엉덩관절, 무릎관절, 발목관절에서 각운동을 한다. 다른 예로 스케이트보드 타는 사람의 몸은 선운동 하는 것처럼 보이지만 지면을 미는 다리의 관절들은 회전축을 중심으로 각운동을 한다.

그림 2-14는 던져진 야구배트가 직선운동과 곡선운동을 하다가 지면에 닿으면서 각운동하는 모습이 복합운동을 보여주고있다.

그림 2-13. 선운동과 각운동의 결합인 복합운동

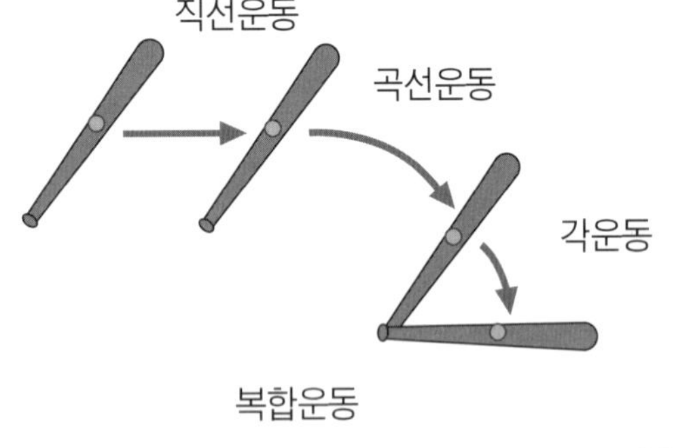

그림 2-14. 직선운동, 곡선운동, 각운동, 복합운동

3

선운동학(linear kinematics) -직선운동

우리가 살고 있는 곳은 3차원 공간이다. 동작이 실행되는 곳도 3차원 공간에서 이루어지므로 모든 동작을 3차원적 동작이라 할 수 있다. 그러므로 동작을 분석하기 위해서는 당연히 3차원적 분석이 이루어 져야 한다. 3차원 동작을 정확히 이해하고 분석하는 것은 매우 복잡하고 어려운 과제였으나 컴퓨터 및 측정 기구들의 획기적인 발전으로 비교적 빠르고 정확한 측정이 가능하므로 3차원 분석이 보다 용이해 졌다. 그러나 운동역학의 기초를 다루는 이 책에서는 비록 3차원 공간에서 발생하는 동작이지만 2차원 평면에서 발생하는 것으로 가정할 수 있는 동작들을 2차원적 분석으로 설명하고 있다.

인체는 팔, 다리, 머리, 몸통 등 여러 분절들이 연결되어 있으므로 임의의 어떤 동작을 분석할 때는 각각의 분절들의 동작을 분석하고 통합하는 과정이 필요하다. 그러나 인체가 분절들의 연결체이지만 인체의 무게중심점과 같이 간결하게 하나의 입자(particle)혹은 입자처럼 움직이는 물체로 가정해 보자. 하나의 입자란 모든 질량이 수학적인 한 점에 모여 있으며 크기가 없고 회전을 할 수 없는 가상의 점이라고 정의한다. 입자처럼 움직인다는 것은 물체내의 모든 부분이 같은 방향과 같은 속도로 움직인다는 것을 의미한다. 예를 들어, 지구가 자전을 하고 있지만 이를 무시하면 태양 주위를 도는 하나의 입자로 간주될 수 있으며, 마찬가지로 축구공, 야구공, 골프공 등, 공의 회전이 없다고 가정하면 공도 하나의 입자로 간주될 수 있다. 뿐만 아니라 달리는 자동차도 하나의 입자라고 가정할 수 있다. 그래서 이번 장에서는 사람을 비롯한 모든 움직이는 것을 하나의 입자라고 가정하기로 한다. 입자는 직선운동과 곡선운동만 가능하고 각운동은 불가능하다.

1. 좌표계

어떤 물체나 인체의 동작을 모호함 없이 설명하기 위해서는 물체나 인체가 어디에 있는지를 정확히 정의할 수 있는 방법이 필요하다. 물체나 인체가 있는 곳을 표현하기 위해 위치(position)를 사용한다. 위치는 동작을 설명하기 위한 가장 기본적인 개념이다. 동작이 시작하는 위치, 동작이 끝나는 위치 혹은 동작 중에 경유하는 위치가 있다. 다시 말해 위치는 공간의 한 장소로 정의할 수 있다. 위치를 정확히 표현하기 위해서는 임의의 한 지점을 기준점(reference point)으로 정의하여 그 기준점으로 부터의 거리와 방향으로 나타낸다. 이런 기준점을 원점(origin)이라 한다.

운동역학에서 사용되는 좌표계의 종류에는 직교좌표계(Cartesian coordinate system), 극좌표계(polar coordinate sysyem), 그리고 구면 좌표계(spherical coordinate system)가 있다. 직교좌표계는 초등학교 때부터 많이 사용되는 좌표계로서 괄호 안에 쉼표로 분리하여 각각 x, y축의 위치를 표시하는데 비해 극좌표계에서는 원점으로부터의 거리 r과 각도 θ로 표시한다(r, θ). 마지막으로 구면 좌표계는 극좌표계를 3차원으로 확장한 것으로 거리 그리고 각각 다른 두 평면과의 각도로 표시한다. 좌표의 표현은 (r, θ, ϕ)로 표시한다. 좌표에 대해서는 앞으로 2차원 및 3차원 운동학적 변인들과 운동역학적 변인들을 계산할 때 사용되므로 익숙해질 필요가 있다. 본 장에서는 직교좌표계에 대해서 주로 다루기로 한다.

위치의 특성에 따라 일직선상에 있을 때는 1차원적으로, 평면상에 있을 때는 2차원적으로, 공간에 있을 때는 3차원적으로 표현한다. 예컨대 아이스하키 퍽이 빙판 위에서 빠른 속력으로 미끄러지는 동작을 일직선상의 1차원적 동작이라고 가정할 수 있기 때문에 x축 하나의 좌표 값으로 위치를 표시할 수 있

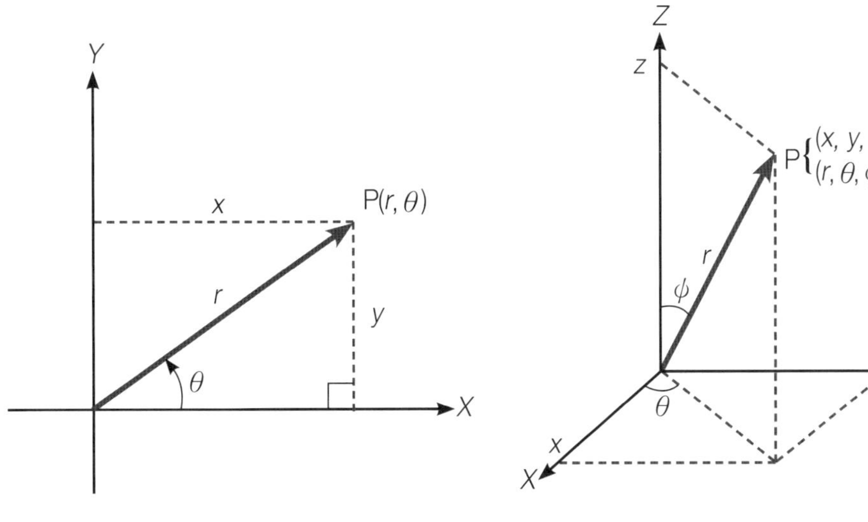

그림 3-1. 극좌표계

그림 3-2. 구면 좌표계의 예와 표현법

다. x좌표값은 '−', '+', '0'이 될 수 있다. 그림 3-3에서 한 점 P의 x좌표값은 −2.5다.

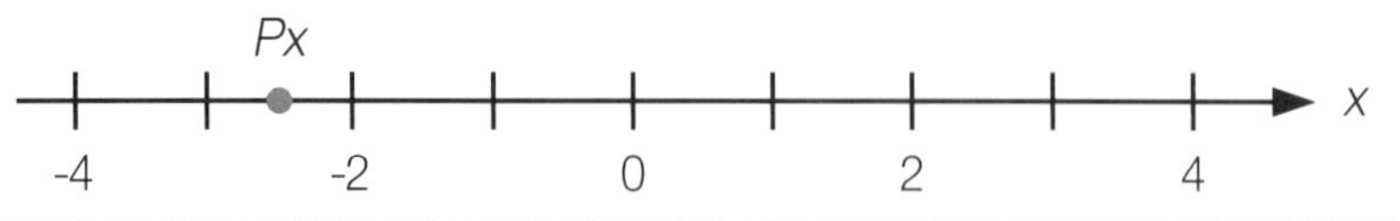

그림 3-3. 1차원 좌표계에서 임의의 한 점 P의 좌표값 (Px)

축구공을 찼을 때 날아가는 공의 궤적은 곡선을 그리기 때문에 공의 위치를 나타내기 위해서는 2차원적 표현이 필요하다. 정확한 위치를 표현하기 위해서 좌표계를 사용하는데 직교좌표계가 가장 널리 사용되고 있다. 2차원 직교좌표계에서는 두 개의 좌표축인 x, y축이 서로 직각을 이루고 있다. 두 축이 만나는 지점이 원점이다. 일반적으로 x축에서 원점을 중심으로 오른쪽에 위치하면 '+' 값을 갖게 되며 왼쪽에 위치하면 '−' 값을 갖게 된다. y축에서는 원점을 중심으로 위쪽에 위치하면 '+' 값을 갖게 되고 아래에 위치하면 '−' 값을 갖게 된다(그림 3-4). 임의의 한 점 P는 두 좌표축을 따라서 좌표값 Px, Py를 갖게 되어 유일한 위치를 나타낼 수 있다. 그 좌표값을 (Px, Py)으로 표현한다. 예컨대 그림 3-4에서 P의 위치가 (3.3,3.8)이라면 x축으로 3.3, y축으로 3.8의 값을 갖는다. 걷기, 달리기, 제자리높이뛰기 등과 같이 평면에서 발생하는 동작이라고 가정할 수 있을 때 2차원 직교좌표계를 사용하여 관심 있는 인체 관절

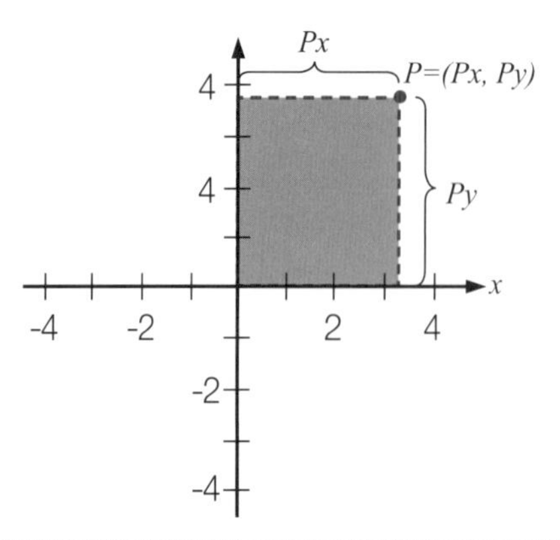

그림 3-4. 2차원 직교좌표계에서 임의의 한 점 P의 좌표값 (Px, Py)

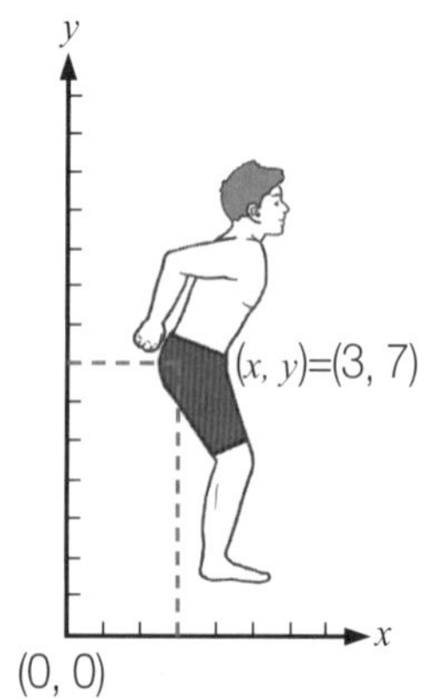

그림 3-5. 2차원 직교좌표계에서 엉덩관절의 위치

의 위치를 표현할 수 있다(그림 3-5).

야구나 골프 스윙, 야구공 던지기, 테니스 서브 등과 같이 평면에서 발생하는 동작이라고 가정하기 어려운 동작은 3차원 동작이기 때문에 3차원 분석이 필요하다. 그리고 3차원 직각좌표계가 사용된다. 3차원 직각좌표계는 2차원 직각좌표계에 z축 하나를 더 첨가한다. z축은 책을 기준으로 우리 쪽을 향하는 방향이 '+' 방향이며 책속을 향하는 방향이 '−' 방향이다. 나사를 x축에서 y축 방향으로 돌릴 때, 나사가 진행하는 방향이 바로 z축 방향이 되는 오른손 좌표계를 사용한다. 즉 오른손의 엄지손가락, 집게손가락, 가운데 손가락들을 서로 직각이 되도록 펼칠 때, 손가락이 가리키는 방향들이 엄지부터 순서대로 각각 x, y, z축의 방향이 된다.

여기서 직교좌표계의 생성원리와 방향을 결정하는 원리에 대해서 언급할 필요가 있다. 직교좌표계의 x, y, z의 방향은 즉, 각각 어느 축을 대표하는지 그리고 이때 어느 방향이 '양'의 방향이고 '음'의 방향인지에 대한 결정은 임의로 이루어지는 것이 아니라 오른손 또는 왼손 법칙을 따르게 된다. 흔히, 운동역학의 영역에서는 오른손 법칙을 사용하게 되는데 이는 두 축 x와 y가 결정되었다면 나머지 z축은 그림 3-6과 같이 오른손 나사의 원리와 같이 결정된다는 이론이다. 여기서 반드시 명심해야 할 것은 언제나 순서는 $x \rightarrow y \rightarrow z \rightarrow x$의 순서로 엄지를 제외한 나머지 손가락이 회전을 해 주어야 나머지 한 개의 축의 '양'

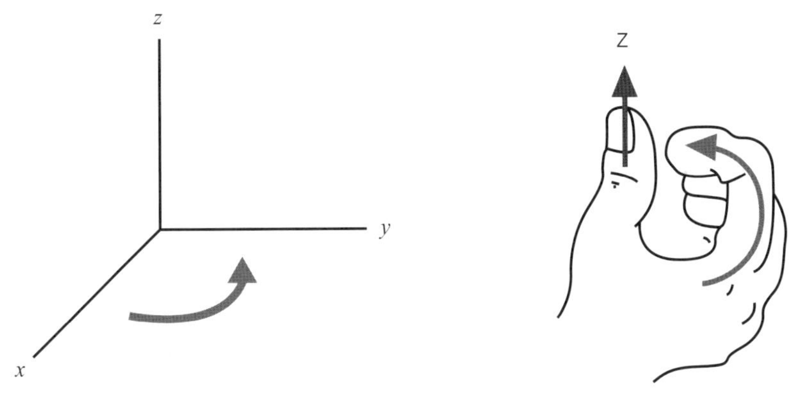

그림 3-6. 오른손 법칙을 이용한 3차원 직교좌표계의 방향 결정

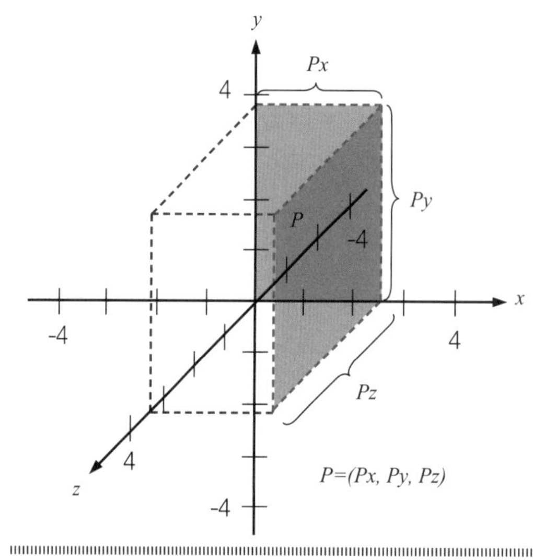

그림 3-7. 3차원 직교좌표계에서 임의의 한 점 P의 좌표값 (Px, Py, Pz)

의 방향이 올바로 결정된다는 점이다. 마지막에 결정되는 한 개의 축의 '양' 방향은 언제나 엄지손가락이 향하는 방향이 된다.

임의의 한 점 P의 위치는 그 점의 x, y 및 z좌표값 Px, Py, Pz로 나타내며 다음과 같이 표현할 수 있다. $P=(Px, Py, Pz)$. 이 값들은 점 P에서 x, y, z축에 내린 수선이 좌표축들과 만나는 점과 좌표계의 원점과의 거리와 같다.

2. 직선 운동 (1차원운동)

직선운동이란 일직선상에서의 동작을 일컫는다. 아이스하키 퍽이 얼음 위에서 미끄러지는 운동과 공이 지상에서 지면으로 떨어지는 운동을 대표적인 직선운동이라고 할 수 있다. 그리고 사람을 포함한 모든 물체를 하나의 입자라고 가정 하면 똑바로 걷기, 똑바로 달리기, 똑바로 공굴리기, 똑바로 던지기, 똑바로 날아가는 화살과 총알, 다이빙에서 똑바로 떨어지기, 수영장 레인 안에서 하는 수영 등은 비록 약간의 좌우 방향 혹은 위아래 방향으로의 흔들림이나 진동이 존재하지만 이런 흔들림이 없다고 가정하면 이런 동작들을 1차원 동작 다시 말해 직선운동이라 할 수 있다.

1) 거리와 변위

트랙에서 200m 달리기를 할 때 100m 달리기와 달리 곡선주를 뛰어야한다(그림 3-8). 출발점에서부터 경기를 마치는 위치까지의 거리(distance)

는 200m이지만 출발점 위치에서 도착 위치까지의 직선거리는 64m이다. 이렇게 한 위치에서 다른 위치까지의 직선거리를 위치의 변화로 정의하고 변위(displacement)라고 한다. 그래서 200m 달리기에서의 변위는 64m가 된다. 한 바퀴 돌아 제자리로 오면 이동한 거리는 400m가 되지만 변위는 '0'이 된다. 거리는 물체가 이동한 길이를 의미하고 변위는 물체의 처음 위치에서 마지막 위치까지의 변화를 나타내며 처음 위치에서 마지막 위치로 연결되는 화살표를 그려 표현할 수 있다. 그림 3-8과 같은 마라톤 코스에서 실제로 달린 거리는 42.195km이지만 변위는 20km가 된다.

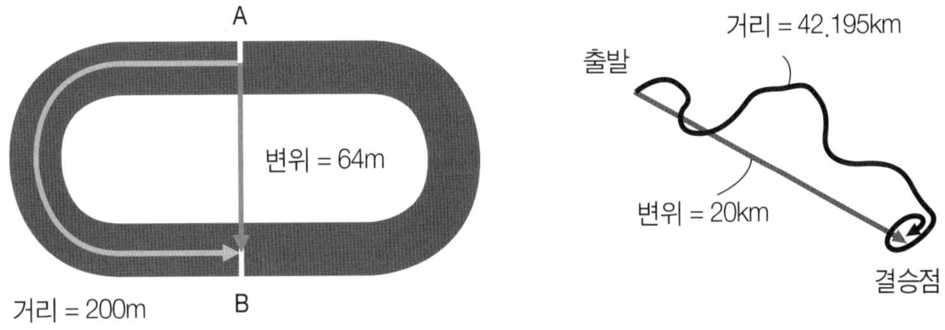

그림 3-8. 거리와 변위

2) 속력과 속도

실생활에서는 속력과 속도는 같은 의미로 혼용되어 사용되고 있다. 두 용어 모두 얼마나 빨리 움직이는가를 의미하기 때문이다. 하지만 두 용어 간에는 역학적인 확실한 차이가 있다. 속력(speed)은 단순히 물체가 얼마나 빨리 이동하는가라는 크기에 국한되어 있는 반면에 속도(velocity)는 얼마나 빨리 이동하는가 하는 크기 뿐 아니라 어느 쪽으로 움직이는가 하는 방향까지도 포함하고 있다. 그러므로 속도의 크기를 속력이라 할 수 있다.

육상 달리기 경주에서 만약 자기 레인에서 달리지 않고 옆의 레인에 침범하여 뛰게 되면 다른 선수 보다 빨리 달린다 하더라도 실격이 되어 우승할 수 없다. 이런 경우처럼 속력 뿐 아니라 방향도 중요하다. 단순히 크기만을 나타내

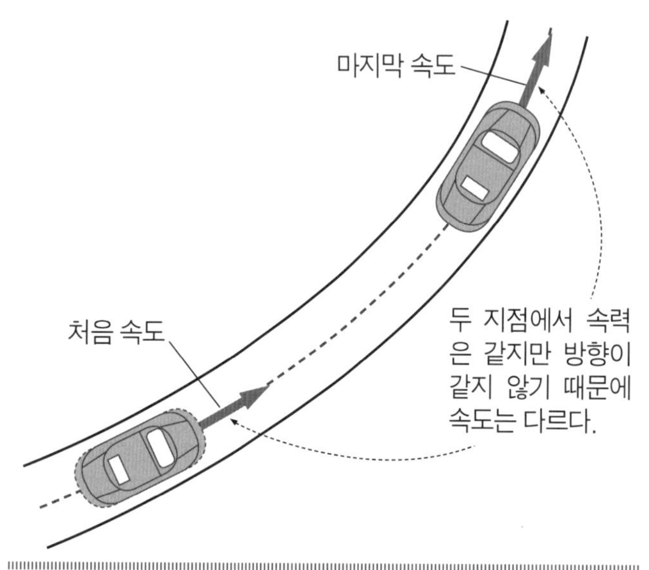

그림 3-9. 속도는 변하지만 속력은 일정하다

는 속력에 방향의 개념이 첨부된 속도(velocity)가 탄생하게 되었다. 그림 3-9는 자동차가 커브 길을 달리는 모습인데 같은 속력으로 달리고 있지만 방향이 다르기 때문에 속도가 변화하는 것을 보여 주고 있다.

이 처럼 크기만을 갖고 있는 물리량을 스칼라(scalar)라 하며 크기와 방향을 갖고 있는 물리량을 벡터(vector)라 한다. 마찬가지로 거리는 스칼라, 변위는 벡터다. 그림 3-8에서 A에서 B까지의 변위 크기는 64m이지만 방향까지 고려한 변위는 −64m가 된다. '−'는 y축을 기준으로 '−' 방향을 의미한다. 그래서 벡터를 고려한 물리량들의 계산에 있어서 올바른 좌표계의 이해는 매우 중요하다고 할 수 있다. 이때 고려해야 하는 사항은 어느 쪽을 x또는 y로 지정할 것인가와 어느 방향이 "+"인가 결정하는 것이다. 다음 장에서 벡터에 대한 좀 더 자세한 설명을 하기로 한다.

속도는 소요된 시간 동안 위치의 변화다. 시간 t_i에서 시작하여, 시간 t_f에서 끝난다면 소요된 시간은 다음과 같다. 이때 Δt의 Δ는 언제나 변화량을 의미한다.

$$\Delta t = t_f - t_i \quad \text{(소요된 시간)}$$

시간 t_i일 때의 위치인 처음 위치를 x_i, 시간 t_f일 때의 위치인 마지막 위치를 x_f라 하면 위치의 변화 다시 말해 x방향으로의 변위는 다음과 같다.

$$\Delta x = x_f - x_i \quad \text{(변위)}$$

소요된 시간동안의 평균속도 (average velocity) 는 다음과 같은 식으로 나타낼 수 있다.

$$\bar{v} = \frac{x_f - x_i}{t_f - t_i} = \frac{\Delta x}{\Delta t} \text{ (평균속도)} \qquad \text{(식 3-1)}$$

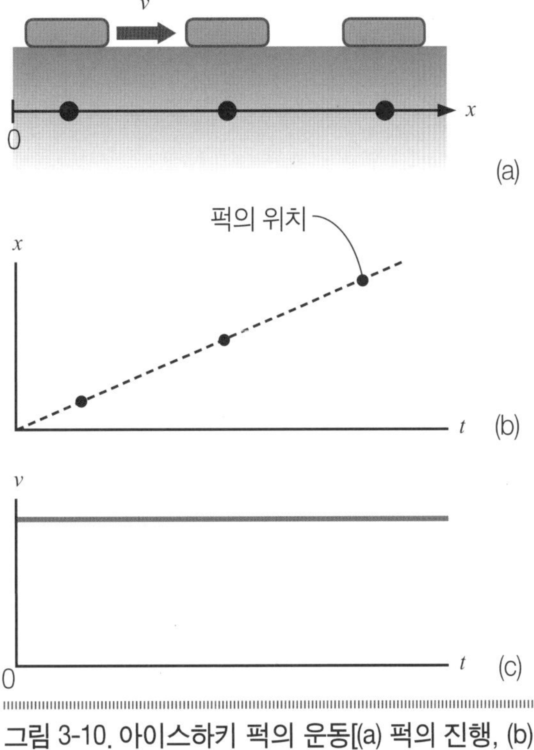

그림 3-10. 아이스하키 퍽의 운동[(a) 퍽의 진행, (b) 퍽의 위치, (c) 퍽의 속도]

아이스하키 퍽이 얼음 위에서 미끄러질 때 마찰력이 없다면 같은 속도로 움직이고 평균속도는 일정하다. 그림 3-10은 이 상황을 그래프로 그린 것이다. 그림a는 얼음 위를 지나가는 아이스하키 퍽을 보여주고 있고 1차원 좌표에 위치를 표시하였다. 그림b는 시간에 따라 아이스하키 퍽의 위치를 보여 주고 있다. 시간이 지날수록 위치를 나타내는 x값이 계속 커지고 있다. 그림c는 아이스하키 퍽이 일정한 속도로 움직이는 것을 보여 주고 있다.

하지만 일반적으로 물체가 같은 속도로 움직이지 않기 때문에 시간에 따른 위치 변화가 위의 그림 3-10의 b와 같이 일직선으로 나타나지 않고 그림 3-11에서처럼 불규칙적인 곡선을 이룬다. 평균속도는 처음과 마지막 시간에서의 위치를 연결한 선의 기울기다.

속도 및 속력의 단위는 m/s를 주로 사용한다. 예를 들어 100m 달리기 기록이 10초라면 평균 속력은 10m/s이다. 투수가 던진 공의 속력 등은 나타낼 때는 km/h 를 사용하기도 한다.

우사인 볼트는 2008년 베이징 올림픽에서 100m 달리기 신기록으로 우승한 후 2009년 베를린 세계 육상 선수권 대회에서 다시 자신의 기록을 깨고 세계 신기록으로 우승하였다.

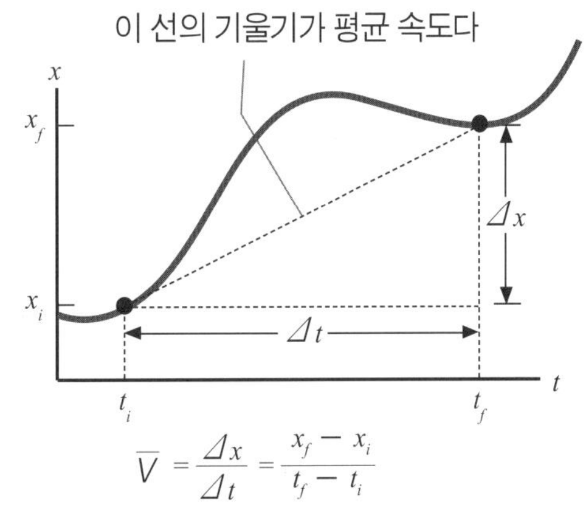

그림 3-11. 평균속도

이 때 우사인 볼트(Usain Bolt)와 아사파 파웰

그림 3-12. 우사인 볼트가 우승하는 모습

(Asafa Powell)의 100m달리기 기록은 각각 9.58초와 9.84초를 기록하였다. 두 선수의 기록을 비교하면서 살펴보기로 하자. 먼저 두선수가 이동하여야 할 거리는 100m다. 우사인 볼트가 이동하는데 소요된 시간은 9.58초이며 아사파 파웰이 이동하는데 소요된 시간은 9.84초였다. 두 선수의 평균속도를 구하기 위해 100m를 9.58초와 9.84초로 각각 나누면 각각 10.49m/s 와 10.16m/s의 속도로 우사인 볼트의 평균속도가 약 0.33m/s 정도 빠른 것을 알 수 있다. 여기서는 속력과 속도가 같은 의미이기 때문에 속도를 사용한다.

표 3-1은 두 선수의 10m 간격의 소요된 시간과 그 구간의 평균속도를 보여주고 있다. 10m 간격의 평균 속도는 일정하지 않으며 구간 별로 변하는 것을 확인할 수 있다. 출발이후부터 60~70m 정도 까지는 속도가 꾸준히 증가하다 그 이후 감소하는 경향을 보이고 있다. 스타트의 우위를 알 수 있는 0~10m 구간의 평균 속도를 보면 아사파 파웰이 우사인 볼트보다 빨랐으나 그 후로는 모든 구간에서 우사인 볼트의 평균 속도가 빨랐다는 것을 알 수 있다. 그림 3-13은 이

표 3-1. 두선수의 100m 구간별 시간과 속도

우사인 볼트					아사파 파웰				
위치(m)	경과 시간(s)	간격(m)	간격 시간(s)	평균 속도(m/s)	위치(m)	경과 시간(s)	간격(m)	간격 시간(s)	평균 속도(m/s)
10	1.89	0-10	1.89	5.29	10	1.87	0-10	1.87	5.35
20	2.88	10-20	0.99	10.1	20	2.9	10-20	1.03	9.71
30	3.78	20-30	0.9	11.11	30	3.82	20-30	0.92	10.87
40	4.64	30-40	0.86	11.63	40	4.7	30-40	0.88	11.36
50	5.47	40-50	0.83	12.05	50	5.55	40-50	0.85	11.76
60	6.29	50-60	0.82	12.2	60	6.39	50-60	0.84	11.9
70	7.1	60-70	0.81	12.35	70	7.23	60-70	0.84	11.9
80	7.92	70-80	0.82	12.2	80	8.08	70-80	0.85	11.76
90	8.75	80-90	0.83	12.05	90	8.94	80-90	0.86	11.63
100	9.58	90-100	0.83	12.05	100	9.84	90-100	0.9	11.11

결과를 그래프로 나타낸 것이다.

각 구간 별로 평균속도가 변하는 것과 같이 같은 구간 내에서도 매순간 속도가 변하기 때문에 평균속도만으로는 설명이 부족하다. 50m를 지나는 순간의 속도라든가 결승점을 통과하는 순간의 속도가 궁금하다면 어떻게 해야 할까? 상황을 보다 정확하게 이해하기 위해서는 평균속도만으로는 부족하므로 순간속도가 필요하다. 여기서는 간격을 10m로 하였으나 더욱 작은 간격을 고려할 수 있다. 예를 들어 1m 간격으로, 0.1m 간격으로, 0.01m 간격으로 더욱 작은 간격이 주어진다면 순간속도에 가까운 값을 얻을 수 있다. 그렇지만 이렇게 얻어진 속도 역시 매우 짧은 시간 동안의 평균속도일 수밖에 없는 한계를 갖고 있다. 그래서 순간속도는 수학적인 개념이라 할 수 있다.

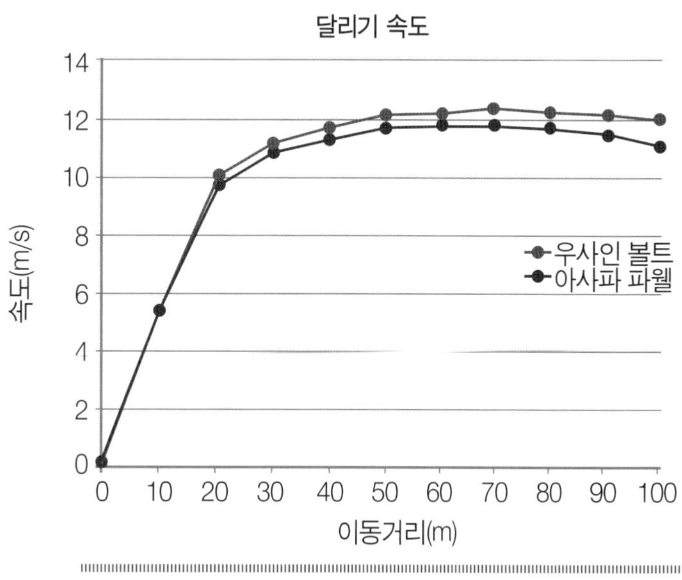

그림 3-13. 두선수의 100m 구간별 속도 비교 그래프

3) 순간 속도

수학적인 개념인 어떤 시점에서의 순간속도(instantaneous velocity)를 구하기 위해서는 먼저 시간에 대한 위치를 보여 주는 곡선을 그린다(그림 3-14). 시간 간격을 점점 짧게 하여 그 시간 동안의 평균 속도를 보여 주는 선을 그린다. 이렇게 시간 간격이 줄면서 평균 속도도 변한다. 그 시간 간격을 '0'에 가깝도록 계속 줄이면 결국 그 시점에서 위치 곡선의 접선을 구할 수 있다. 이 접선의 기울기가 그 시점의 순간속도다. 그

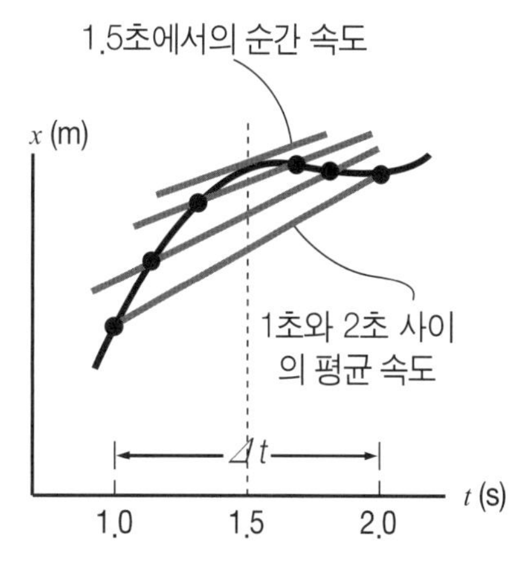

그림 3-14. 순간속도는 그 순간 위치 그래프의 접선의 기울기의 크기다

그림 3-15. 자동차의 속도계는 순간 속력을 알려준다

림 3-14와 같이 동작이 시작 된지 1.5초 후 순간의 속도를 구하기 위해서 1초와 2초 사이의 간격이 1초이지만, 이 시간 간격을 점점 작게 하여 그 간격을 0.1초, 0.01초, 0.001초, 결국 '0'에 근접하게 하면 1.5초에서의 순간 속도를 구할 수 있다. 평균속도 보다 순간 속도가 대부분의 모든 상황에서 더욱 중요한 정보를 제공해 준다. 자동차의 속도계는 순간 속도의 크기(속력)를 보여 준다(그림 3-15).

순간 속도를 수학적으로 표현하면 다음 식으로 나타낼 수 있다.

Q 적용예제 1

표 3-1에서 50m에서 90m 까지 우사인 볼트의 평균 속도를 구하시오.

A 해결

식 3-1) 에서 $\bar{v} = \frac{x_f - x_i}{t_f - t_i} = \frac{\Delta x}{\Delta t}$

$$= \frac{90m - 50m}{8.75s - 5.47s} = \frac{40m}{3.28s} = 12.20\ m/s$$

Q 적용예제 2

2m/s의 평균 속도로 조깅을 30분 동안 하게 되면 조깅한 거리는 얼마인가?

A 해결

거리=평균속도×시간
=2m/s×(30×60s)=3600m=3.6km

표 3-2. 스포츠에서 발생하는 전형적인 최대 속력

	속력	
	m/s	km/h
벤치 프레스의 바	0.25	0.9
걷기	1.1~1.8	3.96~6.48
수직점프	2.3	8.28
자유투	7	25.2
단거리달리기	12	43.2
야구 배팅 시 배트	31.3	112.68
축구에서 킥 동작	35	126
야구 공 던지는 동작	45.1	162.36
테니스 서브 동작	62.6	225.36
골프 드라이브	66	237.6
축구공	35	126
야구공	41.67	150
골프공	83.33	300
테니스공	63.89	230
수영	2.11	7.59
마라톤	5.65	20.34

$$v = \lim_{\Delta t \to 0} \frac{\Delta x}{\Delta t} = \frac{dx}{dt} \quad \text{(순간 속도)} \quad \text{(식 3-2)}$$

여기서 v는 순간 속도, Δx는 변위, Δt는 총소요시간을 나타낸다. 총 소요시간을 '0'에 근접하게 할 때의 변위에 의해 순간 속도가 결정된다. 수학적으로 속도는 변위를 시간으로 미분한 값이라고 한다.

4) 가속도 (acceleration)

움직이는 인체나 물체의 속도가 항상 일정한 경우는 매우 드물기 때문에 동작이 발생하는 동안 속도는 매순간 변한다고 할 수 있다. 속도가 일정하지 않다는 것은 속도가 증가하거나 감소하는 것을 의미할 뿐만 아니고 속도는 방향도 포함하고 있기 때문에 속도의 크기는 일정하더라도 움직이는 방향이 바뀌면 속도가 변한다고 한다. 예컨대 200m 달리기 경주에서 처음 출발하면서 속력이 증가하다가 같은 속력으로 곡선주를 달리면 방향이 계속 바뀌므로 속도가 변하는 것이다. 이런 속도의 변화를 설명하기 위해 가속도라는 개념이 도입되었다. 하지만 지금은 직선운동만 다루기 때문에 방향의 변화에 대해서는 고려치 않는다.

시간에 따른 속도의 변화를 가속도라 하며 속도의 변화율을 의미한다. 속도가 벡터량이므로 가속도 역시 크기와 방향을 갖고 있는 벡터량이다. 가속도 또한 속도와 마찬가지로 평균가속도와 순간가속도로 구분 할 수 있으며 다음 식으로 표현한다.

평균가속도 = 속도의 변화 / 총 소요된 시간
위 식을 기호로 나타내면

$$\bar{a} = \frac{v_f - v_i}{t_f - t_i} = \frac{\Delta v}{\Delta t} \quad \text{(평균가속도)} \quad \text{(식 3-3)}$$

여기서 a는 평균가속도, v_f는 마지막 속도, v_i는 처음 속도, t_f는 마지막 시간,

t_i는 처음 시간, Δv는 속도의 변화, Δt는 총소요시간을 나타낸다. 가속도의 단위는 m/s^2를 사용한다.

평균속도와 마찬가지로 평균가속도 역시 속도 변화에 대한 충분한 정보를 제공해 주지 못하므로 순간가속도가 필요하며 관계식은 다음과 같다.

$$a = \lim_{\Delta t \to 0} \frac{\Delta v}{\Delta t} = \frac{dv}{dt} \qquad \text{(순간가속도)} \qquad \text{(식 3-4)}$$

여기서 a는 순간가속도, Δv는 속도의 변화, Δt는 총소요시간을 나타낸다. 총소요시간을 '0'에 근접하게 할 때의 속도의 변화에 의해 순간 속도가 결정된다. 수학적으로 가속도는 속도를 시간으로 미분한 값이라고 한다.

표 3-1에서 보면 우사인 볼트는 60~70m 까지 평균속도가 계속 증가하므로 그때까지의 가속도 a는 '+' 값을 갖고 있으며 ($a>0$), 아사파 파웰의 경우, 50~60m 때와 60~70m 때의 속도는 같은 값인 11.90m/s 이었으므로 속도의 변화가 없고, 가속도($a=0$), 그 이후 속도가 계속 감소하여 가속도 a가 '−' 값을 갖게 된다 ($a<0$). 지금부터 가속도는 특별한 언급이 없는 한 순간가속도를 의미 한다. 그림 3-16은 100m 달리기 시 시간에 따라 속도를 나타낸 것이다.

0초가 출발 시점을 나타내고 10초 근처가 100m 결승점을 통과하는 시점이다. 출발하면서 속도는 증가하는데 1초 정도가 지나면서 급격히 증가하고 2초에서부터 증가 정도가 감소하며 3초 정도에서부터 속도의 변화가 크게 없는 형태를 보여 주고 있다.

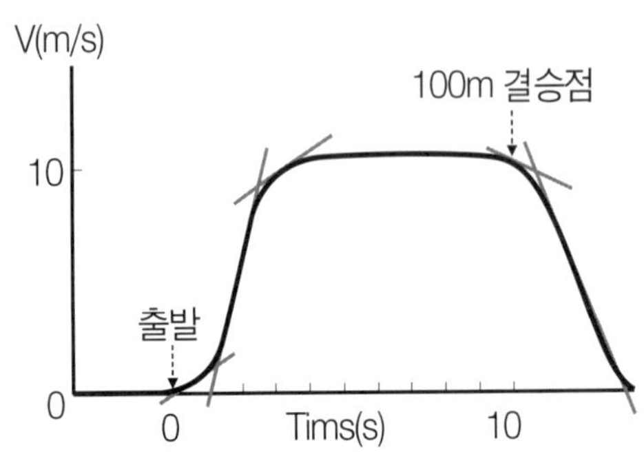

그림 3-16. 100m 달리기 시 시간에 따른 속도 변화

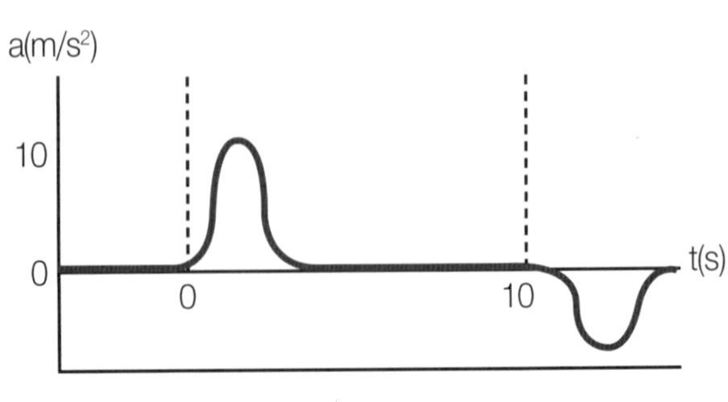

그림 3-17. 시간에 따른 가속도 변화

그림 3-16에서 그래프 접선 기울기의 크기가 순간 가속도를 의미한다. 그 순간 가속도의 대략 크기를 그려보면 그림 3-17과 같다. 가장 큰 가속도는 약 1.5초 정도에 나타났으며 크기는 10m/s²였다. 결승점을 통과한 후 속도가 급격히 줄어들고 멈추게 되므로 가속도는 '−' 값으로 나타난다.

Q 적용예제 3

아사파 파웰의 100m 경주시 10m 지점에서의 속도는 10m/s, 90m 지점에서의 속도는 11.5m/s, 100m 지점에서의 속도는 11.0m/s였다면 스타트에서 10m까지의 가속도와 마지막 90m에서 100m까지의 가속도를 구해보자. 이때 10m까지 걸린 시간은 1.87초, 90m에서 100m까지 걸린 시간은 0.9초였다.

A 해결

10m까지는

식 3-4)에서 $a=\dfrac{v_f-v_i}{t_f-t_i}=\dfrac{\Delta v}{\Delta t}=\dfrac{10\text{m/s}-0\text{m/s}}{1.87\text{s}}=5.35\text{m/s2}$

90~100m까지는

$$\bar{a}=\frac{v_f-v_i}{t_f-t_i}=\frac{\Delta v}{\Delta t}=\frac{11\text{m/s}-11.5\text{m/s}}{0.9\text{s}}=-0.56\text{m/s}^2$$

여기서 가속도의 '-' 값은 속도가 줄어 든 것을 나타낸다.

Q 적용예제 4

6.5m/s의 속도로 달리던 자전거가 -1.2m/s^2의 평균가속도로 멈춘다면 완전히 멈추는데 걸리는 시간은 얼마인가?

A 해결

$$\bar{a}=\frac{v_f-v_i}{t_f-t_i}=\frac{0-6.5\text{m/s}}{\Delta t}=-1.2\text{m/s}^2$$

$\therefore \Delta t=5.4\text{s}$

5) 운동의 방향

1차원적 동작에서는 속도가 빨라지거나 느려지는 것 외에 멈추거나 반대 방향으로 움직이는 동작이 있다. 한 고정된 위치에서부터 이동하게 되면 그곳으로부터 거리가 증가하였다고 하고 동시에 변위가 생겼다고 할 수 있다. 앞서 공부한대로 다시 제자리로 돌아가면 변위(displacement)는 감소하지만 이동한 거리(distance)는 증가한다. 여기서 '−'의 거리는 없으나 '+' 혹은 '−'의 변위가 존재한다.

예를 들어 보자. 야구의 이승엽 선수가 안타를 치고 1루에 출루하였다. 1루 베이스에서 2루 베이스로 진루하기 위해 투수가 포수에게 공을 던지려 준비하는 중에 2m 리드하고 있는 상황을 상상해 보자. 1루 베이스에서 2루 베이스쪽 방향을 '+' 방향이라 하고 2루 베이스에서 1루 베이스쪽 방향을 '−' 방향이라고 하자. 오른쪽 외야석에서 보고 있다고 생각하면 1루에서 2루 방향은 오른쪽 방향이므로 좌표계에서 정한 '+' 방향과 일치한다. 2m 리드한 상황에서 투수의 견제구에 의해 다시 1루 베이스로 되돌아 왔다면 이승엽 선수의 변위는 0이 되며 이동한 거리는 4m가 된다.

1루와 2루간의 거리는 27.432m이다. 3.432m 리드한 상태에서 다음 타자가 쳤을 때 4초만에 2루에 도달했다면 평균속도는 24m/4s=6m/s가 된다. 이 때

그림 3-18. 2루로 뛰면서 슬라이딩할 때의 가속도는 '−' (속도는 '+')

그림 3-19. 1루로 다시 돌아가면서 슬라이딩할 때의 가속도는 '+' (속도는 '−')

친 공이 뜬 공이 되어 외야수에게 잡혀 다시 1루로 뛰어 되돌아갈 때의 속도는 '–'가 된다. 속도 자체가 '–'가 아니고 (물론 가능하지도 않다) '–' 방향이라는 의미를 나타낸다.

변위와 속도에 대한 방향은 비교적 이해하기 쉬우나 가속도의 경우는 좀 까다롭다고 할 수 있다. 1루에서 2루로 뛰어 갈 때 속력이 증가하다가 즉 '+'가속도가 발생하다가 2루에서 멈추기 위해서는 2루에 도달하기 전에 속력을 줄여야 하므로 '–'가속도가 필요하다(그림 3-18). 하지만 외야수에게 잡혀 다시 1루로 빨리 되돌아가야 한다면 '–'방향으로의 속력이 빨라지므로 '–'가속도가 되며 1루에 멈추기 위해 속력을 줄이는 것은 '–'방향으로의 속력이 느려지므로 '+'가속도가 된다(그림 3-19). 이런 상황을 간추려 보자. 속도와 가속도 모두 '+'라면 물체는 '+' 방향으로 움직이며 속력도 빨라진다. 속도와 가속도 모두 '–' 라면 물체는 반대 방향으로 움직이며 속력은 빨라진다. 가속도가 '–'이지만 속력이 빨라지는 것에 주의한다. 속도는 '+', 가속도는 '–' 방향이면 물체는 '+'방향으로 움직이며 속력은 줄어든다. 가장 혼돈하기 쉬운 경우가 마지막 경우인데 속도는 '–', 가속도는 '+'인 상황으로 물체는 반대 방향으로 움직이며 속력이 줄어든다. 가속도가 '+'이면서 속력이 줄어드는 것에 주의한다(표 3-3).

표 3-3. 운동 방향에 따라 달라지는 속도와 가속도의 방향

- 방향 +	V (속도의 방향)	속력의 변화 (속력 증가+ ; 속력 감소-)	a (가속도의 방향)
속력 증가 v → a →	+	+	+
속력 감소 v → a ←	+	-	-
속력 증가 a ← v ←	-	+	-
속력 감소 a → v ←	-	-	+

6) 등가속도 운동

가속하는 물체의 가장 단순한 동작은 같은 가속도로 똑바로 움직이는 것이다. 이때 속도는 움직이는 동안 같은 비율로 변한다. 이와 같이 일정한 가속도를 갖고 움직이는 운동을 등가속도 운동이라 한다. 예컨대 자동차 경주 상황에서 출발선에 있는 차, 육상 단거리 경기, 스피드스케이팅 등에서 출발 신호와 함께 가속도를 갖고 출발한다. 이때 비록 짧은 시간이지만 등가속도 운동을 한다고 할 수 있다.

등가속도 운동한다는 것은 운동 중 어느 지점에서의 순간가속도가 전체 구간의 평균가속도와 같다는 것을 의미하는 특별한 상황이다. 이런 특별한 상황에 적용되는 유용한 등식들을 만날 수 있다. 처음 속도는 v_i이고 t초 후에는 속도 v_f라면 (식 3-3)이 다음과 같이 될 수 있다. 이때 가속도는 항상 일정하므로 평균가속도와 순간가속도는 같다($\bar{a}=a$).

$$\bar{a}=\frac{v_f-v_i}{t_f-t_i}$$

$$a=\frac{v_f-v_i}{t_f-t_i}$$

$$v_f=v_i+at \qquad \text{(식 3-5)}$$

여기서 v_f는 마지막 속도, v_i는 처음 속도, a는 일정한 가속도, t는 소요된 시간이다. 평균속도는 다음과 같이 표현할 수 있다.

$$\bar{v}=\frac{1}{2}(v_f+v_i) \qquad \text{(식 3-6)}$$

(식 3-6)의 v_f대신에 (식 3-5)를 대입하면

$$\bar{v}=\frac{1}{2}(v_i+at+v_i)$$

$$\bar{v}=v_i+\frac{1}{2}at \qquad \text{(식 3-7)}$$

처음 위치는 x_i이고 t초 후에 위치 x_f가 되었다면

(식 3-1)에서 $\bar{v}=\frac{\Delta x}{\Delta t}=\frac{x_f-x_i}{t}$ 여기에 $\bar{v}$ 대신에 (식 3-7)을 대입하면

$$v_i+\frac{1}{2}at=\frac{x_f-x_i}{t}$$

$$\therefore x_f=x_i+v_it+\frac{1}{2}at^2 \qquad \text{(식 3-8)}$$

이렇게 물체의 위치도 구할 수 있다.

(식 3-5)과 (식 3-8)에서는 4개의 변수 x_f, v_f, a, t 가 있고 두 개의 시작조건 x_i, v_i가 있다. 즉 시작조건 x_i, v_i를 알고 a가 주어지면 x_f, v_f를 계산해 낼 수 있다. t를 제거하기 위해 (식 3-5)에서 $t=\frac{v_f-v_i}{a}$ 이 되고 (식 3-8)의 t에 대입하면 다음 식을 얻을 수 있다.

$$v_f^2=v_i^2+2a(x_f-x_i) \qquad \text{(식 3-9)}$$

표 3-4. 등가속도운동 등식

처음 속도가 있을때($v_i \neq 0$)	멈춰있는 상태에서 출발($v_i=0$)	$v_i=0$, $v_f=v$, $x_f-x_i=d$
$v_f=v_i+at$	$v_f=at$	$v=at$
$x_f=x_i+v_it+\frac{1}{2}at^2$	$x_f=x_i+\frac{1}{2}at^2$	$d=\frac{1}{2}at^2$
$v_f^2=v_i^2+2a(x_f-x_i)$	$v_f^2=2a(x_f-x_i)$	$v^2=2ad \rightarrow v=\sqrt{2ad}$

Q 적용예제 5

100m 경주에서 우사인 볼트가 $3m/s^2$의 가속도로 출발하였다면 20m를 지나는 시점에서 속도는 얼마인가?

A 해결

$$v = \sqrt{2ad} = \sqrt{2(3m/s^2)(20m)} = 10.95m/s$$

Q 적용예제 6

굴러가는 축구공이 잔디의 저항에 의해 $-0.35m/s^2$의 가속도로 6초 후에 멈췄다면

a) 축구공의 처음 속도는 얼마인가?

b) 축구공이 굴러간 거리는 얼마인가?

A 해결

a) 마지막 속도 $v_f = 0$, $v_i = ?$, $a = -0.35m/s^2$ 이므로

$$v_f = v_i + at$$

$$0 = v_i + (-0.35m/s^2)(6s)$$

$$\therefore v_i = 2.1m/s$$

b) $v_i = 2.1m/s$, $t = 6s$, $a = -0.35m/s^2$ 이므로

$$x_f = x_i + v_i t + \frac{1}{2}at^2 \qquad (x_f - x_i = d)$$

$$d = v_i t + \frac{1}{2}at^2 = (2.1m/s)(6s) + \frac{1}{2}(-0.35m/s^2)(6s)^2 = 6.3m$$

Q 적용예제 7

야구의 이승엽 선수가 1루에서 2루로 7m/s의 속도로 달리다 2루 베이스1.5m전에 슬라이딩을 하여 2루 베이스에 도달했다면 슬라이딩하는 동안의 가속도는 얼마인가?

A 해결

$x_f - x_i = d = 1.5\text{m}$, $v_i = 7\text{m/s}$, $v_f = 0$ 이므로

$$v_f^2 = v_i^2 + 2a(x_f - x_i)$$

$$a = \frac{v_f^2 - v_i^2}{2d} = \frac{0-(7\text{m/s})^2}{2(1.5\text{m})} = -16.3\text{m/s}^2$$

3. 자유낙하 (Free fall)

지금까지 수평 방향의 1차원적 동작을 공부하였고 여기서는 수직 방향의 1차원적 동작에 관하여 살펴보기로 한다. 30m 높이에서의 번지점프(bungee jump) 동작이나 10m 높이에서의 하이다이빙 동작, 똑바로 위로 던져진 야구공의 움직임, 제자리에서 수직 점프를 하거나 그 이후에 착지하는 동작 등을 수직 방향의 1차원적 동작이라고 할 수 있다.

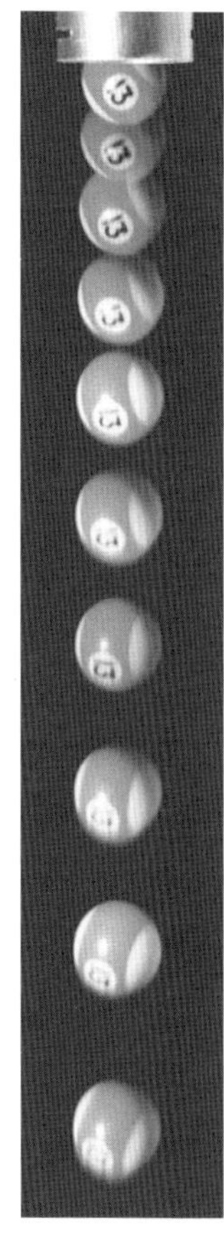

그림 3-20. 스트로브 사진 촬영을 한 자유 낙하 하는 공

공기저항을 고려치 않을 경우 떨어지는 인체나 물체의 크기, 모양, 혹은 구성성분과 상관없이 모든 인체나 물체는 같은 가속도를 갖고 떨어지는 등가속도 운동을 한다. 이런 상태에서의 동작을 자유낙하라 한다. 자유낙하는 떨어질 때 뿐 아니라 올라 갈 때도 포함한다. 이때의 가속도는 지구의 중력에 의해 생기는 가속도로써 중력가속도라 하며 g로 표시한다. 중력가속도의 방향은 항상 지구의 중심을 향하는 아래쪽 방향이다. y축을 기준으로 볼 때 위쪽 방향은 '+'방향, 아래쪽 방향은 '−'방향이므로 중력가속도는 항상 '−'방향이다. 실제로 중력가속도의 정확한 값은 위도와 고도에 따라 달라지지만 일반적으로 9.8m/s^2를 사용하며 이 책에서도 이 값을 사용 한다($g=9.8\text{m/s}^2$). 그림 3-20은 같은 시간 간격으로 여러 장면이 찍힐 수 있는 스트로브 사진촬영 기법을 이용하여 자유낙하 하는 공을 찍은 그림이다. 공 이미지의 간격이 점점 늘어나는 것을 보면 공은 같은 속력으로 떨

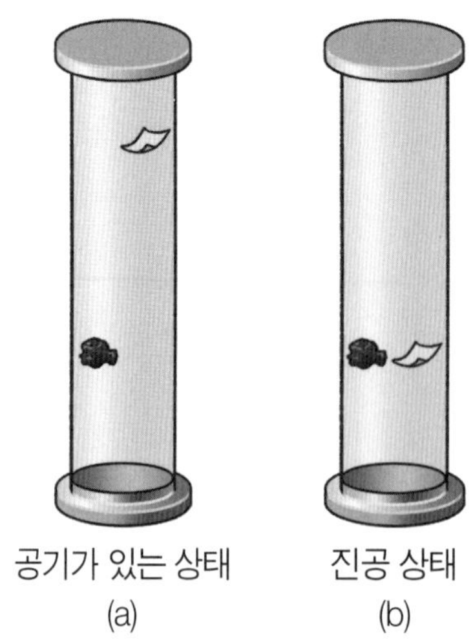

그림 3-21. (a) 공기가 있기 때문에 공기저항에 의해 두 물체가 동시에 떨어지지 않는다. (b) 공기가 없는 진공 상태에서는 중력만이 작용하여 두 물체가 동시에 떨어진다.

어지지 않고 점점 빨라지는 것을 알 수 있다. 공은 일정한 가속도 즉 등가속도 운동을 하며 떨어진다.

그림 3-21은 돌멩이와 종이를 동시에 떨어뜨렸을 때를 보여주고 있다. (a)는 공기가 있은 때 다시 말해 공기저항을 받게 될 때는 종이가 천천히 떨어지며 (b)는 공기가 없는 진공 상태즉 공기 저항이 없기 때문에 자유낙하가 되어 같은 가속도로 떨어지게 된다.

앞서 사용하였던 등가속도 운동 등식을 자유낙하 동작에 적용할 수 있다. 수직 방향의 동작이므로 위의 (식 3-5), (식 3-8), (식 3-9)에 x대신에 y로, 중력 가속도의 방향은 항상 아래쪽이므로 a대신에 $-g$로 대치하면 다음 식들을 얻을 수 있다.

$$v_f = v_i - gt \quad \text{(식 3-10)}$$

$$y_f = y_i + v_i t - \frac{1}{2} g t^2 \quad \text{(식 3-11)}$$

$$v_f^2 = v_i^2 - 2g(y_f - y_i) \quad \text{(식 3-12)}$$

적용예제 8

15m 높이에서 다이빙 할 때
 a) 입수하는데 걸리는 시간은 얼마인가?
 b) 입수할 때의 속도는 얼마인가?

해결

a) $y_f = y_i + v_i t - \frac{1}{2}gt^2$

처음 속도(vi)=0 이므로

$$y_f - y_i = -\frac{1}{2}gt^2 \rightarrow y_i - y_f = \frac{1}{2}gt^2$$

$$t = \sqrt{\frac{2(y_i - y_f)}{g}} = \sqrt{\frac{2(15\text{m}-0\text{m})}{9.8\text{m/s}^2}} = 1.75s$$

b) $v_f = v_i - gt$

$v_f = 0 - (9.8\text{m/s}^2)(1.75s) = -17.15\text{m/s}$

여기서 '–' 는 아랫방향을 의미한다.

적용예제 9

외부적인 자극에 반응하는데 걸리는 시간을 반응 시간이라 한다. 그림은 반응 시간을 측정하는 간단한 실험이다. 한 사람이 자를 들고 있다가 놓게 되면 다른 사람은 그 자를 잡는다. 이때 잡은 곳이 18cm 라면 반응 시간은 얼마인가?

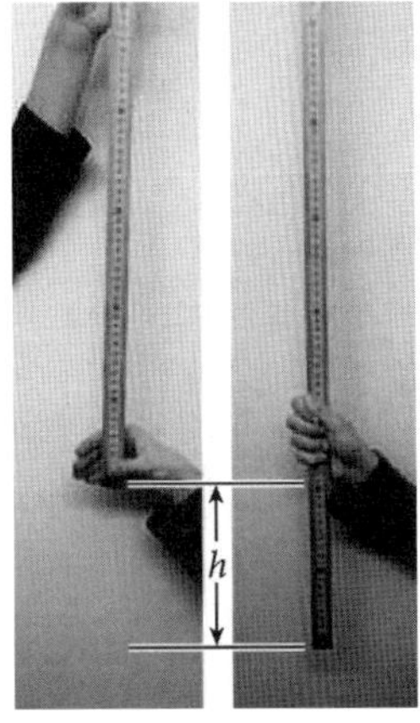

해결

$y_f = y_i + y_i t - \frac{1}{2}gt^2$

$y_i - y_f = \frac{1}{2}gt^2$

$$t = \sqrt{\frac{(y_i - y_f)}{g}} = \sqrt{\frac{2(0-(-0.18\text{m}))}{9.8\text{m/s}^2}} = 0.19s$$

적용예제 10

야구공을 똑바로 위로 20m/s의 속도로 던졌다면 a) 1초, 2초, 3초 후의 속도와 위치는 얼마인가? b) 최대 높이와 도달하는데 걸린 시간은? c) 야구공을 던진 위치에서 다시 받을 때의 속도는 얼마인가? 공이 손에서 떨어지는 지점은 1.7m 였다.

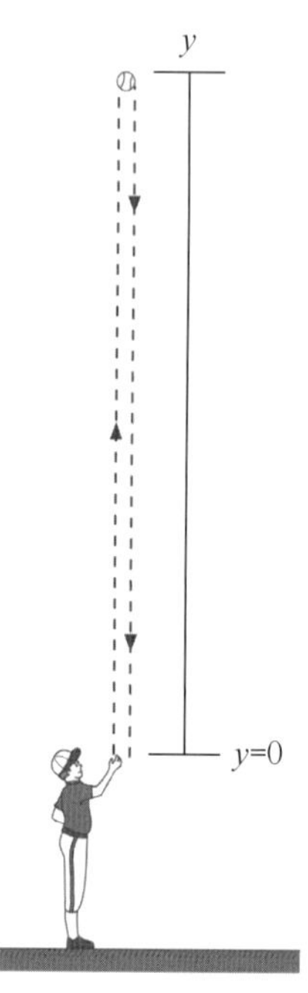

해결

a)

속도) $v_f = v_i - gt$

1초 후 = 20m/s − (9.8m/s²)(1s) = 10.2m/s
2초 후 = 20m/s − (9.8m/s²)(2s) = 0.4m/s
3초 후 = 20m/s − (9.8m/s²)(3s) = −9.4m/s

1초와 2초후에는 공의 속도가 '+' 이므로 위로 올라갔지만 3초 후에는 공의 속도가 '−' 이므로 공이 정상에 도달한 후 아래로 떨어지고 있다는 것을 보여 주고 있다.

위치) $y_f = y_i + v_i t - \frac{1}{2} gt^2$

1초 후 = 1.7m + (20m/s)(1s) + (0.5)(−9.8m/s²)(1s)² = 16.8m
2초 후 = 1.7m + (20m/s)(2s) + (0.5)(−9.8m/s²)(2s)² = 22.1m
3초 후 = 1.7m + (20m/s)(3s) + (0.5)(−9.8m/s²)(3s)² = 17.6m

b) 최대 높이와 도달하는데 걸린 시간

최대 높이에서의 속도(v_f)는 0이므로 (식 3-10)을 이용하여 최대 높이에 도달하는 시간부터 구하면,

$$v_f = v_i - gt$$

$$t = \frac{v_f - v_i}{-g} = \frac{0-20\text{m/s}}{-9.8\text{m/s}^2} = 2.04s$$

최대 높이까지 올라가는데 걸린시간은 2.04초
이것을 (식 3-11)에 대입하면

$$y_f = y_i + v_i t - \frac{1}{2} gt^2$$

$$= 1.7 + (20\text{m/s})(2.04s) + (0.5)(-9.8\text{m/}s^2)(2.04s)^2 = 22.1$$

$v_f^2 = v_i^2 - 2g(y_f - y_i)$

$0 = (20\text{m/s})^2 - (2)(9.8\text{m/s}^2)(y_f - 1.7\text{m})$

$y_f = 22.1\text{m}$

최대 높이는 22.1m

c) 야구공이 최대 높이까지 올랐다가 다시 던져진 위치까지 오는데 걸린 시간을 계산해보면,

$y_f = y_i + v_i t - \frac{1}{2} gt^2$

여기서

$y_i = y_f = 1.7\text{m}$

$0 = v_i t - \frac{1}{2} gt^2$

$$t = \frac{2v_i}{g} = \frac{2 \times 20\text{m/s}}{9.8\text{m/s}^2} = 4.08s$$

(식 3-10)인 $v_f = v_i - gt$ 에 $t = 4.08s$를 대입하면

$v_f = 20\text{m/s} - (9.8\text{m/s}^2)(4.08\text{s}) = -20.0\text{m/s}$

야구공을 던질 때의 처음 속도는 20m/s이었고 공을 잡기 직전인 떨어질 때의 마지막 속도는 −20m/s이다. 속도의 크기인 야구공의 속력은 처음과 마지막 속력은 같았고 방향만 다르다는 것을 보여 주고 있다. 그리고 최대 높이에 도달하는데 걸린 시간과 최대 높이에서 떨어지는데 걸린 시간이 같았다. 던져지는 높이와 떨어지는 높이가 같다면 최대 높이에 도달하는 시간과 떨어지는데 까지 걸린 시간은 다음과 같다.

최대 높이에 도달하는 시간 : $t = \frac{v_i}{g}$

처음 위치로 되돌아 오는 시간 : $t = \frac{2v_i}{g}$

1) 중력(gravity)

중력은 물체의 크기와 상관없이 두 물체 사이에서 상호 작용하는 힘이다. 두 물체 사이에서의 중력은 두 질량의 곱에 비례하고 거리의 제곱에 반비례한다. 이것을 만유인력의 법칙(law of universal gravity) 이라 하며 뉴턴에 의해 소개되었다. 질량이 m_1과 m_2인 두 개의 구가 각각의 중심으로부터 서로 r거리만큼 떨어져 있다면 중력의 크기는 다음 (식 3-13)으로 표현된다.

$$F_g = G\frac{m_1 m_2}{r^2} \qquad (식\ 3\text{-}13)$$

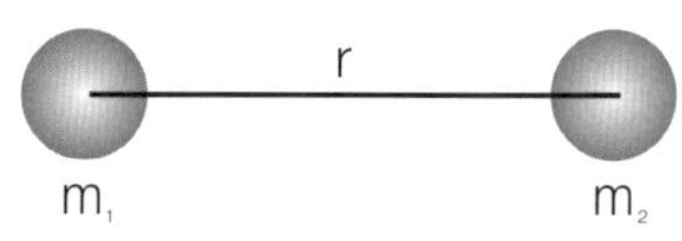

그림 3-22. 두 물체가 r거리만큼 떨어져 있다

여기서 F_g 는 두 물체 사이의 중력, m_1, m_2는 각 물체의 질량, r은 두 물체 사이의 거리, G는 중력상수로 $6.67\times10^{-11}\text{N}\cdot\text{m}^2/\text{kg}^2$이다. 예를 들어 두 대의 3000kg의 자동차가 각각의 질량 중심에 대해 3m 떨어져 있을 때 두 자동차에 작용하는 중력은 약 67μN밖에 되지 않는다. 이는 모래 알갱이의 무게 정도의 힘에 해당한다. 한 사람의 무게는 지구와 그 사람 사이의 중력인데 결국 지구가 그 사람을 당기는 힘이다.

4

선운동학(linear kinematics) -곡선운동

앞에서 살펴 본 일직선을 따라 이동하는 1차원의 운동은 오직 두 방향으로만 움직인다. 한쪽 방향을 '+'방향이라 하면 반대쪽 방향은 '-'방향이 된다. 반면에 야구공, 축구공, 농구공, 골프공 뿐 아니라 사람을 하나의 입자로 가정하면, 멀리 뛰기, 스키점프, 트랙을 돌아야하는 200m, 400m 달리기 등은 곡선운동을 한다. 이런 경우 '+'와 '-'만으로는 방향을 설명하는데 부족하다. 곡선운동은 2차원 운동이다. 예컨대 그림 4-1a는 멀리 뛰기 선수가 달려오는 모습인데 이때 이 선수의 속도는(v)만으로 표현할 수 있지만 그림 4-1b와 같이 멀리 뛰기 위해 공중으로 도약한 상태에서의 속도는 수평 속도(v_x)와 수직 속도(v_y)로 나타내야 한다. 이와 같이 곡선운동인 2차원 운동의 변위, 속도, 가속도 등은 두 방향으로 나타내야 하기 때문에 벡터로 표현되어야 한다. 그렇다면 기본적인 삼각함수를 살펴보고 벡터에 관하여 공부해 보자.

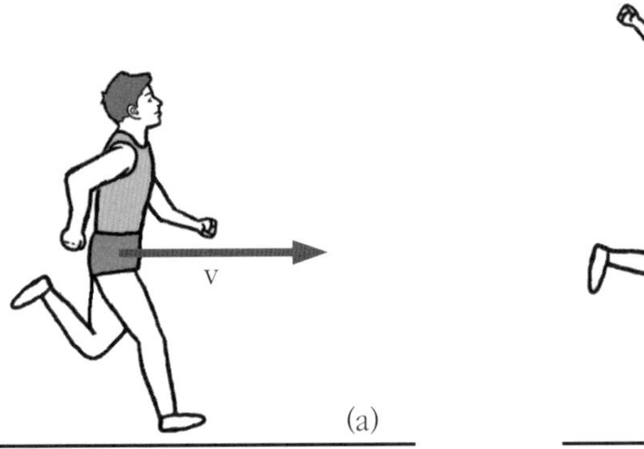

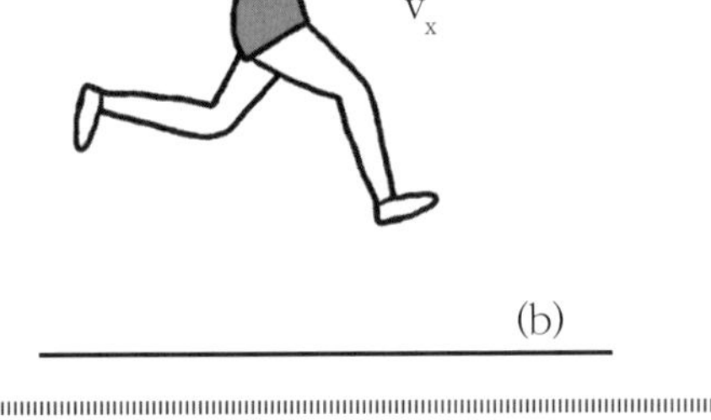

그림 4-1. 달릴 때의 속도는 수평 속도만으로 표현 될 수 있지만 (a) 도약 후 공중에서의 속도는 수평 속도와 수직 속도로 나눠서 표현된다.

1. 삼각함수

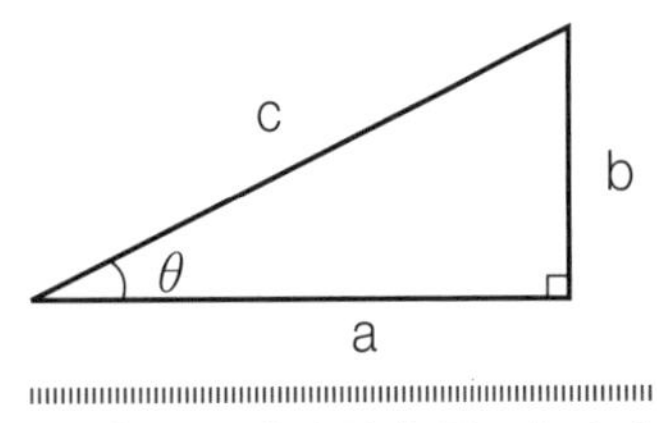

그림 4-2. 삼각함수를 정의하기 위한 직각삼각형

삼각함수는 2차원 운동에서 필연적으로 중요하다. 그림 4-2는 밑변이 a, 높이가 b, 사변이 c이고 밑변과 사변사이의 각도가 θ인 직각삼각형을 나타낸다. 각도의 sin(사인), cos(코사인), tan(탄젠트)는 다음과 같이 정의한다.

$$\sin\theta = \frac{b}{c}, \quad \cos\theta = \frac{a}{c}, \quad \tan\theta = \frac{b}{a}$$

그리고 직각삼각형의 두변을 알면 역삼각함수를 이용해서 각도 θ를 구할 수 있다. 역삼각함수에 사용되는 것은 $\sin^{-1}$, $\cos^{-1}$, $\tan^{-1}$이고 각각 아크사인, 아크코사인, 아크탄젠트라 읽고 다음과 같다.

$$\theta = \sin^{-1}\left(\frac{b}{c}\right), \qquad \theta = \cos^{-1}\left(\frac{a}{c}\right), \qquad \theta = \tan^{-1}\left(\frac{b}{a}\right)$$

피타고라스의 정리에 의해 직각삼각형의 세변의 관계는 다음과 같다.

$$a^2 + b^2 = c^2$$

직각삼각형의 두변의 길이를 알면 나머지 한 변의 길이를 구할 수 있다.

2. 스칼라(scalar)와 벡터(vector)

운동역학에 적용되는 법칙을 수식으로 표현하기 위해서는 먼저 운동역학에 적용되는 법칙을 묘사하는 물리량을 이해하여야 한다. 물리량이란 자연현상 중 특정한 현상을 수로 대표할 수 있도록 정의한 양이다. 물리량은 두 가지로 구분되는데 하나가 스칼라량이고 다른 하나는 벡터량이다. 스칼라와 벡터의 개념은 아일랜드에서 태어난 수학자 William Rowan Hamilton(1805~1865)에 의해 처음으로 도입되었다. 벡터는 '운반하는 것' 이라는 뜻을 갖고 있는 어원에서 출발하였다. 특히 벡터 개념을 도입하여 여러 복잡한 현상을 상당히 간결하게 다룰 수 있게 되었다.

운동역학에서는 시간, 길이, 넓이, 부피, 질량, 속력, 속도, 가속도, 각도, 각속도, 각가속도, 힘, 관성모멘트, 토크 등 여러 물리량들을 측정하고 계산한다. 축구장의 넓이 7,140m^2, 야구장의 베이스간 거리 27.432m, 100m 단거리 경주에서의 우승 시간 9.58초, 오늘의 온도 18°C 등은 단위와 함께 숫자로 모든 것을 잘 설명하고 있다. 이렇게 하나의 숫자로 크기나 정도 등을 충분히 설명될 수 있는 물리량을 스칼라량이라 한다. 스칼라량의 예로 넓이, 길이, 시간, 온도 뿐 아니라 질량, 속력, 관성모멘트 등이 있다.

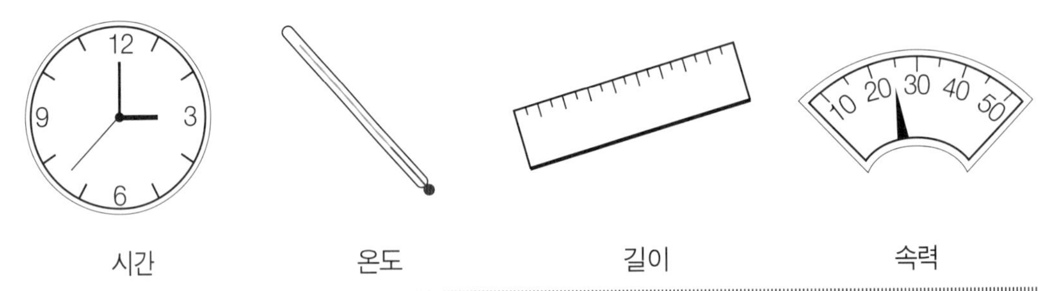

그림 4-3. 스칼라량의 예

반면에 앞서 살펴본 변위, 속도, 가속도 등은 하나의 숫자만으로는 충분한 정보를 제공해 주지 못한다. 크기만으로는 충분치 않으며 방향까지 첨가되어야 완전한 설명이 된다. 이와 같이 일반적으로 크기와 방향을 갖고 있는 물리량을 벡터량이라 한다.

가장 간단한 벡터량은 위치의 변화를 의미하는 변위다. 변위를 나타내는 벡터를 변위벡터라 한다. 처음 위치 A에서 마지막 위치 B로 이동하여 위치가 변했다면 A에서 B까지 연결한 화살표로 변위를 나타낸다. 화살표는 벡터를 표현한다(그림 4-4). 변위벡터로는 실제로 그 물체가 어떤 경로로 움직였는지 알 수 없다. 그림 4-5는 A에서 B까지 이동한 세 가지 경로를 보여 주는데 세 경로

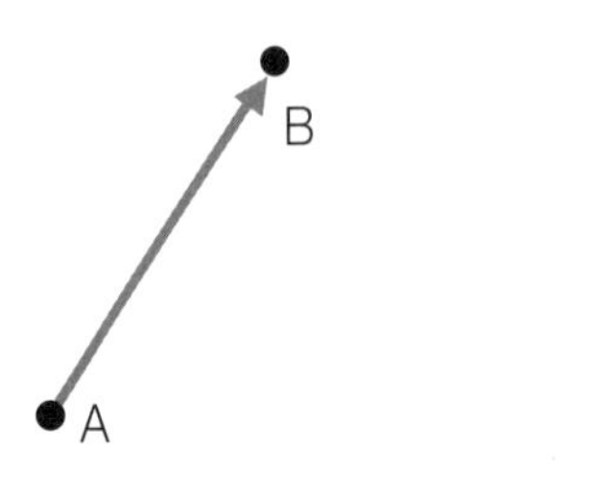

그림 4-4. A에서 B로 이동한 변위 벡터

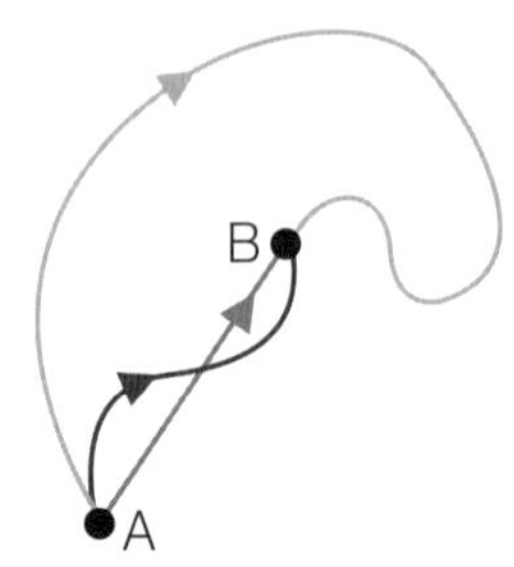

그림 4-5. A에서 B로 이동한 세 가지 경로

는 각각 다르지만 변위벡터는 A에서 B까지 연결한 화살표로 모두 같다.

거리와 변위를 직접 비교해 보면 스칼라와 벡터의 차이를 알 수 있다. 거리는 스칼라량이므로 방향과 관계없이 총 이동한 길이를 의미한다. 예를 들어 400m 트랙 한 바퀴를 달려 제자리에 오게 되면 이동한 거리는 400m 지만 처음위치와 마지막위치가 같아서 벡터인 변위는 '0'이 된다.

벡터를 표현할 때 화살표를 이용한다. 화살표의 화살 방향이 벡터의 방향을 나타내며 화살표의 길이는 벡터의 크기에 비례하게 그린다. 화살표의 길이가 같고 방향이 같으면 동일한 벡터로 인정하고 그 길이와 방향을 유지한다면 그 벡터를 옮길 수 있다. 그림 4-6에서 네 개의 벡터는 길이와 방향이 같으므로 동일한 벡터이며 옮겨 보면 정확히 겹쳐지는 것을 알 수 있다. 그러므로 이 네 개의 벡터는 같은 벡터다. 이 책에서는 벡터를 상징하는 표현으로 문자위에 → 를 그리기로 한다($\vec{a}$). 벡터를 상징하는 표현이 없다면 비록 그 물리량이 벡터량임에도 불구하고 그 크기만을 의미하는 스칼라량이 된다.

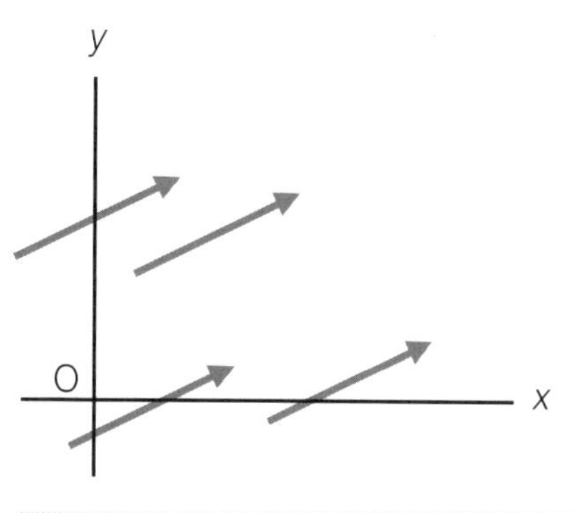

그림 4-6. 네 개의 벡터는 크기와 방향이 같기 때문에 동일한 벡터다

1) 벡터의 덧셈

스칼라량은 일반적인 덧셈을 사용하면 되지만 벡터량은 크기와 방향을 갖고 있는 물리량이므로 특별한 방법에 의해 덧셈이 이루어진다. 벡터의 덧셈은 변위를 이용하여 설명하면 이해하기 쉽다. 그림 4-7에서와 같이 A에서 B로 이동하고 B에서 다시 C로 이동한다고 생각해 보자. 이동한 경로가 어떻든 A에서 B까지의 변위를 변위벡터 $\vec{a}$로, B에서 C까지의 변위를 변위벡터 $\vec{b}$로 나타낼 수 있다. 마찬가지로 이동 경로와 상관없이 위치의 변화인 변위는 A에서 C로 이동한 것이므로 A에서 C를 연결한 변위 $\vec{c}$로 나타낼 수 있다. 두 변위를 합

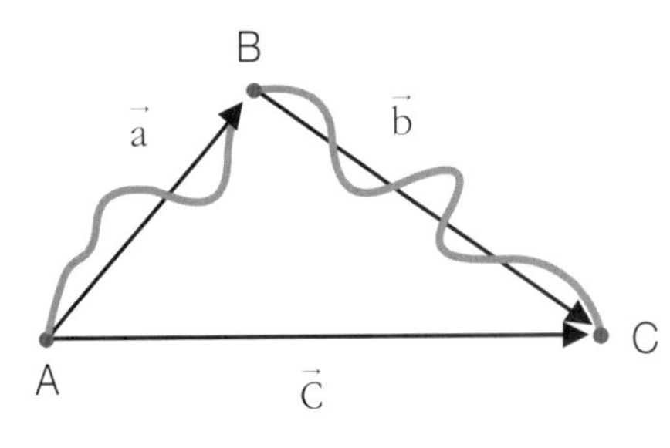

그림 4-7. 벡터의 덧셈($\vec{c}=\vec{a}+\vec{b}$)

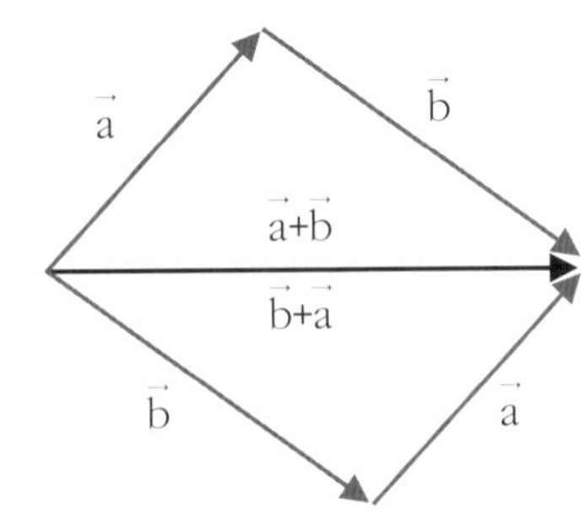

그림 4-8. 벡터의 덧셈에서 순서를 바꿔도 결과는 같다($\vec{a}+\vec{b}=\vec{b}+\vec{a}=\vec{c}$)

한 변위는 이동 경로와는 관계없이 처음위치 A와 마지막위치 C를 화살표로 연결한 벡터다. 변위벡터의 크기는 두 점 A와 C 사이의 직선거리이며 변위의 방향은 화살표 방향이다. 이런 합은 일반적인 덧셈과는 차이가 있다. 벡터의 덧셈은 크기와 방향 모두를 합하는 것이다. 그림 4-7과 같이 $\vec{a}$와 $\vec{b}$의 합을 $\vec{c}$라 하고 다음과 같이 나타낸다.

$$\vec{c}=\vec{a}+\vec{b} \qquad \text{(식 4-13)}$$

더하기의 순서를 바꾸면 어떻게 될까? 그림 4-8과 같이 더하기는 순서와 관계없이 같은 결과를 얻는다.

$$\vec{a}+\vec{b}=\vec{b}+\vec{a}=\vec{c} \qquad \text{(식 4-14)}$$

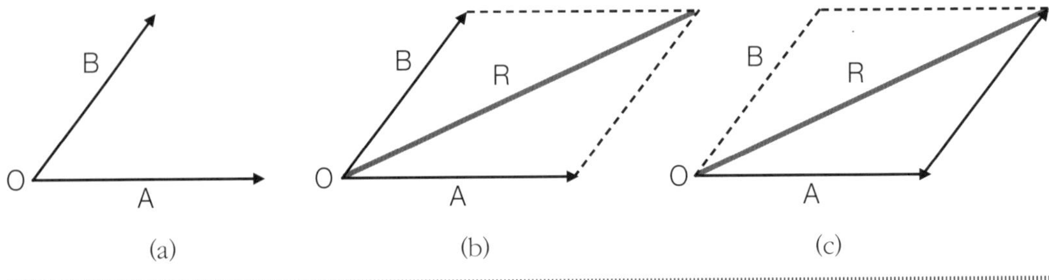

그림 4-9. 벡터의 덧셈 ((b)평행사변형 방법과 (c)머리에서 꼬리 잇기 방법)

두 벡터의 덧셈은 그래프적 방법으로 구할 수 있다. 임의의 두 개의 벡터 $\vec{a}$와 $\vec{b}$가 있을 때 두 벡터의 꼬리를 그림 4-9a처럼 원점 0에 맞춘다. 그런 후 벡터 $\vec{a}$의 머리에서 $\vec{b}$에 평행한 선을 긋고 b의 머리에 a에 평행한 선을 그려서 하나의 평행사변형을 만든다. 원점에서부터 만들어진 대각선이 두 벡터 $\vec{a}$와 $\vec{b}$의 합이 된다(그림 4-9b). 이를 평행사변형 방법이라 한다. 그림 4-9c는 꼬리 잇기 방법으로 벡터 $\vec{a}$의 머리에 벡터 $\vec{b}$를 이동 시킨 후 원점과 벡터 $\vec{b}$의 머리와 연결한다. 두 방법을 통해 같은 결과를 얻게 된다.

2) 벡터의 뺄셈

벡터의 뺄셈을 이해하기 위해서는 음의 벡터에 대해 먼저 알아야 한다. 벡터 $\vec{b}$에 대한 음의 벡터는 크기는 같고 방향이 반대인 $-\vec{b}$로 정의된다. 크기에 있어서 '−' 는 성립이 안 되므로 '−' 는 반대 방향을 의미 한다.

벡터 $\vec{b}$와 벡터 $-\vec{b}$를 합하면 원래의 위치로 되돌아가는 것과 같아지므로 '0'이 된다. 그리고 다음과 같이 나타낸다.

$$\vec{b}+(-\vec{b})=\vec{b}-\vec{b}=0$$

이와 같이 $-\vec{b}$를 합하는 것은 $\vec{b}$를 빼는 것과 같다. 다음 그림에서 $\vec{a}$빼기 $\vec{b}$를 하면 다음과 같다.

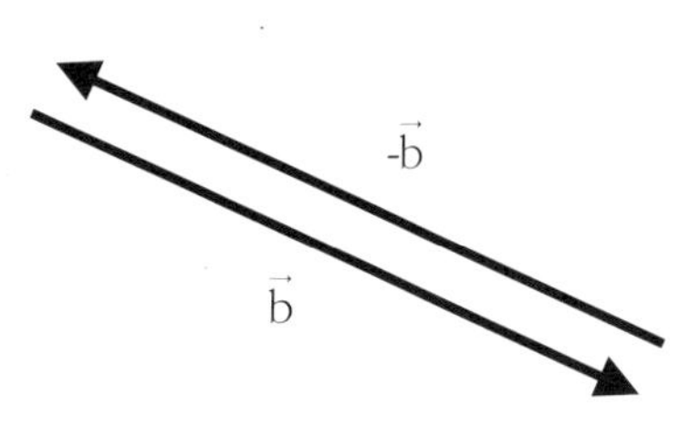

그림 4-10. 벡터와 음의 벡터

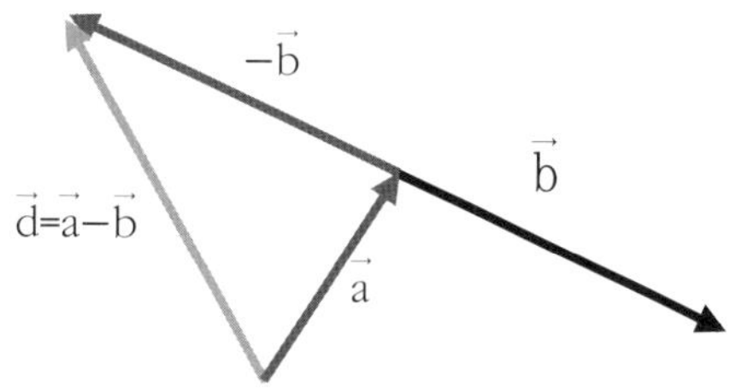

그림 4-11. 벡터의 뺄셈

$\vec{d}=\vec{a}-\vec{b}=\vec{a}+(-\vec{b})$ (식 4-15)

3) 벡터의 성분

모든 벡터는 그것의 성분 벡터로 나눠 표현할 수 있다. 벡터의 성분 벡터는 x, y 각 축에 벡터를 투영하여 얻어지게 된다. 벡터 $\vec{A}$에 대한 x축의 성분 백터를 $\vec{A}_x$라 하고, y축의 성분 벡터를 $\vec{A}_y$ 라 한다. 이렇게 벡터의 성분을 찾는 과정을 벡터의 분해라 한다. 2차원 벡터는 x, y 두 개의 성분 벡터로 표현된다. 그림 4-12는 임의의 벡터 $\vec{A}$와 그것의 x 성분 벡터 $\vec{A}_x$ 와 y성분 벡터 $\vec{A}_y$를 보여 주고 있다. 이 두 성분 벡터들을 합하면 벡터 $\vec{A}$가 되며 (식 4-16)으로 나타낸다.

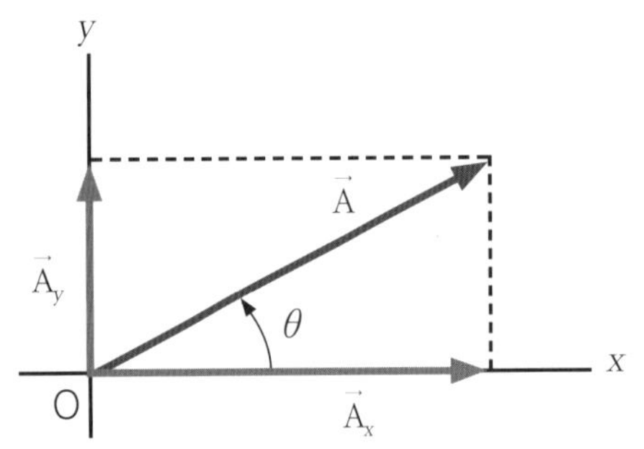

그림 4-12. 벡터의 성분벡터 (벡터의 분해)

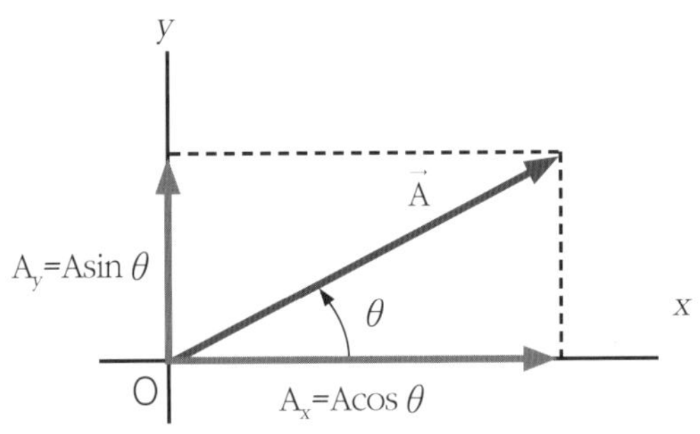

그림 4-13. 성분벡터의 크기

$\vec{A}=\vec{A}_x+\vec{A}_y=(A_x,\ A_y)$ (식 4-16)

벡터 $\vec{A}$의 길이는 $A(=|\vec{A}|)$이고 x, y 성분 벡터의 길이는 각각 A_x, A_y 가 된다. 그리고 A_x를 벡터 $\vec{A}$의 수평성분(x성분), A_y를 벡터 $\vec{A}$의 수직성분(y성분)이라 한다. 벡터 $\vec{A}$가 x축과의 사이 각이 θ일 때 각 성분은 다음과 같다.

$$\cos\theta = \frac{A_x}{A} \Rightarrow A_x = A\cos\theta$$ (식 4-17)

$$\sin\theta = \frac{A_y}{A} \Rightarrow A_y = A\sin\theta$$ (식 4-18)

그리고

$$A=\sqrt{A_x^{\ 2}+A_y^{\ 2}}$$

$$\tan\theta=\frac{A_y}{A_x}$$

여기서 두 벡터의 덧셈을 다시 생각해 보자. 두 벡터의 덧셈은 각 벡터의 같은 성분 다시 말해 x성분은 x성분 끼리, y성분은 y성분 끼리 더하면 된다. 그림 4-14b은 각 벡터의 성분들과 두 벡터 $\vec{A}$와 $\vec{B}$의 합을 보여 주고 있다.

$$\vec{C}=\vec{A}+\vec{B}=(A_x,\ A_y)+(B_x,\ B_y)=(A_x+B_x,\ A_y+B_y)$$

두 벡터의 합을 각각의 성분으로 다시 쓰면

$$C_x=A_x+B_x$$

$$C_y=A_y+B_y$$

뺄셈도 각 성분끼리 빼면 된다.

$$\vec{D}=\vec{A}-\vec{B}=(A_x,\ A_y)-(B_x,\ B_y)=(A_x-B_x,\ A_y-B_y)$$

마찬가지로

$$D_x=A_x-B_x$$

$$D_y=A_y-B_y$$

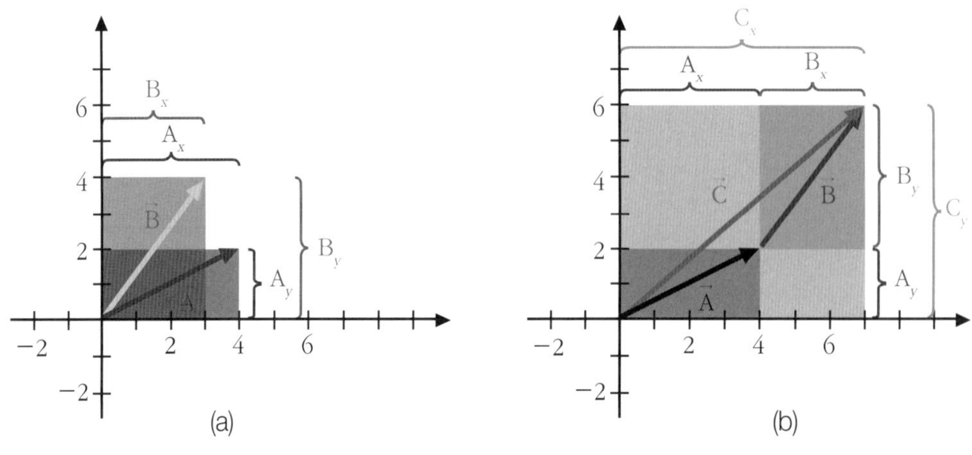

그림 4-14. 성분에 의한 벡터의 덧셈. (a) 벡터 $\vec{A}$와 $\vec{B}$의 성분; (b) 두 벡터 합인 벡터 $\vec{C}$의 성분

Q 적용예제 1

다음 그림에서 벡터 $\vec{A}$의 성분을 구하시오.

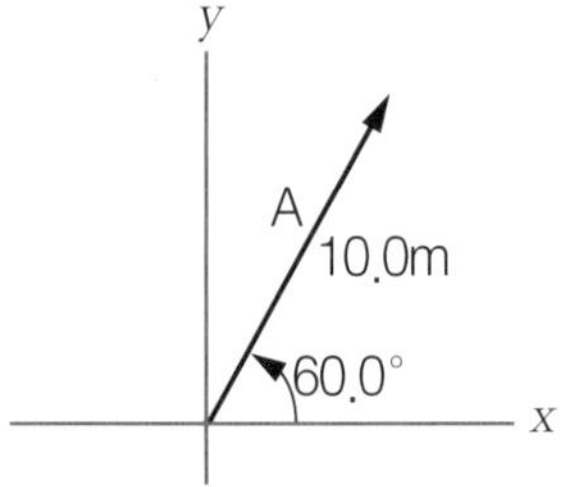

A 해결

$A_x = A\cos\theta = (10\text{m})\cos(60°) = 5\text{m}$

$A_y = A\sin\theta = (10\text{m})\sin(60°) = 8.66\text{m}$

Q 적용예제 2

다음 그림에서 벡터 $\vec{R}$의 길이와 각도 α를 구하시오.

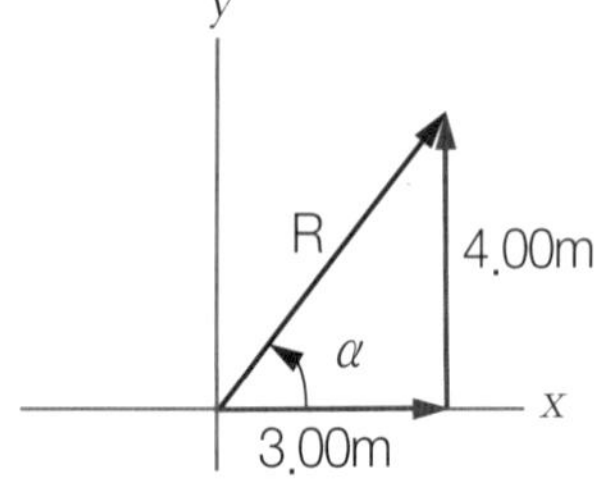

A 해결

$R = \sqrt{R_x^2 + R_y^2} = \sqrt{(3\text{m})^2 + (4\text{m})^2} = 5\text{m}$

$\tan\alpha = \frac{R_y}{R_x} = \frac{4\text{m}}{3\text{m}} = 1.33$

$\alpha = 53.1°$

Q 적용예제 3

다음 그림에서 벡터 $\vec{R}$을 구하시오.

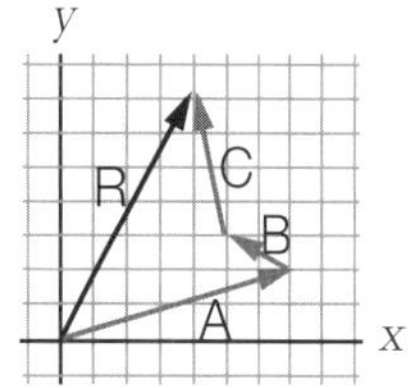

A 해결

$\vec{R}=\vec{A}+\vec{B}+\vec{C}=(7, 2)+(-2, 1)+(-1, 4)=(4, 7)$

3. 투사체 운동

무중력 상태인 우주 공간에서 야구공을 던진다면 던져진 방향으로 계속 운동을 하겠지만 지구에서는 던져진 방향으로 운동하다 지구의 중력에 의해 야구공은 바닥으로 떨어지게 된다. 던져진 야구공과 같이 공중에 투사된 물체를 투사체라고 하며 투사체가 움직이는 것을 투사체 운동(projectile motion)이라 한다. 앞서 얘기한 자유낙하는 수평속도가 '0'인 반면 투사체 운동은 처음 수평속도가 '0'이 아닌 값을 갖고 있는 자유낙하라 할 수 있다. 투사체가 이동하면서 만든 궤적의 곡선운동을 포물선 운동이라 한다. 대부분의 스포츠는 포물선 운동을 포함한다. 예를 들어 농구, 야구, 축구, 핸드볼, 테니스, 골프 등 대부분의 구기 종목과 투포환, 투창, 투원반 등 던지기 종목들이 해당 된다. 사람의 몸도 투사체가 된다. 넓이 뛰기, 높이뛰기, 기계체조, 다이빙, 스키점프, 피겨스케이팅 등 동작 중 지면에서 떨어지는 순간부터 착지하는 순간까지 몸은 포물선 운동을 한다. 포물선 운동을 하는 투사체는 중력과 공기저항을 받게 된다. 하지만 본 장에서는 공기저항을 고려하지 않는다. 그러므로 투사체에 작용하는 힘은 중력만 남게 된다. 농구에서 자유투가 이상적인 투사체 운동의 한 예가 될 수 있다(그림 4-15).

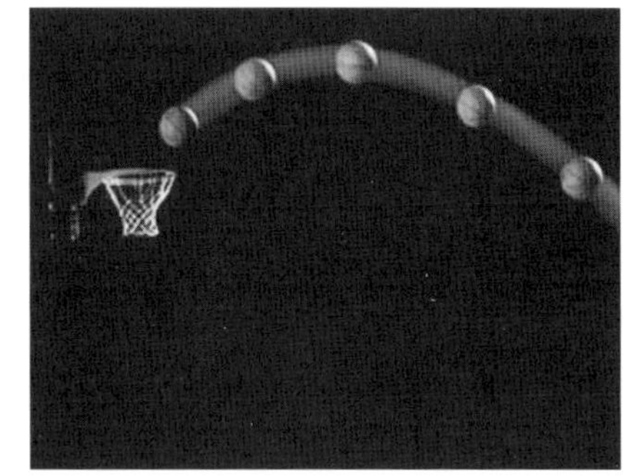

그림 4-15. 농구공의 투사체 운동

투사체 운동의 특별한 경우는 수평으로 던질 때 발생한다. 공을 수평으로 던지고 동시에 다른 공을 같은 높이에서 그냥 떨어뜨려 보자(그림 4-16). 놀랍게도 두 공

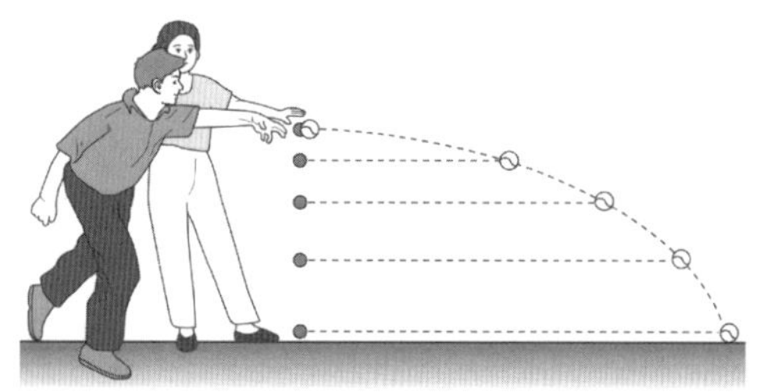

그림 4-16. 같은 수직운동

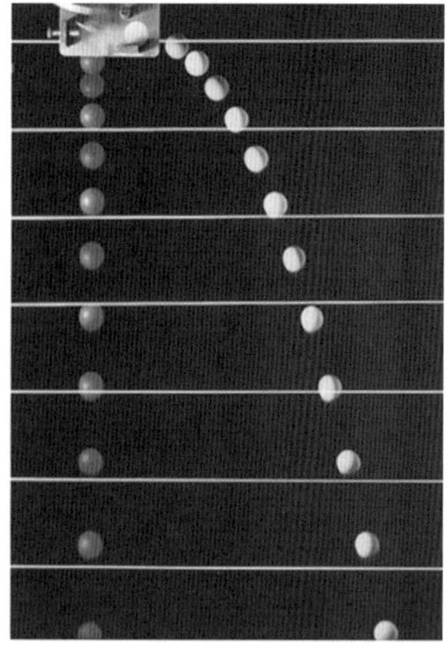

그림 4-17. 한 공은 그냥 떨어뜨리고 다른 공은 스프링에 의해 수평으로 투사했을 때의 모습

은 동시에 지면에 떨어진다. 수평으로 던져진 공은 그냥 떨어뜨린 공과 같은 중력가속도로 떨어지기 때문이다. 수평 방향의 속도는 수직 방향의 속도와 가속도에 어떤 영향도 미치지 못한다는 것을 알수 있다.

그림 4-17은 이런 관계를 좀 더 자세하게 보여주는 그림이다. 한 공은 그냥 떨어뜨리고 다른 공은 스프링에 의해 수평으로 투사했을 때의 모습을 스트로브 사진으로 보여주고 있다. 그림 4-17에서 두 공 역시 같은 시간 동안에 같은 거리만큼 떨어지는 것을 보여주는 수직운동을 한다. 이와 같이 두 공이 같은 수직운동을 한다는 것은 수평 방향으로 움직이는 것이 수직운동에 전혀 영향을 미치지 못한다는 것을 보여 주는 것이다. 즉 수평운동과 수직운동은 서로 독립적이라는 사실을 보여준다. 투사체의 수평 성분과 수직 성분이 서로 독립적이기 때문에 투사체의 위치, 속도, 가속도를 x성분과 y성분으로 나눠 표현할 수 있다.

한 공이 수평면과 θ의 각도로 던져질 때 공기

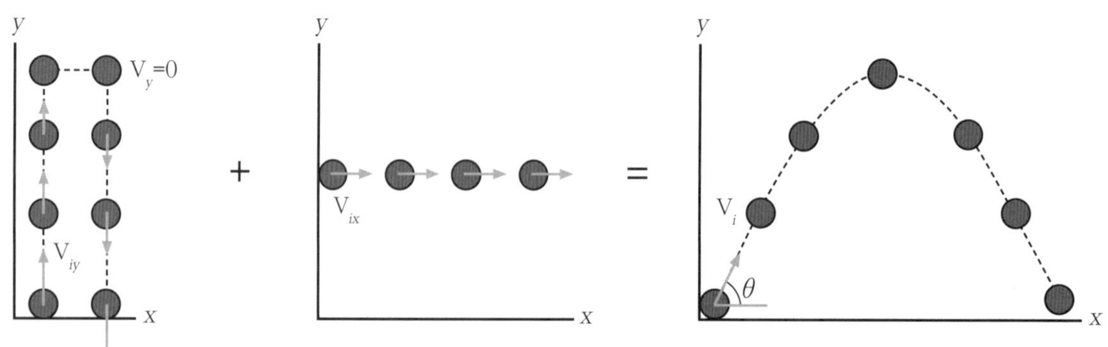

그림 4-18. 투사체 운동은 수직 성분과 수평 성분의 결합으로 이루어진다

저항을 무시하면 그림 4-18와 같은 좌우 대칭인 포물선을 그리게 된다. 이 포물선은 수직과 수평 방향 운동의 결합된 결과다. 이 공은 수직 방향으로는 올라갔다 다시 내려오고 동시에 수평 방향으로는 같은 속도로 계속 운동한다.

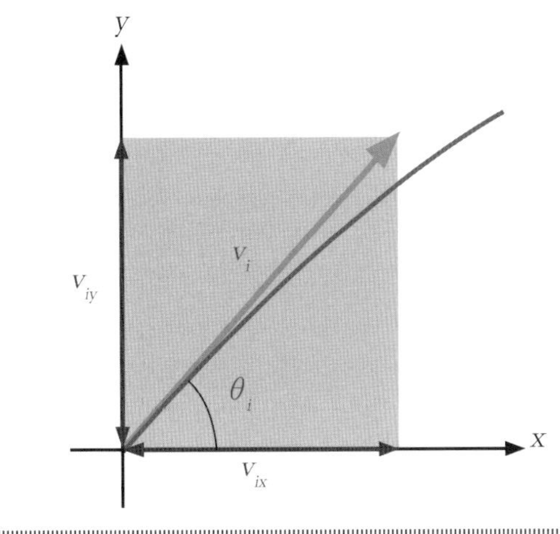

그림 4-19. 처음 속도의 수평 성분과 수직 성분

좀 더 자세히 살펴보자. 투사체는 2차원적 운동을 하기 때문에 처음 속도($\vec{v}_i$)는 수평 성분(v_{ix})과 수직 성분(v_{iy})으로 분해할 수 있다(그림 4-19). 수평면과의 각도가 θ_i라면 처음속도 ($\vec{v}_i$)의 수평 성분과 수직 성분은 다음과 같다.

$$v_{ix} = v_i \cos\theta_i \tag{식 4-19}$$

$$v_{iy} = v_i \sin\theta_i \tag{식 4-20}$$

한 번 투사된 투사체에 작용하는 힘은 공기저항을 제외했기 때문에 중력만 작용한다. 이 중력은 투사체의 수직 방향 운동에만 작용하여 투사체를 지면으로 떨어지게 한다. 떨어지는 투사체의 가속도는 자유 낙하하는 물체의 가속도와 마찬가지로 크기는 일정하며 방향이 아래인 중력가속도(g)가 된다. 그러므로 투사체의 수직 성분 속도는 계속 변화하고 수직 성분 가속도는 항상 −g이다. 반면에 수평성분에 작용하는 힘이 없기 때문에 처음의 수평 속도 ($v_{ix} = v_i \cos\theta_i$)를 계속 유지한다. 속도의 변화가 없기 때문에 수평성분의 가속도는 '0'이다. 그러므로 투사체 운동은 일정한 속도의 수평 운동과 일정한 가속도의 수직 운동의 결합이다.

그림 4-21은 투사체의 속도 벡터 변화를 보여 준다. 수직 성분 속도(v_y)는 투

사체가 올라가면서 계속 '+'방향을 가리키지만 점점 감소하면서 정상에 도달하면 '0'이 된 후 떨어지면서 '−'방향을 가리키지만 크기는 다시 증가한다. 수평 성분 속도(v_x)는 처음부터 끝까지 일정한 속도를 유지하는 것을 보여 준다.

투사되는 순간의 위치를 $x_i=0$, $y_i=0$, 그리고 처음 속도의 x성분과 y성분을 각각 v_{ix}, v_{iy}라 하면 등가속도운동에서 얻어진 식들을 활용할 수 있다.

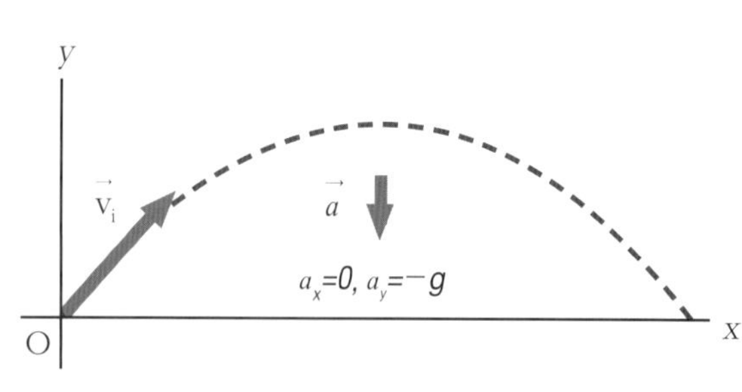

그림 4-20. 투사체의 수평 가속도와 수직 가속도

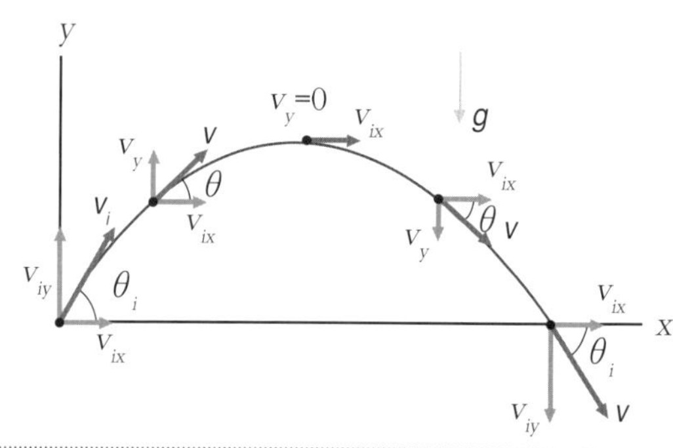

그림 4-21. 투사체 속도벡터의 변화

수평성분

등가속도 운동의 (식 3-5, 3-8, 3-9)을 x성분에 맞게 수정한 후 다음과 같이 전환할 수 있다.

$$v_{fx}=v_{ix}+a_xt \quad \Rightarrow \quad v_{fx}=v_{ix}=v_i\cos\theta_i=\text{일정} \quad (a_x=0) \text{ (식 4-21)}$$

$$x_f=x_i+v_{ix}t+\frac{1}{2}a_xt^2 \quad \Rightarrow \quad x_f=v_{ix}t=(v_i\cos\theta_i)t \quad (a_x=0) \text{ (식 4-22)}$$

$$v_{fx}^2=v_{ix}^2+2a_x(x_f-x_i) \quad \Rightarrow \quad v_{fx}=v_{ix}=v_i\cos\theta_i=\text{일정} \quad (a_x=0)$$

수직성분

등가속도 운동의 (식 3-10, 3-11, 3-12)을 y성분에 맞게 수정한 후 다음과 같이 전환할 수 있다.

$$v_{fy} = v_{iy} - gt \quad \Rightarrow \quad v_{fy} = v_i \sin\theta_i - gt \qquad \text{(식 4-23)}$$

$$y_f = y_i + v_{iy}t - \frac{1}{2}gt^2 \quad \Rightarrow \quad y_f = (v_i \sin\theta_i)t - \frac{1}{2}gt^2 \qquad \text{(식 4-24)}$$

$$v_{fy}^{\ 2} = v_{iy}^{\ 2} - 2g(y_f - y_i) \quad \Rightarrow \quad v_{fy}^{\ 2} = (v_i \sin\theta_i)^2 - 2gy_f \qquad \text{(식 4-25)}$$

1) 수평이동거리, 최대 높이, 그리고 체공시간

투사체 운동은 많은 스포츠 상황에서 발생한다. 스포츠에서 사용되는 공이나 여러 도구들이 투사체가 된다. 공을 던지면 얼마나 멀리 날아가는지, 얼마나 공중에 머물러 있는지 혹은 얼마나 높이 올라가는지 궁금할 때가 많다. 얼마나 멀리 가는지 알기 위해서는 투사체의 수평이동거리(Range) 를 통해 알 수 있는데 수평이동거리 는 투사체가 처음 투사 될 때의 높이로 다시 돌아 올 때까지 이동한 수평 거리다. 체공시간은 투사체가 공중에 떠 있는 시간을 의미하는데 여기서는 수평이동거리까지 가는데 소요된 시간이다. 수평이동거리(R), 최대 높이(H), 체공시간(t)은 앞의 식들을 이용하여 얻어진 간편한 식들에 의해 구할 수 있다.

$$R = \frac{v_i^{\ 2}}{g}\sin 2\theta_i \qquad \text{(식 4-26)}$$

$$H = y_i + \frac{(v_i \sin\theta_i)^2}{2g} \qquad \text{(식 4-27)}$$

$$t = \frac{R}{v_i \cos\theta_i} = \frac{2v_i \sin\theta_i}{g} \qquad \text{(식 4-28)}$$

처음 높이와 마지막 높이가 같지 않다면 (식 4-26)과 (식 4-28)는 사용할 수 없다. (식 4-26)에서 $\sin 2\theta_i$의 가장 큰 값은 '1'이므로 $\theta_i = 45°$ 일 때 R은 최대값을 갖게 된다. 투포환, 헤머 던지기 등에서 최대로 멀리 보내기 위해서는 투사하는 높이가 떨어지는 바닥의 높이보다 높기 때문에 45° 보다 작은 각도로 투사해야 더욱 멀리 던질 수 있다.

Q 적용예제 1

높이 뛰기 선수가 6.5m/s의 속도에 42° 의 각도로 뛰어 올랐다. 도약시 무게중심이 1.2m였다면 무게 중심의 최대 높이는 얼마인가?

A 해결

$$H=y_i+\frac{(v_i\sin\theta_i)^2}{2g}=1.2\text{m}+\frac{((6.5\text{m/s})(\sin 42^\circ))^2}{(2)(9.8\text{m/s}^2)}=2.165\text{m}$$

Q 적용예제 2

최경주선수가 평지에서 골프공을 쳤는데 골프공이 50m/s의 속도에 20° 각도로 날아갔다면 날아간 거리는 얼마인가?

A 해결

$$R=\frac{v_i^2}{g}\sin 2\theta_i=\frac{(50\text{m/s})^2}{9.8\text{m/s}^2}\sin(2)(20^\circ)=164\text{m}$$

Q 적용예제 3

김연아 선수가 3회전 점프를 하기 위해 7.5m/s의 속도에 35° 의 각도로 점프하였다. 공중에 머무는 시간은 얼마인가?

A 해결

$$t=\frac{2v_i\sin\theta_i}{g}=\frac{2(7.5\text{m/s})(\sin 35^\circ)}{9.8\text{m/s}^2}=0.88\text{s}$$

Q 적용예제 4

박지성 선수가 패스하기 위해 축구공을 찼는데 그 때 축구공의 처음 속도는 22m/s 였고 지면과의 각도는 40° 였다. a) 축구공의 최대 높이는 얼마인가? b) 지면에 닿을 때까지의 수평이동거리는 얼마인가? c) 축구공이 공중에 있던 시간은 얼마인가?

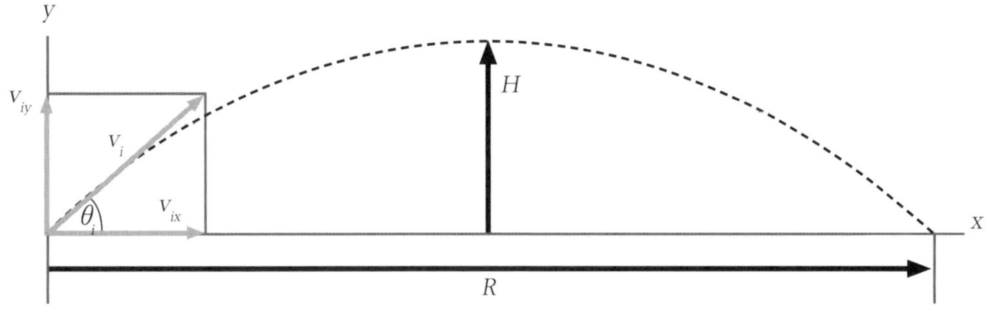

A 해결

a) $H = y_i + \frac{(v_i \sin\theta_i)^2}{2g} = 0 + \frac{((22\text{m/s})(\sin 40°))^2}{2(9.8\text{m/s}^2)} = 10.2\text{m}$

b) $R = \frac{v_i^2}{g}\sin 2\theta_i = \frac{(22\text{m/s})^2}{9.8\text{m/s}^2}\sin 2(40°) = 48.6\text{m}$

c) $t = \frac{R}{v_i \cos\theta_i} = \frac{48.6\text{m}}{(22\text{m/s})\cos 40°} = 2.9\text{s}$

2) 투사체 궤적에 영향을 주는 요소

투사체 궤적을 결정하는 세 가지 요소는 투사각(projection angle), 투사속력(projection speed), 상대적 투사높이(relative projection height)다. 투사각은 투사하는 순간 투사체가 운동하는 방향이 수평선과 이루는 각도다. 투사속

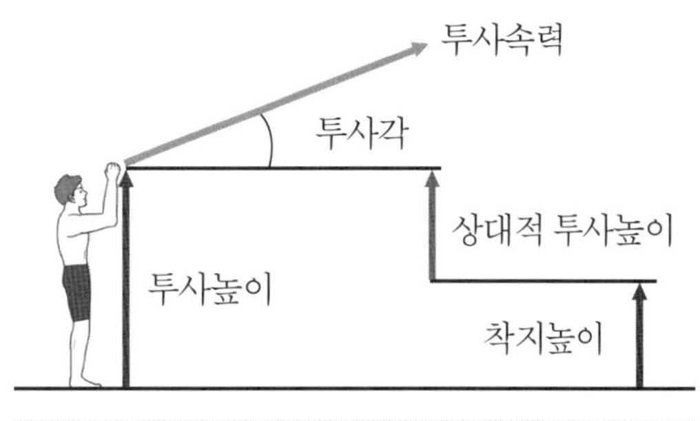

그림 4-22. 투사체 궤적을 결정하는 요소들

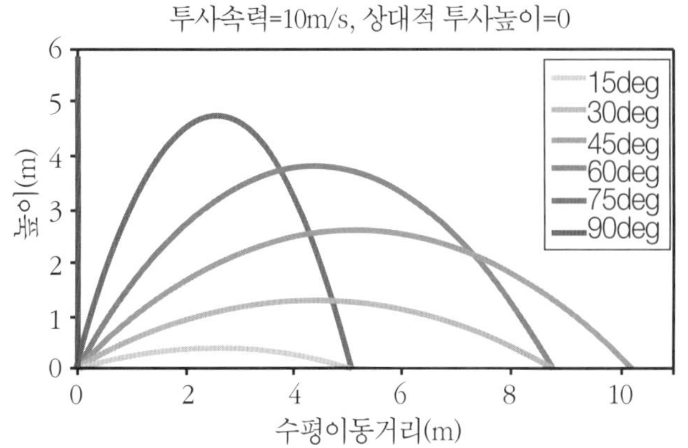

그림 4-23. 투사각만을 달리 했을 때의 궤적

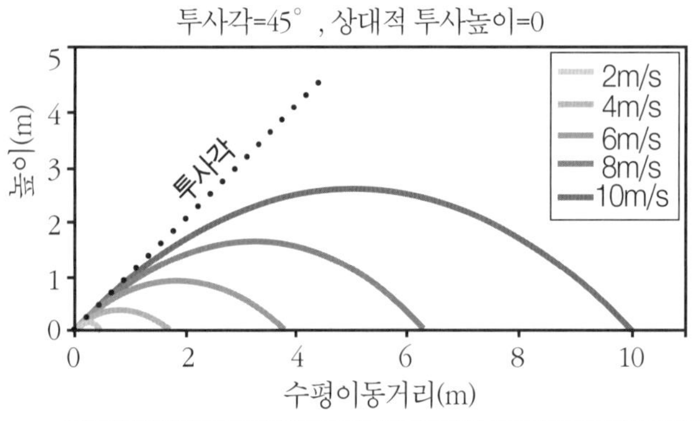

그림 4-24. 투사속력만을 달리 했을 때의 궤적

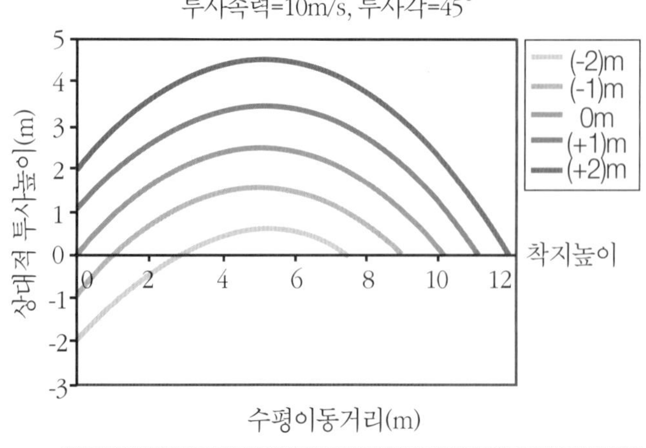

그림 4-25. 상대적 투사높이만을 달리 했을 때의 궤적

력은 투사하는 순간 투사체의 속력이다. 상대적 투사 높이는 투사하는 순간의 높이인 투사높이와 떨어지는 곳의 높이인 착지높이와의 차이를 일컫는다(그림 4-22).

그림 4-23은 다른 조건은 같고 투사각만을 달리 했을 때의 궤적을 보여주고 있다. 투사각이 90°면 수직으로 던진 것이고 최대 높이도 이때가 가장 높다. 투사각 30°와 60°처럼 투사각이 달라도 수평이동거리는 같을 수 있으며 투사각이 45°일 때 최대 수평이동거리를 얻는다.

투사속력은 투사하는 순간의 속력이다. 그림 4-24은 투사각이 45°일 때 투사속력의 크기에 따라 변화하는 궤적을 보여주고 있다. 투사체의 수평이동거리는 수평속도와 체공시간과의 곱으로 얻게 된다. 그리고 수직속도가 클수록 비행시간은 증가한다. 그러므로 멀리 보내기 위해서는 투사속도를 최대로 높여야 된다.

상대적 투사높이는 투사높이와 착지높이와의 차이로 정의된다. 그림 4-25는 투사속력과 투사각이 같을 때 상대적 투사높이에 따른 궤적을 보여주고 있다. 투사속력과 투사각이 같을 때 투사높이가 착지 높이 보다 높으면 상대적 투사높이는 '+' 이며 상대적 투사높이가 클수록 체공시간이 증가하며 이동거리도 늘어난다. 이와 반대로 투사높이가 착지 높이 보다 낮으면 상대적 투사높이는 '−' 이며 체공시간은 감소하며 이동거리도 줄어든다.

상대적 투사 높이가 '+'인 경우는 육상 경기에서 던지기 종목인, 투포환, 원반던지기, 창던지기, 해머던지기, 테니스에서의 서브, 스키점프, 수영 스타트 등이 있다. 상대적 투사 높이가 '0'인 경우는 축구공을 차서 지면에 떨어지는 경우, 멀리 뛰기, 피겨스케이팅 점프 등을 들 수 있다. 상대적 투사 높이가 '−'인 경우는 농구의 슛팅, 야구의 홈런, 골프에서 높은 곳으로의 샷 등이 있다.

가장 멀리 보내기 위한 투사각은 상대적 투사높이에 따라 달라진다. 상대적 투사높이가 '0'이면 앞서 살펴 본대로 투사각이 45°일 때 가장 멀리 보낼 수 있지만 상대적 투사높이가 '0' 보다 커질수록 투사각은 45° 보다 줄어야 된다. 반면에 상대적 투사높이가 작아져 '−'가 되면 투사각은 45° 보다 커져야 된다. 정리하면 다음과 같다.

상대적 투사높이 > 0, 최적 각도 < 45°

상대적 투사높이 = 0, 최적 각도 = 45°

상대적 투사높이 < 0, 최적 각도 > 45°

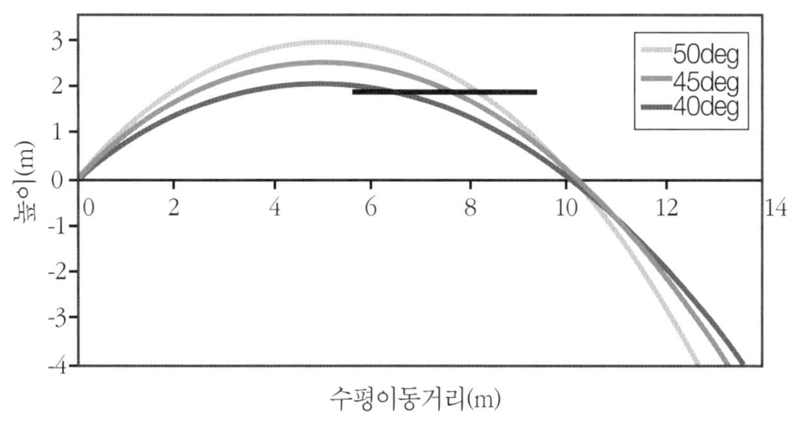

그림 4-26. 상대적 투사높이에 따라 투사각도 달라져야 한다

3) 실제의 투사체 운동

지금까지는 기본적인 개념을 이해하기 위해 현실에 존재하는 몇 개의 요소를 무시하고 고려하지 않았다. 실제 투사체에 영향을 주는 가장 중요한 요소로 고려하지 않은 것은 공기 저항, 공의 회전과 같은 투사체 자체의 회전, 그리고 투사체의 표면 특성 등이다.

먼저 공기 저항의 영향에 대해 살펴보자. 그림 4-27은 공기 저항을 고려하지 않은 상태에서 골프공을 45° 각도로 칠 때 가장 멀리 가는 것을 보여주며, 공기 저항을 고려하면 오히려 45° 각도보다 작은 각도로 칠 때 최대값을 얻을 수 있다. 약 38° 각도로 칠 때 가장 멀리 보낼 수 있다. 공기 저항은 속도가 빠를수록 커지게 된다. 그러므로 (식 4-26), (식 4-27), (식 4-28)은 공기저항을 고려하지 않아도 될 만큼 빠른 속도로 움직이지 않는 경우에 적용하는 것이 보다 현실적이다.

투사체의 회전도 투사체 궤적에 영향을 주는 중요한 요인이다. 테니스에서 공의 투사 속도와 투사 각도가 같을 때 탑스핀이 걸린 공은 그렇지 않은 공에 비해 빨리 떨어지고 반대로 백스핀이 걸린 공은 좀 더 코트 뒤쪽에 떨어진다. 골프에서는 백스핀이 더욱 바람직한 이유는 공을 더 띄워서 공이 떨러지는 각도를 크게 만들어서 공이 그린에 떨어진 지점에 가깝게 멈추도록 도와주기 때문이다.

야구에서 투수가 던지는 공은 회전 방향과 크기에 따라서 공의 궤적이 완전히 달라진다. 회전 방향은 위아래 뿐 아니라 좌우 방향도 포함한다. 타자는 공을 치기 위해 공의 궤적을 예측하고 스윙을 해야 되는데 투수가 던진 공의 회전 방향과 크기에 따라 공의 궤적이 달라지기 때문에 공을 맞추기가 쉽지 않다.

투사체의 표면 특성 역시 투사체 궤적에 영향을 준다. 골프공의 표면은 여러 개의 파여 있는 딤플들로 덮여 있다. 이런 딤플이 있기 때문에 더 멀리 날아간다. 딤플이 없이 매끈한 표면으로 되어 있다면 원래 날아 갈 수 있는 거리의 반 정도 밖에 갈 수 없다. 이와 같이 투사체의 궤적에 영향을 주는 요소는 공기와 투사체와의 관계로 정리 할 수 있는데 좀 더 자세한 내용은 유체 역학 장에서 다루기로 한다.

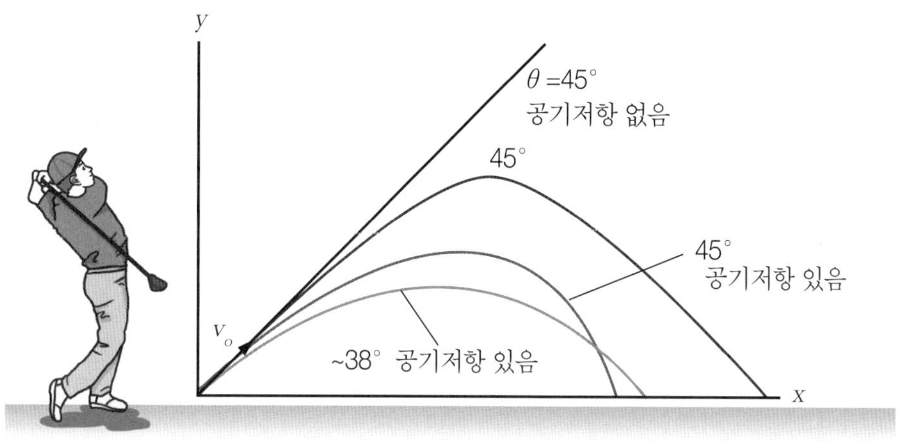

그림 4-27. 공기저항을 고려하지 않은 골프공의 궤적과 공기저항을 고려한 골프공의 궤적

5

선운동역학(linear kinetics) -힘과 뉴턴의 운동법칙

지금까지 우리는 변위, 속도, 가속도 등 인체나 물체의 운동을 설명하고 묘사하는 것에 초점을 맞추어 왔다. 하지만 어떻게 하여 그 운동이 발생하게 되었는지 고려하지 않았다. 운동의 변화를 일으키는 근원은 힘(force)이다. 힘에 관한 것을 다루는 분야를 kinetics라 한다. 예컨대 앞에서 우사인 볼트와 아사파 파웰의 100m 달리기의 구간 별 속도와 가속도의 변화를 비교해 살펴보았지만 왜 그런 차이가 생겼는지는 알 수 없었다. 운동역학은 이런 차이의 이유가 무엇이고 어떻게 하면 그 차이를 극복하고 향상시킬 수 있는가에 많은 초점을 맞추고 있다. 운동의 원인이 되는 힘을 비롯한 많은 kinetics 변인에 관한 이해가 이런 것들을 해결하기 위해 필요하다. 이번 장은 선운동을 일으키는 linear kinetics에 관하여 공부하기로 한다.

1. 힘

먼저 힘(force)의 의미를 살펴보자. 힘의 예는 쉽게 찾아 볼 수 있지만 힘을 어떻게 정의 할 것인가는 쉽지 않다. 실생활에서 힘은 여러 의미로 사용되지만 역학에서는 한 물체가 다른 물체를 미는 것 혹은 당기는 것으로 정의할 수 있다(그림 5-1). 힘은 항상 힘을 발휘하는 주체가 있고 그 힘을 받는 대상이 있다. 내가 카트를 밀면 내가 카트에 힘을 가한 것이고 카트는 그 힘을 받게 되는 것이다. 힘은 벡터량이므로 크기와 방향을 갖고 있으며 작용점의 위치에 따라 결과가 달라진다.

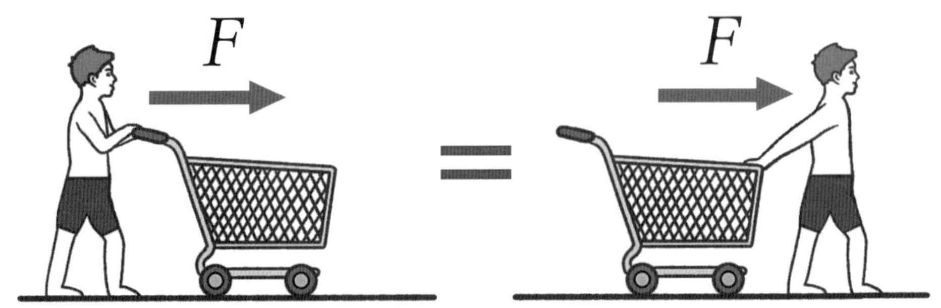

그림 5-1. 힘은 미는 것 혹은 당기는 것으로 정의 할 수 있다

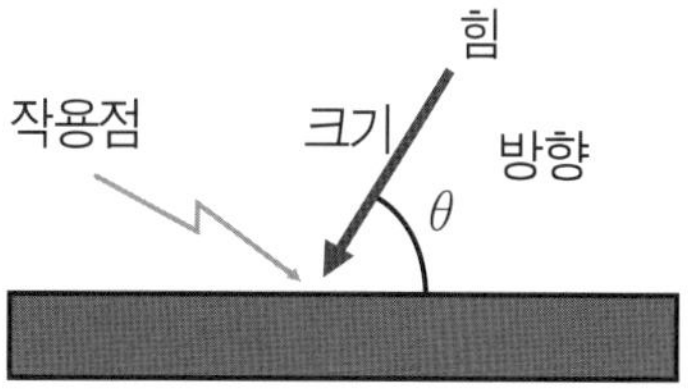

밀거나 당겨서 힘을 가하면 멈춰 있던 물체는 움직일 수 있고 움직이는 물체는 더 빨라질 수 있으며 움직이는 방향과 반대 방향으로 힘을 가하면 느려지거나 멈추게 할 수 있다. 또한 움직이던 방향이 바뀔 수도 있다.

힘
작용점
크기
방향
θ

그림 5-2. 힘의 크기, 방향, 작용점

바꿔 말하면 힘은 속도의 변화를 일으킬 수 있다. 속도의 변화가 발생하는 것은 가속도가 발생하는 것이다. 다시 말해 물체에 힘을 가하면 물체에 가속도가 발생하고 운동의 변화가 다음과 같이 가능해 진다. 출발한다, 빨라진다, 느려진다, 멈춘다, 움직이는 방향이 바뀐다. 그러므로 힘은 물체 움직임의 변화를 야기할 수 있는 물리량이라고 정의 할 수 있다. 힘의 작용 없이는 움직임의 변화도 없다. 그러므로 힘이란 존재를 인식하지 못하는 경우라도 움직임의 작은 변화라도 있다면 힘이 작용한 것이다.

힘에 의해 항상 움직임이 발생하는 것은 아니다. 힘이 한 물체에 작용하면 움직임의 변화를 일으킬 수 있는 능력이 다른 힘에 의해 상쇄되거나 균형을 이뤄 아무런 움직임이 발생하지 않을 때도 있다. 예컨대 줄다리기를 생각해 보자. 양쪽에서 서로 끌어당기는 힘이 같다면 두 힘은 서로 상쇄되어 움직임이 없게 된다. 이와 같이 두 힘의 크기는 같고 방향이 반대인 경우 두 힘은 균형을 이루고 있다고 한다. 그리고 한 물체에 작용하는 모든 힘의 합을 알짜힘(net force)이라 하는데 이때의 알짜힘은 '0'이 된다. 어느 한 쪽의 힘이 더 강하면 강한 쪽으로 움직임이 발생한다. 이 때 두 힘은 불균형을 이루고 있으며 알짜힘은 이기는 쪽으로 작용한다(그림 5-3). 그리고 실제로 힘을 가하면 물체의 형태가 변형될 수도 있다. 하지만 강체역학을 다루는 여기서는 변형되는 것에 대해서는 고려하지 않는다.

그림 5-3 균형된 힘과 불균형된 힘

1) 힘의 종류

힘은 항상 물체와 물체 사이에서 작용한다. 물체 간의 접촉 여부에 따라 접촉력(contact force)과 비접촉력(non-contact force)으로 나눌 수 있다. 접촉력은 이름대로 서로 접촉이 이루어 져야만 발생하는 힘이다. 농구공을 던지는 것은 농구공 던지는 사람이 농구공에 접촉을 통해 힘을 가해서 결국 농구공을 미는 동작이다. 테니스 라켓으로 테니스공을 치는 것 역시 테니스공에 접촉을 통해 비교적 큰 힘으로 짧은 시간 동안 미는 것이다. 이렇게 힘을 가하기 위해서는 두 물체의 접촉이 이루어 져야만 가능한 힘을 접촉력이라 한다. 접촉력은 상황에 따라 여러 다른 이름을 갖는다. 예컨대 테니스 라켓으로 테니스공을 칠 때, 축구공을 찰 때, 야구 베트로 야구공을 칠 때 발생하는 충돌에 의한 충격력 (impact force), 걷거나 달릴 때 신발과 지면에서 발생하는 마찰력(frictional force), 점프한 후 착지할 때 발생하는 반작용력(reaction force), 물체가 놓인 지면과 수직으로 작용하는 수직항력(normal force) 등이 있다. 좀 더 자세한 설명은 뒤에서 하기로 한다. 비접촉력은 전기력, 자기력, 중력 등과 같이 서로 접촉 없이 거리를 두고도 발휘되는 힘이다. 그림 5-4는 고무풍선의 전기력에 의해 종이가 붙는 모습이다. 그림 5-5는 두 자석이 자기력에 의해 서로 당겨지는 모습이다. 중력은 지구가 인체를 잡아당기는 힘이며 항상 작용하고 있기 때문에 운동역학에서 중요하게 고려해야 하는 힘이다.

그림 5-4. 비접촉력인 전기력

힘은 접촉력과 비접촉력 관계없이 인체를 기준으로 외력(external force)과 내력(internal force)으로 나눌 수 있다. 외력은 인체 외부에 존재하는 모든 힘으로 중력, 마찰력, 충격력, 반작용력, 공기 혹은 물의 항력, 부력 등이 있다. 반면에 내력은 인체 내에서 작용하는 힘이다. 근육의 수축에 의해 발생하는 근력(muscle force)(그림

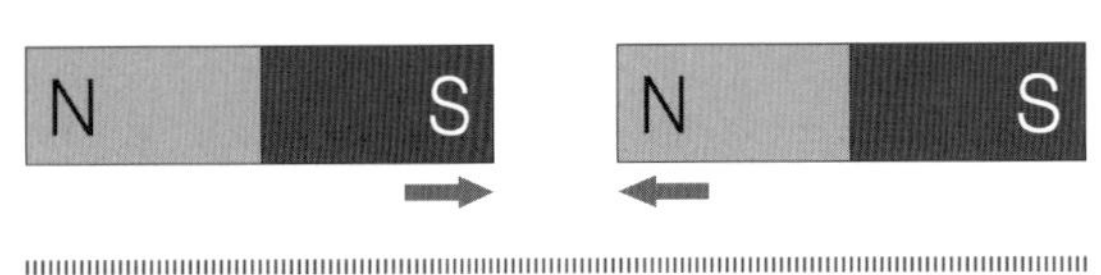

그림 5-5. 비접촉력인 자기력

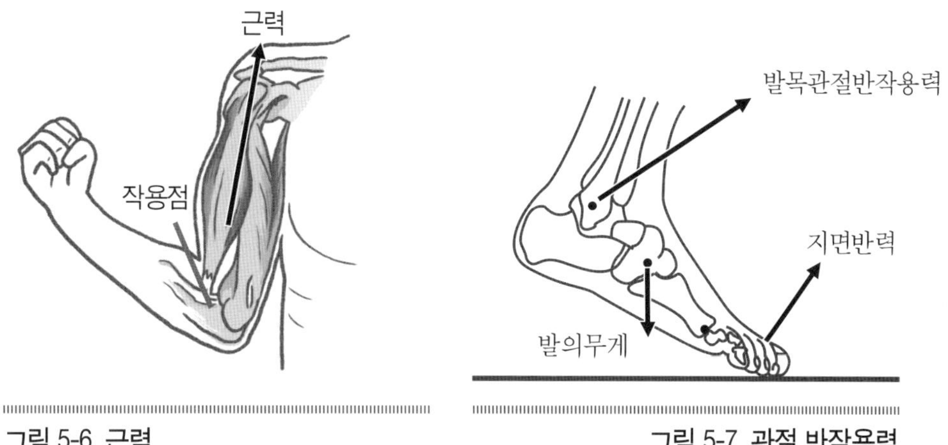

그림 5-6. 근력

그림 5-7. 관절 반작용력

5-6), 관절에서 발생하는 관절 반작용력(joint reaction force) 등이 있다(그림 5-7). 사실상 외력에 의해서 근육, 뼈, 관절, 인대, 건에서 내력이 발생한다. 예컨대 점프 후 착지 할 때 사람이 지면에 가하는 힘을 충격력이라 할 수 있고 반대로 지면이 사람에 가하는 힘을 반작용력이라 한다. 사실 이 두 힘의 크기는 같지만 방향이 서로 반대로 작용한다. 이 반작용력은 발을 통해 발목 관절로, 발목 관절에서 다리에 있는 뼈인 경골과 비골로, 다시 무릎 관절로 힘이 전달된다. 이와 같이 인체 외부에서 발생한 힘이 인체 내부에 작용하게 된다. 하지만 인체에 작용하는 힘의 크기가 매우 크거나 작용하는 빈도의 과다에 의해 상해를 입을 수 있기 때문에 이런 힘에 대한 철저한 이해가 동작을 향상 시키고 상해 방지에 도움이 된다.

2. 뉴턴의 운동 제1법칙 (관성의 법칙)

아리스토텔레스(384~322 B.C.)는 물체가 계속 움직이기 위해서는 힘(force)이 필요하다고 생각했다. 일정한 속도로 똑바로 움직이기 위해서는 외부에서 힘이 작용해야 하며 그렇지 않으면 스스로 멈춘다고 여겨왔다. 약 2000년 후에 갈릴레오가 그 생각에 이의를 제기하였고 마침내 뉴턴(Isaac Newton, 1643~1727)이 운동의 이론을 정립하여 1687년에 출간한 그의 책 자연철학의 수학적 원리 'Philosophiae Naturalis Principia Mathematica'(일반적으로

Principia라 부른다)를 통해 3개의 운동 법칙을 발표하였다. 발표된 이 운동 법칙이 현대 역학의 기초를 형성하였으며 운동역학의 초석이 되었다. 그가 발표한 뉴턴의 운동 제1법칙은 다음과 같다.

'한 물체에 외부에서 작용하는 힘들의 합이 0일 때, 그 물체가 처음에 정지 상태로 있었다면 계속 정지 상태로 있으려 하고, 움직이고 있었다면 계속 똑바로 같은 속도를 유지하려 한다.'

뉴턴의 운동 제1법칙을 관성의 법칙(law of inertia) 이라고도 한다. 뉴턴의 제1법칙을 수식으로 표현하면 다음과 같다.

만약 $\Sigma\vec{F}=0$이면 $\varDelta v=0$이다.

여기서 $\Sigma\vec{F}$는 물체에 외부에서 작용하는 힘들의 합(알짜 힘), $\varDelta v$는 속도의 변화를 의미한다.

외부에서 작용하는 힘만을 고려한다. 내부에서 작용하는 힘은 그 물체의 운동에 영향을 미칠 수 없다. 예컨대 자동차에 타고 있는 사람이 내부에서 아무리 밀어도 자동차 속도를 변화시킬 수 없다. 물체에 작용하는 힘이 하나 일 수 있고 동시에 여럿일 수 있다. 그 힘이 하나일 때는 별 문제 없지만 여럿일 때는 모든 힘들의 벡터 합으로 얻어진 결과의 힘을 적용해야 하는데 이런 힘을 알짜 힘(net force) 이라 하고 다음과 같이 표현할 수 있다

$$\Sigma\vec{F}=\vec{F}_1+\vec{F}_2+\cdots+\vec{F}_n$$

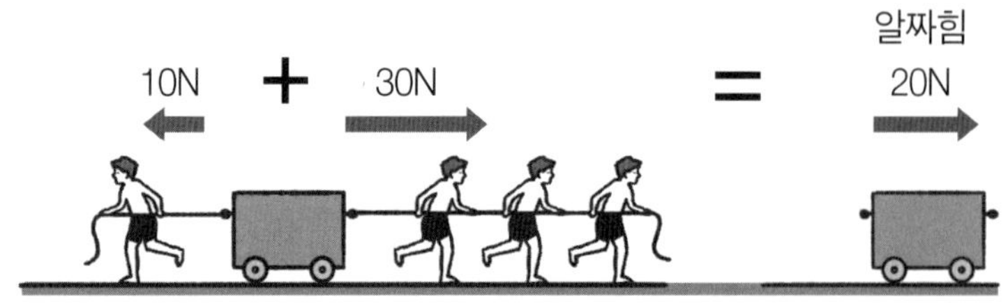

그림 5-8. 알짜 힘

그림 5-8은 두 팀이 당기는 힘들의 합이 알짜 힘이다. 알짜 힘의 크기와 방향에 따라 승패가 갈라진다. 두 팀의 힘의 크기가 같으면 알짜 힘은 '0'이 되어 줄은 움직이지 않고 제자리에 있을 것이다.

뉴턴의 운동 제1법칙은 물체에 작용하는 알짜 힘이 '0'이라면 어떻게 되는지를 설명하고 있다. 알짜 힘이 '0'인 경우는 첫째 어떤 힘도 작용하지 않을 때이고, 둘째 여러 힘들을 더해 본 결과 '0'이 되는 경우다. 아이스하키 퍽이 얼음판 위에 놓여 있다고 생각해 보자. 퍽에 힘이 가해지지 않고 있다면 움직이지 않고 제자리에 있는 퍽은 계속 제자리에 있을 것이다. 아이스하키 스틱으로 퍽을 치게 되면 힘이 가해져서 퍽은 가속도가 생기며 퍽이 스틱에서 튕겨 나갈 때의 속도로 얼음판 위를 미끄러져 갈 것이다. 이 때 움직이는 퍽에 다른 힘이 가해지지 않는다면 그 퍽은 계속 같은 속도로 똑바로 미끄러져 갈 것이다. 그러나 퍽은 경기장 펜스에 부딪히거나 다른 선수의 스틱에 의해 힘이 가해져서 속도가 줄거나 방향이 바뀌게 된다.

그림 5-9와 같이 상대방 선수의 스틱과 동시에 멈춰있는 퍽을 친다고 상상해 보자. 이 때 두 스틱이 가하는 힘의 크기는 같고 방향이 정 반대라면 두 스틱이 가한 힘의 합, 알짜 힘은 '0'이 되어 퍽은 움직임의 변화가 없다.

뉴턴의 운동 제1법칙은 작용하는 알짜 힘이 '0'일 때 두 개의 가능한 상태를 말해 준다. 멈춰 있는 물체를 정적 평형상태(static equilibrium)에 있다 하고 등속 운동하는 물체를 동적 평형상태(dynamic equilibrium)에 있다고 한다. 이런 상태가 되기 위해서는 알짜 힘의 각 성분의 합이 '0'이 돼야 한다.

$$\Sigma F_x = 0,\ \Sigma F_y = 0$$

ΣF_x는 x성분 (수평성분) 힘들의 총합을 의미하며 ΣF_y는 y성분(수직성분) 힘들의 총합을 나타낸다.

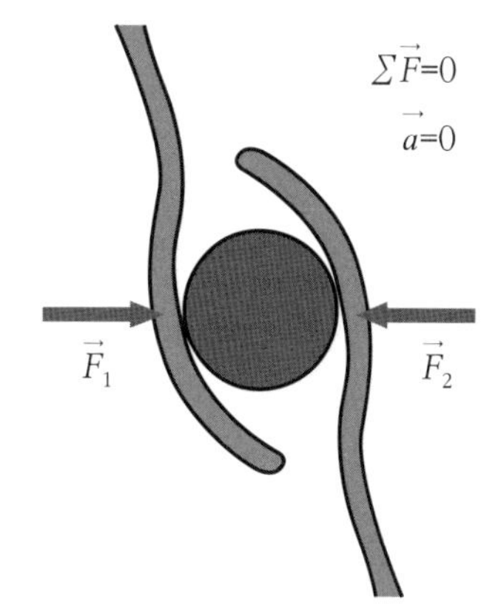

그림 5-9. 아이스하키 퍽에 작용하는 알짜 힘은 '0'이다 ($\Sigma\vec{F}=\vec{F}1+\vec{F}2=\vec{F}1+(-\vec{F}1)=0$)

움직이고 있는 물체가 계속 똑같은 속도를 유지하려 하는 상황을 살펴보자. 야구에서 외야수가 공을 잡고 홈으로 송구

한다고 생각해 보자. 단 공기저항은 고려하지 않는다. 공을 던져서 공이 손에서 떠나는 순간 공은 수평속도와 수직속도를 갖게 되는 포물선 운동(projectile motion)을 하게 된다. 포물선 운동은 수평성분의 수평속도와 수직성분의 수직속도로 분해 할 수 있다. 투사각과 투사속도에 의해 수평속도와 수직속도, 그리고 공이 날아갈 거리 등이 결정된다. 공이 한번 던져지면 그 순간의 수평속도와 수직속도에 의해 공이 진행하여야 하는 포물선 궤적이 이미 정해진다. 공의 수직 속도는 중력에 의해 영향을 받기 때문에 속도의 변화가 생기며 공이 최고점에 도달 했다가 다시 떨어지게 된다. 그러므로 수직성분은 뉴턴의 운동 제1법칙이 적용되지 않는다. 반면에 수평성분으로 작용하는 힘이 없기 때문에 가속도가 '0'이며 수평속도는 계속 같은 속도를 유지하게 된다. 수평성분은 뉴턴의 운동 제1법칙이 적용된다. 요약하면 수평성분으로 작용하는 힘이 없으므로 공의 수평속도는 처음과 끝이 일정하게 유지되는 반면에 수직성분으로 작용하는 힘(중력)이 있으므로 공의 수직속도는 변한다.

요약하면 알짜 힘이 '0'일 때 작용하는 힘이 '0'인 것과 같기 때문에 뉴턴의 운동 제1법칙은 다음과 같이 해석 될 수 있다.

a. 물체가 정지 상태로 있고 작용하는 힘이 없으면, 그 물체는 계속 정지한 상태로 있다.
b. 물체가 움직이고 있고 외부에서 작용하는 힘이 없으면, 그 물체는 일직선으로 같은 속도로 계속 움직인다.
c. 물체가 정지 상태로 있으면, 그 물체에 작용하는 힘은 없다.
d. 물체가 일직선으로 같은 속도로 계속 움직이고 있으면, 그 물체에 작용하는 힘은 없다.

1) 관성(inertia)과 질량(mass)

모든 물체는 멈춰 있거나 움직이고 있는 원래의 상태를 계속 유지하려는 경향이 있다. 다시 말해 원래 상태의 변화에 저항하고 있다. 물체의 이런 특성을 관성(inertia) 이라 한다. inertia는 게으르다는 뜻을 갖고 있는 라틴어에서 유래되었다. 그래서 뉴턴의 운동 제1법칙을 관성의 법칙(law of inertia) 이라고도 한다. 질량은 관성을 수량적으로 측정한 것으로 물체를 구성하고 있는 물질의 양을 kg으로 나타낸 것이다.

골프공을 골프채로 친다고 생각해 보자. 잘 치는 선수라면 골프공은 멀리 잘 날아 갈 것이다. 이번에는 골프공 대신에 볼링공을 친다고 상상해 보자. 골프채는 부러질 수 있고 손목이나 팔꿈치에 부상을 당할 수도 있다. 그리고 기껏 볼링공은 한 1m도 가지 못하고 멈출 것이다. 볼링공이 원래의 상태를 유지하려는 경향이 더 크다는 것을 알 수 있다. 질량이 큰 볼링공의 관성이 골프공의 관성보다 크다. 물체의 질량이 클수록 관성도 같이 커져서 움직이게 하기가 더욱 어려워지며 이와 반대로 움직이고 있다면 멈추게 하는 게 더욱 어려워진다고 할 수 있다. 다음 그림5-10은 관성을 보여주는 실험이다. (a)동전은 멈춰 있는 관성을 갖고 있다. (b)종이를 재빨리 치울 때 종이에 의해 받게 되는 힘은 동전의 멈춰있는 상태를 계속 유지하려는 관성을 극복하기에는 충분치 못한 작은 힘이다. (c)중력에 의해 밑으로 떨어진다. 일상생활에서 관성의 예로 자동차가 갑자기 빠른 속력으로 출발할 때 차안에 있는 사람의 몸이 뒤로 쏠리는 현상이나 급정거 할 때 몸이 앞으로 쏠리는 현상을 들 수 있다.

태권도, 권투, 유도, 레슬링, 씨름 등 에서는 체중이 무거울수록 관성이 크기 때문에 시합에서 유리한 결과를 얻을 수 있다. 그래서 이런 종목들은 체중에 의해 그룹을 나눠서 시합을 하는 것이다. 특히 일본 씨름인 스모 선수들은 쉽게 쓰러지거나 밀려나지 않기 위해 의도적으로 체중을 늘리는 노력을 한다.

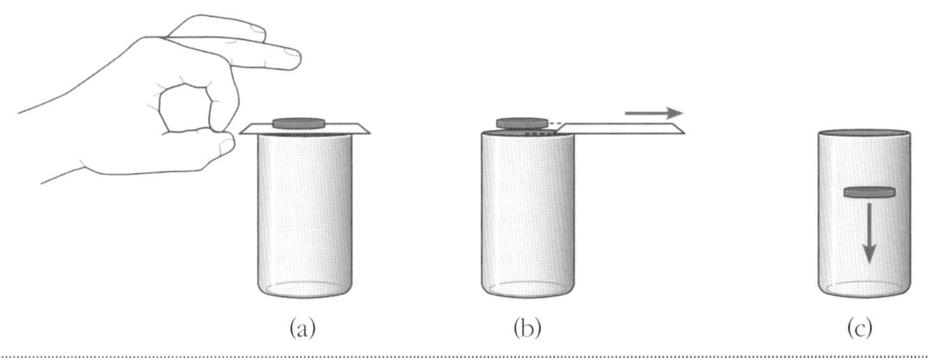

그림 5-10. 관성의 예

3. 뉴턴의 운동 제2법칙 (가속도의 법칙)

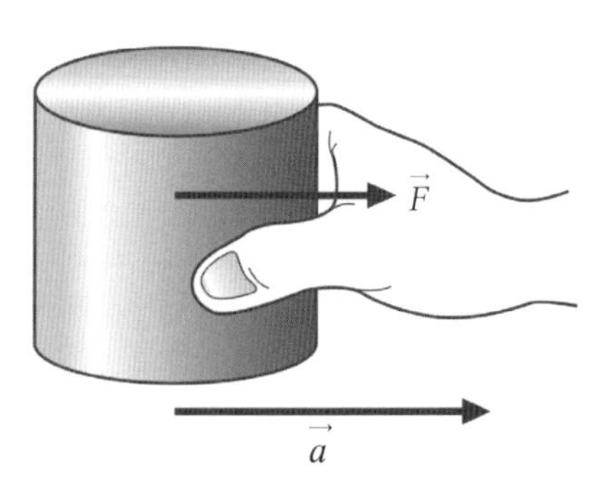

그림 5-11. 힘을 가하면 가속도가 발생한다

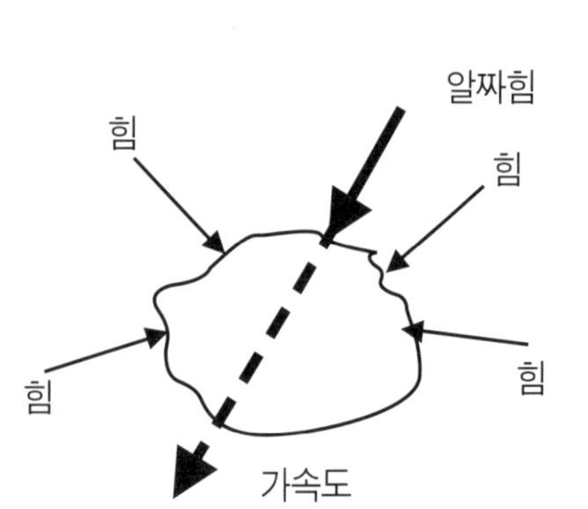

그림 5-12. 여러 힘들의 합인 알짜 힘의 방향과 가속도의 방향이 같다

뉴턴의 운동 제1법칙은 물체에 작용하는 알짜 힘이 '0'인 경우이고 뉴턴의 운동 제2법칙은 알짜 힘이 '0'이 아니면 어떻게 되는지를 설명하고 있으며 다음과 같다. '한 물체에 알짜 힘이 작용하면 그 물체는 그 알짜 힘이 작용한 방향으로 움직이게 되고 그 때의 가속도는 알짜 힘에 비례하고 그 물체의 질량에 반비례한다.' 뉴턴의 운동 제2법칙을 가속도의 법칙(law of acceleration) 이라고도 한다. 수학적으로 표현하면 다음과 같다.

$$\Sigma\vec{F}=m\vec{a} \quad \text{(식 5-1)}$$

(식 5-1)은 벡터로 표현되었지만 x와 y성분으로 분해하면 다음과 같이 쓸 수 있다.

$$\Sigma F_x=ma_x$$

$$\Sigma F_y=ma_y$$

여기서 $\Sigma\vec{F}$는 알짜 힘(net force), m은 질량, $\vec{a}$는 가속도, a_x는 x성분의 가속도, a_y 는 y성분의 가속도를 의미한다.

힘의 단위는 운동의 법칙을 찾아낸 뉴턴의 이름인 뉴턴(newton: N)을 사용한다.

$$1N=(1kg)(1m/s^2)=1kg \cdot m/s^2$$

질량이 1kg인 물체에 1N의 힘을 가하면 그 물체는 $1m/s^2$의 가속도를 갖게 된다. 다시 쓰면 1N은 질량이 1kg인 물체를 $1m/s^2$의 가속도가 생기도록 하는데 필요한 힘이다(그림 5-13).

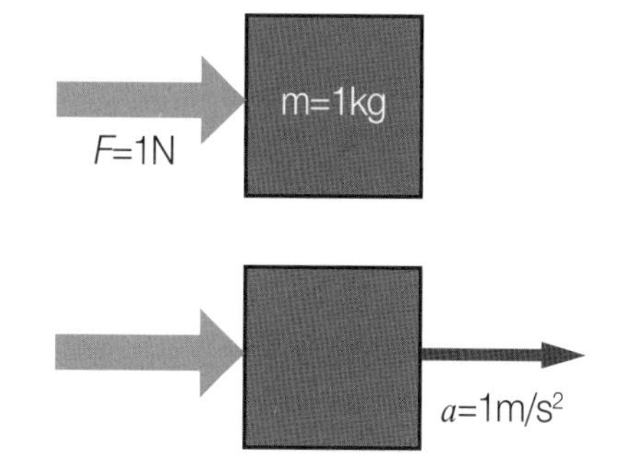

그림 5-13. 1N의 힘이 작용하면 질량 1kg인 물체의 가속도가 $1m/s^2$이 된다

뉴턴이 사과나무에서 사과가 떨어지는 것을 보고 만유인력을 발견 했다는 일화는 매우 유명하다. 공교롭게 평균 크기의 사과의 무게가 약 1N이다.

(식 5-1)을 보면 힘이 가속도를 발생시키는 원인이 되고 가속도는 힘의 결과라고 할 수 있다. 뉴턴의 운동 제1법칙은 물체에 작용하는 모든 힘들의 총합 즉 알짜힘이 '0' 이기 때문에 가속도 역시 '0'이 되는 제2법칙의 특수한 경우에 해당된다. 한 물체의 운동 상태에 변화가 있을 때, 예를 들면 정지 상태에서 출발할 때, 속도가 빨라지거나 느려질 때, 진행하다 멈출 때, 방향을 바꿀 때는 항상 속도의 변화가 생기는데 이것은 가속도가 존재하고 있는 것이고 그 물체에 작용하는 알짜힘에 의해 가속도가 발생하는 것이다.

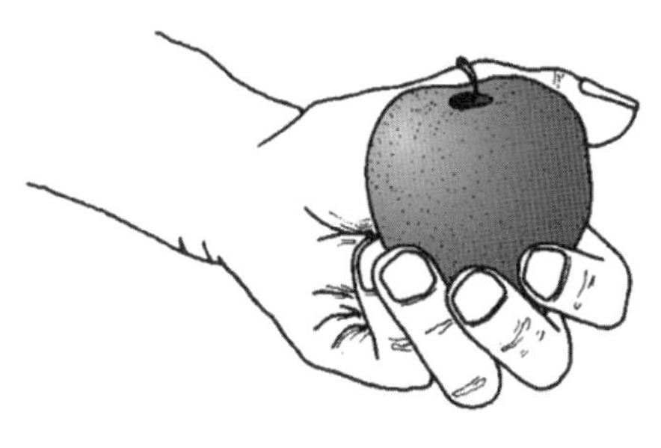

그림 5-14. 평균크기의 사과의 무게는 약 1N이다

가속도는 작용하는 힘에 비례하기 때문에 물체에 작용하는 힘이 커지면 가속도도 커진다. 그림 5-15은 야구공을 칠 때 큰 힘이 작용하면 가속도가 커지는 것을 보여준다. 같은 힘이 질량이 다른 물체에 작용하면 무거운 물체의 가속도가 가벼운 물체의 가속도 보다 작다. 그림 5-16은 볼링공과 골프공에 같은 힘이 작용할 때 훨씬 무거운 볼링공의 가속도가 작은 것을 보여준다. 반면에 골프공은 큰 가속도를 갖게 된다.

그림 5-15. 가속도는 가한 힘의 크기에 비례한다

10km/h의 속도로 평지에서 똑바로 자전거를 타는 동작을 생각해 보자. 원하는 속도에 도달

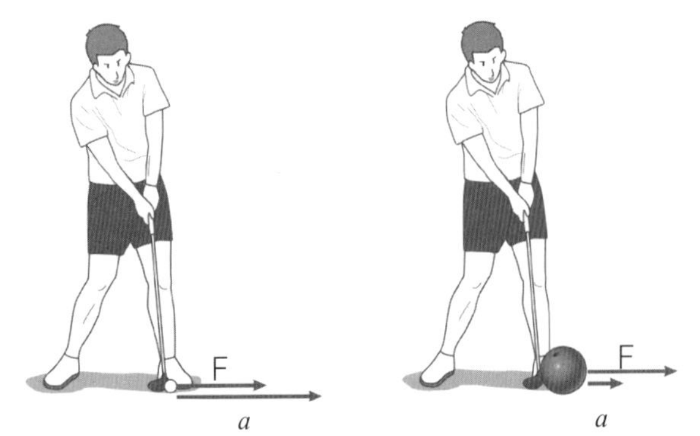

그림 5-16. 같은 크기의 힘이 가해 질 때 가속도는 질량에 반비례한다

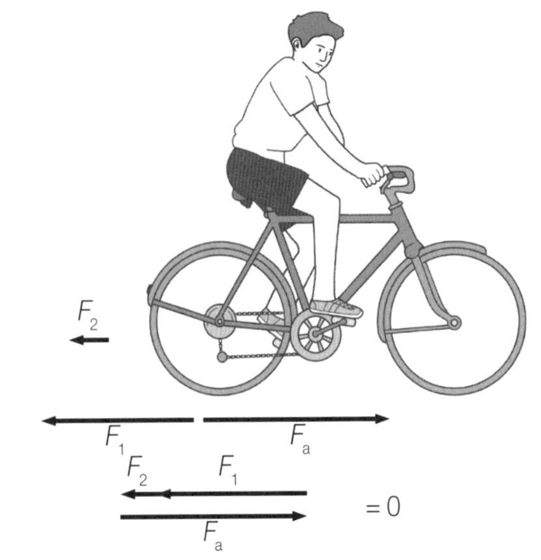

그림 5-17. 일정한 속도를 유지하기 위해 페달을 밟아 만든 힘(F_a)의 크기는 마찰력(F_1)과 공기저항(F_2)을 합한 크기와 같다. $\Sigma F=F_a-(F_1+F_2)=0$.

하면 뉴턴의 제1법칙에 의해 아무런 힘을 가하지 않아도 같은 속도를 유지하여야 한다. 하지만 실제로는 자전거 바퀴의 마찰력과 공기저항에 의해 속도가 줄어들다 결국에는 멈추게 된다. 결국 같은 속도를 유지하기 위해서는 두 개의 힘, 마찰력과 공기저항을 더한 힘과 같은 크기의 힘을 페달을 밟아서 만들어야 한다. 자전거에 작용하는 알짜 힘은 페달을 밟아 만드는 힘과 타이어 마찰력, 공기저항과의 합이다. 페달을 밟아 만든 힘의 방향과 타이어 마찰력, 공기저항의 방향이 서로 반대이기 때문에 모든 힘의 합은 '0'이 된다. 이렇게 알짜 힘이 '0'이 돼야 일정한 속도를 유지 할 수 있다. 자전거 바퀴의 마찰력과 공기저항이 없다면 페달을 계속 밟지 않아도 일정한 속도를 유지할 수 있다(그림 5-17). 마찰력과 공기 저항을 합한 힘 보다 더 큰 힘을 페달에 가한다면 자전거는 빨라진다. 이와 반대인 경우는 느려진다. 가속도는 가해진 힘에 비례하기 때문이다. 마찰력은 뒤에서 자세히 다루기로 한다.

Q 적용예제 1

6kg의 볼링공을 5m/s²의 가속도가 생기도록 하기 위해서 필요한 힘은 얼마인가?

A 해결

$F=ma=(6\text{kg})(5\text{m/s}^2)=30N$

Q 적용예제 2

5kg의 상자를 10N의 힘으로 당길 때 상자에 2N의 마찰력이 발생하였다면 상자의 가속도는 얼마인가?

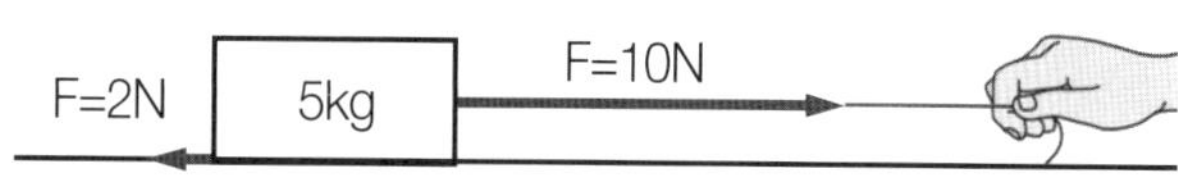

A 해결

$\Sigma F=10\text{N}-2\text{N}=8\text{N}$

$a=\frac{\Sigma F}{m}=\frac{8\text{N}}{5\text{kg}}=1.6\text{m/s}^2$

Q 적용예제 3

테니스에서 서브시 라켓과 공이 접촉하는 시간이 0.005초라면 60g의 공을 30m/s의 속도로 서브하기 위해 필요한 힘의 크기는 얼마인가? (단, 서브하기 위해 토스한 공의 속도를 '0'이라 가정한다)

A 해결

먼저가속도를 구한다.

$a=\frac{v_f-v_i}{t}=\frac{30\text{m/s}-0}{0.005\text{s}}=6000\text{m/s}^2$

$F=ma=(0.06\text{kg})(6000\text{m/s}^2)=360\text{N}$

Q 적용예제 4

0.145kg의 야구공을 투수가 던질 때 공의 속도가 44m/s라면 야구공에 가한 힘의 크기는 얼마인가? (단, 와인드업해서 공을 던질 때까지의 거리는 2.2m, 공의 가속도는 일정하며 x축의 방향으로 던진다고 가정)

A 해결

$$v_f^2 = v_i^2 + 2a(x_f - x_i)$$

$$a = \frac{v_f^2 - v_i^2}{2(x_f - x_i)} = \frac{(44\text{m/s})^2 - 0}{2(2.2\text{m})} = 440\text{m/s}^2$$

$F = ma = (0.145\text{kg})(440\text{m/s}^2) = 63.8\text{N}$

63.8N의 힘을 와인드업한 순간부터 공을 던지는 순간 까지 계속해서 가하는 것을 의미한다.

1) 질량과 무게

질량(mass)과 무게(weight)는 밀접한 관계는 있지만 엄연히 다르다. 그러나 일상생활에서 차이점을 발견하기가 쉽지 않기 때문에 질량과 무게가 혼동되어 사용된다. 체중계에 올라가서 몸무게를 잰다. 이때의 무게는 지구의 중력에 의해 당겨지는 힘이다. 달에 가서 무게를 잰다면 달의 중력이 지구의 중력보다 작기 때문에 지구에서 보다 덜 나온다. 이렇게 무게는 장소에 따라 달라 질 수 있지만 질량은 물체의 관성을 수량적으로 측정한 것이므로 어디에서나 일정하다.

질량 m인 물체를 자유낙하 시키면 지면을 향해 9.8m/s^2의 중력가속도를 갖고 떨어진다. 뉴턴의 제2운동법칙에 의해 가속도가 존재한다는 것은 그 물체에 힘이 작용하고 있다는 것이다. 이 힘이 바로 중력이다. 그리고 그 물체에 작용하는 중력을 그 물체의 무게라고 한다. 그러므로 물체의 무게는 힘을 나타내며 무게는 그 물체를 중력가속도인 9.8m/s^2 의 가속도로 움직이게 만드는 힘이다. 무게가 작용하는 방향은 항상 아래 방향이다. 무게는 다음 식으로 나타낸다.

$w = mg$

여기서 w는 무게, m은 질량, g는 중력가속도($9.8m/s^2$)를 나타낸다. 무게는 질량에다 중력가속도를 곱하여 얻는다. 질량이 두 배가 되면 무게도 두 배가 된다. 1kg의 질량은 9.8N의 무게이며 1N은 102g의 질량을 가진 물체의 무게에 해당한다. 달에서의 중력가속도는 $1.6m/s^2$으로 지구의 약 1/6에 해당한다.

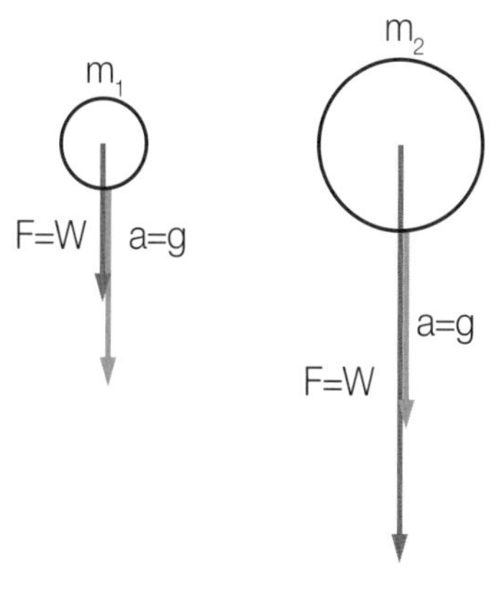

그림 5-18. 질량이 다른 두 물체가 떨어질 때 가속도는 중력가속도로 같지만 중력(무게)은 질량에 따라 다르다

Q 적용예제 5

체중계에서 보여 지는 수치는 질량을 나타내는데 70kg을 가리켰다면 지구에서와 달에서의 무게는 얼마인가?

A 해결

지구에서의 무게

$$w = mg = (70kg)(9.8m/s^2) = 686kg \cdot m/s^2 = 686N$$

달에서의 무게

$$w = mg = (70kg)(1.6m/s^2) = 112kg \cdot m/s^2 = 112N$$

달에서의 70kg 질량의 무게는 지구에서의 무게에 비해 1/6 수준인 112N이다.

4. 뉴턴의 운동 제3법칙(작용 반작용의 법칙)

뉴턴의 운동 제1법칙은 알짜 힘이 '0'일 때 물체는 운동 상태를 계속 유지한다는 것을 말해 주고 제2법칙은 알짜 힘이 '0'이 아닐 때 어떻게 되는가를 말해 주고 있다. 두 법칙을 통해 물체의 속도가 빨라지거나 느려지거나 혹은 운동 방향이 바뀌는 경우와 같이 동작의 변화가 생기면 힘이 작용한다는 것을 알 수 있다.

뉴턴의 운동 제3법칙도 힘과 관련된 것이다. 한 물체에 작용하는 힘은 그 힘을 가하는 주체가 반드시 있다. 이렇게 힘은 두 물체 사이의 상호 작용에 의해 생성되기 때문에 힘은 항상 짝을 이룬다. 예컨대 야구배트로 야구공을 칠 때 야구배트가 야구공에 힘을 가한 것이다. 지금까지는 힘을 받은 야구공에 대해서 어떻게 되는지 관심을 갖고 있었다면 뉴턴의 운동 제3법칙은 야구배트에 관해서 관심을 갖는다. 뉴턴의 운동 제3법칙은 다음과 같다. '모든 작용에 대해 크기가 같고 방향은 반대인 반작용이 존재한다.' 여기서 뉴턴은 작용(action)과 반작용(reaction)이라는 용어를 힘을 대신해 사용하고 있다. 그래서 운동 제3법칙을 작용 반작용의 법칙이라고도 한다. 위의 표현이 다소 애매하고 혼란스러우므로 '물체 A가 다른 물체 B에 힘을 가하면, 물체 B는 물체 A에 크기가 같고 방향은 반대인 힘을 동시에 가한다. 이 두 힘은 서로 상대하는 물체에 작용한다.'와 같이 명확히 나타낼 필요가 있다. 이 법칙은 힘은 단독으로 작용하는 것이 아니고 항상 짝을 이뤄 작용한다는 것을 설명하고 있다. 야구배트로 야구공을 칠 때 배트가 공에 힘(작용)을 전달하면 그 공은 배트에 크기가 같고 방향이 반대인 힘(반작용)을 전달한다(그림 5-19).

그림 5-19. 야구배트와 야구공에 작용하는 작용과 반작용

그림 5-20은 박지성선수가 축구공을 차는 순간이라고 가정해보자. 축구공에 힘을 가하면 동시에 크기가 같고 방향이 반대인 힘이 발에 가해진다. 박지성 선수의 발을 A, 축구공을 B라 하면 다음과 같이 나타낼 수 있다.

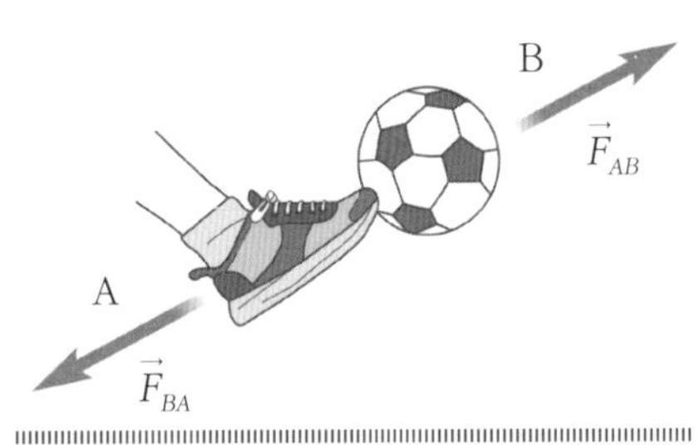

그림 5-20. 발과 축구공에 작용하는 작용과 반작용

$$\vec{F}_{AB} = -\vec{F}_{BA} \qquad \text{(식 5-2)}$$

여기서 $\vec{F}_{AB}$는 A가 B에 가한 힘(B가 받는 힘, 박지성 선수가 축구공에 가한 힘), $\vec{F}_{BA}$는 B가 A에 가한 힘(A가

받는 힘, 축구공이 박지성 선수의 발에 가한 힘), 두 힘의 크기는 같으며, '−' 부호는 힘의 방향이 서로 반대라는 것을 의미한다.

명심해야 할 것은 위의 예처럼 이 두 힘은 서로 다른 물체에 작용하는 것이므로 서로 상쇄 되거나 합해 질 수 없다.

그림 5-21. 카약의 작용과 반작용

그림 5-21은 카약선수가 노를 젓는 모습인데, 노를 저어 물을 뒤로 밀면 이에 대한 반작용으로 물이 노를 앞으로 밀게 되고 노에 작용한 힘이 곧 카약에 작용한 것이므로 카약은 앞으로 나간다. 이와 마찬가지로 수영의 평형 동작도 팔과 손으로 물을 당겨 뒤로 밀게 되면 이에 대한 반작용으로 물이 몸을 앞으로 밀게 되어 앞으로 나간다(그림 5-22).

그림 5-22. 수영의 작용과 반작용

뉴턴의 운동제3법칙이 성립하지 않는다면 우리는 걸을 수도 없다. 걸을 때 우리는 지면을 밀고 그 힘에 대한 반작용으로 크기는 같고 방향이 반대인 지면으로부터 나온 힘이 우리를 밀어 앞으로 나가게 한다. 지면으로부터 나온 힘을 지면 반력(ground reaction force)이라 한다. 지금부터 지면반력에 대해 살펴보자.

Q 적용예제 6

얼음판 위에 스케이트를 신은 두 사람이 서 있다. 한 사람의 질량은 100kg이고 다른 사람의 질량이 70kg이다. 70kg인 사람이 30N의 힘으로 밀었다면 어떻게 되는가?

100kg인 사람은 30N의 힘을 왼쪽 방향 (−) 으로 받게 되어 가속도 역시 −방향이 된다.

$$a=\frac{F}{m}=\frac{-30N}{100\text{kg}}=-0.3\text{m/s}^2$$

70kg인 사람은 자기가 민 힘의 크기와 같은 반작용인 30N의 힘을 오른쪽 방향 (+) 받게 되어 가속도 역시 + 방향이 된다.

$$a=\frac{F}{m}=\frac{30N}{70\text{kg}}=0.43\text{m/s}^2$$

---

5. 지면반력 (GRF: ground reaction force)

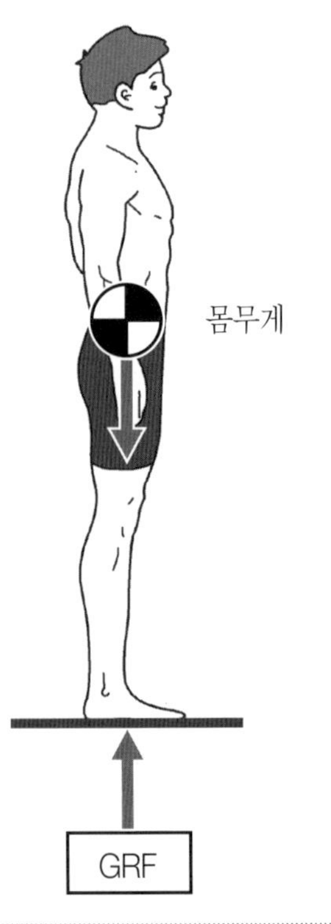

그림 5-23. 몸무게와 지면반력

뉴턴의 운동 제 3법칙의 대표적인 예는 지면반력(GRF: ground reaction force)에서 찾아 볼 수 있다. 똑바로 가만히 서있는 동안 아래로 작용하는 몸무게에 의해 지면반력이라 불리는 크기는 같고 방향이 반대인 반작용의 힘이 작용한다(그림 5-23). 이 지면반력은 발바닥 전체 밑에서 작용하는 모든 힘들의 합이다.

지면반력은 서있을 때, 걷을 때, 뛸 때, 점프할 때, 발과 지면이 닿고 있는 동안에는 언제나 발에 작용하고 있는 힘이다. 동작하는 동안 몸이 받는 힘에 대한 정보를 통해 몸을 사용하는 방법, 어떻게 이런 힘들이 발생하는지, 그리고 그 힘이 몸에 작용해서 어떤 효과가 발생하는지를 연구할 수 있다. 이처럼 지면반력에 대한 지식은 동작과 상해기전(injury mechanism)을 이해하는데 도움을 준다.

지면반력의 크기는 얼마만큼 지면에 힘을 가했느냐에 따라 결정되고 지면반력의 방향은 지면에 힘을 어떤 방향으로 가했느냐에 따라 달라진다. 이런 지면반력의 크기, 방향, 그리고 압력중심점을 측정하는 도구를 지면반력기 (force platform 혹은 force

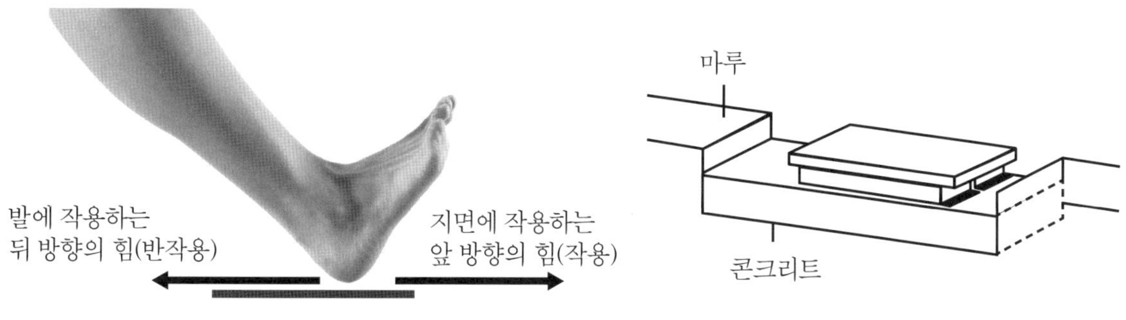

그림 5-24. 마찰력에 의한 발과 지면 사이의 수평 방향의 힘

그림 5-25. 지면반력기가 콘크리트 위에 설치된 모습

plate)라 한다. 일반적으로 지면반력기는 실험실 바닥의 콘크리트 위에 단단히 고정시켜 미리 묻어서 지면과 평편하게 설치하여 지면반력기 때문에 동작이 지장 받는 것을 피하고 있다(그림 5-25).

지면반력기는 변환기를 사용하여 힘을 측정한다. 힘이 지면반력기에 작용하면 변환기들은 힘의 크기에 비례하여 변형을 일으키고 변형된 크기에 비례하여 전압이 달라진다. 결국 지면반력기에 작용한 힘의 크기는 달라진 전압에 따라 계산되어 얻게 된다. 변형게이지(strain gauge) 또는 압전성 물질(piezoelectric)을 사용한 두 가지 형태의 지면반력기가 주로 사용된다.

변형게이지 형태의 지면반력기는 압전성 물질 형태의 지면반력기 보다 덜 예민하고 양궁과 같이 비교적 긴 시간 동안 측정이 필요한 동작에 더욱 용이하다. 압전성 물질 형태의 지면반력기는 예민하여 힘의 크기가 빠르게 변하는 걷기, 달리기, 점프 동작에 적당한 지면반력기이다.

여기서 힘은 두 가지의 방법으로 표현할 수 있다. 지면반력기에 작용하는 힘과 그 힘에 대한 반작용으로 인체에 작용하는 힘이다. 이 두 힘의 크기는 같고 방향은 서로 반대다. 지면반력기를 통해 우리가 사용하는 힘은 후자의 경우인 반작용으로 인체에 작용하는 힘이다.

그림 5-26은 실제로 지면에 작용하는 힘과 그에 대한 반작용인 지면반력을 나타낸 것이다. 지면반력기를 통해 이

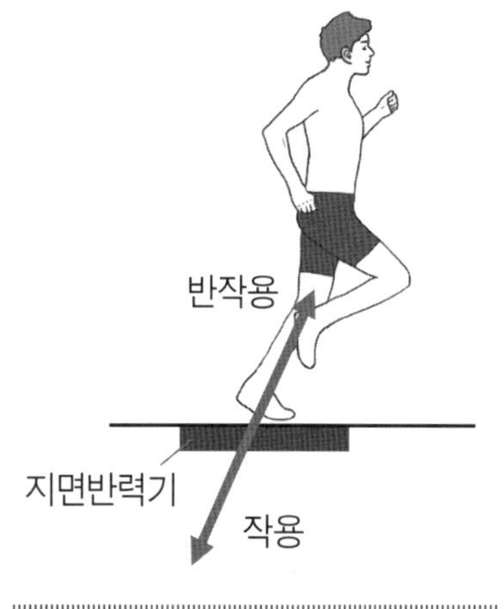

그림 5-26. 지면반력

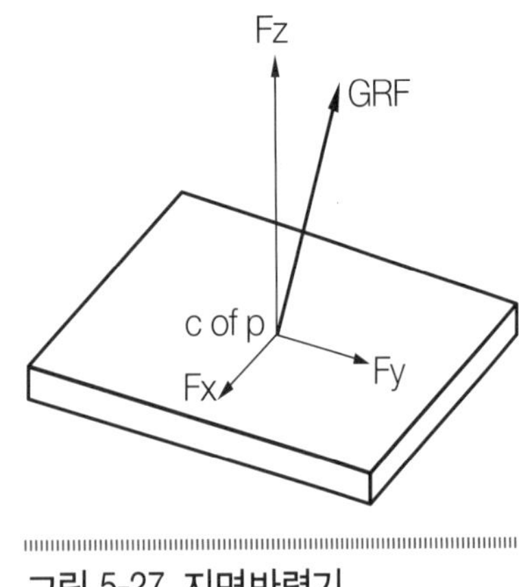

그림 5-27. 지면반력기

힘을 수직 방향과 수평 방향으로 분해할 수 있다. 다시 말해 지면반력은 크기와 방향을 갖고 있는 벡터이므로 서로 직각을 이루는 세 개의 성분으로 분해할 수 있고 지면반력기를 통해 그 값들을 얻을 수 있다(그림 5-27). 일반적으로 좌우 방향(mediolateral)을 Fx, 전후 방향(anteropos-terior)을 Fy, 수직 방향(vertical)을 Fz로 나타낸다. 대부분의 동작에서 수직 방향의 Fz가 가장 큰 값을 보이는데 그 이유는 몸의 무게 중심의 가속도가 수직 방향으로 가장 크게 변하기 때문이다.

빙판 위에서 넓이 뛰기를 한다고 생각해 보자. 마찰계수가 작은 얼음 위에서 위로 점프는 가능하지만 미끄러지기 때문에 뒤로 밀 수 없다. 뒤로 밀 수 없기 때문에 앞 방향으로 작용하는 지면반력은 만들어지지 않는다. 뒤로 밀었을 때 미끄러지지 않는다면 마찰력이 생기게 되는데 전후 방향과 좌우 방향 지면반력 성분들은 마찰력에 의해 생성되는 것이다. 그래서 마찰력이 없는 표면에서 전후, 좌우 지면반력을 만드는 것은 불가능하다.

그림 5-28은 정상적인 보행을 할 때 지면반력기를 사용하여 얻어진 일반적으로 나타나는 세 방향의 지면반력 형태를 그린 것이다. 실선이 수직지면반력, 긴 점선은 전후지면반력, 짧은 점선은 좌우지면반력을 표현한다. 보행할 때

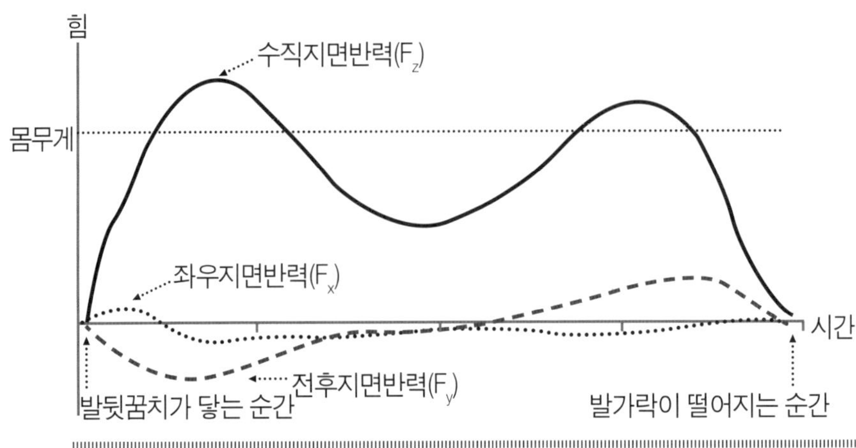

그림 5-28. 보행할 때 나타나는 지면반력

의 수직지면반력은 두 개의 봉우리 형태를 갖고 있다. 첫 번째 봉우리는 발이 지면에 닿으면서 무게 중심이 옮겨 갈 때이고 두 번째는 다음 걸음을 위해 지면을 밀 때다. 보행할 때, 첫 번째 봉우리의 최대수직지면반력은 자기 몸무게의 약 120% 정도다. 두 번째 봉우리의 최대수직지면반력은 자기 몸무게의 약 110% 정도다. 두 봉우리 사이의 최솟값은 자기 몸무게의 약 75% 정도다. 달리기 할 때의 최대수직지면반력은 달리는 속력에 따라 다르지만 자기 몸무게의 약 2~5배 정도다. 수직지면반력의 크기는 걷거나 달릴 때의 속력이 빠를수록 커진다.

보행할 때 전후지면반력을 보면 처음에서 중간 까지 음의 값을 보이는데 이것은 신발이 닿으면서 뒤쪽으로 힘이 작용한다는 것을 의미한다. 그 이후에 양의 값을 보이는 것은 몸이 앞으로 가기 위해 지면을 뒤로 밀게 되고 이와 동시에 앞으로 작용하는 지면반력을 나타내 주는 것이다. 앞서 애기한 것처럼 전후로 작용하는 지면반력은 마찰력에 의한 것이다. 일반적으로 최대전후지면반력은 자기 몸무게의 약 15~20% 정도다. 최대좌우지면반력은 걸을 때 좌우방향으로 흔들리는 것을 감지 할 수 있지만 개인차가 비교적 크기 때문에 일정한 형태가 없지만 주로 몸 안쪽으로 작용한다. 최대좌우지면반력은 자기 몸무게의 약 5% 정도다.

이번에는 수직 점프 동작을 통해 발생하는 지면반력을 좀 더 자세히 살펴보도록 하자. 이때 받게 되는 힘은 중력에 의한 자신의 무게와 지면반력이다(그림 5-29).

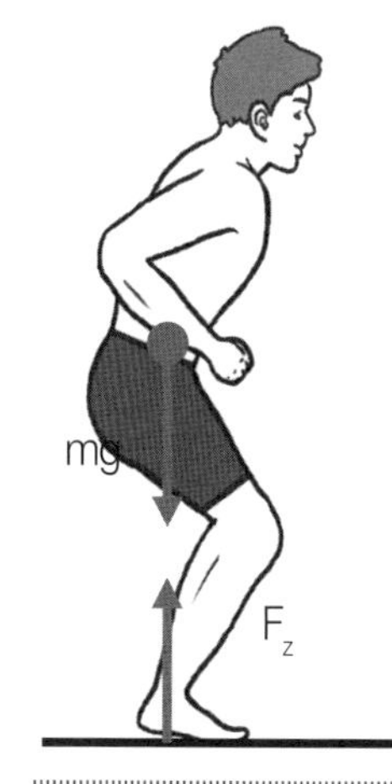

그림 5-29. 수직점프 할 때 작용하는 힘(무게, 지면반력)

지면반력기에 의해 기록된 지면반력을 통해 무게 중심의 변위, 속도, 가속도 등 움직임을 알 수 있다. 뉴턴의 운동 제2법칙을 적용해 보자.

$$\Sigma F = ma$$

$$F_Z - mg = ma$$

$$F_Z = ma + mg = m(a+g) \quad \text{(식 5-3)}$$

여기서 F_Z는 지면반력의 수직 성분, mg는 몸무게, m은 몸의 질량, g는 중력 가속도, a는 무게 중심의 수직성분의 가속도를 의미한다. 움직이지 않고 똑바로 서있기만 한다면 a는 '0' 이 되어 F_Z와 mg의 크기는 같다. a가 '−' 값을 갖게 되면 F_Z가 mg보다 작아진다. a가 '+' 값을 갖게 되면 F_Z가 mg보다 커진다. 요약하면 다음과 같다

만약 $a < 0$ 이면 $F_Z < mg$
만약 $a = 0$ 이면 $F_Z = mg$
만약 $a > 0$ 이면 $F_Z > mg$

$a > 0$ 인 경우는 다음 3가지 조건하에서 이루어진다.
첫 번째로, 몸이 위로 올라가면서 속력이 빨라질 때
두 번째로, 몸이 아래로 내려가면서 속력이 느려질 때
세 번째로, 몸이 내려가다 방향을 바꿔 올라 갈 때
$a < 0$ 인 경우는 $a > 0$ 인 경우와 반대인 조건하에서 이루어진다.

그림 5-30은 수직 점프 동작을 수행할 때 발생되는 수직지면반력이 시간에 따라 변화되는 것을 간략하게 나타낸 그림이다. 점선은 점프하는 사람의 몸무게를 나타내고 있는 선이다. 그 선 아래는 몸무게 보다 작은 수직지면반력을 의미하며, 그 선 위는 몸무게 보다 큰 수직지면반력임을 알 수 있다. 위의 식에 의해 수직지면반력이 몸무게와 몸의 동작에 의해 발생되는 수직 가속도에 의해 결정된다는 것을 알 수 있다.

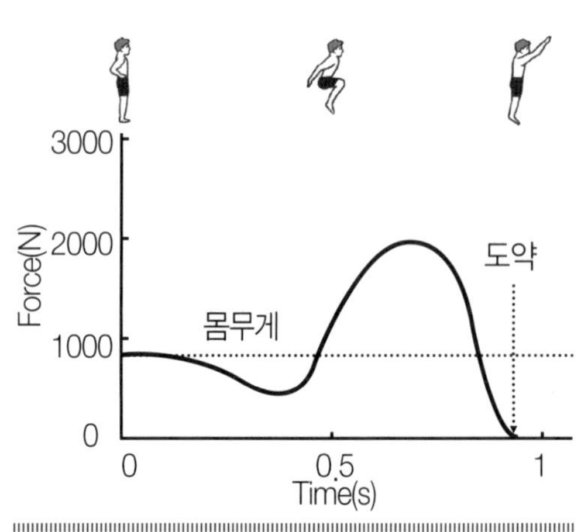

그림 5-30. 수직 점프할 때의 수직지면반력

그림 5-31은 수직점프 동작 수행 시 몸 무게중심의 변위, 속도, 그리고 가속도를 시간에 따라 변화되는 것을 좀더 자세히 나타낸 그림이다. 수직지면반력의 변화 형태와 가속도 변화 형태가 일치하기 때문에 수직지면반력의 변화를 알아보기 위해서는 무게 중심의 가속도 변화를 살펴보

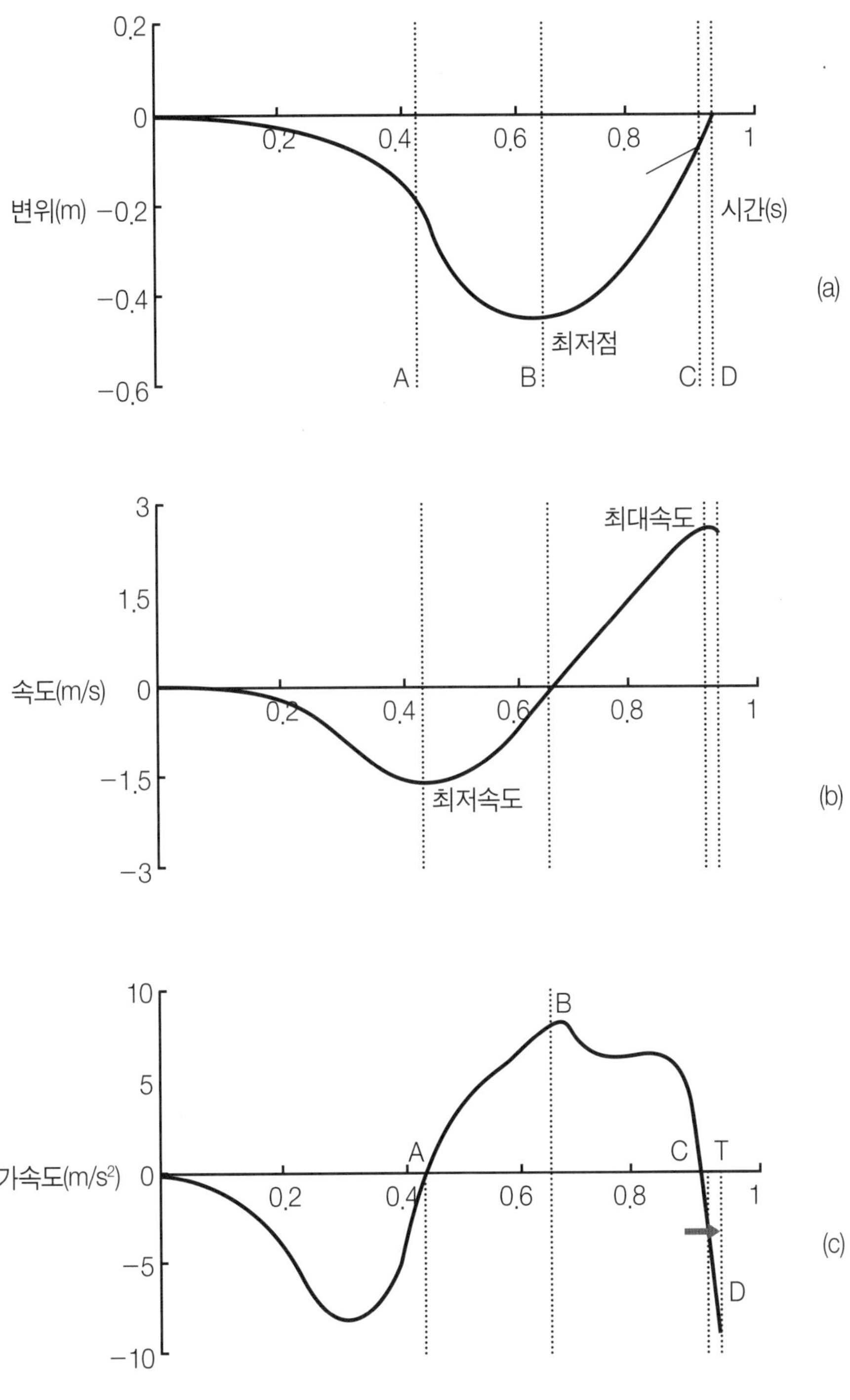

그림 5-31. 수직점프할 때 무게중심의 변위, 속도, 가속도

아야 한다. 가속도의 변화를 알기 위해서는 속도의 변화를 알아야 하고, 속도의 변화를 알기 위해서는 무게 중심의 변위를 알아야 한다.

수직점프를 하기 위해 엉덩관절, 무릎관절, 발목관절을 굴곡하여 몸의 무게중심을 낮추었다가 각 관절을 신전하여 무게중심을 위로 올리면서 점프하게 된다(그림 5-31a). 먼저 몸이 아래로 내려가는 구간을 살펴보면 아래로 내려가는 속도가 빨라지다가 느려지게 되고 최저점에 도달하게 되면 속도는 '0'이 된다. 아래로 내려가는 속도는 '-'값을 갖게 되고 A지점에서 최저속도를 나타낸다(그림 5-31b). 이 순간의 가속도는 0이 되므로 수직지면반력도 몸무게와 같은 값을 갖게 된다 (그림 5-31c).

A지점 이후에 계속 몸이 내려가면서 속력은 줄게 되지만 가속도는 '+' 값을 갖게 되어 수직지면반력도 몸무게 이상의 값을 갖게 된다. 몸 무게중심이 최저점에 도달하게 되면 속도는 0이 되는데 이 순간의 가속도는 최대값과 일치하지는 않지만 최대값에 가까운 값을 갖게 되어 수직지면반력도 최대값과 가까운 값이 된다(B지점). 몸이 위로 올라가는 구간을 살펴보면 속도가 계속 증가하여 최대값에 도달하게 되며 속도가 최대가 되는 순간에 가속도는 '0'이 되어 수직지면반력은 몸무게의 크기로 되돌아오게 된다 (C지점). 그 후 지면과 발이 떨어지기(도약) 전까지 속도는 약간 감소하게 된다. 가속도는 '-' 값이 되므로 수직지면반력 역시 몸무게 이하로 떨어져 도약 순간 '0'이 된다(D지점).

지면반력은 발과 지면이 접촉하는 전체 면적에 분포되어 작용한다. 그림 5-32a는 사람이 두 맨발로 서있을 때의 접촉면을 보여 주고 있다. 그림 5-32b

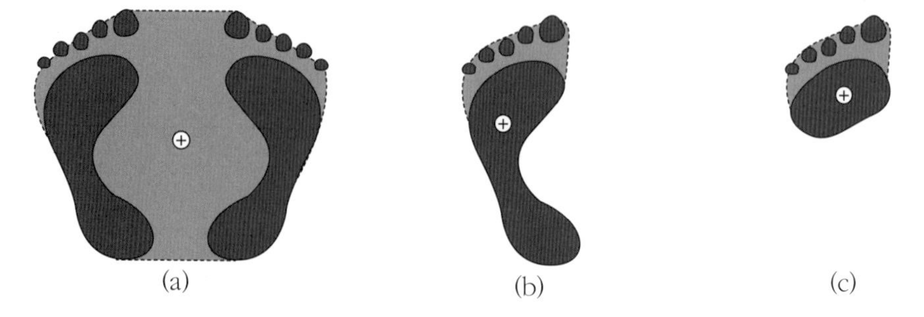

그림 5-32. 다양한 압력중심점

는 한 발로 서 있을 때, 그림 5-32c는 발뒤꿈치를 들고 서있을 때의 접촉면을 보여 준다. 지면반력은 접촉면 전체에 퍼져 분포되어 있지만 한 지점에만 작용하는 것 같은 효과를 보인다. 그래서 지면에 접촉하는 부분 중 어느 한 점이 지면반력 전체가 작용하는 곳이라고 가정되는 점을 압력중심점(center of pressure : cop) 이라 한다. 무게 중심이 모든 무게가 집중되어 있는 곳이라고 가정하는 것과 같다.

동작 속도, 접촉면(체육관 바닥, 아스팔트, 모래, 잔디 등), 신발의 종류, 등 여러 요소에 의해 지면에 가하는 힘의 크기는 다르다. 또한 동작하는 동안 지면에 가하는 힘의 크기와 방향은 계속 변화한다. 예컨대 걷기 동작에서 발의 뒤꿈치가 먼저 지면에 닿고 발바닥 전체가 닿고 나중에 발가락이 지면에서 떨어질 때까지, 발이 지면과 접촉하는 시간이 지나면서 계속 지면에 가하는 힘의 크기와 방향이 변화하게 된다. 지면반력기를 통해 얻어진 수직과 수평 방향의 힘들을 그림 5-33와 같이 합성하여 총지면반력의 크기와 방향을 얻을 수 있다.

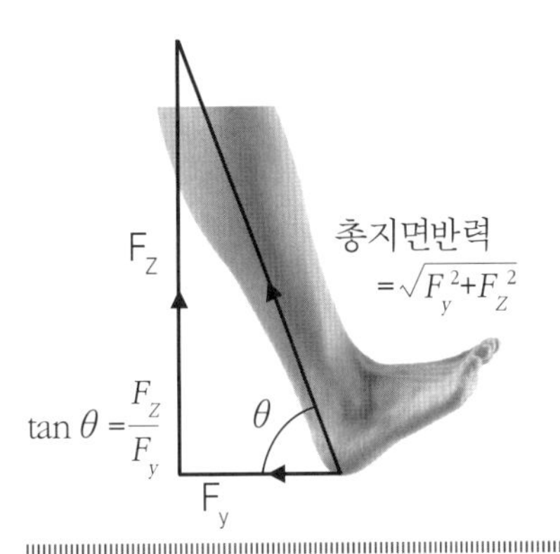

그림 5-33. 총지면반력의 크기와 방향

그림 5-34a는 보행시 이렇게 얻어진 지면반력의 크기와 방향을 보여준다. 그림 5-34b는 지면반력을 지속적으로 계산한 값을 그린 것이며 나비처럼 생겨서

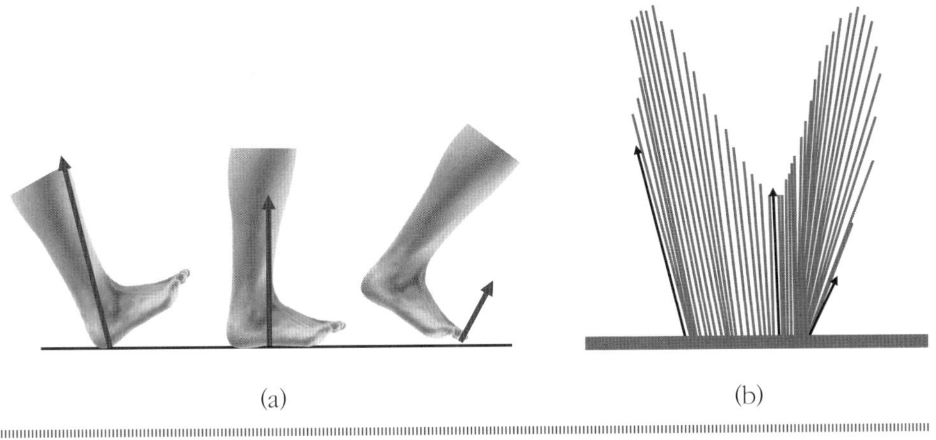

그림 5-34. 보행시 총지면반력의 크기와 방향

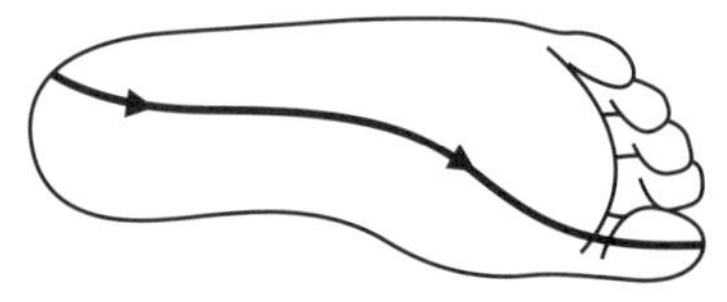

그림 5-35. 보행시 cop의 이동 경로

나비그림(butterfly diagram)이라 한다. 이 그림을 통해 지면반력의 크기와 방향 그리고 압력중심점이 계속 변하는 것을 알 수 있다.

걷기 동작에서 지면에 발뒤꿈치가 먼저 닿게 되면 그 부분의 한 점이 압력중심점이 되고 동작이 진행되면서 엄지발가락 쪽으로 압력중심점은 이동하게 된다. 그림 5-35은 정상적인 보행 시 발뒤꿈치가 지면에 닿고 발이 떨어질 때 엄지 발가락으로 미는 것을 보여주는 압력중심점의 이동 경로를 보여주고 있다.

적용예제 7

달릴 때 발에 작용한 수직 지면반력이 2200N이고 전후 지면반력이 650N 일 때 두 힘의 합성된 힘은 얼마이며 작용하는 방향은 어디인가?

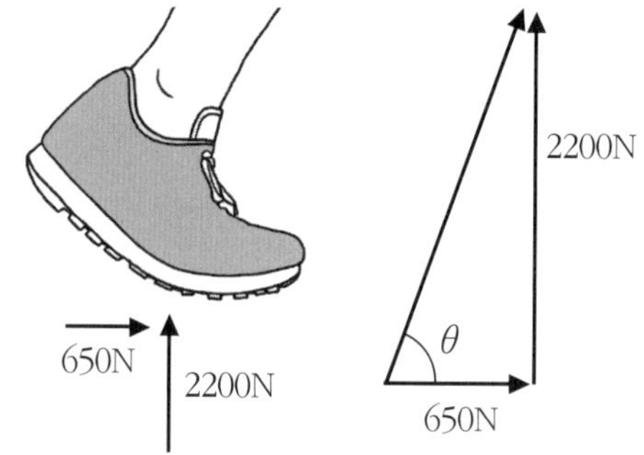

해결

$$F=\sqrt{(650N)^2+(2200N)^2}=2294N$$

$$\tan\theta=\frac{2200N}{650N}=73.5^\circ$$

지면반력의 총크기는 2294N이며 방향은 지면과 73.5° 방향으로 작용.

적용예제 8

적용예제 7에서 인체의 질량이 80kg일 때 가속도는 얼마인가?

해결

$$F_y=ma_y$$
$$650N=(80\text{kg})a_y$$

$$a_y = \frac{650\text{kgm/s}^2}{80\text{kg}} = 8.13\text{m/s}^2$$

$$F_z = m(a_z + g)$$
$$2200N = (80\text{kg})(a_z + 9.8\text{m/s}^2)$$

$$a_z = \frac{2200N - 80\text{kg} \times 9.8\text{m/s}^2}{80\text{kg}} = 17.7\text{m/s}^2$$

$$a = \sqrt{a_y^2 + a_z^2} = \sqrt{(8.13\text{m/s}^2)^2 + (17.7\text{m/s}^2)^2} = 19.48\text{m/s}^2$$

6. 수직항력 (normal force)

사람이 점프해서 최고점에 도달한 후 작용하는 중력에 의해 아래로 떨어질 수밖에 없다. 그러나 지면과 접촉하는 순간부터 더 이상 떨어지지 않고 서 있을 수 있는 것은 중력에 의한 무게 뿐 아니라 지면에 의해 반대로 작용하는 힘이 있기 때문이다. 이 힘을 수직지면반력이라 하였다. 그림 5-36과 같이 한 사람이 똑바로 서있는 모습을 생각해 보자. 마찬가지로 이 사람에게 작용하는 힘은 중력에 의한 무게와 수직지면반력 두 개다. 수직지면반력은 사람 혹은 물체가 지면과 접촉하면서 지면으로 부터 수직 방향으로 받게 되는 힘이다.

사람 혹은 물체가 지면을 포함해서 어떤 물체의 표면과 접촉할 때 접촉하는 면에 대해 수직 방향으로 작용하는 힘을 수직항력(normal force) 이라 한다. 수직지면반력도 수직항력의 한예다. 두 물체가 접촉할 때 마다 수직항력은 항상 존재한다. 수직항력은 F_N으로 표시하며 똑바로 서 있는 경우에는 수직항력의 방향은 위 방향이다.

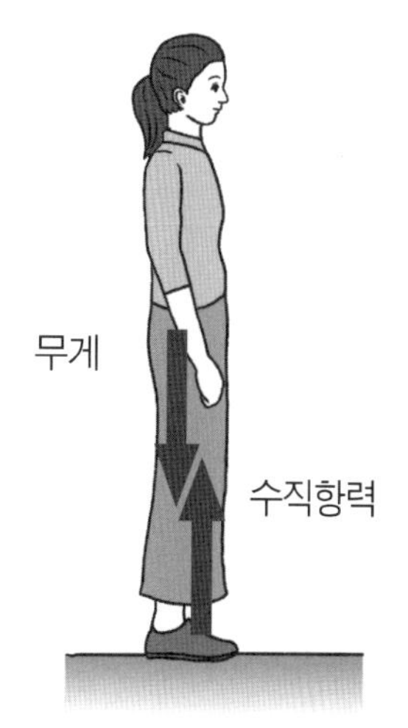

그림 5-36. 무게와 수직항력

그림 5-36의 상황을 고려하는데 보다 용이하도록 자유 물체도(free-body diagrams)가 필요하다. 자유 물체도란 물체에 작용하는 모든 힘들을 표시하기 위해 각 힘을 하나의 화살표를 이용하

그림 5-37. 자유물체도

여 간단하게 만든 그림을 자유 물체도 라고 한다. 동작을 취할 때 인체에 다양한 힘들이 작용하기 때문에 자유 물체도를 이용하여 분석이 용이하도록 한다. 힘을 표현하는 화살표는 힘의 크기, 방향, 작용점을 나타내는 벡터를 의미한다.

그림 5-36과 같이 움직이지 않고 서있는 경우의 속도와 가속도 모두 '0'이다. 뉴턴의 운동 제2법칙에 따라 가속도가 '0'이라는 것은 그 사람에게 작용하는 알짜 힘이 '0'이므로 다음과 같이 쓸 수 있다.

$$\Sigma F = ma = 0$$
$$\Sigma F = F_N - mg = 0$$
$$F_N = mg$$

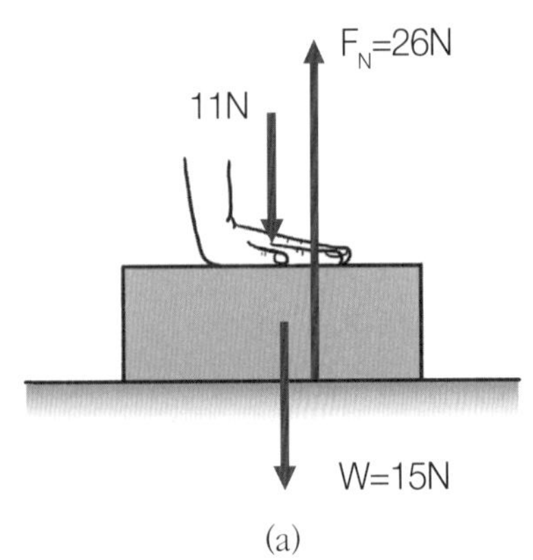

(a)

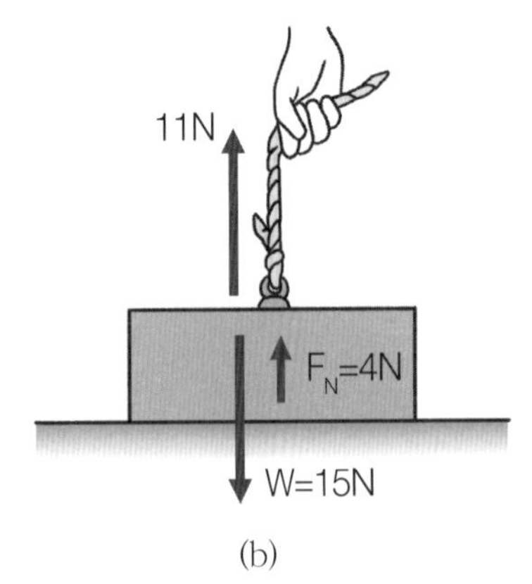

(b)

그림 5-38. 수직항력이 커지는 경우와 작아지는 경우

이 경우 수직항력의 크기는 몸무게와 같고 수직항력의 방향은 몸무게의 방향과 반대다.

인체나 물체는 항상 중력을 받고 있기 때문에 아래로 움직여야 하지만 수직항력에 의해 몸에 작용하는 알짜힘이 '0'이 되어 가만히 서 있을 수 있다.

무게 15N인 블록을 11N의 힘으로 누르면 수직항력은 블록의 무게와 누른 힘을 더한 26N이 된다(그림 5-38a). 반면에 11N의 힘으로 들어 올리면 수직항력은 블록의 무게에서 당긴 힘을 뺀 4N이 된다. 이렇게 물체에 힘이 작용하면 그 물체의 수직항력이 달라질 수 있다.

수직항력은 항상 접촉하는 면과 수직으로 작용하지만 항상 중력의 방향과 반대로 작용하는 것은 아니다.

그림 5-39는 슬로프의 각도가 θ인 스키장에서 보드를 타고 있는 그림이다. 이 때 수직항력의 방향은 접촉하는 면과 수직 방향이기 때문에 중력이 작용하는 방향과 반대 방향이 아니므로 수직항력의 크기는 보드를 포

그림 5-39. 수직항력이 항상 중력의 방향과 반대는 아니다

함한 몸무게 보다 작다. 수평면과 표면이 각(θ)을 이루고 있으면 수직항력은 다음과 같다.

$$F_N = mg\cos\theta \qquad \text{(식 5-4)}$$

여기서 F_N은 수직항력, mg는 물체의 무게, θ는 수평면과 표면이 이루는 각을 나타낸다. 즉 수직항력은 물체의 무게에 비례하고 놓여있는 경사도에 따라 변한다. 평면에 놓여있다면 $\theta=0$, $\cos\theta=1$이므로 수직항력은 그 물체의 질량의 크기와 같다.

Q 적용예제 9

한 어린이가 그림과 같이 눈 덮인 언덕에서 썰매를 잡고 있을 때 당기는 힘과 썰매의 수직항력을 구하시오. 이 때 썰매의 무게는 70N이고 언덕의 경사도는 30° 다.

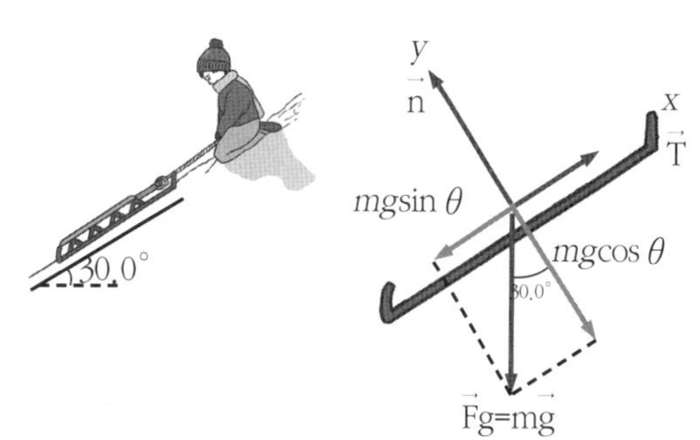

A 해결

썰매에 작용하는 힘은 모두 3개다. 썰매의 무게 mg, 수직항력 FN, 당기는 힘 T. 썰매가 움직이고 있지 않기 때문에 썰매에 작용하는 알짜 힘은 '0'이다.

$$\Sigma \vec{F} = m\vec{g} + \vec{F_N} + \vec{T} = 0$$

위의 힘들은 벡터로 표현했기 때문에 x성분과 y성분으로 분해한다. 여기서 x 축을 경사면을 따라 설정하면 y축은 당연히 x축에 수직으로 설정된다. 당기는 힘은 x방향, 수직항력은 y방향, 썰매의 무게를 x와 y성분으로 분해하면 된다.

$$\Sigma F_x = -mg\sin\theta + T + 0 = T - (70\text{N})(\sin 30^\circ) = 0$$
$$T = 35\text{N}$$
$$\Sigma F_y = -mg\cos\theta + 0 + F_N = F_N - (70\text{N})(\cos 30^\circ) = 0$$
$$F_N = 60.6\text{N}$$

썰매를 당기는 힘은 35N이고 썰매의 수직항력은 60.6N이다.

---

7. 마찰력(friction)

빙판 위에서 똑바로 걷기도 힘들지만 뛰어가다가 넘어졌다고 가정해보자. 빙판 위를 미끄러지다가 결국 멈추게 된다. 이것이 의미하는 것은 미끄러지는 동안 속도가 줄게 되는데 다시 말하면 가속도가 발생한 것이고 뉴턴의 운동 제2법칙을 통해 힘이 작용했음이 분명하다. 이 힘을 마찰력이라 하며 마찰력에 의해 멈추게 된다. 빙판 위가 아니라 아스팔트 위 혹은 체육관 내에서 발생했다면 거의 미끄러짐이 없이 멈추게 될 것이다. 빙판에서 많이 미끄러지는 것은 빙판에서의 마찰력이 다른 표면에서의 마찰력보다 훨씬 작기 때문이다.

이와 같이 한 물체가 다른 물체의 표면 위에서 미끄러질 때 미끄러지는 방향과 반대 방향으로 발생하는 힘 즉 미끄러짐을 방해하는 힘을 마찰력이라 한다. 이 마찰력은 접촉하는 두 물체의 표면에 의해 만들어지며 항상 물체가 미끄러지려거나 미끄러지는 방향과 반대 방향으로 작용한다. 일반적으로 마찰력은 고체들 사이의 접촉을 다룰 때 사용하는 용어이고 액체나 기체 사이에서 발생되는 마찰력과 같은 효과는 다른 용어를 사용한다.

마찰력은 일상생활에서도 매우 중요한 역할을 한다. 예를 들면 자동차의 경우 엔진 파워의 약 20% 정도가 마찰력에 의해 소모된다고 한다. 그리고 그 마찰력에 의해 기계들이 마모 된다. 그러므로 공학도들은 이러한 마찰력을 줄이기 위해 많은 연구들을 하고 있다. 하지만 마찰력이 제거의 대상만 되는 것은 아니다. 마찰력이 없다면 미끄러져서 우리는 걸을 수도 없고 연필을 잡을 수도 없으며 글씨 또한 쓸 수 없게 된다. 거의 모든 일상생활이 불가능 하게 되는 것이다.

1) 정지마찰력과 운동마찰력

마찰력은 움직임이 없을 때도 존재한다. 그림 5-40과 같이 한 상자가 마루 위에 놓여 있고 그 상자를 민다고 생각해 보자. 작은 힘으로 밀면 상자는 움직이지 않는다. 그 힘을 증가 시키다 보면 움직이려는 순간을 찾아 낼 수 있다. 움직이기 전까지는 상자의 가속도는 '0'이기 때문에 상자에 작용하는 알짜 힘은 '0'이다. 다시 말해 미는 힘과 크기가 같고 방향이 반대인 마찰력이 작용하기 때문에 움직이지 않는 것이다. 이와 같이 움직이지 않고 있을 때 두 물체 사이의 마찰력을 정지마찰력(static friction: f_s)이라 한다. 움직이기 시작해서 움직이는 동안 두 물체 사이의 마찰력을 운동마찰력(kinetic friction: f_k)이라 한다.

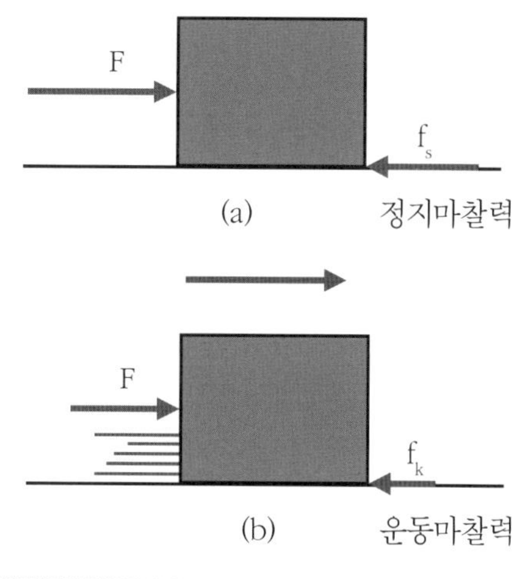

그림 5-40. 정지마찰력(a)과 운동마찰력(b)

그림 5-41a에서 상자는 평형상태를 이루고 멈춰있다. 이 때 상자에 작용하는 힘은 상자의 무게 W와 위로 작용하는 수직항력 F_N뿐이다. 수직항력과 무게의 크기는 같다. 상자에 끈을 묶어 점차적으로 큰 힘으로 당기면 움직이지 않는 동안에는 당기는 힘이 증가 할수록 당기는 힘과 크기가 같은 정지 마찰력의 크기

도 증가한다(그림 5-41b).

더 큰 힘을 가하면 상자는 미끄러지게 된다. 미끄러지기 시작하려는 순간의 정지마찰력이 가장 크기 때문에 이 순간의 정지마찰력을 최대정지마찰력(maximum static friction: f_s,max)이라 한다. 상자를 움직이기 위해서는 최대정지마찰력 이상의 힘이 필요하다(그림 5-41c).

한번 움직이기 시작하면 마찰력은 감소되어 최대정지마찰력보다 작은 힘으로 움직이게 할 수 있다. 미끄러지고 있는 상태에서는 정지마찰력과 달리 운동마찰력의 크기는 당기는 힘의 크기나 움직이는 속도와 관계없이 완벽하지는 않지만 일정하며 최대정지마찰력의 크기보다 항상 작다.

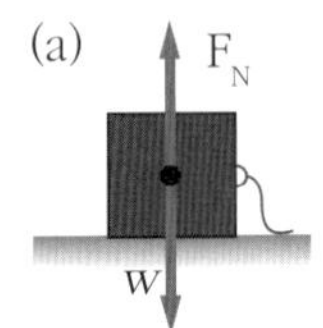

힘이 작용하지 않고 움직임이 없다. 마찰력은 없다.

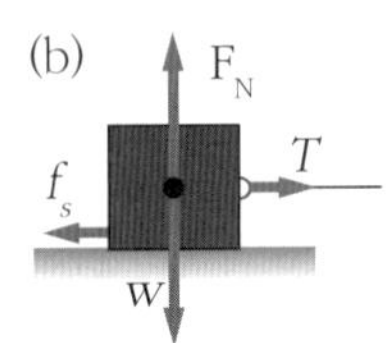

작은 힘이 작용하고 움직임은 아직 없다. 작은 정지 마찰력이 있다.

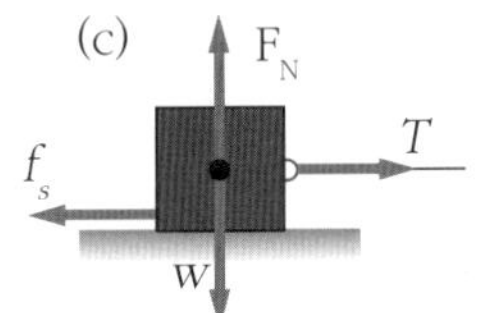

보다 큰 힘이 작용하고 움직임이 발생하려 한다. 최대정지마찰력이 발생한다.

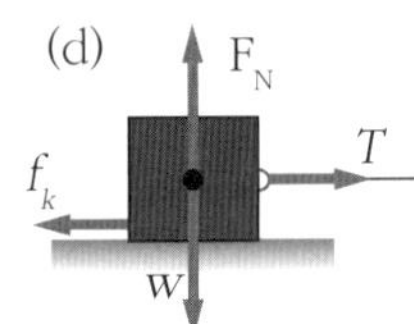

움직임이 발생하고 운동마찰력이 작용한다.

그림 5-41. 정지마찰력과 운동마찰력의 크기

2) 마찰력과 마찰계수

물체들 사이의 최대정지마찰력의 크기는 일반적으로 두 요소인 마찰계수(coefficient of fric-tion)와 수직항력(normal force)에 의해 결정된다. 첫 번째 요소인 마찰계수는 미끄러짐의 정도를 나타내며 단위는 없다. 마찰계수는 접촉하는 표면의 거칠음의 정도에 따라 영향을 받으며, 접촉하고 있는 두 표면의 상호작용을 의미한다. 농구화를 신고 체육관 마루 위에서 달릴 때, 잔디 위에서 달릴 때, 아스팔트 위에서 달릴 때 신발 바닥에서의 미끄러지는 느낌이 서로 다른 것을 알 수 있다. 두 표면에서의 상호 작용이 각기 다르기 때문이다.

마찰계수의 일반적 범위는 0.0에서 1.0까지 이며 0.0은 마찰력이 전혀 없다는 것을 의미하며 1.0이 넘는 경우도 있는데 마찰력 이상의 접착력이 존재하는 경우라 할 수 있다. 값이 작을수록 두 물체는 잘 미끄러진다.

마찰계수도 마찰력과 마찬가지로 움직이지 않을 때와 움직일 때의 크기가 서로 다르다. 움직이지 않을 때의 마찰계수를 정지마찰계수(coefficient of static friction: μ_s)라 하며 미끄러질 때의 마찰계수를 운동마찰계수(coefficient of kinetic friction: μ_k)라 한다. 정지마찰력(f_s)은 다음 식으로 나타낸다.

$$f_s \leq \mu_s F_N \qquad \text{(식 5-5)}$$

여기서 μ_s는 정지마찰계수이고 F_N은 수직항력(normal force)이다.

운동마찰력(f_k)은 운동마찰계수와 수직항력과의 곱과 같다.

$$f_k = \mu_k F_N \qquad \text{(식 5-6)}$$

여기서 μ_k는 운동마찰계수이고 F_N은 수직항력(normal force)이다.

일반적으로 정지마찰계수가 운동마찰계수보다 크다 ($\mu_s > \mu_k$). 마찰계수는 접촉하는 표면을 구성하는 물질과 상태에 따라 다르다. 바닥이 고무재질로 덮인 운동화와 가죽 바닥인 신사화를 체육관 마루에서 비교해 보면 운동화의 마찰계수가 크기 때문에 잘 미끄러지지 않는다. 그러나 볼링이나 무용과 같이 미끄러지는 동작이 필요한 경우는 신 바닥의 마찰계수가 작아야 된다. 야구에서 타자들이 장갑을 착용하고 배트를 휘두른다. 장갑의 재질은 가죽이지만 헝겊이라고 가정해 보면 너무 미끄러워서 스윙을 제대로 할 수 없을 것이다. 당구에서 큐로 치기 전에 초크를 바르는 것도 마찰계수를 크게 만

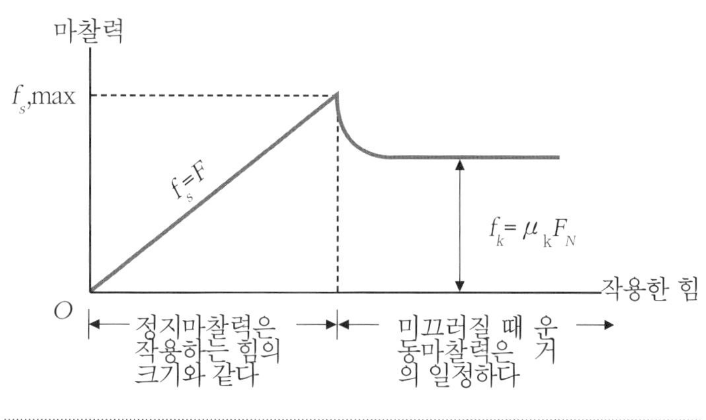

그림 5-42. 마찰력 그래프

들어 큐가 수구에서 미끄러지지 않도록 하기 위함이다. 접촉하는 표면의 거칠음 정도도 마찰계수에 영향을 준다. 거칠수록 부드러운 것보다 마찰계수가 크다. 특히 노인들에게 넘어지는 낙상의 위험이 높기 때문에 비교적 마찰계수가 높은 신발을 신는 것이 필요하다.

두 표면 사이에 물이나 기름과 같은 액체가 존재할 때 마찰계수가 급격히 떨어져 잘 미끄러진다. 수영장에 있는 미끄럼틀에 항상 물이 흘러가게 하는 이유가 여기에 있다. 같은 이유로 목욕탕에서는 조심히 걸어야 된다. 인체 관절은 관절 내의 활액(synovial fluid)으로 인해 마찰계수가 0.01이하가 되어 수십 년 동안 마찰에 의해 마모되지 않고 동작이 가능하다.

스키와 같이 매우 빠른 동작에서는 비록 작은 마찰계수라도 줄일 수 있으면 최대한 줄이는 노력이 필요하다. 그래서 스키 바닥에 왁스를 발라서 마찰계수를 줄인다. 스피드 스케이트, 피겨 스케이트, 아이스하키의 스케이트 날을 날카롭게 갈아서 얼음에 보다 큰 압력을 가해 얼음을 녹여 마찰력을 줄이는 것도 도움이 된다. 스케이트 날이 떨어지는 클랩스케이트는 얼음과 접촉시간이 일반 스케이트보다 늘어나는 효과가 나타나 얼음을 녹게 만들어 얼음과 스케이트 사이에 물이 만들어져 마찰력이 감소하는 장점이 있다. 표 5-1은 μ_s와 μ_k의 일반적인 예를 보여 주고 있다.

표 5-1. 정지마찰계수와 운동마찰계수

	정지마찰계수(μ_s)	운동마찰계수(μ_k)
콘크리트 위의 고무	1	0.8
눈 위의 스키	0.14	0.04
인체의 윤활 관절	0.01	0.003
얼음 위의 스케이트		0.003 ~ 0.007
나무 위의 테니스 공		0.25
인조 표면 위의 테니스 공		0.50 ~ 0.60
인조 표면 위의 테니스 화		1.3 ~ 1.8
나무로 된 바닥 위의 농구화(먼지가 없을 경우)		1.0 ~ 1.2
나무로 된 바닥 위의 농구화(먼지가 있을 경우)		0.3 ~ 06
인조 잔디 위의 미끄럼 방지 신발		1.2 ~ 1.7

3) 마찰력과 수직항력

마찰력에 영향을 주는 두 번째 요소인 수직항력은 물체가 놓여 있는 표면과 수직으로 작용하는 힘이다. 경사 없이 지면과 수평 되게 놓여 있다면 수직항력의 크기는 그 물체의 무게와 같다. 무거울수록 수직항력은 커지며 따라서 마찰력도 증가하고, 이와 반대로 가벼울수록 수직항력이 작아져 마찰력은 감소하여 잘 미끄러지게 된다. 하지만 접촉하고 있는 면적에 따라 수직항력이 달라지지 않기 때문에 면적과 마찰력과는 무관하다(그림 5-43).

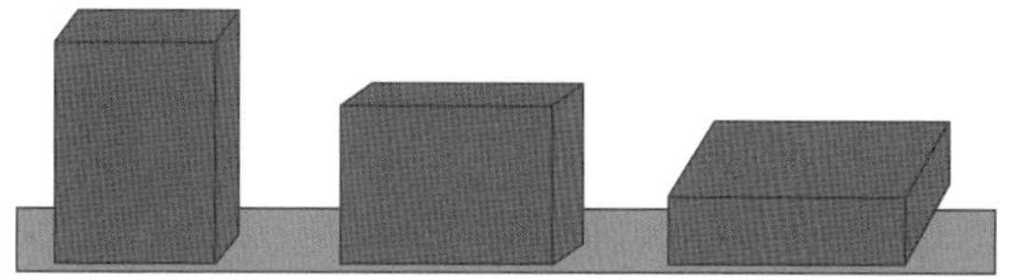

그림 5-43. 최대정지마찰력은 접촉하는 면적과 상관없기 때문에 어떻게 놓여있든지 같다

수직항력은 물체의 무게에 의해서만 결정되는 것이 아니다. 두 손바닥을 마주 대 보자. 먼저 비교적 가볍게 마주 댄 상태에서 손을 비벼보면 잘 비벼지는 것을 알 수 있다. 다시 두 손을 세게 밀어 마주 댄 상태에서 손을 비벼보면 잘 비벼지지 않는다. 이때의 수직항력은 가볍게 마주 댄 상태 보다 매우 크다. 결국 마찰력이 커져서 잘 미끄러지지 않는 것이다(그림 5-44). 특히 그림 5-45의 암벽 등반에서 정지마찰력은 필수적이다. 손과 발로 벽을 밀어 수직항력을 증가시켜서 정지마찰력을 크게 만들어 몸무게를 지탱할 수 있도록 해야 된다. 야구, 골프, 테니스 등 손으로 도구를 잡는 경우 그립 악력의 세기에 따라 수직항력이 달라진다. 스포츠에서 수직항력은 동작 기술에 의해 줄일 수 있다. 스키의 회전하는 동작에서 자세

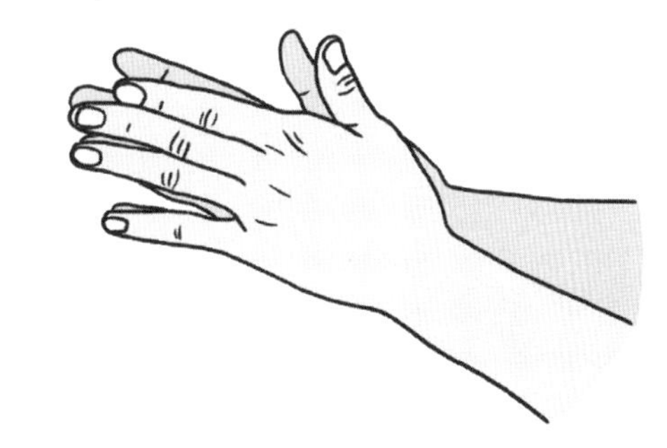

그림 5-44. 두 손을 서로 미는 정도에 따라 비벼지는 정도도 달라진다

그림 5-45. 미끄러져서 떨어지지 않도록 수직항력을 증가시킨 정지마찰력으로 몸무게를 지탱해야 되는 암벽등반

를 급격히 낮추면 몸의 가속도는 '−'가 되기 때문에 (식 5-3)에 의해 수직항력이 몸무게 보다 작아져서 마찰력이 줄어 회전이 보다 쉬워진다. 이렇게 수직항력의 크기를 조절하여 마찰력을 조절할 수 있다.

운동마찰력도 정지마찰력과 같은 특성을 갖고 있다. 접촉하고 있는 면적과 무관하고 수직항력의 크기에 비례한다. 그래서 가벼운 상자를 밀고 가는 것이 무거운 상자를 밀고 갈 때 보다 마찰력이 작아 훨씬 수월하다. 그리고 운동마찰력은 미끄러지는 속력과도 무관하다. 빨리 밀거나 천천히 밀거나 발생하는 운동 마찰력의 크기는 같다.

4) 마찰력의 원인

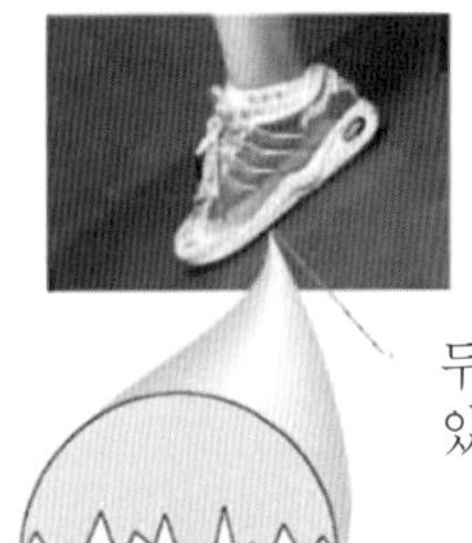

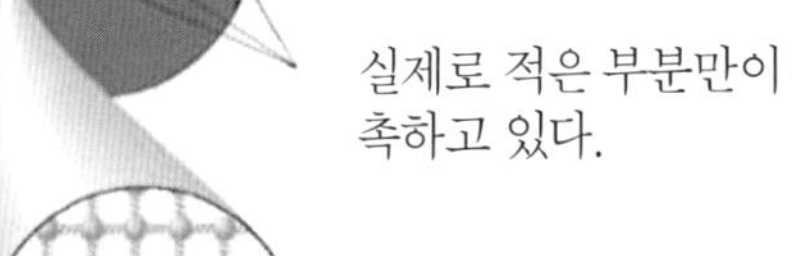

그림 5-46. 마찰력은 접촉하는 두 물체 표면의 높이 돌출된 부분 사이에서의 분자결합에 의해 생긴다

마찰력은 접촉하는 두 물체 표면 높이 돌출된 부분 사이에서의 분자결합에 의해 생긴다. 육안으로 볼 때 매끈한 표면도 미세하게 보면 매우 거칠다. 두 물체가 서로 더욱 큰 힘으로 접촉하고 있다면 수직항력이 그만큼 더욱 커진 것이고 표면은 좀 더 변형되어 분자결합이 더 많이 생긴다. 그렇기 때문에 마찰력이 수직항력에 비례하는 것이다.

정지마찰력의 경우는 힘을 가할수록 분자결합이 길게 늘어나게 되면서 당겨지는 힘이 커져 마찰력이 커진다. 미끄러지기 위해서는 분자결합이 끊어져야 된다. 한번 미끄러지기 시작하면 분자결합이 계속 만들어지고 끊어지고를 반복한다. 이때의 결합이 정지해 있을 때보다 강하지 않기 때문에 운동마찰력이 정지마찰력보다 작은 것이다.

5) 마찰력과 지면반력

그림 5-47a는 달릴 때 발이 받는 지면반력을 보여주고 있다. 이 지면반력은 시상면에서 두 개의 성분, 접촉하는 표면과 수직으로 작용하는 수직항력(F_N)과 발을 뒤쪽으로 밀고 있기 때문에 이 때 작용하는 정지마찰력(f_s)으로 분해할 수 있다. 앞에서 지면반력을 설명할 때는 수직항력을 수직지면반력이라 하였고 여기서의 정지마찰력을 전후지면반력이라 하였다. 실제로 발생하는 좌우지면반력도 정지마찰력이다. 발이 지면과 접촉하는 동안, 발이 지면에 닿을 때나 지면을 밀 때 미끄러짐이 조금이라도 발생하면 이때의 마찰력은 운동마찰력이 된다.

그림 5-47. 지면반력을 수직항력과 정지마찰력으로 분해할 수 있다

방향전환이나 정지, 그리고 급격히 빨리 달리기 위해서는 신발과 운동하는 표면 사이에서의 마찰력은 필수적이다. 그런데 멈추면서 미끄러지거나 방향을 바꾸면서 미끄러진다면 시간이 더 소요되고 발이 과도하게 미끄러질 시엔 근육이 정상범위 이상으로 늘어나 상해의 위험이 발생한다. 그렇다고해서 마찰력이 큰것만이 좋은 것은 아니다. 테니스의 하드코트와 클레이 코트를 비교해 볼 때 오히려 마찰력이 좀 더 작은 클레이 코트의 경우, 다시 말해 약간 미끄러짐이 허용될 때 부상율이 낮아진다. 결국 적당한 정도의 마찰력이 요구되지만 운동하는 사람의 무게가 다양한만큼 수직항력도 다양해 져서 각각의 최적의 표면이나 신발은 다를 수밖에 없다.

Q 적용예제 10

30kg의 상자가 놓여 있다. 이 상자를 밀어 이동하기 위해서 필요한 최소한의 힘은 얼마인가? 이때 상자와 놓여 있는 바닥과의 정지마찰계수는 0.5이다.

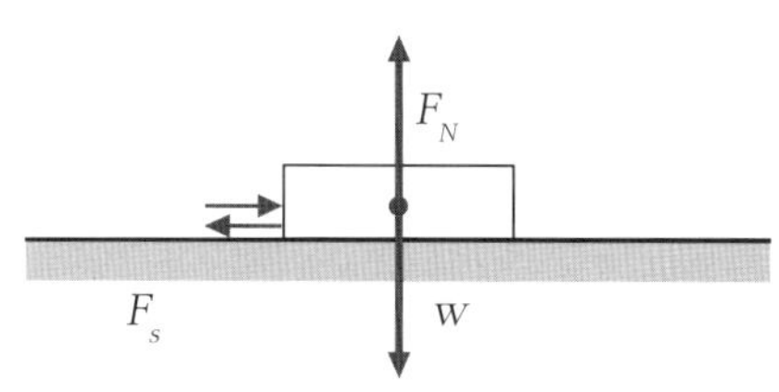

A 해결

$f_s \leq \mu_s F_N$

$(0.5)(30kg)(9.8m/s^2) = 147N$

상자를 미는데 필요한 최소한의 힘은 147N이다.

Q 적용예제 11

아이스하키 스틱으로 퍽을 쳤을 때, 처음 퍽의 속력은 4m/s였다. 퍽이 10m 미끄러진 후 멈췄다면 빙판과 퍽 사이의 운동마찰계수는 얼마인가?

먼저 아이스하키 퍽의 가속도를 구한다.
(식 3-9)에서

$$v_f^2 = v_i^2 + 2a(x_f - x_i)$$

$$a = \frac{v_f^2 - v_i^2}{2(x_f - x_i)} = \frac{0-(4m/s)^2}{2(10m)} = -0.8m/s^2$$

$$\Sigma F_y = ma_y = 0$$

퍽이 미끄러지는 동안 y성분 방향으로 작용하는 힘은 퍽의 무게(mg)와 수직항력(F_N)이다.

$$F_N - mg = 0$$

$$\therefore F_N = mg$$

$$\Sigma F_x = ma_x$$

퍽이 미끄러지는 동안 x성분 방향으로 작용하는 힘은 운동마찰력(f_k)이 유일하다.

$$\Sigma F_x = -f_x = -\mu_k F_N = -\mu_k mg = ma_x$$

$$\mu_k = -\frac{a_x}{g} = -\frac{-0.8m/s^2}{9.8m/s^2} = 0.08$$

6

선운동역학(linear kinetics) -충격량과 선운동량

체육관에서 농구공을 떨어뜨려 보자. 농구공은 중력에 의해 떨어지면서 가속되다가 바닥과 접촉하면서 속력은 줄고 육안으로 볼 수는 없지만 공은 찌그러지기 시작한다. 충분히 찌그러든 다음 스프링처럼 다시 펴지면서 방향을 위로 바꾸며 튀어 오른다. 바닥과 접촉하는 짧은 시간 동안에 큰 힘이 농구공에 작용한 것이다. 이 때 농구공의 속력은 급격히 감소되어 '0'으로 되고 다시 반대 방향으로 속력이 증가한다. 여기서 작용한 힘에 관한 것과 농구공의 속도 변화에 관한 것을 충격량과 운동량을 통해 배울 수 있다.

1. 충격량과 선운동량

뉴턴의 운동 제2법칙을 재정리 하면 충격량과 선운동량과의 관계식을 얻을 수 있다. 여기서 간편하게 하기 위해 힘과 가속도가 일정하다고 가정하자.

$$F = ma = m\frac{v_f - v_i}{\Delta t} \qquad (a = \frac{v_f - v_i}{\Delta t})$$

$$F\Delta t = mv_f - mv_i \qquad (\text{kg} \cdot \text{m/s or N} \cdot \text{s}) \qquad (\text{식 6-1})$$

여기서 F는 물체에 작용한 힘, a는 가속도, $\Delta t = t_f - t_i$ 는 힘이 작용한 시간, m은 물체의 질량, v_f 는 마지막 속도, v_i 는 처음 속도를 의미한다. (식 6-1)의 의미는 뒤에 충격량과 운동량과의 관계에서 다시 살펴보기로 한다.

1) 충격량

(식 6-1)은 충격량과 선운동량 관계를 나타내는 식이다. 왼쪽 항에 있는 $F\Delta t$ 를 충격량(impulse) 또는 역적이라 한다. 충격량은 작용하는 힘과 그 힘이 작용하는 시간과의 곱으로 정의하며 주로 기호 J로 표시한다.

충격량 (J) = $F\Delta t$

충격량은 힘의 크기 뿐 아니라 힘이 작용하는 시간에 따라 결정된다. 큰 힘이 오랫동안 작용하면 충격량은 커지고 작은 힘이 짧은 시간 작용하면 충격량은 작아진다. 충격량은 크기와 방향을 가진 벡터량이며 방향은 힘의 방향과 같다. 단위는 N · s 또는 kg · m/s 이다.

그림 6-1. 야구배트가 야구공에 힘을 전달한다

실제로 한 물체에 힘을 가할 때 그 힘의 크기는 일정하지 않고 계속 변화한다. 예컨대 야구배트로 야구공을 칠 때 야구공과 배트가 처음 접촉하는 순간에서부터 접촉이 끝나는 순간까지의 시간동안 배트에 의해 야구공에 가한 힘의 크기는 일정하지 않고 변화한다. 배트와 야구공이 만나기 직전까지 힘의 크기는 '0'이며 접촉하는 동안에는 힘이 최대값까지 상승하다가 다시 감소하여 접촉이 끝날 때는 다시 '0'으로 돌아온다. 야구배트와 야구공이 접촉하는 시간 $\Delta t = t_f - t_i$ 은 매우 짧지만 그 사이 큰 힘이 작용한다(그림 6-2). 접촉하는 시간을 더욱 짧게 나누고 그 때의 힘의 크기와 시간을 곱해서 얻은 값을 모두 더하면 충격량을 얻을 수 있다. 그래프로 나타내면 접촉하는 짧은 시간에 따라 힘의 변화를 그릴 수 있다(그림 6-2). 단, 힘의 크기는 기구를 통해서만 측정이 가능하다. 시간에 대한 힘의 그래프 아래의 면적이 충격량의 크기를 나타낸다(그림 6-3). 이 면적을 구하기 위해서는 시간을 다시 잘게 나눠서 나눠진 구간의 면적들을 모두 합한다(그림 6-4). 수학적으로는 얻어진 힘의 그래프를 적분하여 면적을 구한다.

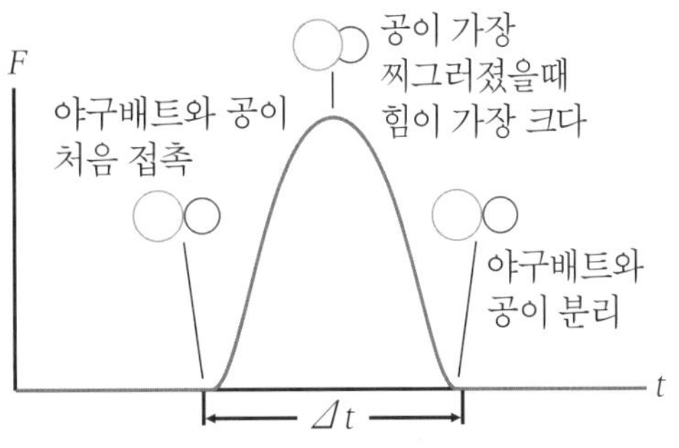

그림 6-2. 야구배트로 공을 칠 때 시간에 따라 힘은 달라진다

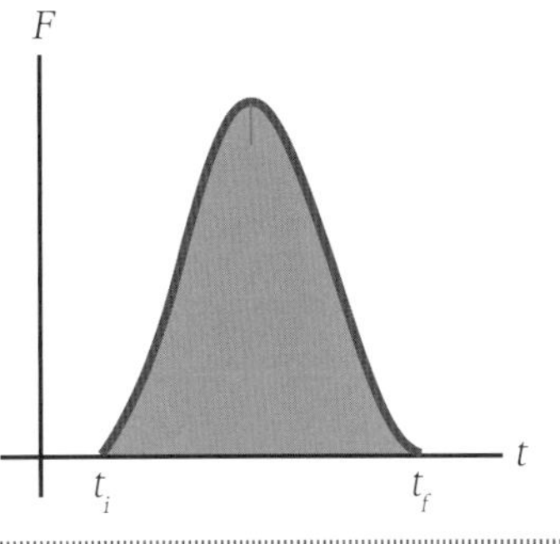

그림 6-3. 충격량은 시간에 대한 힘의 그래프 아래 면적과 같다

실제로 야구배트로 야구공을 칠 때 야구배트와 야구공이 접촉하는 시간이 약 0.001초 정도로 매우 짧기 때문에 이 때

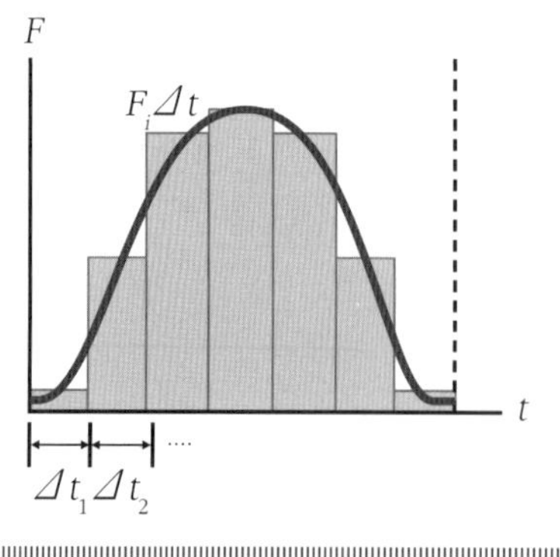

그림 6-4. 충격량을 계산하기 위해 면적을 더욱 짧은 시간으로 나눠 계산한다

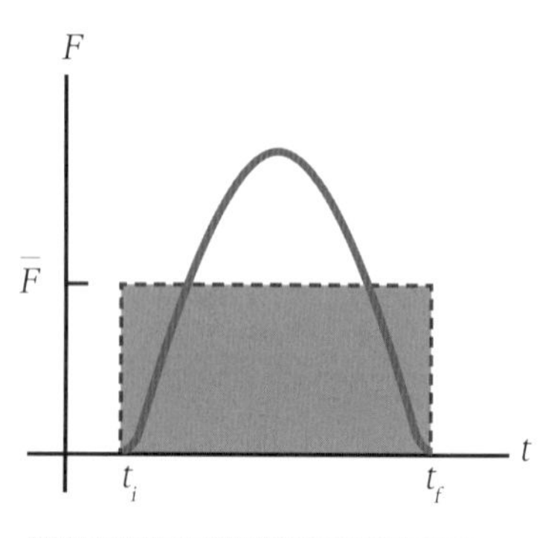

그림 6-5. 힘의 평균값으로 충격량 면적을 계산할 수 있다

작용하는 힘의 크기를 시간에 따라 정확히 측정하는 것은 매우 어렵다. 그래서 순간 변화하는 힘 보다는 변화하는 힘의 평균값을 이용하여 충격량을 구할 수 있다.

$$\text{충격량 (J)} = \bar{F}\Delta t$$

여기서 $\bar{F}$ 는 평균 힘이다. 그림 6-5에서 평균 힘과 시간에 의해서 만들어진 직사각형의 면적과 그림 6-4에서의 힘과 시간 그래프 아래의 면적이 거의 같다. 그렇기 때문에 시간에 따라 변화하는 실제 힘을 사용하여 얻은 충격량과 평균 힘을 사용하여 얻은 충격량은 거의 같다.

야구공이 잘 맞아서 멀리 날아가기 위해서는 작용한 힘의 크기 뿐 아니라 접촉하는 시간도 매우 중요하다. 큰 힘이 오랫동안 작용할 때 야구공이 잘 맞았다고 얘기하며 그 공은 멀리 날아간다.

2) 선운동량

(식 6-1)의 오른쪽 항에 있는 mv를 선운동량(linear momentum)이라 한다. 선운동량은 물체의 질량과 그 물체의 속도와의 곱으로 정의한다. 선운동량

은 주로 기호 P로 표시한다.

선운동량 (P) = mv (kg · m/s)

몸무게가 무거운 선수와 가벼운 선수가 같은 속도로 달린다면 무거운 선수의 선운동량이 크고, 한 선수가 빨리 달릴 때의 선운동량이 느리게 달릴 때보다 크다. 선운동량은 크기와 방향을 가진 벡터량이며 방향은 속도의 방향과 같다. 그림 6-6는 인라인 스케이터의 선운동 방향과 속도 방향이 일치하는 것을 보여준다. 선운동량의 단위는 kg · m/s 이다.

예를 들어 7kg의 볼링공이 2m/s의 속도로 움직이고 0.07kg의 테니스공이 200m/s의 속도로 움직인다면 두 공의 운동량은 14kg · m/s으로 같다(그림 6-7).

선운동량을 변화시키기 위해서는 질량이나 속도를 변화시켜야 한다. 스포츠 상황에서 질량이 변화하는 경우는 거의 없으니 선운동량의 변화는 속도의 변화를 의미한다. 속도의 변화는 곧 가속도의 존재를 의미하며 가속도가 발생하기 위해서는 힘이 필요하다. 그러므로 선운동량의 증가 혹은 감소 또는 방향의 변경과 같은 변화가 발생하기 위해서는 힘이 필요하다.

그림 6-6. 속도의 방향과 선운동량의 방향은 같다

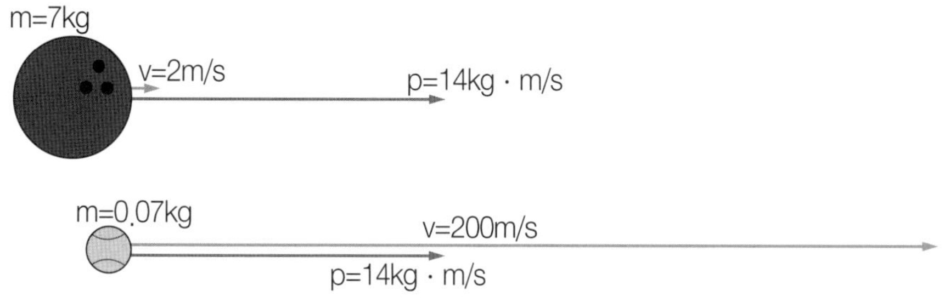

그림 6-7. 볼링공과 테니스공의 선운동량은 같다.

3) 충격량과 선운동량과의 관계

앞서 얻어진 충격량과 선운동량과의 관계식(식 6-1)을 다시 써보자.

$F\Delta t = mv_f - mv_i$

$J = F\Delta t = mv_f - mv_i = m(\Delta v) = \Delta P$

충격량=선운동량의 변화

여기서 mv_f는 마지막 선운동량, mv_i는 처음 선운동량이다.

위의 식을 통해서 어떤 물체에 작용한 힘에 의한 충격량은 그 물체의 운동량의 변화와 같다는 것을 알 수 있다. 어떤 물체에 힘을 가할 때 비록 매우 짧은 시간이라도 힘을 가하는 시간이 있다. 이 힘과 그 시간과의 곱이 충격량이라는 것은 알고 있다. 어떤 물체에 충격량이 작용할 때 그 물체에서는 어떤 변화가 발생할까? 충격량과 선운동량과의 관계에서 말하는 대로 충격량을 받은 물체의 운동량이 변화한다. 선운동량은 그 물체의 질량과 속도와의 곱이다. 물체의 질량은 변하지 않으므로 속도의 변화를 일으킨다. 골프채로 골프공을 치면 골프채로 골프공에 힘을 가하면서 생긴 충격량에 의해 골프공의 선운동량에 변화를 일으키는 결과를 얻는다(그림 6-8).

충격량과 선운동량과의 관계는 뉴턴의 운동 제2법칙에서 유도되었기에 이와 비슷한 내용이지만 새로운 의미를 갖고 있다. 충격량은 선운동량의 변화를 유발시킨다. 충격량 없이는 선운동량의 변화도 없다. 선운동량의 변화는 힘이 작용하는 동안의 변화를 의미한다. 선운동량이 변화한다는 것은 처음의 선운동량보다 증가할 수도 있고 감소할 수도 있다.

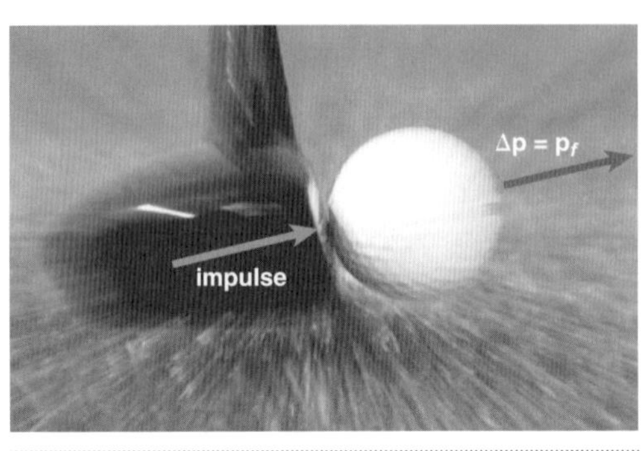

그림 6-8. 충격량에 의해 발생하는 선운동량의 변화

먼저 선운동량이 증가하는 경우를 살펴보자. 충격량의 크기를 증가시키면 선운동량 역시 증가하게 된다. 하지만 질량은 변하지 않기 때문에 속도의 증가로만 나타난다. 그러므로 선운동량의 변화는 속도의 변화라고 생각할 수 있다. 반면에 속도가 증가하면 변화된 선운동량은 '+'값을 갖게 되고 충격량도 '+'가 된다. 이것은 물체의 선운동량 방향과 작용하는 힘의 방향이 같다는 것을 의미한다. 반면에 속도가 감소하면 변화된 선운동량은 '−'값을 갖게 되어 충격량도 '−'가 된다. 이것은 물체의 선운동량 방향과 작용하는 힘의 방향이 반대라는 것을 의미한다.

이론적으로는 짧은 시간 동안 큰 힘을 가하거나 긴 시간 동안 작은 힘을 가하는 경우에 얻어지는 충격량의 크기는 같다. 사람이 발휘 할 수 있는 힘의 크기는 한계가 있기 때문에 많은 스포츠 기술에서는 힘이 작용하는 시간을 늘리려 노력한다. 그러나 사람의 근육은 비교적 짧은 시간 내에 수축하여야 보다 강력한 수축을 할 수 있다. 그렇기 때문에 동영상의 느린 동작과 같이 시간을 오래 지속한다고 같은 효과를 얻을 수는 없다.

공, 포환, 원반, 창 등을 던지는 동작과 야구배트, 골프채, 테니스라켓 등으로 치는 동작들을 보면 동작 처음에는 속도가 '0'이었다가 마지막 순간에는 빠른 속도가 되도록 노력한다.

테니스 서브를 생각해 보자. 상대방 선수가 리턴을 할 수 없을 정도로 빠른 공을 보내기 위해서는 라켓으로 공을 치는 순간 라켓의 속도가 빨라야 된다. 라켓의 속도는 백스윙이 이루어진 시점에서는 '0' 이지만 선운동량을 증가시켜 공과 충돌하는 시점의 라켓 속도를 빠르게 만들어야 된다. 라켓의 선운동량을 증가시키기 위해 큰 충격량이 필요하다. 다시 말해 큰 힘으로 그 힘이 오랫동안 작용하도록 해야 된다. 힘이 작용하는 시간을 늘리기 위해서는 충분한 백스윙이 이뤄져야 된다. 라켓만 뒤로 빼서 서브 동작을 하면 큰 힘이 작용하기도 어렵지만 작용하는 시간이 너무

그림 6-9. 테니스 서브 백스윙

그림 6-10. 테니스 서브 후의 follow-through

그림 6-11. 투수의 손가락끝에서 떨이지는 공

짧아지기 때문에 큰 충격량을 만들 수 없어 라켓의 속도는 느려진다. 그래서 라켓뿐 아니라 팔과 몸통을 사용해서 시간을 늘려야 된다(그림 6-9).

빠른 라켓으로 공을 쳐서 공이 라켓을 떠나는 순간 빠른 속도가 되도록 한다. 공을 치는 순간 공의 운동량은 거의 '0' 이라 할 수 있다. 공의 속도를 빠르게 하기 위해서는 공에 큰 충격량을 가해야 한다. 공에 가능한 큰 힘을 가하거나 가능한 긴 시간 동안 힘을 가해야 한다. 물론 모두 할 수 있다면 더욱 효과적이다. 두 배의 힘으로 공을 치면 공에 두 배의 충격량을 가하게 되는 것이며 공의 선운동량도 두 배의 변화가 발생한다. 결과적으로 공의 속도 역시 두 배 빨라진다.

또한, 공에 힘을 전달하는 시간을 늘림으로써 충격량을 증가시킬 수 있다. 그 시간을 두 배로 늘린다면 앞에서 힘의 크기를 두 배로 늘렸을 때와 같은 효과를 얻을 수 있다. 이렇게 조금이라도 시간을 늘리기 위해서는 'follow-through'를 해야 된다. 정확한 'follow-through'를 통해 공과 라켓과의 접촉시간을 늘릴 수 있다. 모든 스포츠 동작의 'follow-through'의 중요함이 여기에 있다.

야구의 투수가 빠른 공을 던지기 위해서는 와인드업 (wind-up)해서 공을 몸 뒤로 가져간 후 공이 손가락 끝에서 떨어질 때 까지 공에 힘을 가해야 된다(그림 6-11). 손에서 벗어난 공에 손가락으로 끝까지 힘을 가해서 공에 힘을 전달하는 시간을 조금이라도 더 늘린다. 이렇게 공에 대한 충격량을 늘려서 공의 속도를 빠르게 만든다.

반대로, 이번엔 운동량이 감소하는 경우를 살펴보자. 그림 6-12은 달걀을 떨어뜨렸을 때 깨지는 경우와 안 깨지는 경우를 보여주고 있다. 달걀을 같은 높이에서 떨어뜨리면 자유낙하하기 때문에 같은 속도로 떨어지다 멈춰야 하기 때문에 (a)와 (b)의 운동량 변화가 같고 '0'으로 감소하는 운동량의 변화를 야기하는 충격량도 같다. 같은 충격량이라도 접시 위에 떨어진 달걀은 힘이 작용하는 시간이 짧기 때문에 큰 힘이 작용하여 달걀이 깨진다. 쿠션 위에 떨어진 달걀은 힘이 작용하는 시간이 늘어나 작은 힘이 작용하여 달걀이 깨지지 않는다. 간단히 얘기하면 쿠션이 충격흡수의 역할을 하는 것이다.

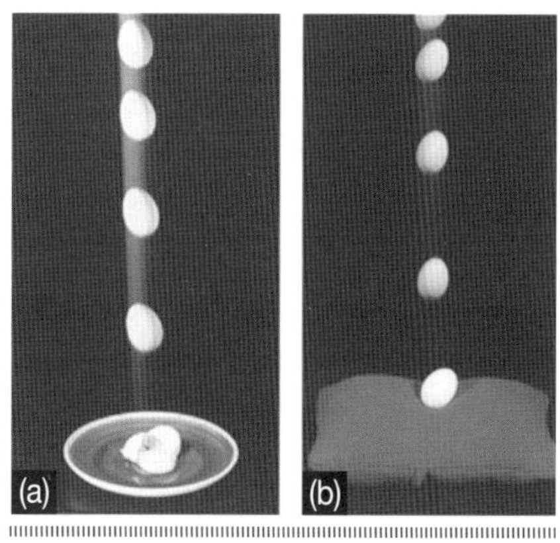

그림 6-12. 같은 충격량이라도 힘을 받는 시간이 길면 작은 힘을 받는다. 쿠션위에 떨어진 달걀은 깨지지 않는다

스포츠 동작에는 이와 같이 주어진 선운동량을 감소시켜야 하는 상황도 많이 발생한다. 다시 말해 어떤 물체의 처음 속도는 빠르지만 마지막 속도는 줄여야 하는 상황이다. 예컨대, 점프 후 착지할 때 지면과 닿기 바로 직전의 속도가 가장 빠르므로 가장 큰 선운동량을 갖게 되며 지면과 닿은 후 속도가 줄어들면서 완전한 착지가 이루어지게 되면 속도는 '0'이 되며 운동량 역시 '0'으로 감소하게 된다. 점프 높이에 따라 착지 순간의 속도가 결정되므로 점프 높이가 같다면 착지순간의 선운동량은 같다. 이렇게 주어진 운동량으로부터 완전한 착지가 이루어져 운동량이 '0'이 되도록 운동량을 변화시키기 위해서는 일정한 충격량이 필요하다. 변화된 운동량은 마지막운동량-처음운동량이기 때문에 속도가 감소하면 변화된 운동량은 '−'값을 갖게 되어 충격량도 '−'가 된다. 이것은 물체의 운동량 방향(속도의 방향)과 작용하는 힘의 방향이 반대라는 것을 의미한다. 즉, 몸은 착지하는 아래 방향으로 움직이지만 몸에 작용하는 힘의 방향은 이와 반대인 윗 방향인 것이다.

이렇게 결정된 충격량은 몸이 받게 되는 힘과 그 힘이 작용한 시간과의 곱이므로 힘이 작용하는 시간을 줄이거나 늘림으로 몸이 받게 되는 힘을 조절할 수 있다. 여기서 몸이 받게 되는 힘을 임팩트 힘(impact force), 그 힘이 작용한 시간을 임팩트 시간(impact time)이라 하자. 착지할 때 발목, 무릎, 엉덩 관절의 굴곡을 크게 하면 굴곡 하는 시간이 늘어나 몸의 운동량을 '0'으로 만드는데 걸리는 임팩트 시간이 길어져 결국 몸에 가해지는 임팩트 힘의 크기를 줄일 수 있

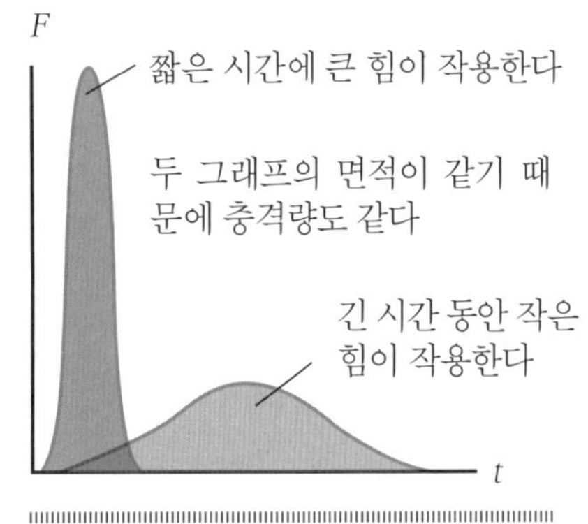

그림 6-13. 같은 충격량이라도 임팩트 시간을 조절하면 임팩트 힘의 크기가 달라진다

다. 이런 착지 방법을 연성 착지(soft landing)라 한다. 이와는 반대로 발목, 무릎, 엉덩 관절의 굴곡을 적게 하면 몸의 운동량을 '0'으로 만드는데 걸리는 임팩트 시간이 짧아지게 되어 결국 몸에 작용하는 임팩트 힘의 크기가 커진다. 이런 착지 방법을 경성 착지(stiff landing)라 한다. 임팩트 힘이 커질수록 상해 위험도 커지므로 임팩트 시간을 늘려 상해 방지에 노력해야 한다(그림 6-13). 그러나 기계체조에서 높은 성적을 받기 위해서는 착지할 때 발목, 무릎, 엉덩 관절의 굴곡을 자유롭게 할 수 없고 오히려 경성 착지를 해야 된다. 그렇기 때문에 착지하는 곳은 단단한 바닥이 아니고 패드로 덮인 바닥이다. 착지하는 동안 임팩트 시간을 늘려 임팩트 힘을 줄이기 위한 수단이다.

조깅화의 바닥은 재질과 두께가 다양하다. 일반적으로 충격 흡수의 역할을 한다. 충격 흡수는 충돌하는 동안 임팩트 힘의 크기를 줄이는 것이다. 조깅할 때 발의 뒷부분이 먼저 지면에 닿게 된다. 지면에 닿기 시작해서 선운동량이 '0'이 되는 최저점에 도달하는데 걸리는 임팩트 시간은 조깅화 바닥의 재질과 두께에 의해 정해진다. 바닥이 얇고 딱딱한 재질의 조깅화는 선운동량이 변화되는 시간이 짧기 때문에 충격 흡수가 잘 되지 않는다. 앞서 얘기 한 대로 짧은 시간 동안에 선운동량이 변화하기 위해서는 큰 힘이 작용해야 된다. 이와 반대로 두껍고 탄력적인 재질로 만든 바닥으로 만들어진 조깅화는 선운동량이 '0'이 되는 최저점에 도달하는데 걸리는 임팩트 시간이 길어진다. 그러므로 임팩트 힘을 줄여 충격을 흡수하는 것이다.

이와 같이 착지 동작, 공을 받는 동작, 유도에서의 회전 낙법 동작, 자동차의 에어백, 운동화의 쿠션, 권투 글러브, 넓이 뛰기 착지면이 모래인 것, 높이뛰기와 장대높이뛰기 착지면의 쿠션 등은 같은 충격량이 작용하더라도 임팩트 시간을 늘려 임팩트 힘을 줄이는 방법들이다. 이런 것들은 충격 흡수, 충격 완화 같은 용어가 어울리는 동작이나 장비라 할 수 있다.

또, 수직점프를 생각해 보자. 수직 점프를 하기 위해서는 지면에 일정 시간

동안 힘을 가해야 된다. 지면반력은 몸에 작용하는 충격량을 결정하는 힘이다. 충격량은 운동량의 변화다. 동작을 하는 동안 우리 몸의 질량은 변하지 않기 때문에 운동량의 변화는 속도의 변화에 의해 결정된다. 그래서 충격량이 클수록 속도의 변화도 크다. 발이 지면과 떨어져 도약되기 전까지 충격량을 크게 만들수록 도약 속도가 증가한다. 도약 속도가 증가할수록 높이 뛸 수 있다.

Q 적용예제 1

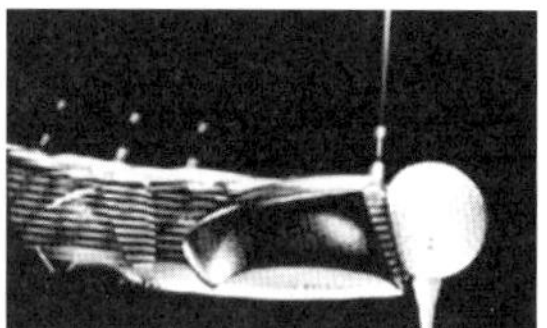

최경주선수가 드라이버로 0.05 kg의 골프공을 쳤다. 이 때 골프공이 44 m/s의 속도로 날아 갔다.

a) 드라이버로 골프공에 전달한 충격량은 얼마인가?

b) 드라이버와 골프공이 접촉하고 있던 시간이 0.6 ms이었다면 골프공에 작용한 평균 힘은 얼마인가?

A 해결

a)

$J=F\Delta t=mv_f-mv_i=(0.05\text{kg})(44\text{m/s})-(0.05\text{kg})(0\text{m/s})=2.2\text{kg}\cdot\text{m/s}$

드라이버로 골프공에 전달한 충격량은 2.2 N · s 이다.

b)

$$F=\frac{mv_f-mv_i}{\Delta t}=\frac{2.2\text{kg}\cdot\text{m/s}}{0.0006\text{s}}=3666.7\text{kg}\cdot\text{m/s}^2=3666.7\text{N}$$

골프공에 작용한 평균 힘은 3666.7 N 이다.

Q 적용예제 2

80 kg의 김주성 선수가 덩크 슛을 하고 링을 잡고 있다가 떨어질 때 받게 되는 충격량은 얼마인가? 이 때 떨어지는 높이가 60 cm였다.

바닥에 닿기 직전의 속도 는 다음과 같다.

$v_f^2 = v_i^2 - 2g(y_f - y_i)$

$v_f = \sqrt{v_i^2 - 2g(y_f - y_i)} = \sqrt{(0m/s^2) - (2)(9.8m/s^2)(0 - 0.6m)} = 3.43m/s$

착지할 때의 처음속도(v_i) 는 바닥에 닿기 직전의 속도인 3.43m/s이고 마지막 속도 (v_f)는 착지가 완전히 끝났을 때의 속도인 0m/s 이다.

$J = F\Delta t = mv_f - mv_i = (80kg)(0m/s) - (80kg)(3.43m/s) = -274.4N \cdot s$

'−' 충격량은 선운동량의 방향과 힘이 작용한 방향과 반대라는 것을 의미한다. 선운동량의 방향은 아래 방향인데 힘이 작용한 방향은 위 방향이다.
착지할 때 무릎과 엉덩 관절을 많이 구부려 착지하면(연성 착지) Δt를 늘려 몸이 받는 힘의 크기를 줄이는 효과를 얻을 수 있는 반면에 거의 선채로 착지하면(경성 착지) Δt가 매우 짧아져 큰 힘이 몸에 작용하므로 상해의 위험이 있다. 연성 착지를 하는 것이 충격 완화에 도움을 주어 상해 방지를 할 수 있다.

Q 적용예제 3

류현진 선수가 152km/h 의 속도로 던진 공을 포수가 잡았다. 이 때 공이 글러브에 닿자마자 글러브를 7cm 뒤로 빼면서 잡았을 때 포수의 글러브에 작용한 평균 힘은 얼마인가? 야구공의 질량은 0.145kg이다.

A 해결

152km/h=42.2m/s

$J = F\Delta t = mv_f - mv_i = (0.145kg)(0m/s) - (0.145kg)(42.2m/s) = -6.12kg \cdot m/s = -6.12N \cdot s$

야구공이 멈추는데 작용한 충격량은 −6.12N · s이다.
'−' 충격량은 야구공의 운동량 방향과 반대로 힘이 작용한다는 것을 의미한다.
글러브에 작용한 평균 힘을 구하기 위해서는 야구공이 멈추는데 소요된 시간을 구해야 된다.

$$\bar{v} = \frac{\Delta x}{\Delta t}$$

$$\bar{v} = \frac{v_i + v_f}{2} = \frac{42.2m/s + 0}{2} = 21.1m/s$$

$$\Delta t = \frac{\Delta x}{\bar{v}} = \frac{0.07\text{m}}{21.1\text{m/s}} = 0.0033\text{s}$$

$$F = \frac{mv_f - mv_i}{\Delta t} = \frac{-6.12\text{N} \cdot \text{s}}{0.0033\text{s}} = -1854.5\text{N}$$

야구공에 작용한 평균 힘은 −1854.5N 이었고 야구공의 속도 방향과 반대이다. 그러므로 글로브에 작용한 힘은 야구공에 작용한 힘의 방향과 반대이며 크기가 같은 1854.5N 이다.

Q 적용예제 4

박찬호 선수가 150km/h의 속력으로 수평을 기준으로 4° 아래로 던졌다. 이 때 이승엽 선수가 공을 쳤는데 공이 190km/h의 속력으로 수평을 기준으로 32° 각도 위로 날아갔다. 야구공의 질량은 0.145kg이다

a) 야구공이 야구배트로부터 받은 충격량은 얼마인가?

b) 야구배트와 야구공과의 접촉시간이 1.1 ms였다면 야구공에 작용한 평균 힘은 얼마인가?

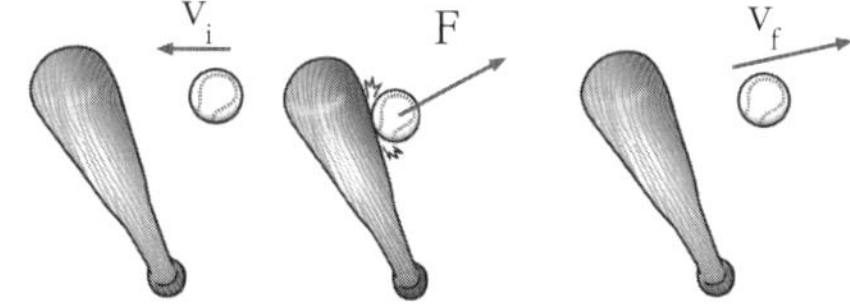

A 해결

a)

야구공의 운동량 변화를 구한다. 그러기 위해서는 야구공의 처음 운동량과 마지막 운동량을 구한다. 야구공의 처음 운동량은 야구배트에 접촉하기 전의 운동량이다. 마지막 운동량은 야구공이 야구배트를 떠날 때의 운동량이다. 여기서 속도를 x, y 성분으로 분해하여 생각한다.

던져진 야구공이 가는 x 방향은 '−', 수평을 기준으로 아래 방향이므로 y 방향도 '−' 이다. 야구배트로 쳐서 날아가는 x 방향은 '+', 수평을 기준으로 위 방향이므로 y 방향도 '+' 이다.

v_{ix}=(−41.67m/s)(cos4°)=−41.57m/s, v_{iy}=(−41.67m/s)(sin4°)=−2.91m/s

v_{fx}=(52.78m/s)(cos32°)=44.76m/s, v_{fy}=(52.78m/s)(sin32°)=27.97m/s

Δvx=44.76m/s−(−41.57m/s)=86.33m/s

Δvy=27.97m/s−(−2.91m/s)=30.88m/s

$J=F\Delta t=mv_f-mv_i=m(\Delta v)=\Delta p$ 이므로

$\Delta v=\sqrt{\Delta v_x^2+v_y^2}=\sqrt{86.33^2+30.88^2}\text{m/s}=91.69\text{m/s}$

$J=m\Delta v$=(0.145kg)(91.69m/s)=13.30kg · m/s

야구공이 야구배트로부터 받은 충격량은 13.30N · s 이다.

b)

충격량 $(J) = \bar{F}\Delta t$

$$\bar{F}= \frac{\Delta P}{\Delta t} = \frac{13.30\text{kg}\cdot\text{m/s}}{0.0011\text{s}} =12091\text{kg}\cdot\text{m/s}^2=12091\text{N}$$

야구공에 가한 평균 힘은 12091N이다.

지면반력기(force platform)를 사용하여 수직 점프 동작 시 발생하는 수직지면반력을 기록한 그림을 통하여 충격량을 살펴보도록 하자(그림 6-14). 이 그림은 수직지면반력이 자신의 몸무게를 기준으로 그것보다 작을 때와 클 때를 시간에 따라 보여 준다. 몸무게 선과 지면반력 곡선에 의해 만들어진 면적이 충격량을 나타낸다. 그림 6-14에서는 3개의 면적이 있는데 처음(A)과 세 번째(C)는 음의 충격량을 의미한다. 이 때 몸의 속도 변화를 말하는 가속도가 '－'이기 때문이다. 몸의 가속도가 '＋'인 두 번째 면적(B)은 양의 충격량이다. 그러므로 수직점프동작 할 때 생기는 알짜 충격량은 양의 충격량에서 음의 충격량을 뺌으로써 구할 수 있다. 힘과 시간을 최적의 조건으로 만들어야 알짜 충격량이 최대가 되어 높이 뛸 수 있는 것이다.

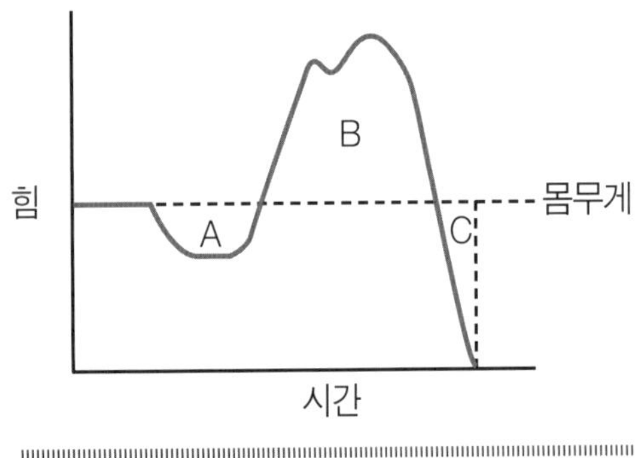

그림 6-14. 수직 점프 동작 시 발생하는 수직 지면반력

Q 적용예제 5

수직점프 하는 사람의 질량은 70kg이다. 그림 6-14는 수직점프 할 때의 수직지면반력을 그린 것으로 A의 면적이 15N · s, B의 면적이 220N · s, c의 면적이 8N · s 이라면 도약할 때의 속도와 점프한 최대 높이는 얼마인가?

A 해결

$F\Delta t=mv_f-mv_i$

$197N \cdot s = 70kg(v_f - v_i)$

v_f는 도약속도, v_i는 처음속도로 처음에는 멈춰있기 때문에 '0'이다.

$$v_f = \frac{197kg \cdot m/s}{70kg} = 2.81m/s$$

점프한 최대 높이

$$h = \frac{v^2}{2g} = \frac{(2.81m/s)^2}{(2)(9.8m/s^2)} = 0.40m$$

---

2. 선운동량 보존의 법칙 (conservation of linear momentum)

충돌(impact)은 매우 짧은 시간 동안 두 물체 사이에서 비교적 큰 힘이 오고 가는 부딪침이다. 예컨대 골프채로 골프공을 칠 때 발생하는 부딪침을 충돌이라 한다. 배구의 스메싱과 서브, 축구의 킥, 테니스, 탁구, 야구, 당구, 볼링, 그리고 선수간의 충돌 등과 같이 여러 스포츠 상황에서 충돌은 흔히 볼 수 있다. 이와 같이 두 물체 A와 B의 충돌이 발생할 때 A에 의해 B에 힘이 작용하며 크기가 같고 방향이 반대인 힘이 B에 의해 A에 전달된다. 이것은 뉴턴의 작용 반작용 법칙이다. 여기서 우리의 관심은 충돌 후 두 물체의 속도가 어떻게 달라지는지 다시 말해 충돌이 두 물체의 운동에 어떤 영향을 미치는가이다. 충돌 후 발생되는 결과는 충돌의 특성에 따라 달라진다.

충돌하는 동안 접촉하는 면과 수직되는 선을 충돌선(line of impact)이라 한다. 두 물체가 충돌 전후에 충돌선을 따라 움직인다면 이런 충돌을 정면중심충돌(direct central impact)이라 한다. 그렇지 않은 충돌을 경사중심충돌(oblique central impact)이라 한다. 다시 말해 두 물체의 속도 방향이 충돌선과 일치하면 정면중심충돌이며 하나 혹은 둘 모두의 속도 방향이 충돌선과 일치하지 않으면 경사중심충돌이다(그림 6-15). 얼음 위에서 하는 컬링은 정면중

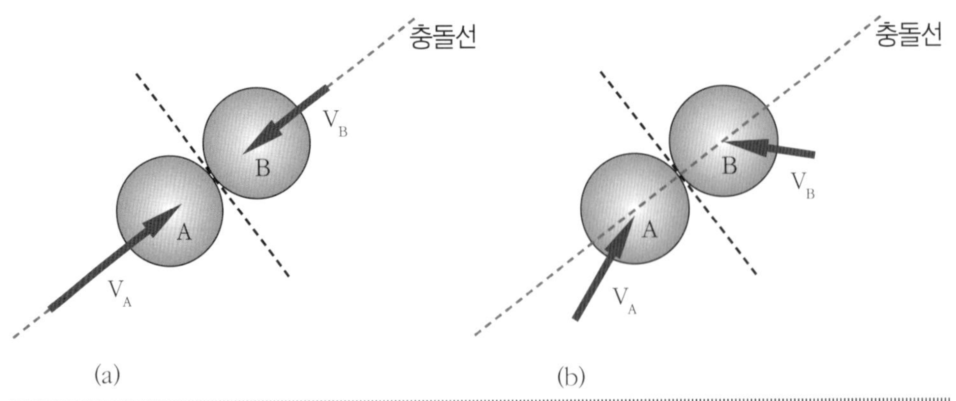

그림 6-15. (a) 정면중심충돌과 (b) 경사중심충돌

그림 6-16. 컬링은 대부분 경사중심충돌이다

심충돌이 발생할 때 도 있지만 경사중심충돌이 대부분이다(그림 6-16). 이 책에서는 정면중심충돌만을 다루고자 한다.

두 개의 공이 그림 6-17과 같이 충돌하는 상황을 생각해보자. 공A의 질량은 m_A이며 v_A의 속도로 공B의 방향으로 가고 있으며 질량이 m_B인 공B도 같은 방향으로 v_B의 속도로 가고 있다. 이 때 공A의 속도가 빨라 두 공이 충돌하게 된다고 가정하자. 두 공이 충돌하면서 공A가 공B에 이와는 반대로 공B가 공A에 서로 크기는 같지만 방향이 반대인 충격량을 전달하게 된다. 충돌 후에 서로 주고받은 충격량만큼 운동량의 변화가 생긴다. 공A의 운동량 변화의 방향은 오른쪽에서 왼쪽으로, 공B의 운동량 변화의 방향은 왼쪽에서 오른쪽이다. 그러므로 공A에 작용한 충격량은 '–'부호가 붙는다. 그리고 그 충격량

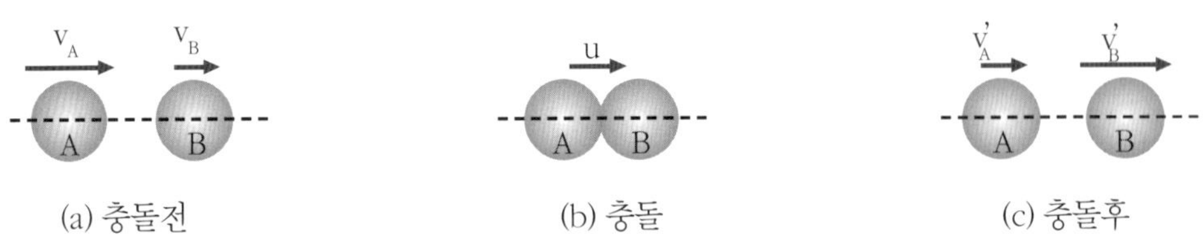

그림 6-17. 충돌전과 충돌후의 선운동량 변화

은 다음과 같이 나타낼 수 있다.

$$-Ft = m_A v_A' - m_A v_A$$

여기서
$-Ft$: 오른쪽에서 왼쪽 방향으로의 충격량
m_A : 공A의 질량
v_A : 공A의 충돌 전 속도
v_A' : 공A의 충돌 후 속도

이와는 반대로 공B에 작용한 충격량은 '+' 부호가 붙는다. 그리고 그 충격량은 다음과 같이 나타낼 수 있다.

$$Ft = m_B v_B' - m_B v_B$$

여기서
Ft : 왼쪽에서 오른쪽 방향으로의 충격량
m_B : 공B의 질량
v_B : 공B의 충돌 전 속도
v_B' : 공B의 충돌 후 속도
위의 두 식을 정리하면 다음과 같다.

$$Ft = -(m_A v_A' - m_A v_A) = m_B v_B' - m_B v_B$$

다시 정리하면 다음과 같은 식을 얻게 된다.

$$m_A v_A + m_B v_B = m_A v_A' + m_B v_B' \qquad \text{(식 6-2)}$$

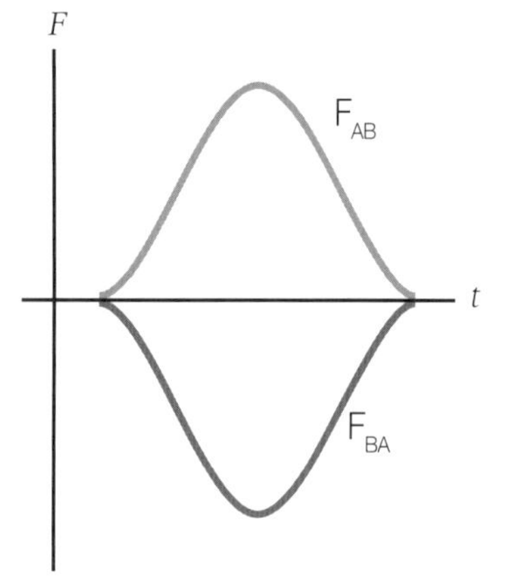

그림 6-18. 물체A가 물체B에 전달한 힘(F_{AB})과 물체B가 물체A에 전달한 힘(F_{AB})은 크기는 같지만 방향은 반대다

(식 6-2) 왼쪽 항은 충돌 전 각각의 물체 운동량의 합이고 오른쪽 항은 충돌 후 각각의 물체 운동량의 합으로 충돌 전 운동량의 합과 충돌 후 운동량의 합이 같다는 것을 의미한다.

결국 공A의 운동량은 감소하고 공B의 운동량은 증가하여 전체의 운동량은 변함이 없는데 이런 현상을 선운동량보존의 법칙이라고 한다. 충돌은 운동량 보존의 법칙이 잘 설명되는 현상이다.

선운동량보존의 법칙에 따라 다음과 같은 흥미로운 결과를 얻을 수 있다. 질량이 m이고 속도가 v인 물체가 움직이지 않고 질량이 M인 물체와 충돌한다면 그림 6-19와 같이 다음 세 가지 상황이 발생할 수 있다.

① 움직이지 않고 있는 물체의 질량이 더 큰 경우(m<M), 충돌 후 다가온 물체는 튕겨서 뒤로 움직이게 되어 결과적으로 두 물체가 서로 반대 방향으로 움직인다. 예컨대 축구경기 프리킥 상황에서 프리킥 한 공이 수비 선수들의 수비벽을 맞고 튕겨져 나오고 공에 맞은 선수는 뒤로 움직이게 된다(그림 6-20).

② 두 물체의 질량이 같은 경우 (m=M), 충돌 후 다가온 물체는 멈추게 되고 멈춰 있던 물체는 다가오던 물체의 속도 v와 같은 속도로 움직인다. 예컨대 그림 6-21과 같이 포켓볼 당구에서 검은 공을 치게 되면 검은 공은 포켓 안으로 들어가게 되고 흰 공은 제자리에 멈춘다.

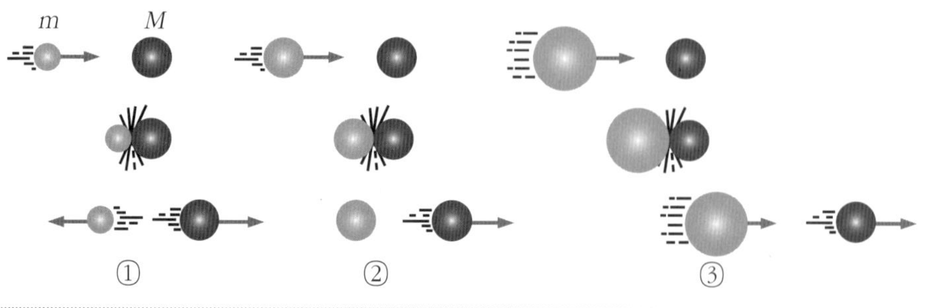

그림 6-19. 질량에 따라 충돌 후 달라지는 결과

③ 움직이지 않고 있는 물체의 질량이 더 작은 경우 (m>M), 충돌 후 다가온 물체는 속도가 줄어든 상태로 같은 방향으로 움직이고 멈춰 있던 물체는 더 빠르게 움직인다. 예컨대 골프채 헤드의 질량이 골프공의 질량보다 크기 때문에 골프채보다 골프공이 매우 빠르게 날아간다(그림 6-22).

그림 6-20. 축구 프리킥

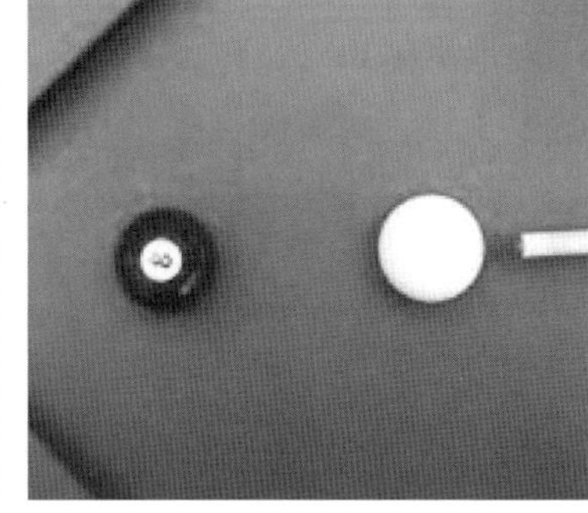

그림 6-21. 포켓볼

그림 6-22. 골프 샷

Q 적용예제 6

페어 스케이팅 선수가 얼음판위에 손을 마주대고 서있다. 음악이 시작되면서 마주댄 손을 서로 밀면서 동작을 시작한다. 이때 여자선수는 2m/s의 속도로 뒤로 미끄러졌다면 남자 선수의 미끄러지는 속도는 얼마인가? 남자선수의 질량은 80kg, 여자선수의 질량은 50kg이다.

(a) 밀기 전

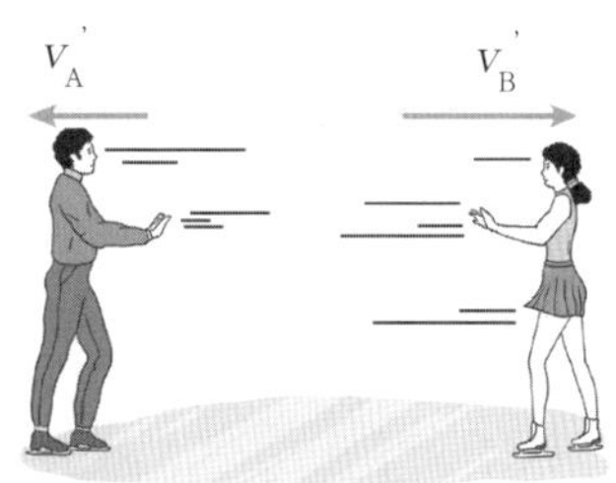

(b) 밀기 후

A 해결

$$m_A v_A + m_B v_B = m_A v_A' + m_B v_B'$$

$$0 = (80\text{kg})(v_A') + (50\text{kg})(2\text{m/s})$$

$$v_A' = \frac{-(50\text{kg})(2\text{m/s})}{80\text{kg}} = -1.25\text{m/s}$$

남자선수는 1.25m/s의 속도로 여자선수의 방향과 반대 방향으로 미끄러진다.

1) 탄성충돌과 비탄성충돌

체육관에서 농구공을 떨어뜨리면 떨어뜨린 높이로 튀어 올라가지 못한다. 마루와 충돌한 후 농구공의 운동에너지가 충돌 전의 운동에너지 보다 작아지기 때문이다. 이렇게 감소하는 운동에너지의 양은 농구공과 마룻바닥의 특성에 따라 다르다. 이런 충돌을 비탄성충돌(inelastic collision)이라 한다. 만약에 떨어뜨린 높이로 다시 올라간다면 탄성충돌(elastic collision)이라 한다. 당구공끼리의 충돌이 탄성충돌과 근접하다고 할 수 있지만 일반 스포츠 상황에서는 거의 발생하지 않는다. 농구공의 공기가 다 빠져서 전혀 튀겨지지 않는 상태에서 떨어뜨린 경우와 같이 두 물체가 충돌 후 붙어서 떨어지지 않는 충돌을 완전비탄성충돌(perfectly inelastic collision) 이라 한다(그림 6-23).

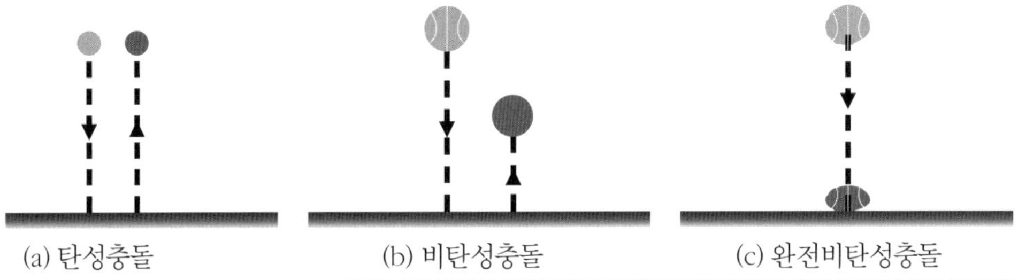

그림 6-23. 충돌의 종류

그림 6-24. 미식축구의 태클은 완전비탄성충돌이 될 수 있다

완전비탄성충돌은 적어도 한 물체가 충돌 시 변형되고 원래의 상태로 되돌아가지 않거나 두 물체가 분리되지 않을 때 발생한다. 그러므로 충돌 후 두 물체가 함께 움직이기 때문에 두 물체의 속도가 같다. 운동량보존의 식에서 $v_A{'}=v_B{'}=v_f$ 로 바꿔서 완전비탄성충돌 후의 속도 v_f 는 다음 식을 통해 구할 수 있다.

$$v_f = \frac{m_A v_A + m_B v_B}{m_A + m_B} \quad \text{(식 6-3)}$$

스포츠 상황에서 보면 미식축구 선수가 상대 선수를 태클하여 함께 넘어지는 경우다. 그래서 충돌 후 두 선수의 속도는 같다(그림 6-24). 충돌의 형태와 상관없이 운동량보존의 법칙은 항상 성립한다.

Q 적용예제 7

미식축구에서 100kg의 선수가 5m/s의 속도로 달려가는데 75kg의 수비수가 4m/s의 속도로 달려와 태클하며 공격수를 잡게 될 때 이 선수들의 속도는 얼마인가?

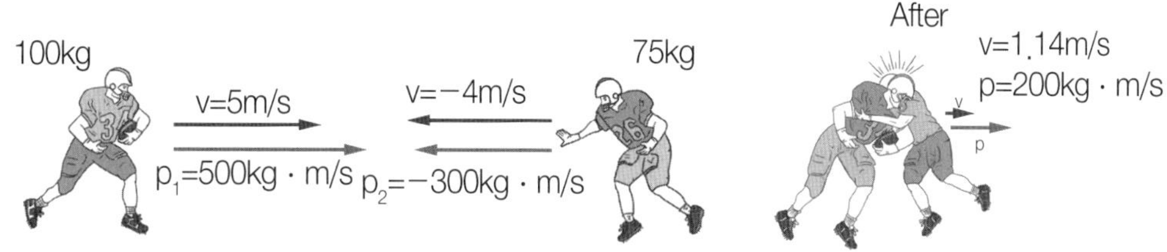

A 해결

운동량보존의 법칙의 따라

$m_A v_A + m_B v_B = m_A v_A' + m_B v_B'$

충돌 전의 운동량:

$m_A v_A + m_B v_B = (100kg)(5m/s) + (75kg)(-4m/s) = 200kg \cdot m/s$

두 선수의 충돌은 완전비탄성충돌이기 때문에 충돌 후의 속도는 같다.

$m_A v_A + m_B v_B = m_A v_A' + m_B v_A' = (m_A + m_B) v_A' = (100kg + 75kg) v_A' = 200kg \cdot m/s$

$v_A' = 1.14m/s$

충돌 후 두 선수의 속도는 수비수 방향으로 1.14m/s 이다.

또는 간단히 (식 6-3)

$v_f = \frac{m_A v_A + m_B v_B}{m_A + m_B}$ 을 이용할 수 있다.

2) 반발계수

대부분의 충돌은 탄성충돌과 완전비탄성충돌 사이인 비탄성충돌에 속한다. 충돌 후 탄성 정도는 두 물체의 충돌 전과 충돌 후의 속도를 통해 알 수 있다.

반발계수는 충돌 전 두 물체가 가까워지는 속도와 충돌 후 두 물체가 멀어지는 속도와의 비율로 결정된다. 반발계수(Coefficient of restitution: COR)는 e로 표현하며 다음 식으로 나타낸다.

$$e = \frac{|v_A' - v_B'|}{|v_A - v_B|} \quad \text{(식 6-4)}$$

여기서 e 는 반발계수, v_A , v_B 는 충돌 전 물체 A와 물체 B의 속도, v_A', v_B'는 충돌 후 물체 A와 물체 B 각각의 속도이다.

반발계수는 $0 \leq e \leq 1$이다. 반발계수는 충돌 후 복원되는 정도를 나타내므로 1에 가까울수록 탄력적이며 0에 가까울수록 비탄력적이라는 것을 의미한다. 반발 계수 $e=1$이면 탄성충돌이며 운동에너지가 완전히 보존되는 것을 의미한다. 기체 분자의 충돌이 완전탄성충돌의 한 예가 된다. 하지만 대부분의 충돌은 물체의 운동에너지가 소리, 열, 영구 변형 등으로 인해 손실되기 때문에 탄성충돌은 일반적인 상황에서는 찾아보기 어렵다. 충돌하는 소리만 들려도 에너지는 손실된 것이기 때문이다. 반면에 반발 계수 $e=0$이면 완전비탄성충돌로 충돌 후 분리 되지 않고 합쳐지는 것을 의미한다. 일반적인 충돌은 반발계수가 '0' 보다 크고 '1' 보다 작은 비탄성충돌이다.

체육관에서 축구공을 떨어뜨리는 것을 생각해 보자. 바닥은 움직이지 않기 때문에 위의 식에서 $v_A = v_A' = 0$ 이고 정리하면 다음과 같다.

$$e = \left|\frac{v_B'}{v_B}\right|$$

높이 h_i에서 떨어뜨렸을 때 h_f까지 올라갔다면 반발계수는 다음 식으로도 나타낼 수 있다.

$$e = \sqrt{\frac{h_f}{h_i}} \quad \text{(식 6-5)}$$

다음 표 6-1은 각 스포츠 종목의 장비와 공의 반발계수를 보여준다.

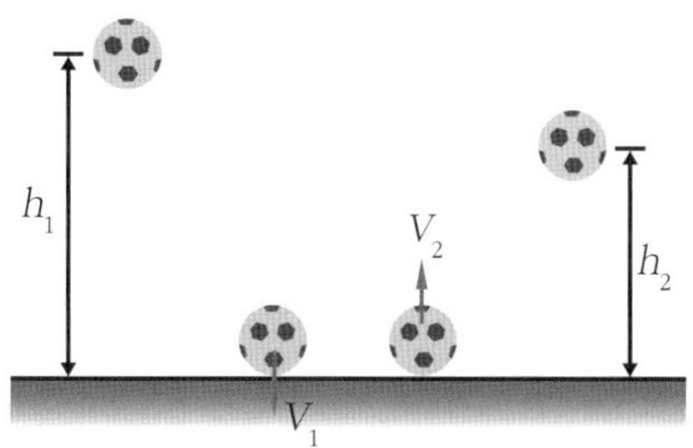

그림 6-25. 충돌 전과 후의 축구공 속도와 떨어진 거리와 튀어 올라간 거리에 의해 반발계수를 구할 수 있다

표 6-1. 공과 기구들의 반발계수

	반발계수
골프 드라이버	0.83
골프공	0.78
테니스라켓	0.85
테니스공	0.73
탁구공	0.89~0.92
농구공	0.81~0.85
야구공	0.596~0.601
축구공	0.567
당구공	0.93

적용예제 8

농구공을 튕겨 보니 바람이 빠진 것처럼 잘 튀어 오르지 않아 확인해 보기 위해 1.5m 높이에서 떨어 뜨려 보았다. 얼마이상 튀어 올라야 정상인가?

해결

농구공의 반발계수가 0.81~0.85 사이이므로

$$e=\sqrt{\frac{h_f}{h_i}}$$

$$0.81=\sqrt{\frac{h_f}{1.5\text{m}}}$$

$$0.81^2=0.66=\frac{h_f}{1.5\text{m}}$$

$$h_f=0.99\text{m}$$

7

선운동역학(linear kinetics) -일과 에너지

지금까지 우리는 물체의 움직임에 뉴턴의 운동법칙을 적용하여 살펴보았다. 뉴턴의 운동법칙에서 힘(force)은 동작을 결정짓는 가장 중요한 요소로서의 역할을 하고 있다. 그러나 작용하는 힘의 크기가 일정하지 않을 때 뉴턴의 운동법칙을 적용하여 분석하는 것은 매우 어렵다. 이런 상황에 적합한 새로운 방법이 뉴턴 이후 여러 학자들에 의해 고안되고 발전되어 왔는데 이는 일과 에너지 개념에 근거한 것으로 이것을 이용하여 동작을 분석할 수 있다. 이 방법 역시 뉴턴의 운동법칙에서 유도 되었으나 일과 에너지는 힘과는 달리 스칼라 양이므로 방향 설정에 대한 어려움이 없어 사용하는데 보다 용이하다.

1. 일(work)

힘과 마찬가지로 일이라는 단어 역시 일상생활의 여러 상황에서 사용된다. 예컨대 직장에서 할 일이 많다. 지금부터 공부할 생각을 하니 큰일이다. 청소, 빨래 등 집에서의 일은 매우 힘들다. 이처럼 일반적으로 일은 어떤 과제를 성취하기 위한 육체적 혹은 정신적 활동을 의미한다. 어떤 일을 수행하기 위해서는 에너지가 소비되어야 한다. 그래서 일과 에너지는 서로 연관을 갖고 있다. 그러므로 하루의 일이 끝나면 피곤해지고 휴식과 함께 에너지를 보충하기 위해 음식을 섭취해야 된다.

하지만 역학적 일(mechanical work)은 특별한 의미를 갖고 있다. 힘은 어떤 물체를 들어 올리거나 한 장소에서 다른 장소로 옮길 때, 혹은 늘리거나 쥐어짤 때 등 물체의 운동이나 형태의 어떤 변화를 주기 위해서 꼭 필요하다. 그러나 모든 힘이 항상 변화를 동반하는 것은 아니다. 일이라는 개념은 변화를 일으키는 힘과 그렇지 못하는 힘과의 구별에서부터 출발한다. 여기서의 변화는 움직임을 뜻한다. 힘이 작용하여 물체가 조금이라도 움직일 때에만 일이 이루어 졌다고 말할 수 있다. 일이 이루어지기 위해서는 힘과 동작이 필수적으로 수반되어야 한다. 예를 들어 벽을 1분 정도 지속적으로 세게 민다고 생각해 보자. 단단하고 튼튼한 벽이라면 전혀 움직이지 않을 것이다. 사용한 힘에 의한 벽의 이동이 전혀 없었으므로 아무런 일도 발생하지 않았고 이루어진 일은 '0'이다(그림

그림 7-1. 움직임이 없으면 이루어진 일도 없다

그림 7-2. 들고만 있다면 이루어진 일은 없다

7-1). 다른 예로 바벨을 어느 정도 들어 올린 후 계속 힘을 가하고 있지만 바벨을 더 이상 올릴 수 없고 멈춰있을 때가 있다. 멈춰 있는 동안에도 계속 힘을 가하고 있지만 이동한 변위가 없으므로 이때도 이루어진 일은 '0'이다. 들어 올리려고 노력하지만 할 수 없을 때 비록 많은 수고를 하였음에도 불구하고 이루어진 일은 없는 것이다(그림 7-2). 만약 그 힘을 공을 던지는데 사용하였다면 공을 던지는 일을 한 것이 된다.

또한 컴퓨터로 작업하는 일과 이삿짐을 옮기는 일을 비교하면 역학적 일의 시각으로는 컴퓨터로 한 일은 별로 없고 이삿짐을 옮기는 일이 훨씬 많은 일을 하는 것이다. 그래서 역학적 일은 다음과 같이 정의하고 있다. 일이란 한 물체에 작용하는 힘과 그 힘이 작용하는 동안 그 힘의 방향으로 그 물체가 이동한 변위와의 곱이다(그림 7-3). 여기서의 힘은 시간에 따라 변하지 않는 일정한 힘이다.

$$W = F \cdot d \qquad \text{(식 7-1)}$$

여기서 W는 일, F는 가해진 힘, d는 이동한 변위를 나타낸다.

작용하는 힘이 두 배로 커지거나 이동한 변위가 두 배로 늘어난다면 이뤄진 일의 양도 두 배로 커진다. 하지만 아무리 큰 힘이 작용하더라도 이동한 변위가 없으면 이뤄진 일은 없는 것이다.

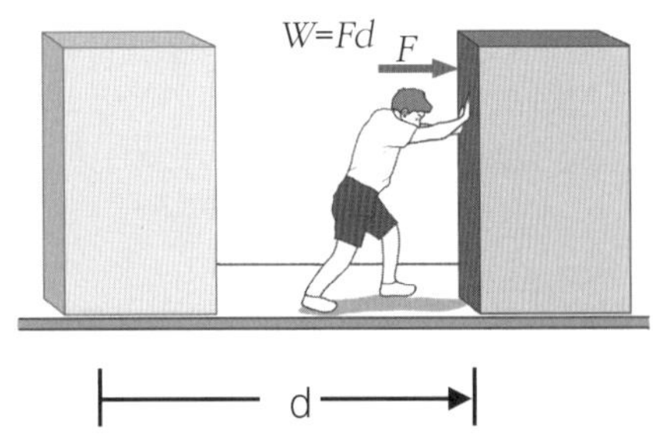

그림 7-3. 일은 한 물체에 작용하는 힘과 그 힘이 작용하는 동안 그 힘의 방향으로 그 물체가 이동한 변위와의 곱

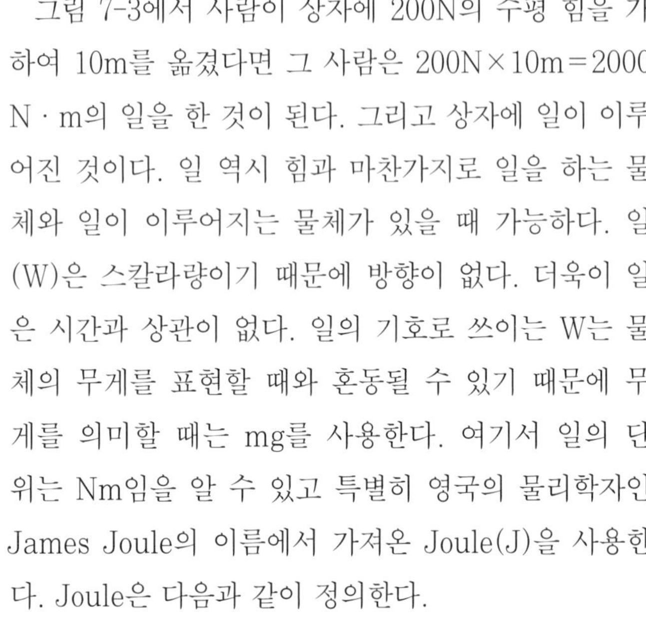

그림 7-3에서 사람이 상자에 200N의 수평 힘을 가하여 10m를 옮겼다면 그 사람은 200N×10m=2000 N · m의 일을 한 것이 된다. 그리고 상자에 일이 이루어진 것이다. 일 역시 힘과 마찬가지로 일을 하는 물체와 일이 이루어지는 물체가 있을 때 가능하다. 일(W)은 스칼라량이기 때문에 방향이 없다. 더욱이 일은 시간과 상관이 없다. 일의 기호로 쓰이는 W는 물체의 무게를 표현할 때와 혼동될 수 있기 때문에 무게를 의미할 때는 mg를 사용한다. 여기서 일의 단위는 Nm임을 알 수 있고 특별히 영국의 물리학자인 James Joule의 이름에서 가져온 Joule(J)을 사용한다. Joule은 다음과 같이 정의한다.

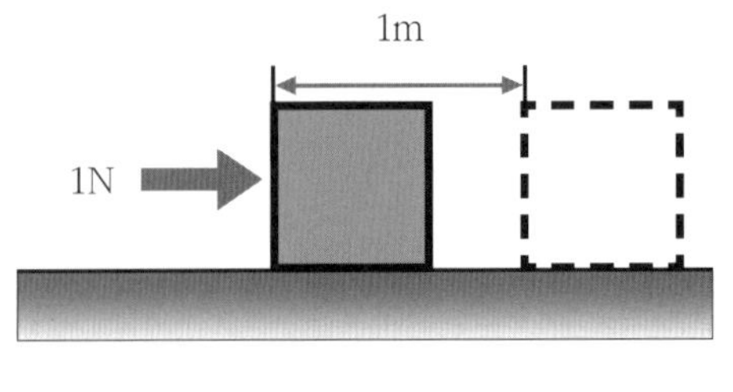

그림 7-4. 1joule의 일

$$1\text{Joule} = 1\text{J} = 1\text{newton} \cdot \text{meter}$$
$$= 1\ \text{N} \cdot \text{m} = 1(\text{kg} \cdot \text{m/s}^2) \cdot \text{m} = 1\text{kg} \cdot \text{m}^2/\text{s}^2$$

내가 1N의 힘으로 한 상자를 1m 이동할 때 까지 밀었다면 나는 정확히 1J의 일을 한 것이다(그림 7-4).

Q 적용예제 1

박지성 선수가 같은 편에게 패스하기 위해 100N의 힘으로 똑바로 축구공을 찰 때 공이 5cm 간 다음에 발끝에서 떠나갔다면 이때 공에 한 일은 양은 얼마인가?

A 해결

$W = Fd$

$W = (100\ \text{N})(0.05\ \text{m}) = 5\text{N} \cdot \text{m} = 5\ \text{J}$

Q 적용예제 2

20N의 힘으로 0.4kg의 아이스하키 퍽을 쳤다. 퍽과 스틱이 접촉한 시간은 0.2초이고 퍽이 스틱에서 떠나는 순간의 속도는 12m/s였다면 퍽에 이루어진 일은 얼마인가? (단, 마찰력은 고려하지 않는다.)

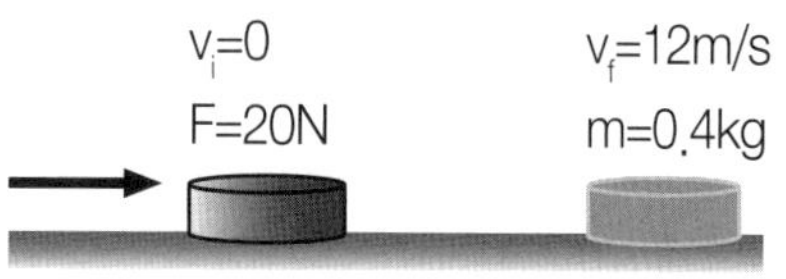

A 해결

$$\bar{v}=\frac{\Delta x}{\Delta t}$$

$$\Delta x=\bar{v}\Delta t=\frac{v_i+v_f}{2}\Delta t=\frac{(0+12\text{m/s})}{2}(0.2\text{s})=1.2\text{m}$$

스틱에 의해 퍽이 이동한 변위(d)는 1.2m이다. 그러므로 일은 $W=Fd=(20\ \text{N})(1.2\ \text{m})=24\ \text{J}$

1) 중력에 대항해서 한 일

역기나 아령 등을 들어 올리는 동작은 중력에 대항해서 물체에 하는 일이라고 할 수 있다. 역기에 작용하는 중력은 역기의 무게 mg 자체가 된다. 원래의 위치에서 h만큼 들어올리기 위해서는 위로 작용하는 힘 F=mg이 필요하다. 그러므로 중력에 대항하여 한 일은 다음과 같이 쓸 수 있다.

$$W=F\cdot d=mg\cdot h \qquad \text{(식 7-2)}$$

여기서 h=마지막높이−처음높이

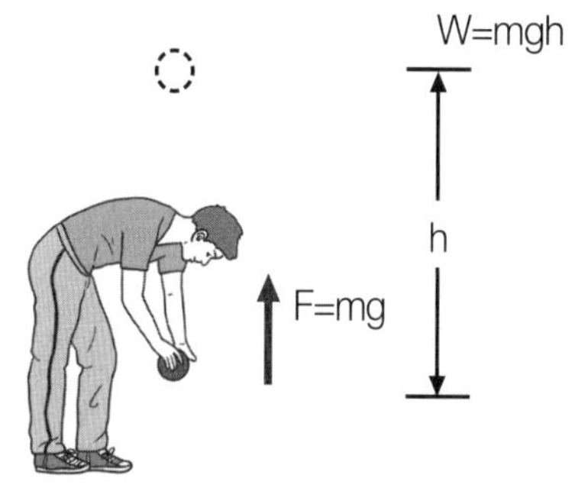

그림 7-5. 무게가 mg인 물체를 h 높이만큼 들어 올렸을 때 이루어진 일 (mg · h)

지금까지는 힘을 가한 방향과 물체가 이동한 방향이 일치한 경우였다. 하지만 물체에 가한 힘의 방향과 그 물체가 이동한 방향이 위의 예와 달리 같지 않을 때를 생각해 보자.

그림 7-6과 같이 여행 가방을 손잡이 방향으로 당길 때 힘이 작용하는 방향은 가방이 이동하는 방향과 각 θ를 이루고 있다. 이런 경우에는 가방이 이동하는 방향으로 작용하는 힘의 일부만이 가방을 이동하는 일에 쓰인다. 여기서 가방이 이동하는 방향으로 작용하는 힘의 크기는 $F\cos\theta$이다. 그러므로 이때 행하여진 일은 다음과 같이 나타낸다.

$$W = (F\cos\theta)\cdot d = F\cdot d\cos\theta \quad \text{(식 7-3)}$$

여기서 F는 작용하는 힘, d는 이동한 변위, θ는 힘의 방향과 이동한 방향과의 사이 각을 나타낸다.

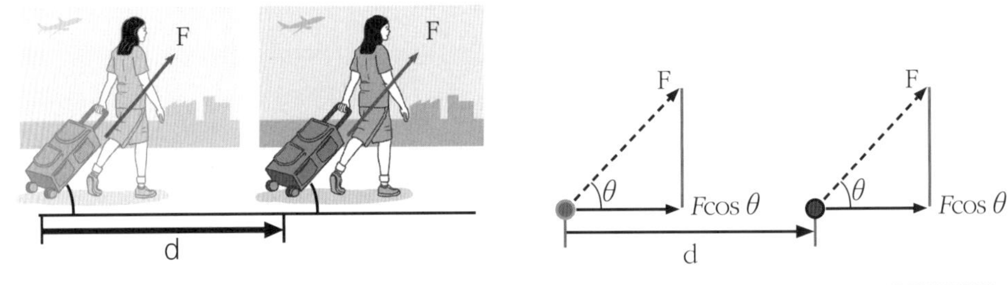

그림 7-6. 운동 방향과 힘의 방향이 각을 이룰 때의 일

Q 적용예제 3

(a) 강호동선수와 이만기선수가 씨름을 하고 있다. 이만기선수가 700N의 힘으로 100kg의 강호동선수를 1m 밀었다면 이만기선수가 한 일의 양은 얼마인가?

(b) 이만기선수가 강호동선수를 40cm 들어 올렸다면 이만기선수가 한 일의 양은 얼마인가?

A 해결

(a) $W=Fd=(700N)(1m)=700\ J$
강호동선수의 질량은 여기서 상관이 없다.

(b) $W=mgh=(100kg)(9.8\ m/s^2)(0.4\ m)=392\ J$
여기서는 강호동선수의 무게에 따라 달라진다.

Q 적용예제 4

박지성선수가 원정 경기를 위해 공항에서 짐을 찾아 그림 7-6과 같이 끌고 가고 있다. 이때 80N의 힘으로 50° 각도를 이루면서 30m를 걸어왔을 때 여행 가방에 한 일은 얼마인가?

A 해결

$W=(F\cos\theta)\cdot d=F\cdot d\cos\theta$
$W=(80\ N)(30\ m)(\cos 50°)=1543\ N\cdot m=1543\ J$

---

2) 양의 일(positive work)과 음의 일(negative work)

지금까지 다룬 일은 양의 일이었다. 즉 힘의 방향과 그 힘에 의해 이동한 변위의 방향이 같은 경우였다($0° \leq \theta \leq 90°$). $\cos\theta$가 양의 값을 갖기 때문에 일은 양의 일이 된다. 그러나 힘의 방향과 그 힘에 의해 이동한 변위의 방향이 다른 경우도 있다($90° \leq \theta \leq 180°$). $\cos\theta$가 음의 값을 갖기 때문에 일은 음의 일이 된다. 물론 힘의 방향과 그 힘에 의해 이동한 변위의 방향이 수직을 이룰 때는 $\theta=90°$이 되고 $\cos 90°=0$이 되므로 그 힘에 의해 이루어진 일은 '0'이 된다.

그림 7-7a에서 누워서 역기를 들어 올릴 때 힘의 방향과 역기가 이동한 방향이 같기 때문에 양의 일이 이루어지며 다 올린 후에 한동안 멈춰 있다면 멈춰있는 동안에 이루어진 일은 없다. 그 후 다시 역기를 내리는 동안에는 역기가 천천히 내려오도록 위 방향으로 힘을 가하여야 한다. 이때 힘의 방향과 역기의 이

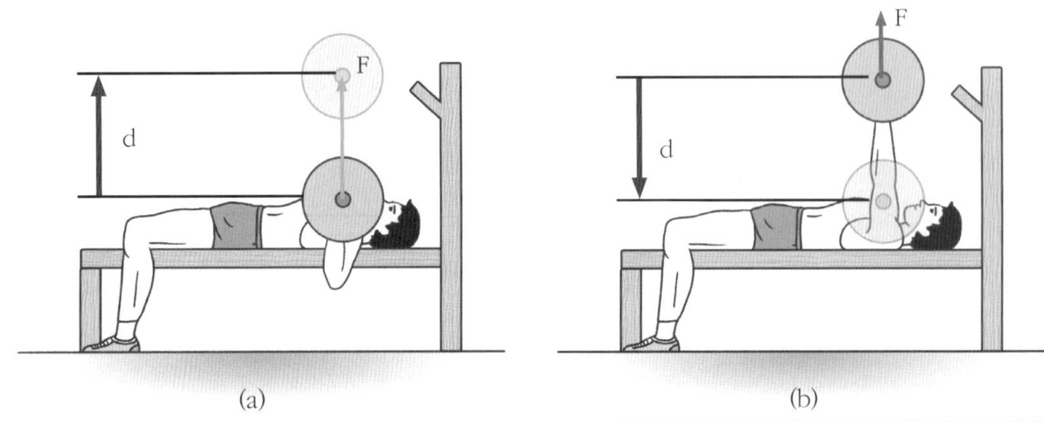

그림 7-7. 역기를 들어 올릴 때는 양의 일(a)이며 내릴 때는 음의 일(b)이 된다

동 방향이 다르므로 음의 일이 이루어지는 것이다(그림 7-7b). 위의 적용예제에서 이만기 선수에 의해서 1m 뒤로 밀린 강호동 선수는 음의 일을 한 것이다.

그림 7-8은 럭비 경기에서 서로 스크럼을 만들어서 서로 밀고 있는 상황이다. 더 큰 힘을 발휘하여 앞으로 밀고 가는 팀은 힘의 방향과 이동의 방향이 같기 때문에 양의 일을 하는 것이고 반면에 뒤로 밀리는 팀은 힘의 방향과 이동의 방향이 반대이기 때문에 음의 일을 하는 것이다. 서로 같은 힘으로 밀고 있어서 움직이지 않는다면 어느 팀도 일을 못하고 있다고 말 할 수 있다. 산을 올라가고 내려오는 등산, 계단을 올라가고 내려가는 동작에서 올라가는 것은 변위의 방향과 작용하는 힘(지면반력)의 방향이 같기 때문에 양의 일이다. 내려가는 것은 변위의 방향은 아래 방향이고 작용하는 힘인 지면 반력은 위 방향으로 서로 반대이기 때문에 음의 일이 된다. 그래서 같은 높이를 올라갔다가 내려오면 이루어진 일은 '0'이 된다. 역학적 일은 '0'이지만 생리학적 일은 '0'이 아니다. 이렇게 오르내리는데 고려해야 되는 또 다른 힘은 중력이다. 중력도 일을 수행한다. 우리가 올라갈 때 중력이 한 일은 이동하는 방향과 항상 아래로 작용하는 중력의 방향이 반대이므로 음의 일이다. 이와는 반대로 내려갈 때 중력이 한 일은 양의 일이 된다.

그림 7-8. 럭비의 스크럼

Q 적용예제 5

그림 7-7에서 역기의 질량은 50kg 이고 들어 올린 거리가 60cm 이었다면 들어 올리는데 한 일과 내리는 데 한 일을 구하시오.

A 해결

올리는데 한 일 $W=F \cdot d = mg \cdot h$
$W=(50\ kg)(9.8\ m/s^2)(0.6\ m)(\cos 0^\circ)=(50\ kg)(9.8\ m/s^2)(0.6\ m)=294\ J\ (\cos 0^\circ=1)$
올리는데 한 일은 양의 일이다.
내리는데 한 일 $W=F \cdot d = mg \cdot h$
$W=(50\ kg)(9.8\ m/s^2)(0.6\ m)(\cos 180^\circ)=(50\ kg)(9.8\ m/s^2)(-0.6\ m)=-294\ J\ (\cos 180^\circ=-1)$
내리는데 한일은 음의 일이다.

Q 적용예제 6

자전거를 타다 3초 동안 50N의 힘으로 브레이크를 잡을 때 자전거가 30m/s에서 20m/s의 속도로 줄었다면 자전거에 이루어진 일은 얼마인가?

A 해결

$$\bar{v}=\frac{\Delta x}{\Delta t}$$

$$\Delta x=\bar{v}\Delta t=\frac{(v_i+v_f)}{2}\Delta t=\frac{(30m/s+20m/s)}{2}(3s)=75m$$

자전거가 이동한 변위(d)는 75m이다.
$W=F \cdot d=(50N)(75m)(\cos 180^\circ)=-3750\ J$
자전거에 이루어진 일은 −3750 J이다.

---

2. 일률(power)

수행된 일을 평가할 때 소요된 시간은 고려하지 않았다. 역기를 들어 올릴 때 천천히 많은 시간을 소요하면서 들어 올리거나 빨리 짧은 시간에 들어 올리거나 이루어진 일의 양은 같기 때문이다. 100m 달리기나 마라톤에서 시간과 상관없이 완주하면 한 일은 똑 같다. 그러나 중요한 것은 누가 더 빨리 그 일을 완수하느냐이다. 이와 같이 많은 경우에 발생되는 일의 양이 중요한 것이 아니고 짧은 시간에 그 일이 이루어질 수 있는 능력이 필요하다. 이런 능력을 우리말로는 일률이라 하지만 오히려 파워(power)라는 용어가 더 널리 쓰이기 때문에 지금부터 일률 대신 파워를 사용키로 한다. 수행된 일에 시간 개념을 도입한 파워는 일이 행하여지는 율로 정의된다. 이루어진 일을 소요된 시간으로 나눈 것이 파워다. 다음 식으로 나타낸다.

$$P=\frac{W}{\Delta t} \qquad \text{(식 7-4)}$$

여기서 P는 파워, Δt는 걸린 시간, W는 Δt동안 수행된 일이다. 이와 같이 파워는 얼마나 빨리 혹은 얼마나 느리게 일이 행하여 졌는가를 평가하는 지표가 될 수 있다.

W=F · d이므로 (식 7-4)를 다음 식과 같이 다시 쓸 수 있다.

$$P=\frac{Fd}{\Delta t},\ \frac{d}{\Delta t}=\mathrm{v}\ \text{이므로}$$

$$P=F\cdot \mathrm{v} \qquad \text{(식 7-5)}$$

여기서 F는 작용하는 힘, v는 그 힘이 작용한 선을 따라 움직인 속도를 의미한다. 그러므로 어떤 물체에 작용하는 힘의 파워는 그 힘 F와 그 힘이 작용하는 동안 그 물체의 속도 v와의 곱으로 나타낸다. 일은 스칼라량이므로 파워 역시 스칼라량 이다. 단위는 와트(Watt)이며 W로 표시한다. 파워의 단위 W는 전구 등과 같은 전기적인 제품에서 많이 볼 수 있다. 예를 들어 50 W의 전구와 100 W의 전구를 비교하면 동일한 시간동안 100 W의 전구가 일을 2배 많이 한다는 것을 의미하며 그 결과 전구의 밝기도 2배 밝다. 다른 단위로는 마력(horsepower: hp)이 사용되기도 한다.

1 W = 1 N · m/s = 1 J/s

1 hp = 746W

1 kW = 1000W

1W는 1J의 일을 1초에 하는 것을 의미한다. 1W는 팔을 3cm 정도 드는 일을 1초 걸려서 할 때의 파워 크기다. 팔의 질량은 손, 전완, 상완의 질량을 더한 것으로 인체 전체 질량의 약 5%에 해당한다. 1마력은 말 한 마리의 평균 파워를 일컫는다. 일을 나타내는 심벌도 W이고 파워의 단위도 W를 사용하므로 내용을 잘 살펴서 혼란을 피해야 한다.

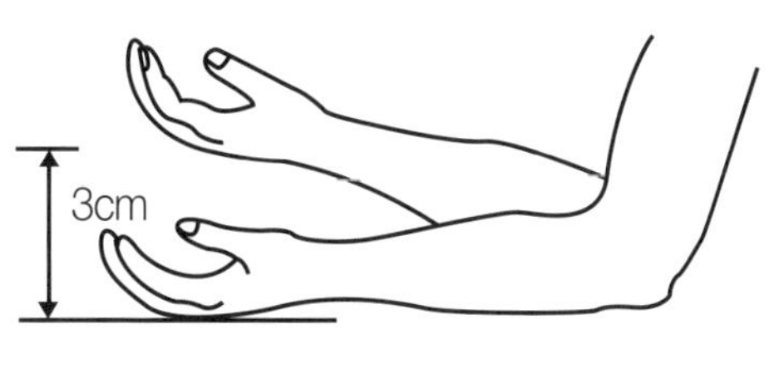

그림 7-9. 1 W의 파워

1) 근 파워(muscle power)

높이뛰기, 넓이 뛰기, 던지기, 역도, 단거리 경주 등과 같이 폭발적인 종목에서는 파워를 발휘할 수 있는 능력이 매우 중요하다. 그 능력이 뛰어난 선수가

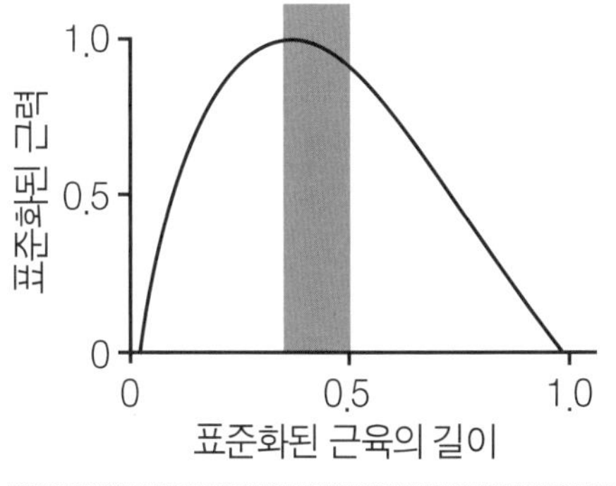

그림 7-10. 근력과 근육 길이의 관계 곡선

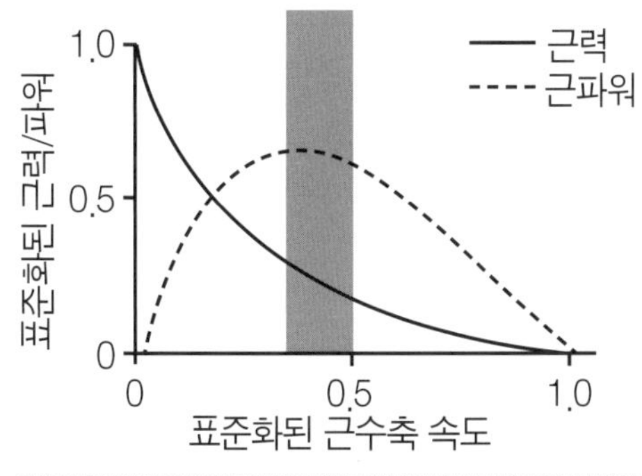

그림 7-11. 근력과 근 수축 속도의 관계 및 근 파워와 근 수축 속도의 관계 곡선

성공적으로 기술을 수행할 가능성이 높다. 최대한의 파워를 발휘하기 위해서는 힘과 그 힘을 발휘하는 속도와의 조화가 잘 이루어져야 된다.

근육이 수축하여 만드는 힘을 근력이라 한다. 근력은 근육의 길이에 따라 달라지며 이 관계를 그린 곡선을 힘-길이 곡선이라 한다(그림 7-10). 최대 근력을 발휘할 수 있는 근육의 최적 길이는 근육이 늘어날 수 있는 최대 길이의 40%정도다. 근육이 최적 길이를 기준으로 근육의 길이가 짧아지거나 길어지면 그 근력의 크기는 감소한다.

근력에 영향을 주는 다른 요소는 근 수축 속도다. 근 수축 속도가 빨라지면 근력은 작아지고 반면에 근 수축 속도가 느려질수록 근력은 커진다. 그림 7-11에서 실선은 근력과 근 수축 속도의 관계를 그린 곡선으로 힘-속도 곡선이라 한다.

근 파워는 근력과 근 수축 속도의 곱이며 일이 행해지는 율이다. 그림 7-11에서 점선은 근 수축 속도에 따른 파워의 변화를 그린 파워 곡선이다. 근육이 발휘할 수 있는 최대 파워는 최대 근 수축 속도의 약 30% 속도로 수축할 때 얻어진다. 이 속도로 수축할 때 근력도 최대 근력의 약 30%정도 발휘한다. 이 보다 근 수축 속도를 빨리하거나 느리게 하면 근 파워는 감소한다. 여기서 표준화란 최대값을 '1', 최소값을 '0'으로 하여 원래의 값을 비율에 맞도록 하는 과정을 일컫는다.

역도 동작을 할 때 사람이 순간적으로 발휘할 수 있는 파워는 약 1500W(2마력) 정도다. 이런 최대 파워를 발휘할 수 있는 시간은 매우 짧다. 단거리 선수도 비교적 높은 파워를 유지할 수 있는데, 시간은 약 1분 정도다. 중장거리 선수가 발휘하는 파워는 작아지지만 약 7분 정도 유지할 수 있다. 마라톤 선수의 파워는 더욱 작아지고 4시간 정도 유지할 수 있다. 그리고 8시간 동안 계속 발휘할 수 있는 최대 평균 파워는 약 75W(0.1마력)정도라고 한다. 이렇게 사람이 발휘할 수 있는 파워는 동작 시간이 길어지면서 감소한다.

Q 적용예제 7

역기를 드는 적용예제 5 에서 1.5초 만에 들어 올렸다면 이때의 파워는 얼마인가?

A 해결

역기를 들어 올린 일은 294 J이다.

$$P=\frac{W}{\Delta t}=\frac{294J}{1.5s}=196W$$

Q 적용예제 8

120kg의 야구 이대호 선수가 체력 훈련을 위해 높이 250m 인 63빌딩을 계단을 이용하여 30분 만에 올라갔다면 이대호 선수의 평균 파워는 얼마인가?

A 해결

먼저 이대호 선수가 한 일의 양을 구한다.

$W=mg \cdot h=(120kg)(9.8m/s^2)(250m)= 294000\ J$

30분=1800초

$$P=\frac{W}{\Delta t}=\frac{294000\ J}{1800s}=163.3W=0.22hp$$

실제로 이대호 선수의 총 파워는 163.3W보다 몇 배는 많을 것이다. 그 이유는 사람이 하나의 입자가 아닐 뿐만 아니라 숨을 들이쉬고 내쉬고, 팔 다리를 흔드는 일들을 하기 때문이다. 여기서 구한 것은 오직 몸만 올라간 것에 대한 파워다.

---

3. 에너지(energy)

에너지라는 용어는 그리스어의 '활동'이라는 뜻을 가진 어원에서 유래하였다. 에너지는 과학 분야에서 매우 중요한 개념으로 에너지를 일반화하여 정의하기란 쉽지 않다.

에너지는 역학적 에너지, 열에너지, 화학 에너지, 빛 에너지, 소리 에너지, 핵에너지 등 여러 형태로 나눠 질 수 있다. 한 형태의 에너지에서 다른 형태의 에너지로 변형되지만 전체 에너지의 총합은 변하지 않는다. 한 형태의 에너지가 감소하면 다른 형태의 에너지는 반드시 증가하게 된다. 어떻게 에너지가 변형되는지를 이해하는 것이 중요하다. 운동역학에서는 역학적 에너지(mechanical energy)만을 다루기로 한다. 역학적 에너지는 운동에너지와 위치에너지로 분류할 수 있다. 위치에너지는 다시 중력위치에너지와 탄성에너지로 나눌 수 있다(그림 7-12).

역학적에너지는 다음과 같이 정의되고 있다. 역학적에너지란 어떤 물체에 대해 일을 할 수 있는 능력이다. 결국 역학적에너지는 어떤 물체를 일정 거리 이동시킬 수 있는 힘을 만들 수 있다는 것을 의미한다. 역학적에너지의 단위는 일의 단위와 같은 Joule을 사용한다. 이것을 통해 일과 에너지는 밀접한 관계가 있다는 것을 알 수 있다. 에너지도 일과 마찬가지로 스칼라량이므로 방향이 없다.

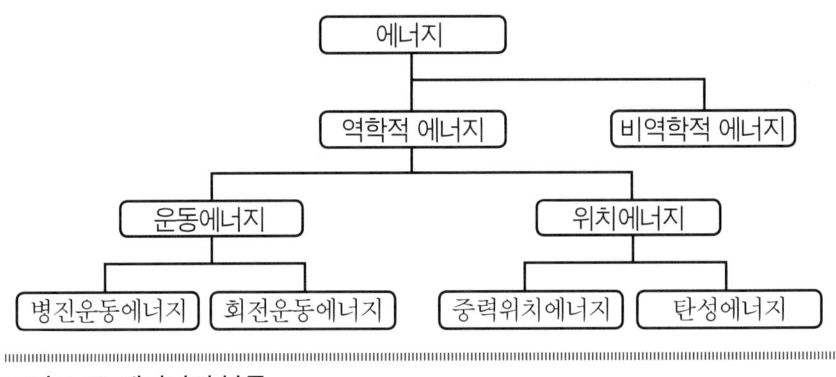

그림 7-12. 에너지의 분류

1) 운동에너지(Kinetic energy)

움직이는 물체는 그 물체와 접촉하게 되는 다른 물체에 대해 일을 할 수 있는 능력이 있다. 예컨대, 굴러가는 볼링공은 핀에 힘을 전달하면서 핀을 움직이게 할 수 있다. 이렇게 움직이는 물체는 일을 할 수 있는 능력이 있고 에너지를 갖고 있다고 한다. 이러한 에너지를 그 물체의 운동에너지라 한다. 핀을 쓰러뜨린 후에 볼링공의 속력이 줄어들게 되는데 이것은 운동에너지가 줄어들었기 때문이고 핀을 쓰러뜨린 후에 뒷면 까지 굴러갈 수 있는 것은 아직 운동에너지가 남아 있기 때문이다. 볼링공 대신 야구공을 던진다고 상상해 보자. 야구공과 볼링공의 속력이 서로 같다 하더라도 야구공으로 쓰러뜨릴 수 있는 핀의 수는 볼링공에 의한 것보다 작다. 운동에너지가 작기 때문이다.

운동에너지는 그 물체의 선속도에 의한 병진운동에너지와 회전하는 각속도에 의한 회전운동에너지로 나눈다. 여기서의 운동에너지는 병진운동에너지를 의미하며 회전운동에너지는 제10장에서 다루기로 한다.

속도가 같다면 더욱 무거운 공이 가벼운 공보다 더 많은 일을 할 수 있다. 이와 같이 무거울수록 운동에너지도 커진다는 것을 알 수 있다. 그리고 같은 질량이라면 속도가 빠를수록 큰 에너지를 갖게 되며 많은 일을 할 수 있다. 운동에너지는 다음과 같이 나타낸다.

$$KE = \frac{1}{2}mv^2 \qquad \text{(식 7-6)}$$

여기서 KE는 운동에너지, m은 질량, v는 속도이다. 운동에너지는 그 물체의 질량에 비례하고 속도의 제곱에 비례하다는 것을 의미한다. 그러므로 질량의 변화보다 속도의 변화에 의해 에너지 크기에 큰 영향을 미친다. 속도가 '0'이면 즉 물체가 움직이지 않는다면 그 물체의 운동에너지는 '0'이 된다. 공의 속도가 두 배로 빨라지면 운동에너지는 네 배로 커진다.

운동에너지의 단위는 $kg \cdot (m/s)^2$이며 다시 $kg(m/s)^2 \cdot m$으로 나타낼 수 있으며 이것은 Nm와 같고 다시 Joule로 쓸 수 있다. 그러므로 운동에너지의 단위와 일의 단위는 같다.

$$1J = 1N \cdot m = 1kg \cdot (m/s)^2 = 1kg \cdot m^2/s^2$$

Q 적용예제 9

145g의 야구공을 20m/s의 속도로 던졌을 때와 7kg의 볼링공을 6m/s의 속도로 던졌을 때 야구공과 볼링공의 운동에너지는 각각 얼마인가?

A 해결

야구공

$KE=\frac{1}{2}mv^2=\frac{1}{2}(0.145\ \text{kg})(20\ \text{m/s})^2=29\ \text{J}$ 이다.

볼링공

$KE=\frac{1}{2}mv^2=\frac{1}{2}(7\ \text{kg})(6\ \text{m/s})^2=126\ \text{J}$ 이다.

Q 적용예제 10

야구공(145g)이 44m/s의 속력으로 날아가다 35m/s의 속력으로 줄었다면 야구공 운동에너지의 변화는 얼마인가?

A 해결

음 운동에너지:

$KE=\frac{1}{2}mv^2=\frac{1}{2}(0.145\ \text{kg})(44\ \text{m/s})^2=140.36\ \text{J}$

나중 운동에너지:

$KE=\frac{1}{2}mv^2=\frac{1}{2}(0.145\ \text{kg})(35\ \text{m/s})^2=88.81\ \text{J}$

운동에너지의 변화=나중 운동에너지−처음 운동에너지
$=88.81\ \text{J}-140.36\ \text{J}$
$=-51.55\ \text{J}$

야구공의 운동에너지는 51.55 J이 감소했다.

---

2) 위치에너지(potential energy)

어떤 물체가 에너지를 갖기 위해서 꼭 움직이고 있어야만 되는 것은 아니다. 위치에너지는 물체의 위치나 모양에 의해 갖게 되는 에너지다. 위치에너지는 그 물체에 저장되어 있는 것이며 위치와 모양이 바뀌면서 운동에너지로 전환이 가능 하다. 두 가지 형태의 위치에너지로 나눌 수 있는데 중력위치에너지와 탄성에너지 이다.

(1) 중력위치에너지(gravitational potential energy)

움직이는 물체는 운동에너지를 갖고 있다. 그러나 움직이지 않으면서도 다른 형태의 에너지를 가질 수 있다. 예컨대 무거운 볼링공을 들고 있다가 만약에 발등에 떨어지면 부상을 입을 수 있고, 지면에 떨어지면 바닥에 손상을 가할 수 있다. 더욱 무겁거나 높이 있다면 그 피해는 보다 더 커질 수 있는 가능성이 높다. 이렇게 물체가 지면보다 높은 곳에 있게 되면 이 물체는 다시 지면으로 떨어 질 수 있으며 지면에 떨어지면서 힘을 전달할 수 있다. 떨어지면서 힘을 전달한다는 것은 일을 할 수 있다는 의미이다. 더 높은 곳에 있을수록, 더 무거울수록 떨어지면서 일을 할 수 있는 능력은 더욱 커진다. 지면으로부터 떨어져 위에 위치하고 있다는 것만으로도 일을 할 수 있는 능력 즉, 에너지를 갖게 되는데 이 에너지는 지구의 중력으로부터 오는 것이다, 그러므로 이런 에너지를 중력위치에너지라 한다. 중력위치에너지 PE는 다음과 같이 나타낸다.

$$PE = mg \cdot h \qquad \text{(식 7-7)}$$

여기서 PE는 중력위치에너지, m은 질량, g는 중력가속도, h는 높이다. 물체의 위치가 높을수록 중력위치에너지의 값이 커지고 위치가 낮을수록 중력위치에너지의 값은 작아진다. 정리하면 중력위치에너지는 물체의 높이에 의한 에너지이며 그 물체의 질량과 높이에 의해 결정된다.

그림 7-13은 장미란 선수가 2008년 베이징올림픽에서 금메달을 딸 때

의 모습이다. 이때 역기의 질량이 140kg이라 하자. 그림 7-13a 역기가 바닥에 놓여 있어 높이 h=0이므로 역기의 중력위치에너지는 0이 되고, 그림 7-13b에서 역기가 바닥에서 1m 높이에 있다면 역기의 중력위치에너지 $PE=mg \cdot h=(140kg)(9.8m/s^2)(1m)=1372$ J 이 된다. 그림 7-13c에서 역기를 바닥에서 1.75m 높이까지 들어 올렸다면 이때 역기의 중력위치에너지 $PE=mg \cdot h=(140kg)(9.8m/s^2)(1.75m)=2401$ J이 된다.

(a) (b) (c)

그림 7-13. 장미란 선수의 역기 들어오리는 모습

여기서 장미란 선수는 힘을 가하여 그 힘과 같은 방향으로 역기를 총 1.75m의 거리로 이동시켰기 때문에 역기에 대하여 일은 한 것이다. 그럼 어느 정도의 일을 하였는지 살펴보도록 하자.

그림 7-13a에서 그림 7-13b까지의 일은 다음과 같다.

A−B ; $W=F \cdot d$

$$W=mg \cdot h=(140kg)(9.8m/s^2)(1m)=1372\ J$$

그림 7-13b에서 그림 7-13c까지의 일은 다음과 같다.

B−C ; $W=F \cdot d$

$$W=mg \cdot h=(140kg)(9.8m/s^2)(0.75m)=1029\ J$$

그림 7-13a에서 그림 7-13c까지의 총 일의 양은 다음과 같다.

그림 7-13a에서 그림 7-13c까지의
총 일=A에서 B까지의 일+B에서 C까지의 일
= 1372 J+1029 J=2401 J

장미란 선수가 역기에 한 일과 역기의 중력위치에너지의 값이 같다는 것을 알게 되었다.

역기에 일을 많이 할수록 역기의 에너지는 커진다. 결국 물체의 중력위치에너지는 그 물체를 현 위치 높이까지 올리기 위해 장미란 선수가 한 일의 양과 같다.

Q 적용예제 11

70kg의 스키 선수가 B지점으로부터 10m 높이에 위치하고 있는 A지점에서 스키를 타고 내려온다면 A, B 각 지점에서의 중력위치에너지와 중력위치에너지의 변화를 구하시오.

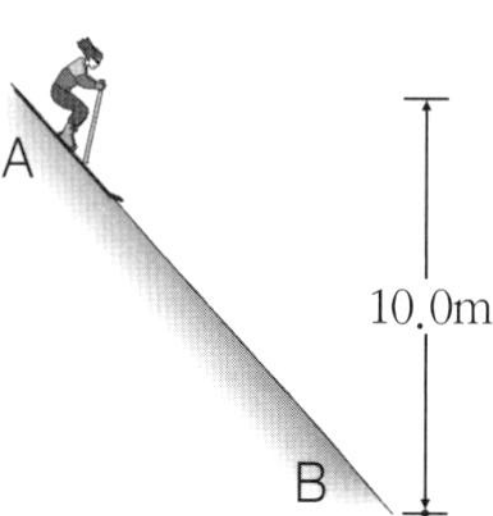

A 해결

A지점
$PE=mg \cdot h$
$PE=(70\text{kg})(9.8\text{m/s}^2)(10\text{m})=6860\text{ J}$

B지점
$PE=mg \cdot h$
$PE=(70\text{kg})(9.8\text{m/s}^2)(0\text{ m})=0\text{ J}$

중력위치에너지의 변화
B지점의 중력위치에너지−A지점의 중력위치에너지=0 J−6860 J=−6860 J
중력위치에너지 6860 J이 줄었다.

중력위치에너지는 다음과 같은 특성으로 요약 할 수 있다.

① 중력위치에너지는 물체에 작용한 중력의 결과다.

② 중력위치에너지는 위치에 의해서 갖게 되는 에너지다.

③ 중력위치에너지는 저장되어 있는 에너지다. 그리고 언제든 운동에너지로 전환될 수 있다.

④ 중력위치에너지는 양의 값 뿐 아니라 음의 값도 될 수 있다. 그러나 스칼라량이므로 방향을 의미하는 것은 아니다.

(2) 탄성에너지(Elastic potential energy or Strain energy)

위치에너지의 다른 형태의 에너지는 스프링과 같이 탄성이 있는 물체와 관련이 있다.

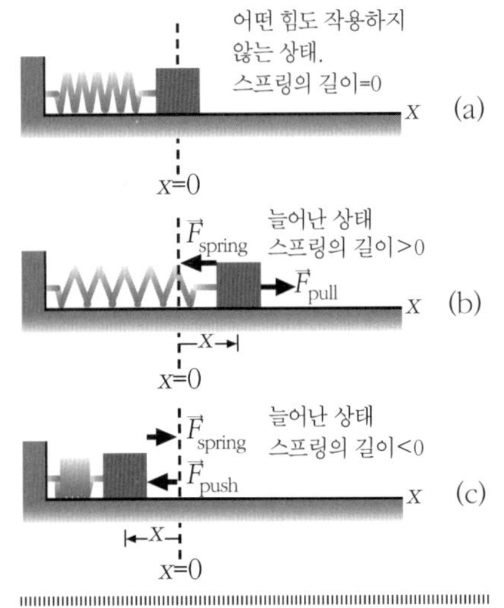

그림 7-14. 스프링의 상태

그림 7-14의 스프링을 살펴보자.

스프링에 아무런 힘도 가하지 않은 그림 7-14a의 경우 스프링은 원래의 길이를 유지하고 있다. 스프링을 힘 F로 잡아당기는 그림 7-14b의 경우 스프링은 x 길이만큼 늘어나고 스프링은 같은 크기의 힘만큼 잡아당긴다. 또한 스프링을 힘 F로 누르는 그림 7-14c의 경우 스프링은 x 길이만큼 줄어들고 스프링은 같은 크기의 힘만큼 밀어낸다. 스프링이 늘어나거나 눌려 있을 때 스프링에 의해서 전달되는 힘의 크기는 다음과 같으며 이를 후크의 법칙(Hook's law) 이라 한다.

$$F_s = -kx \qquad \text{(식 7-8)}$$

여기서 F_s는 스프링힘 x는 스프링 끝의 변위이며 스프링에 어떤 힘도 가해져 있지 않은 상황에서는 x=0이라 놓는다. k를 탄성계수라 하며 단위는 N/m이다. k의 크기는 스프링의 특성 즉 구성 물질, 두께 등에 따라 다르며 모든 스프링은 각기 고유의 값을 갖고 있다. 유연할수록 작은 값을 갖고 있으며 단단한 스프링일수록 큰 값을 갖는다. 탄성계수의 값이 100N/m 라면 1m 늘리는데 100N의 힘이 필요한 탄성체라는 것을 의미한다. 식에서 '−'는 스프링 끝의 변위는 스프링이 발휘하는 힘의 방향과 항상 반대라는 것을 나타낸다. 스프링의 끝이 '+' 방향쪽(오른쪽)으로 당겨지면 스프링에 의한 힘은 '−' 방향쪽(왼쪽)으로 작용한다. 마찬가지로 스프링의 끝이 '−' 방향 쪽 (왼쪽)으로 눌려지면 스프링에 의한 힘은 '+' 방향쪽(오른쪽)으로 작용한다.

이런 후크의 법칙은 다양한 탄성체에 적용할 수 있다. 예컨대 다이빙대는 스프링과 같은 형태다(그림 7-15). 다이빙대가 휘어진 길이를 갖고, 식에 의해 얻어진 크기의 힘을 다이빙하는 사람한테 전달한다. 테니스라켓 역시 스프링과 같은 역할을 한다(그림 7-16). 테니스라켓에 의해서 공에 전달되는 힘도 테니스라켓 줄의 늘어난 길이를 식에 적용하여 구할 수 있다.

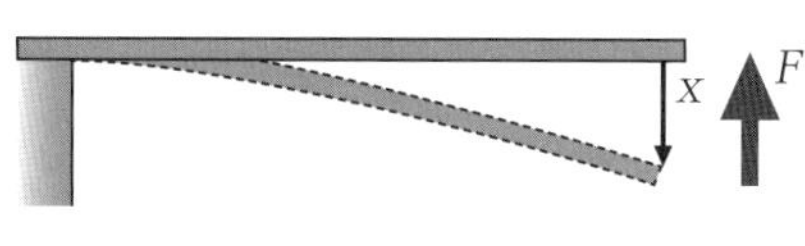

그림 7-15. 다이빙대의 스프링 역할

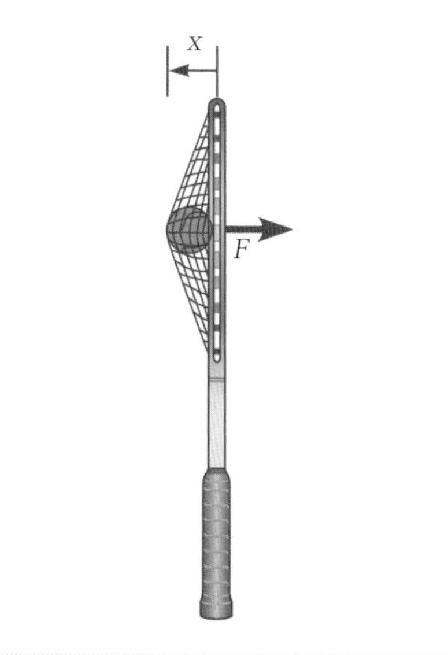

그림 7-16. 테니스라켓의 스프링 역할

탄성에너지는 지금 까지 설명한 스프링과 같은 탄성체에서 나타나는 에너지다. 탄성에너지는 물체가 변형 되면서 원래의 상태로 되돌아가려는 성질에 의해 갖게 되는 에너지다. 물체가 늘어나거나 눌려지는 변형이 커질수록 탄성에너지는 더욱 커진다. 물체의 탄성에너지는 그 물체의 단단함, 그 물체를 구성하고 있는 물질의 특성, 그리고 변형된 크기에 따라 달라진다. 탄성에너지는 변형되는 동안 그 물체에 행해진 일로 정의 할 수 있으며 다음 식으로 나타낸다.

$$SE = \frac{1}{2}kx^2 \qquad \text{(식 7-9)}$$

여기서 SE는 탄성에너지, k는 탄성계수, x는 변형된 길이를 나타내고 있다. K는 변형되는 물질에 따라 각기 다른 값을 갖게 되며 에너지를 저장할 수 있는 능력을 포함하는 것으로 단위는 N/m이다. 탄성에너지의 단위도 N · m이며 Joule로 나타낼 수 있다. 이와 같이 모든 형태의 에너지와 일은 같은 단위를 사용하는 것을 알 수 있다.

스포츠에 사용되는 여러 장비들, 장대높이뛰기의 장대, 다이빙의 보드, 양궁의 활, 테니스 라켓의 줄 등이 늘어나거나 휘어지면 탄성에너지가 저장된다. 저장된 탄성에너지가 운동에너지로 전환되면서 원래의 모양과 위치로 되돌아간다. 인체 내의 근육, 인대, 건 등도 정상적인 범위 내에서 늘어나면 탄성에너지가 생성된다. 특히 아킬레스건은 특유의 스프링 역할을 한다. 아킬레스건이 늘어나면 탄성에너지를 저장하고 원래의 상태로 되돌아가면서 탄성에너지를 방출한다(그림 7-17). 이런 스프링 작용에 의해 걷거나 뛸 때 근육이 해야 되는 일의 양이 줄어든다. 종합하여 얘기하면 운동선수나 물체는 움직이면서 운동에너지, 있는 위치에 의해 중력위치에너지, 그리고 변형된 정도에 의한 탄성에너지를 갖고 있다.

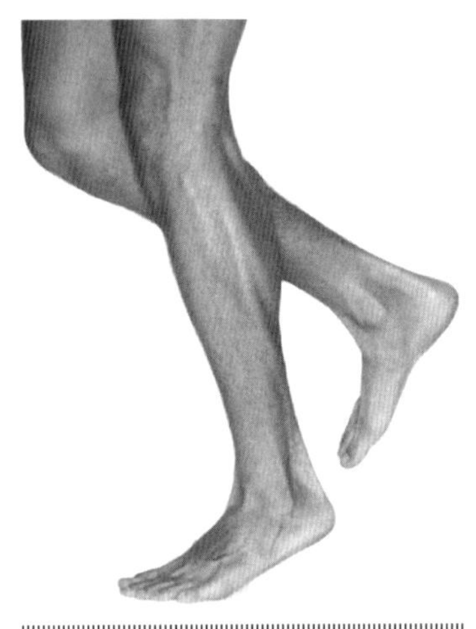

그림 7-17. 아킬레스건은 탄성에너지를 저장하고 방출한다

Q 적용예제 12

마라톤 운동화 바닥의 탄성계수가 10^7N/m 이라면, 뛰면서 운동화의 뒷부분이 닿을 때 4mm의 변형이 생겼을 때 운동화에 저장된 탄성에너지는 얼마인가?

A 해결

$$SE=\frac{1}{2}kx^2=\frac{(10^7\text{N/m})(0.004\text{m})^2}{2}=80\text{ J}$$

이렇게 저장된 탄성에너지는 운동화의 뒷부분이 지면에서 떨어지면서 원래의 형태로 복원된다. 복원되면서 운동에너지로 전환되어 뛰는데 도움을 준다.

Q 적용예제 13

사람의 건(tendon)의 탄성계수가 10^4N/m 이라 하고, 건이 6mm 늘어났다면 건에 저장된 탄성에너지는 얼마인가?

A 해결

$$SE=\frac{1}{2}kx^2=\frac{(10^4 N/m)(0.006 m)^2}{2}=0.18\ J$$

Q 적용예제 14

40m 번지점프에 사용되는 고무줄의 길이가 12m이고 고무줄의 탄성계수가 300N/m이다. 점프 후 가장 저점이 10m였다면 고무줄에 행하여진 일은 얼마인가?

A 해결

고무줄이 늘어난 길이
x=40m−10m−12m=18m

고무줄에 행하여진 일=고무줄의 탄성에너지

$$SE=\frac{1}{2}kx^2=\frac{(300 N/m)(18 m)^2}{2}=48600\ J=48.6\ KJ$$

---

3) 에너지 보존의 법칙(law of conservation of energy)

에너지 보존의 법칙은 에너지는 새롭게 생겨나거나 소멸되지 않으며 에너지의 전체 양은 일정하며 한 형태에서 다른 형태로 바뀔 뿐이라는 법칙이다. 이 법칙을 스포츠에 적용 시키는 데는 한계가 있으나 이 법칙을 이용하여 여러 현상을 잘 설명할 수 있다. 예컨대 근육은 수축하는 과정에서 화학적 에너지를 역학적 에너지로 전환하는 장비라고 간주할 수 있다. 화학적 에너지에서 역학적

에너지로 바뀌는 과정에서 부수적으로 열이 발생한다. 열은 에너지 전환 과정 중 항상 생성되는 부산물이다. 이와 같이 화학적 에너지의 100% 전부가 역학적 에너지로 바뀔 수는 없다. 농구공을 체육관 바닥에 일정한 높이에서 떨어뜨리면 튕겨 올라오는 높이는 처음 떨어뜨린 높이에 못 미친다. 즉 에너지의 손실을 의미하는데 이 잃어버린 에너지는 열에너지와 소리에너지로 바뀌면서 결국 전체 에너지는 보존된다.

중력위치에너지가 운동에너지로 혹은 운동에너지가 위치에너지로의 전환은 열과 소리가 발생하지 않은 채로 가능하다. 이 사실이 운동역학 연구에 매우 유용하게 적용되는 역학적 에너지의 보존을 성립시켜 준다.

4) 역학적 에너지의 보존(conservation of mechanical energy)

탄성체가 관여하지 않는 한 위치에너지는 중력위치에너지를 의미한다. 공기저항은 없고 중력만이 작용한다고 가정할 때 물체의 운동에너지와 위치에너지의 합인 역학적 에너지는 일정하다. 어느 순간이라도 운동에너지와 위치에너지의 합은 변하지 않는다. 이를 역학적 에너지 보존의 법칙이라 한다. 식으로 쓰면 다음과 같다.

$$ME = KE + PE$$

$$ME_i = ME_f$$

$$KE_i + PE_i = KE_f + PE_f \quad \text{(식 7-10)}$$

여기서 KE_i 는 처음 운동에너지, PE_i 는 처음 중력위치에너지, KE_f 는 마지막 운동에너지, PE_f는 마지막 중력위치 에너지다.

야구공을 수직으로 똑바로 위로 던져보자(그림 7-18a). 던지는 높이와 받는 높이를 지면이라고 가정하자. 시간이 지나면서 높이 올라가다가 최고점에 도달한 후 다시 내려온다. 위로 올라가는 순간에 최대 속력이며 속력은 점점 줄어들어 최고점에 도달하게 되면 그 순간 속력은 '0'이 되고 다시 아래로 떨어지면서

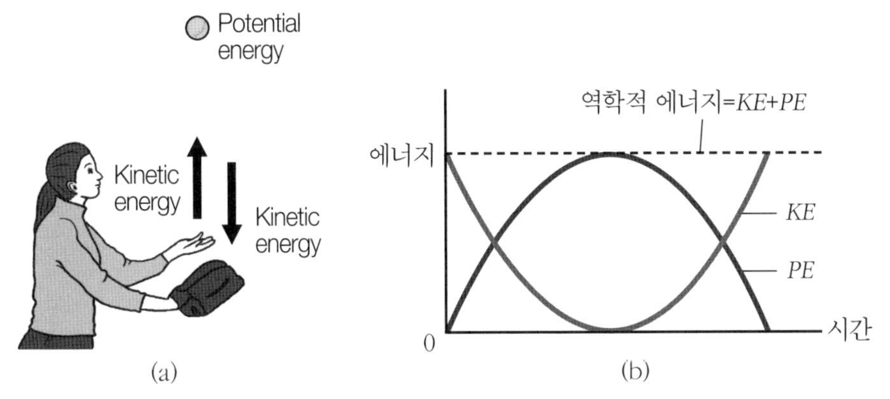

그림 7-18. 야구공의 운동에너지와 위치에너지

속력은 점점 커지면서 지면에 도착할 때 속력이 다시 최대가 된다.

에너지의 관점에서 보면 위로 던지는 순간 야구공의 운동에너지는 최대가 되지만 중력위치에너지는 '0'이다. 그 후 올라가면서 운동에너지는 점점 감소하며 중력위치에너지는 점점 커지다가 정점에 도달하면 이때의 중력위치에너지는 최대가 되고 운동에너지는 '0'이 된다. 그리고 그 순간의 중력위치에너지가 운동에너지로 전환되면서 다시 떨어지기 시작한다. 떨어지면서 운동에너지는 점점 증가하고 중력위치에너지는 감소하다가 지면에 닿는 순간 운동에너지는 또 다시 최대가 되며 중력위치에너지는 '0'이 된다(그림 7-18b). 이렇게 매순간 야구공의 운동에너지와 중력위치에너지는 변하지만 운동에너지와 위치에너지의 합인 역학적 에너지는 항상 일정하다.

이 경우 위치에너지는 중력위치에너지만 존재하므로 역학적 에너지의 보존은 다음 식으로 표현한다.

$$\frac{1}{2}mv_i^2+mgh_i=\frac{1}{2}mv_f^2+mgh_f \qquad (식\ 7\text{-}11)$$

여기서 m은 물체의 질량, v_i는 물체의 처음 속도, v_f는 물체의 마지막 속도, g는 중력가속도, h_i는 물체의 처음 높이, h_f는 물체의 마지막 높이이다.

그림 7-19는 봅슬레이를 보여주고 있다. 4인조 경기에서 썰매인 봅(Bob)과 선수들의 질량 총합을 630kg으로 제한하고 있다. 출발점에서 결승점까지의 고

도차가 약 97m정도라면 이때의 중력위치에너지는 600KJ 정도다. 스타트를 위한 달리기를 하지 않고 처음부터 봅에 타고 있다면 내려가면서 운동에너지는 증가하면서 중력위치에너지는 감소하므로 중력위치에너지가 운동에너지로 전환되는 것을 보여 준다. 마찰력과 공기저항을 고려치 않는다면 두 에너지의 합은 항상 일정하게 유지된다.

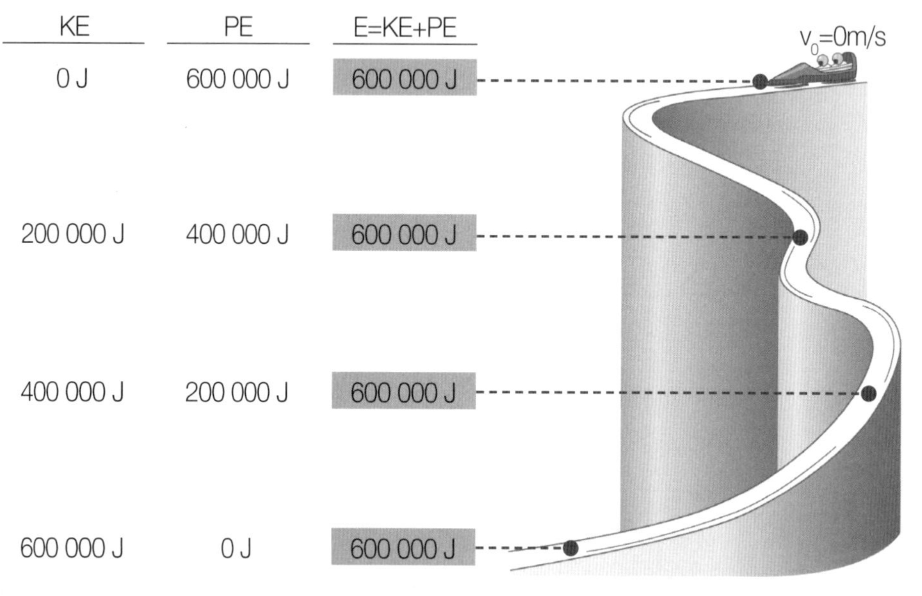

그림 7-19. 봅슬레이의 운동에너지와 위치에너지

Q 적용예제 15

0.145 kg의 야구공을 25 m/s의 속도로 똑바로 위로 던지면 얼마만큼 올라가겠는가? (단, 공기저항은 무시한다.)

A 해결

$$\frac{1}{2}mv_i^2+mgh_i=\frac{1}{2}mv_f^2+mgh_f$$

$$\frac{1}{2}mv_i^2=mgh_f$$

$$h_f=\frac{v_i^2}{2g}=\frac{(25\text{m/s}^2)}{2(9.8\text{m/s}^2)}=31.9\text{m}$$

적용예제 16

한 다이버가 10m의 다이빙대에서 다이빙할 때 물 위의 3m지점과 입수 직전의 속력은 얼마인가?

해결

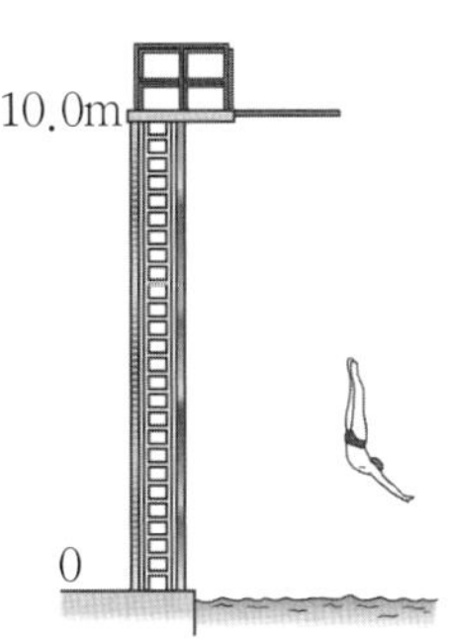

$$\frac{1}{2}mv_i^2+mgh_i=\frac{1}{2}mv_f^2+mgh_f$$

$$0+gh_i=\frac{1}{2}v_f^2+gh_f$$

$$v_f=\sqrt{2g(h_i-h_f)}$$

3m 지점의 속력:

$$v_f=\sqrt{2(9.8\text{m/s}^2)(10\text{m}-3\text{m})}=11.71\text{m/s}$$

입수지점의 속력:

$$v_f=\sqrt{2(9.8\text{m/s}^2)(10\text{m}-0\text{m})}=14.0\text{m/s}$$

적용예제 17

스노우보드를 타고 높이 30m 지점을 통과 하는 순간 17m/s의 속력 이였다면 아래에 도달할 때의 속력은 얼마일까? (단 공기저항과 스노보드와 눈 사이의 마찰력은 무시한다.)

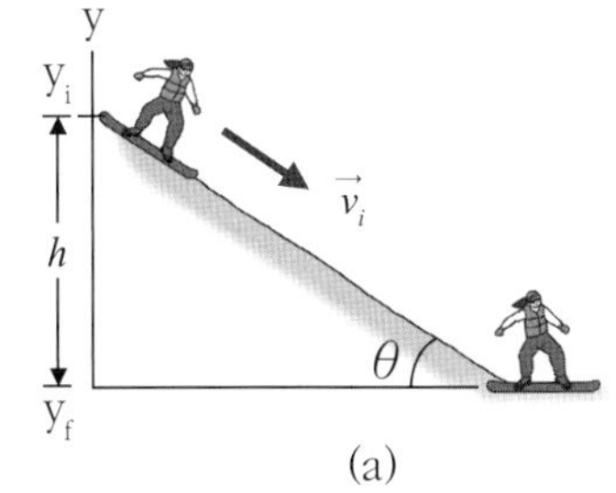

(a)

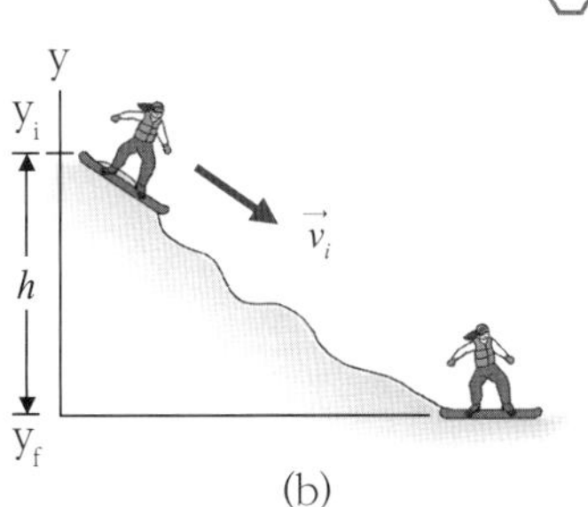

(b)

해결

$$\frac{1}{2}mv_i^2+mgh_i=\frac{1}{2}mv_f^2+mgh_f$$

$$\frac{1}{2}v_i^2+gh_i=\frac{1}{2}v_f^2+0$$

$$v_f=\sqrt{v_i^2+2gh_i}=\sqrt{(17\text{m/s})^2+2(9.8\text{m/s}^2)(30\text{m})}=29.6\text{m/s}$$

마지막 속력은 언덕의 기울기 각도와 무관하고 오직 언덕의 높이에 의해서만 결정된다. 그림b와 같이 언덕 모양이 다르더라도 높이만 같다면 마지막 속력은 같다. 중력위치에너지는 지나가는 길과는 상관없이 높이에 의해서만 의존하기 때문이다.

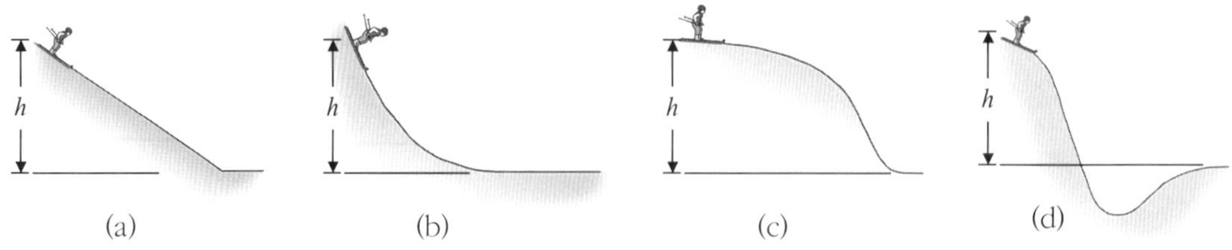

위의 그림에서도 처음 높이와 마지막 높이가 같기 때문에 처음 속력이 같고 공기저항과 마찰력을 무시한다면 그림에서의 마지막 부분에 도착하는 마지막 속력도 같다.

장대높이뛰기를 살펴보자. 우리나라의 여자 장대높이 기록은 최윤희 선수의 4m 40cm이고 세계기록은 러시아의 옐레나 이신바예바가 넘은 5m 6cm이다. 이렇듯 아직 국내의 수준은 세계적 수준과는 격차가 있다. 어떤 면에서 부족한지를 찾아내기 위해서는 먼저 장대높이뛰기에서의 에너지 변환에 대해 잘 알고 있어야 한다. 장대를 든 선수는 근육에 저장된 화학적 에너지를 소비해서 길이 45m의 주로를 보다 빠른 속력으로 달려서 운동에너지를 증가시켜야 한다, 그리고 다가와서 장대를 홈에 잘 맞춘다. 이 순간 선수의 운동에너지 일부는 스프링처럼 작용하면서 휘어지는 장대에 탄성에너지로 저장된다. 저장된 탄성에너지가 몸을 위로 올리는 운동에너지로 바뀌면서 동시에 중력위치에너지로 전환된다. 장대가 원래의 형태로 펴지면서 장대의 탄성에너지는 거의 소멸되며 남아 있던 운동에너지와 함께 선수의 중력위치에너지로의 교환이 이루어진다. 거의 최고점에 도달할 때 선수는 조금 더 밀어 올리기 위해서 팔과 몸통의 근육을 사용하여 부가적인 일을 한다. 최고점에 도달하는 순간에는 가로대를 넘을 수 있는 최소한의 수평 속도만을 남기고, 넘어간 후 운동에너지는 '0'이 되어야 한다. 이 때 운동에너지가 남아 있다면 중력위치에너지로 전환이 잘 이루어지지 않은 잘못된 시도다.

그림 7-20. 장대높이뛰기

여기서 중요한 요소는 주로를 달려오는 속력이

다. 운동에너지가 클수록 더 많은 중력위치에너지로의 전환이 가능하고 뛰는 높이도 높아진다. 그래서 훌륭한 장대높이선수는 달리기 속도도 매우 빠르다.

장대의 특성과 장대를 잡는 위치 역시 중요한 요소들이다. 장대가 너무 단단하거나 장대의 너무 아래쪽을 잡는다면, 홈에 장대를 맞출 때 장대가 비교적 쉽게 휘어져야 하는데 꼿꼿히 있으므로 충돌하는 결과를 가져와 처음의 운동에너지가 손실된다. 이와는 반대로 장대가 너무 유연하거나 장대의 너무 위쪽을 잡는다면 최고점에서 장대의 탄성에너지를 이용해야 되는데 그 시점이 늦어지게 되어 비효율적이다. 그러므로 최적의 장대높이뛰기는 선수의 운동에너지가 완전히 장대의 탄성에너지로 바뀌고 그 탄성에너지가 다시 선수의 중력위치에너지로 완벽히 전환될 때이다.

Q 적용예제 18

러시아의 옐레나 이신바예바는 2008 베이징올림픽 장대높이뛰기에서 5.05m를 넘어 금메달을 땄다. 그녀의 체중이 60kg이었고 무게중심의 높이가 85cm이었다고 가정하면 실제로 넘어야 할 높이는 5.05m-0.85m=4.2m이다. 그럼 이때의 최소한의 달려오는 속력을 구해보자. 여기서 장대의 탄성에너지는 고려치 않는다.

A 해결

$$\frac{1}{2}mv_i^2+mgh_i=\frac{1}{2}mv_f^2+mgh_f$$

왼쪽 항은 몸이 지면에서 떨어지기 직전이므로 중력위치에너지는 '0' 이고 오른쪽 항은 최고점에 있는 상태이므로 운동에너지는 '0' 이다. 그러므로

$$\frac{1}{2}mv_i^2+0=0+mgh_f$$

$$\frac{1}{2}mv_i^2=mgh_f=(60\text{kg})(9.8\text{m/s2})(4.2\text{m})=2469.6\text{ J}$$

$$\frac{1}{2}mv_i^2=2469.6\text{ J}$$

$$\therefore v_i=\sqrt{\frac{2(2469.6)}{60}}=9.07\text{m/s}$$

장대를 짚기 전 최소한 9.07 m/s의 속력 이상이어야 성공할 수 있다.

Q 적용예제 19

우리나라의 양궁은 올림픽에서 두 개 이상의 금메달 획득을 7차례나 할 정도로 세계 최강국이다. 이런 양궁의 탄성에너지에 대해 살펴보도록 하자. 양궁의 활은 스프링과 같은 역할을 하며 Hook의 법칙을 따른다. 활을 통해 화살에 가하는 힘의 크기는 활줄의 늘어난 거리에 비례한다. 질량이 50g인 활을 활줄 10cm 당긴 후 쏘았을 때의 속도가 100m/s였다면 활줄의 탄성계수는 얼마인가?

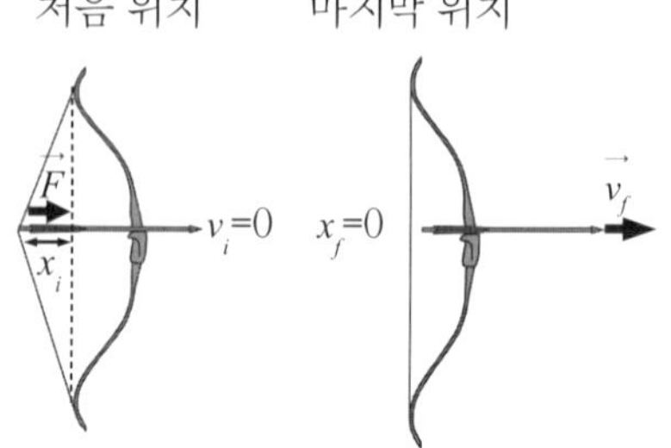

A 해결

중력위치에너지 대신에 탄성에너지를 적용하여 역학적 에너지 보존 법칙을 사용할 수 있다. 중력위치에너지와 탄성에너지는 같은 성질의 위치에너지이기 때문이다. 그래서 역학적 에너지 보존의 식을 다음과 같이 쓸 수 있다.

$$KE_i+SE_i=KE_f+SE_f$$

$$\frac{1}{2}mv_i^2+\frac{1}{2}kx_i^2=\frac{1}{2}mv_f^2+\frac{1}{2}kx_f^2$$

처음 활의 속도는 '0'이고 마지막 활줄의 늘어난 길이는 '0'이므로

$$0+\frac{1}{2}kx_i^2=\frac{1}{2}mv_f^2+0$$

$$k=\frac{mv_f^2}{x_i^2}=\frac{(0.05\text{kg})(100\text{m/s})^2}{(0.1\text{m})^2}=50000\text{N/m}$$

4. 일과 에너지 정리

앞에서 살펴 본 바와 같이 이루어 진 일은 물체의 이동과 관계가 있다는 것을 알았다. 그리고 이동한다는 것은 그 물체 속도의 변화 혹은 위치의 변화가 발생한다는 것을 의미한다. 속도의 변화는 운동에너지의 변화를, 위치의 변화는 위치에너지의 변화를 동반한다. 결국 한 물체에 일을 하는 것은 그 물체의 역학적 에너지 변화를 가져 온다. 만약 내가 한 물체에 일을 하기 위해 힘을 가하여 그 물체의 속도가 더욱 빨라지면 내가 그 물체의 운동에너지를 증가시킨 것이며 오히려 그 물체의 속도가 느려지게 되면 내가 그 물체의 운동에너지를 감소시킨

것이다. 그리고 그 물체의 위치가 높아지면 그 물체의 위치에너지를 증가시킨 것이며 낮아지면 감소시킨 것이다.

이렇게 일과 에너지는 밀접한 관계를 갖고 있으며 일과 에너지의 관계를 일과 에너지 정리 (work-energy theorem) 라 하고 다음과 같이 정의한다.

'중력 이외의 힘이 작용해 이루어진 일은 그 힘이 작용한 물체의 에너지의 변화와 같다.' 식으로 표현하면 다음과 같다.

$$W = \Delta E = \Delta KE + \Delta PE$$

여기서 W는 행하여진 일, ΔE는 에너지의 변화, ΔKE는 운동에너지의 변화, ΔPE는 위치에너지의 변화를 나타내고 있다. 에너지의 변화는 역학적 에너지의 변화를 의미한다. 위의 식은 물체에 이루어진 일은 에너지의 변화와 같다는 것을 보여주고 있다. 에너지는 스칼라량이며 물체가 움직이기만 한다면 항상 양의 값을 가지며 움직이지 않으면 '0'이다. 에너지의 변화는 음의 값을 가질 수는 있지만 에너지 자체는 음의 값을 가질 수 없다.

어떤 물체에 일을 했을 때 그 물체의 마지막 속도가 일하기 전의 속도인 처음 속도보다 빠르면 운동에너지의 변화가 양의 값이므로 양의 일이 이루어 것이다. 그러나 그 물체의 마지막 속도가 일하기 전의 속도인 처음 속도보다 느리면 운동에너지의 변화가 음의 값이므로 음의 일이 이루어 것이다. 그 관계를 다음과 같이 표현할 수 있다.

만약, $v_f > v_i$, $W > 0$.

만약, $v_f < v_i$, $W < 0$.

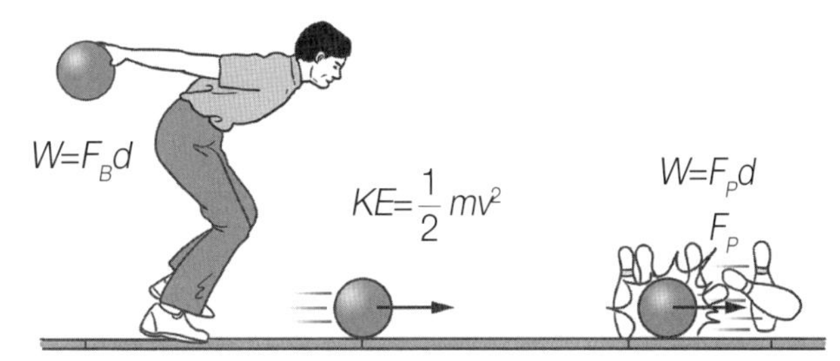

그림 7-21. 사람은 볼링공에 일을 하고 볼링공은 핀에 일을 한다

그림 7-21은 볼링 선수가 볼링공을 던지기 위해 백스윙에서부터 릴리즈하여 볼링공이 굴러가서 핀들을 쓰러뜨리는 그림이다. 우선 볼링선수는 백

그림 7-22. 빠른 공을 던지기 위해 충분한 와인드 업이 필요하다

스윙 순간에서부터 볼링공에 힘 F_B을 가하여 볼링공을 릴리즈 하는 지점까지의 거리만큼 이동하는 일을 한다. 볼링공은 볼링공에 이루어진 일만큼의 운동에너지를 갖고 굴러가다가 볼링 핀들과 부딪치면서 볼링 핀에 힘 F_P을 가하여 볼링 핀을 쓰러뜨리며 이동시키는 일을 한다. 볼링공은 볼링 핀들에 대해 일을 한 후에도 운동에너지가 남아 핀 뒤의 벽에 부딪치게 된다. 앞에서는 볼링선수가 일을 했으며 뒤에서는 운동에너지를 갖고 있던 볼링공이 일을 한 것이다.

야구의 투수가 빠른 공을 던지기 위해 와인드 업해서 공에 가능한 큰 힘을 공이 손에서 떨어질 때 까지 최대한의 거리를 만들어서 최대한의 일을 해야 운동에너지가 커지고 공의 속도가 빨라진다(그림 7-22). 이와 달리 팔만 사용해서 공을 던지는 것은 야구공에 짧은 거리를 움직이는 동안에만 힘을 가하는 것이다. 결국 이루어진 일이 작아지고 그 결과로 야구공의 운동에너지의 변화가 작아지는 것과 동시에 손을 떠날 때의 야구공의 속도도 느려진다.

Q 적용예제 20

야구 투수가 145g의 야구공을 30m/s의 속도로 던졌다면 그 속도를 만들기 위해 야구공에 한 일의 크기는 얼마인가?

A 해결

$W=\varDelta E=\varDelta KE=\frac{1}{2}mv_f^2-\frac{1}{2}mv_i^2$

$W=\frac{1}{2}(0.145\text{kg})(30\text{m/s})^2-\frac{1}{2}(0.45\text{kg})(0\text{m/s})^2$

$W=65.25\text{ J}$

적용예제 20에서 투수가 던진 공을 포수가 받을 때 공의 속도는 느려지면서 '0'으로 된다. 운동에너지 역시 감소하여 '0'으로 된다. 포수가 공을 받으면서 공에 음의 일을 하기 때문이다. 포수가 공을 받기 직전의 공의 속도가 던질 때의 속도와 같다면 공에 한 일은 −65.25 J이다. 포수가 이런 일을 하기 위해 공에 가한 평균 힘은 얼마나 긴 거리 동안 힘을 가했느냐에 달려 있다. 포수는 공을 받으면서 글러브를 낀 손이 뒤로 움직이게 된다. 공의 진행 방향과 공이 포수에 의해 받게 되는 힘의 방향은 반대가 된다. 그리고 포수가 공에 가한 힘의 반작용으로 같은 크기의 힘이 포수의 손에 작용하게 된다. 움직인 거리가 짧을수록 큰 힘을 받게 되어 손이 부상당할 수 있다.

스포츠에서 사용되는 상해 방지 보호 장비는 일과 에너지 정리에 의한 임팩트 힘을 줄이는데 초점이 맞춰 있다. 충격 받는 동안 인체가 움직이는 거리를 늘려 임팩트 힘을 크게 줄인다. 예컨대, 높이뛰기, 장대높이뛰기에서 사용되는 착지 매트, 자동차의 에어백, 운동화의 중간 깔창, 넓이 뛰기와 씨름의 모래판 등이 있다. 이런 것들은 결국 에너지 흡수에 사용되는 것이다.

앞에서 충격량은 선운동량의 변화와 같다는 것을 배웠다. 일은 에너지의 변화와 같다는 것과 매우 유사한 의미를 갖고 있다. 공을 던질 때 긴 거리 동안 힘을 가해야 큰 일이 이루어져 공의 운동에너지가 커지고 공의 속도가 빨라지는 것처럼 충격량과 선운동량 관계의 관점에서 보면 긴 거리 동안 힘을 가하는 것이 긴 시간 동안 힘을 가하는 것과 같은 의미가 될 수 있다. 에너지를 흡수하는 경우도 일과 에너지 관점에서 보면 공을 받을 때 거리를 길게 하는 것이 충격량과 선운동량 관계의 관점에서 보면 받는 시간을 늘리는 것과 같은 효과라 할 수 있다.

Q 적용예제 21

80kg의 높이뛰기선수가 달려와 높이 뛰기 위해 0.45 m의 수직거리 동안 평균 2000 N의 힘을 가하였을 때 이륙 순간의 속도를 구해보자.

A 해결

$$W=\Delta E=\Delta KE=\frac{1}{2}mv_f^2-\frac{1}{2}mv_i^2$$

$$W=Fd$$

$$Fd=\frac{1}{2}mv_f^2-\frac{1}{2}mv_i^2$$

높이뛰기선수의 수직속도는 가장 낮은 위치에 있을 때인 처음 속도는 '0' 이고 이륙하려는 순간의 속도가 마지막 속도가 된다.

$$v_f=\sqrt{\frac{2Fd}{m}}=\sqrt{\frac{2(2000\text{N})(0.45\text{m})}{80kg}}=4.7\text{m/s}$$

Q 적용예제 22

그림과 같이 70kg의 사람이 아래로 30cm 내려갔다가 0.2초 만에 수직 점프를 한다면 점프 하는 순간의 속도, 운동에너지, 파워 그리고 점프 높이를 구하시오.

A 해결

점프하는 순간의 속도:
웅크린 상태에서 도약하는 순간까지의 평균 속도 $\bar{v}=\frac{d}{t}=\frac{0.3\text{m}}{0.2\text{s}}=1.5\text{m/s}$

평균 속도 $\bar{v}=\frac{v_i+v_f}{2}$

점프하는 순간의 속도 $\bar{v}=2\bar{v}-v_i=2(1.5\text{m/s})-0=3\text{m/s}$
점프하는 순간의 운동에너지:

$$KE=\frac{1}{2}mv^2=\frac{1}{2}(70\text{kg})(3\text{m/s})^2=315\text{ J}$$

점프하는 순간의 파워:

$$P=\frac{W}{\Delta t}, \quad W=\Delta E=\Delta KE=\frac{1}{2}mv_f^2-\frac{1}{2}mv_i^2$$

$$P=\frac{\Delta E}{\Delta t}=\frac{315\text{J}-0}{0.2}=1575\ W$$

점프높이:

$$\frac{1}{2}mv_i^2+mgh_i=\frac{1}{2}mv_f^2+mgh_f$$

처음 높이와 마지막 속도는 '0' 이므로

$$\frac{1}{2}mv_i^2=mgh_f$$

$$h_f=\frac{v_i^2}{2g}=\frac{(3\text{m/s})^2}{2(9.8\text{m/s}^2)}=0.46\text{m}$$

8

각운동학(angular kinematics) -회전운동과 원운동

철봉에서의 휘돌기 동작이나 피겨 스케이팅의 회전 점프 및 스핀 동작, 다이빙의 회전 동작 등은 현장에서 혹은 TV를 통해 많이 본 익숙한 동작들이다. 그런데 철봉휘돌기 동작 시 몇 회전하고 있는지 셀 수 있으나 피겨 스케이팅의 스핀 동작이나 다이빙의 회전 동작은 너무 빨리 돌아 몇 회전을 수행했는지 알 수 없는 경험들을 해 봤을 것이다. 이 동작들의 공통점은 축을 중심으로 회전동작(rotation)이 이루어진다는 것이다. 철봉의 휘돌기 동작에서는 철봉의 봉이 회전축이며 피겨 스케이팅의 점프나 스핀 동작에서는 선수의 무게 중심을 통과하는 수직축이 회전축이 되며 다이빙 회전 동작에서는 선수의 무게 중심을 통과하는 좌우축이 회전축이 된다.

이와 같이 축을 중심으로 발생되는 회전운동을 각운동(angular motion)이라 한다. 각운동의 특성은 고정된 회전축(axis of rotation)을 중심으로 물체의 모든 부분이 동시에 같은 각도로 움직이는 것이다. 인체의 움직임은 몸 전체가 축을 중심으로 회전을 하거나 관절을 회전축으로 하는 각 분절들의 각운동의 결과로 나타나는 것이다. 여기서 각운동과 회전은 같은 의미로 쓰여 진다.

앞에서 살펴본 선운동에서는 물체 및 사람을 하나의 입자로 가정하였으나 각운동을 다룰 때는 물체나 인체를 강체(rigid body)로 가정한다. 강체란 나무나 쇠로 된 막대기처럼 모양과 크기가 바뀌지 않는 물체이므로 변형이 발생하

그림 8-1. 철봉의 봉이 회전축이 된다

그림 8-2. 피겨 스케이팅의 점프 동작에서무게 중심을 통과하는 수직축이 회전축이 된다

지 않고 모든 부분이 같이 회전할 수 있는 물체를 일컫는다. 인체는 여러 분절들이 관절에 의해 연결된 연결체라 할 수 있다. 이때 각 분절을 하나의 강체라고 가정한다. 하지만 실제로 분절을 구성하고 있는 뼈를 완전한 강체라 할 수 없다. 부하가 가해지면 휘어지기도 하는 변형이 발생하기 때문이다. 뿐만 아니라 분절들을 연결하는 역할을 하고 있는 관절도 인대, 연골 등 부하에 의해 변형이 될 수 있는 탄성체를 포함하고 있기 때문에 인체의 분절을 강체라고 가정하는데 문제가 있지만 보다 용이한 연구와 분석을 위해 인체를 강체들의 연결체로 가정하고 있다. 그럼 지금부터 강체의 각운동이 어떻게 묘사되며 측정되는지를 설명하는 각운동학(angular kinematics)에 대해 살펴보자.

그림 8-3. 다이빙의 회전 동작에서는 무게 중심을 지나는 좌우축이 회전축이 된다

1. 각(angular position)

각운동에서는 일반적으로 각을 표현하는 세 개의 단위가 있다. 첫 번째로 회전(revolution)이 사용된다. 1회전은 물체가 완전히 한 바퀴 돌아간 것을 의미한다. 피겨스케이팅에서 2 1/2회전, 3회전 점프 등으로 표현한다. 두 번째로는 도(°)가 사용되며 1회전은 360°다. 세 번째로 라디안(radian)이 사용된다. 1라디안(rad)은 원둘레 위에서 반지름의 길이와 같은 길이를 갖는 호에 대응하는 중심각의 크기이며 이에 해당하는 각도는 57.3°다. 라디안 값은 원에서의 호를 그 원의 반지름으로 나눈것이다. 식으로 쓰면 다음과 같다.

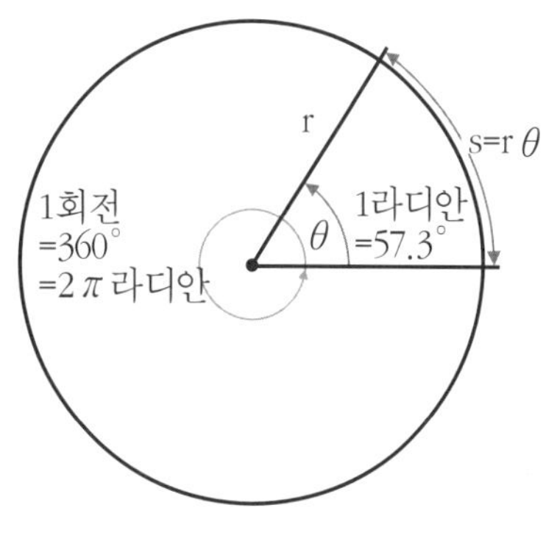

그림 8-4. 회전, 각도, 라디안

$$\theta = \frac{s}{r} \qquad \text{(rad)} \qquad \text{(식 8-1)}$$

여기서 θ는 라디안으로 주어진 각, s는 호의 길이, r은 원의 반지름이다.

radian을 도(°)로 표현하면 다음과 같다. 원의 전체 둘레 길이는 $2\pi r$이므로 (식 8-1)에서 s대신에 $2\pi r$을 대입하고 r로 나누면 $\theta=2\pi$이므로 원의 전체 각은 2π radian이 된다. 각도로는 360°다.

2π rad=360° 그러므로
1rad=360°/2π ≈57.3°가 된다(π =3.14159).

예를 들면 피겨스케이팅에서 2회전 점프에서 2회전을 회전한 각도로 전환하면 1회전이 360°이므로 2회전은 720°가 되며 라디안으로는 720°/57.3° ≈12.6 rad이 된다.

Q 적용예제 1

다이빙에서 3회전 반을 돌아 입수하였다면 총 회전한 각을 각도와 radian으로 나타내면 얼마인가?

A 해결

1회전이 360° 이므로 360°×3.5 =1260°
1260° /57.3° ≈21.99 rad

1) 절대 각 과 상대 각

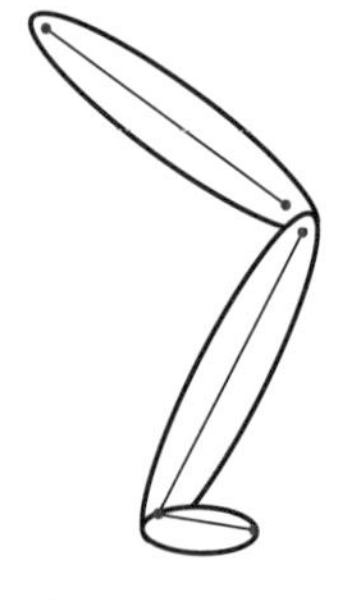

그림 8-5. 관절과 관절을 선으로 연결한 분절

인체의 움직임은 각 관절에서 발생하는 각운동의 결합으로 이루어진다. 가장 기본적인 동작인 보행을 살펴보면 엉덩관절, 무릎관절, 발목관절에서 굴곡(flexion)과 신전(extension)으로 대표되는 각운동이 반복된다. 동작을 설명하고 분석하기 위해서 각각의 관절 각(joint angle) 뿐 아니라 인체 분절 각(segment angle)을 측정하는 것이 매우 중요하다.

운동역학에서 인체는 관절을 통해 연결된 분절들의 연결체라 가정한다. 그리고 하나의 분절을 관절과 관절을 이은 하나의 선으로 표현한다(그림 8-5). 이렇게 선으로 표현된 모든 분절들을 합하여 인체의 형태를 그린 것을 stick-figure라 한다. 인체의 전체가 아닌 일부분만 stick-figure로 나타내기도 한다. stick-figure를 이용하여 관절각과 분절 각을 얻는 것이 편리하다. 팔을 사용한 수직 점프는 오른쪽과 왼쪽이 대칭적인 동작으로 가정할 수 있기 때문에 그림 8-6은 오른쪽 분절만을 stick-figure로 보여주고 있다.

그림 8-6 수직 점프동작의 stick-figure (오른쪽 분절만 보여주고 있다.)

인체 분절의 기울어진 각을 측정하기 위해서는 고정된 기준선을 정해야 된다. 일반적으로 수평선을 기준선으로 한다. 그림 8-7은 수평선을 기준으로 한 몸통 각을 보여 주고 있다. 이런 각을 절대 각(absolute angle)이라 하고 수평선과 분절이 이루는 각으로 정의한다.

분절의 기울기인 절대 각만으로는 인체 동작을 설명하고 분석하는데 부족하다. 분절과 분절 사이 각인 관절각(joint angle)이 필요하다. 예컨대 무릎 관절각, 발목 관절각, 팔꿈치 관절각 등이다(그림 8-8). 이런 관절각을 상대 각(relative angle)이라고도 한다. 관절각은 이웃한 분절들 간의 상대 각으로 나타낼 수 있기 때문이다.

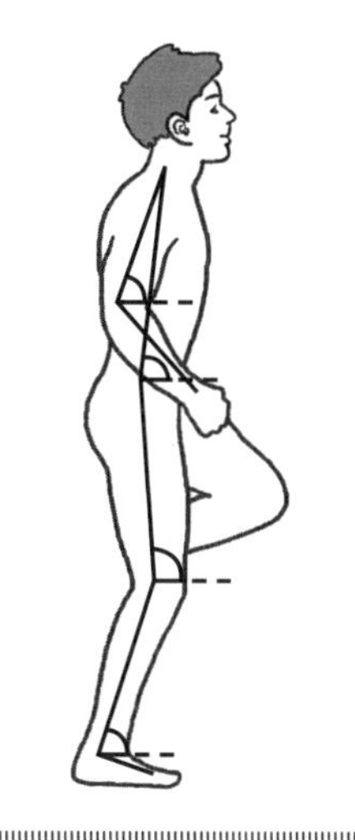
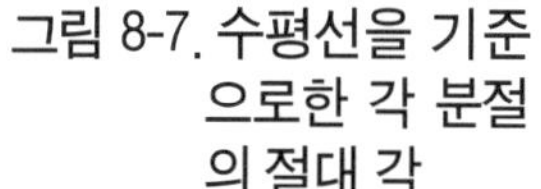
그림 8-7. 수평선을 기준으로한 각 분절의 절대 각

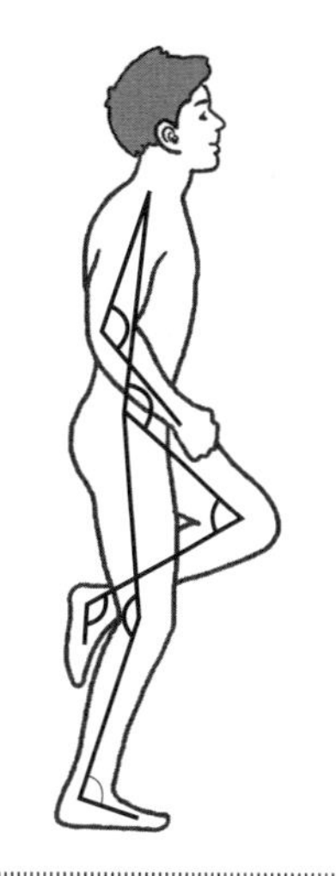
그림 8-8. 관절의 상대 각

상대 각(relative angle)은 분절의 위치와 기울기에 관계없으므로 인체의 정확한 자세, 동작을 설명하고 묘사하기 위해서는 관절의 상대 각과 분절의 절대 각을 동시에 측정해야 된다. 그림 8-9은 같은 상대 각이라도 여러 다른 자세가 가능한 것을 보여준다.

상대 각을 표현하는 방법은 관절각 그대로 나타내는 방법(그림 8-10)과 해부

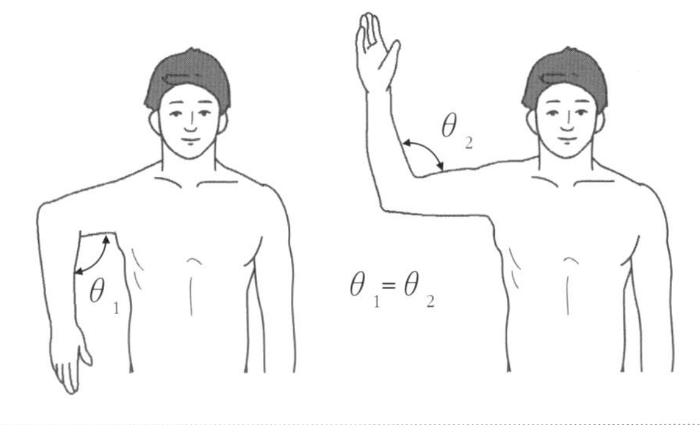

그림 8-9. 팔꿈치 관절의 상대 각은 같지만 자세는 다르다

학적 자세(anatomical position)를 기준으로 각 관절의 굴곡 혹은 신전 등을 각으로 표현하는 방법이 있다. 해부학적 자세에서 팔꿈치와 무릎 관절이 완전히 신전되어 있다면 관절각은 180°이지만 굴곡 각은 0°다. 굴곡이 되면서 관절각은 180° 보다 작아지고 굴곡 각은 0° 보다 커진다. 굴곡 각과 관절각을 더하면 180°가 된다(그림 8-11). 그림 8-12는 보행할 때 무릎 굴곡각의 변화를 보여준다.

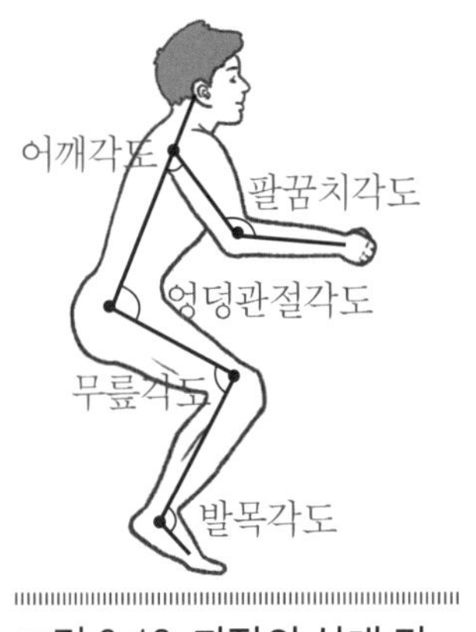

그림 8-10. 관절의 상대 각

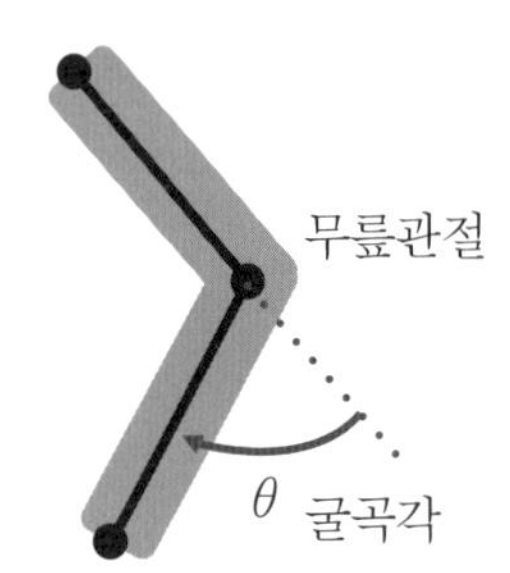

그림 8-11. 무릎 관절각과 보각을 이루는 굴곡 각

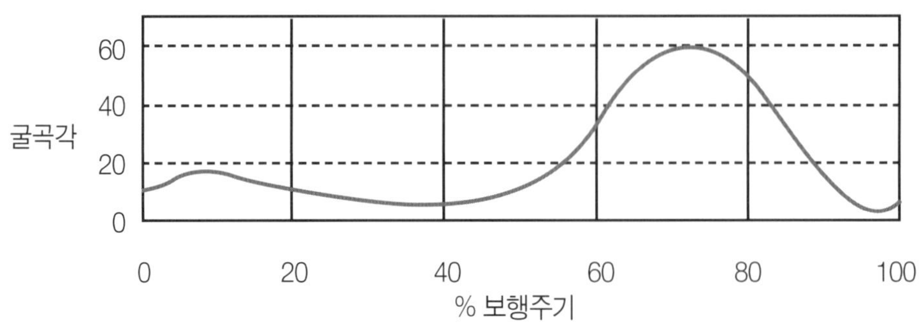

그림 8-12. 보행할 때 무릎각의 변화

2. 각 변위(angular displacement)

각 변위(angular displacement)는 처음 위치에서 마지막 위치까지 변화된 각을 의미한다. 일반적으로 각을 표현하는 θ를 사용하여 $\Delta\theta$로 나타낸다. 다음 식과 같이 나타낼 수 있다.

$$\Delta\theta = \theta_f - \theta_i \quad \text{(식 8-2)}$$

여기서 $\Delta\theta$는 각 변위, θ_f는 마지막 각, θ_i는 처음 각을 나타낸다(그림 8-13). 그림 8-14는 팔꿈치를 중심으로 각 운동하는 팔을 보여 준다. 처음 위치에서 마지막 위치로 $\Delta\theta$만큼 굴곡(flexion)한 모양이다.

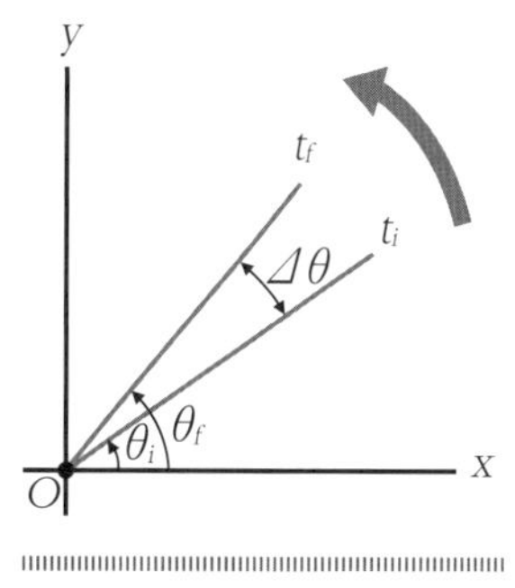

그림 8-13. 각변위

변위와 마찬가지로 각 변위도 벡터이므로 크기와 방향을 갖고 있다. 일반적으로 시계방향과 반시계방향으로 회전의 방향을 나타낸다. 시계방향을 '−'의 방향, 반시계방향을 '+'의 방향으로 정의한다. 반시계 방향은 지구의 자전 방향이기도 한다. 스피드 스케이팅, 숏 트랙 스케이팅, 육상경기의 달리기 방향이 반시계 방향인 '+'의 방향으로 동작을 한다. 그림 8-16은 오른발로 킥하려는 모습이다. 이 때 오른쪽 엉덩관절은 시계 방향('−')으로 각운동이 이뤄졌고 공을 차기 위해서는 반시계 방향('+')으로 엉덩관절에서 각운동이 발생해야 된다. 이와는 반대로 지지하는 왼쪽 다리의 엉덩관절에서는 '+'방향의 각운동이 발생하였고 그 이후에는 '−'방향의 각운동이 발생하게 된다.

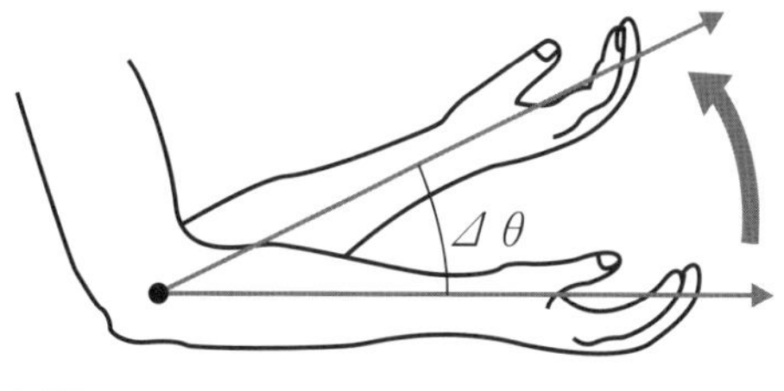

그림 8-14. 인체 분절의 각변위

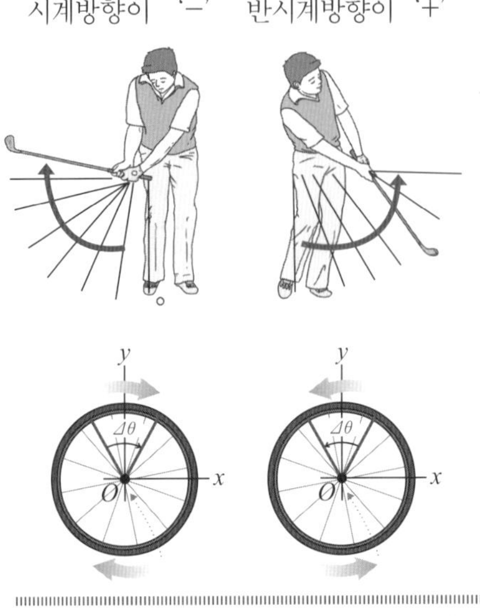

그림 8-15. 골프스윙과 자전거 바퀴의 회전: 시계 방향의 각운동은 '-', 반시계방향의 각운동은 '+'

그림 8-16. 축구 킥 동작에서 양쪽 엉덩관절에서 발생하는 각운동

3. 각속도(angular velocity)

각속도는 각 변위의 변화율로 정의한다. 각속도는 벡터이므로 크기와 방향을 갖고 있다. 각속도의 크기는 회전 속력을 의미하며 각속도의 방향은 회전운동의 중심을 통과하는 회전축이면서 회전하는 면과 수직을 이루는 방향이다. 여기에 적합한 방향은 두 방향 밖에 없다. 그림 8-15에서 보면 책으로부터 튀어 나오는 방향과 책을 뚫고 들어가는 방향이다. 다음과 같은 방법으로 정확한 방향을 찾을 수 있다. 회전하는 방향으로 오른손의 손가락을 구부리면서 엄지손가락을 펼 때 엄지손가락이 가리키는 방향이 각속도 벡터의 방향이며 이를 오른손 법칙이라 한다(그림 8-17). 반시계방향의 회전인 경우 오른손 법칙을 사용하면 각속도의 벡터 방향이 책으로부터 튀어 나오는 방향임을 알 수 있다. 시계방향의 회전인 경우는 각속도의 벡터 방향은 책을 뚫고 들어가는 방향이다.

그림 8-17. 각속도 방향을 가리키는 오른손 법칙

각속도는 그리스 문자인 ω(omega)로 표시하며 선속도(linear velocity)를 정의하는 식과 매우 유사하다. 다음 식으로 표현 할 수 있다.

$$\bar{\omega}=\frac{\theta_f-\theta_i}{t_f-t_i}=\frac{\Delta\theta}{\Delta t} \qquad (\text{rad/s}) \qquad (식\ 8\text{-}3)$$

$$\omega=\lim_{\Delta t\to 0}\frac{\Delta\theta}{\Delta t}=\frac{d\theta}{dt} \qquad (\text{rad/s}) \qquad (식\ 8\text{-}4)$$

여기서 $\bar{\omega}$는 평균 각속도(average angular velocity), ω는 순간 각속도(instantaneous angular velocity)를 나타낸다. θ_f는 마지막 각, θ_i는 처음 각, t_f는 마지막 시간, t_i는 처음 시간, $\Delta\theta$는 각 변위, Δt 는 소요된 시간을 나타낸다.

평균 각속도와 순간 각속도의 차이점이 없는 것처럼 보이나 상황에 따라 선택적으로 사용된다. 예를 들면 기계체조, 다이빙, 피겨스케이팅 동작에서 평균 각속도가 동작의 성공을 결정지을 수 있는 매우 중요한 요소이므로 순간 각속도가 아닌 평균 각속도가 필요하다. 야구배팅, 골프스윙, 테니스 동작에서는 공과 접촉하는 순간의 순간 각속도가 공을 멀리 혹은 강하게 보낼 수 있는 요인이 되기 때문에 순간 각속도가 더욱 중요하다.

Q 적용예제 2

기계체조 철봉에서 네 바퀴의 휘돌기 동작을 하는데 3.2초 걸렸다면 평균 각속도는 얼마인가?

A 해결

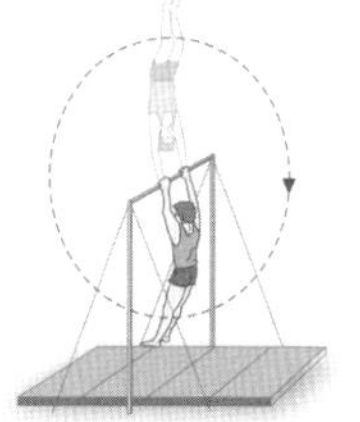

θ=4바퀴=4(2π rad)=25.12rad
그런데 회전 방향이 시계방향이므로 $\Delta\theta$=−25.12 rad

$$\bar{\omega}=\frac{\Delta\theta}{\Delta t}=-7.85\text{rad/s}$$

각속도의 방향은 선수의 왼손에서 오른손으로 향하는 방향이다.

Q 적용예제 3

피겨 스케이팅 선수가 3회전 점프를 성공시키기 위해서는 얼마나 빨리 회전해야 하는가? 단 공중에 머무는 시간은 1초다.

A 해결

$\Delta\theta$=3바퀴=3(2π rad)=18.84rad

$$\bar{\omega}=\frac{\Delta\theta}{\Delta t}=\frac{18.84\text{rad}}{1\text{s}}=18.84\text{rad/s}$$

4. 각가속도(angular acceleration)

각가속도는 회전하는 물체의 각속도가 빨라지거나 느려질 때 발생한다. 기계체조, 다이빙, 피겨스케이팅 동작에서 처음 회전이 시작되면서 회전하는 속도가 빨라지다가 동작의 마지막 부분으로 갈수록 회전하는 속도가 느려지게 된다. 이와 같이 각속도의 변화가 있을 때 각가속도가 존재한다. 그림 8-18은 시간 t_i 일 때의 자전거 바퀴의 각속도가 ω_i 이고 자전거의 페달을 더 세게 밟아서 바퀴의 각속도가 더 빨라져서 시간 t_f 일 때 각속도 ω_f 인 것을 보여주고 있다. 브레이크를 잡아서 바퀴의 각속도가 느려져도 자전거 바퀴의 각가속도가 발생한 것이다. 각가속도는 각속도의 변화율 혹은 주어진 시간 동안에 변화한 각속도의 변화로 정의한다. 단위는 $°/s^2$, rad/s^2가 사용된다. 각가속도는 그리스 문자인 α(alpha)로 표시하며 선가속도와 비슷하게 다음 식으로 표현된다.

$$\bar{\alpha}=\frac{\omega_f-\omega_i}{t_f-t_i}=\frac{\Delta\omega}{\Delta t} \qquad (\text{rad/s}^2) \qquad (식\ 8\text{-}5)$$

$$\alpha=\lim_{\Delta t\to 0}\frac{\Delta\omega}{\Delta t}=\frac{d\omega}{dt} \qquad (\text{rad/s}^2) \qquad (식\ 8\text{-}6)$$

여기서 $\bar{\alpha}$는 평균 각가속도(average angular acceleration)이며 α

는 순간 각가속도 (instantaneous angular acceleration)이다. ω_f는 마지막 순간 각속도, ω_i 처음 순간 각속도, t_f는 마지막 시간, t_i는 처음 시간을 나타낸다.

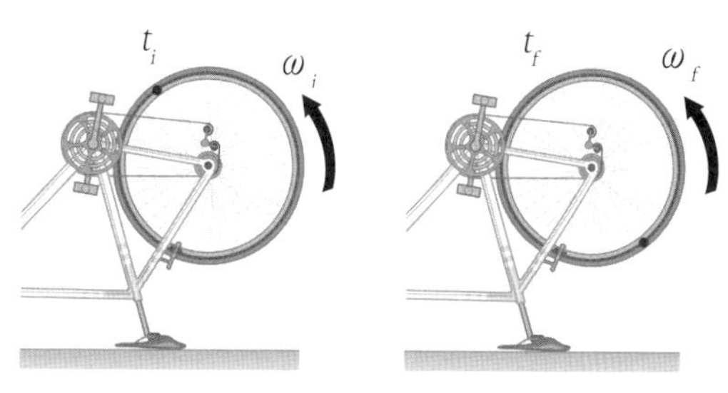

그림 8-18. 가속되는 자전거 바퀴

처음 각속도와 마지막 각속도가 같으면 각가속도는 '0', 마지막 각속도가 더 크면 각가속도는 '+', 처음 각속도가 더 크면 각가속도는 '−'가 된다. 각가속도가 항상 일정할 수는 없기 때문에 평균 각가속도를 사용하지만 어느 한 순간의 각속도의 변화를 알기 위해서는 순간 각가속도가 필요하다.

Q 적용예제 4

자전거를 타고 가는데 내리막길을 만나 자전거 바퀴의 각속도가 22rad/s에서 4초 만에 30rad/s으로 빨라졌다. 그 속도로 가다가 오르막길을 만나 15초 만에 15rad/s 으로 줄어들었다. 각 상황에서 바퀴의 평균 각가속도의 크기를 구하시오.

A 해결

내리막길

$$\bar{\alpha} = \frac{\omega_f - \omega_i}{t_f - t_i} = \frac{\Delta\omega}{\Delta t} = \frac{30\text{rad/s} - 22\text{rad/s}}{4\text{s}} = 2(\text{rad/s}^2)$$

오르막길

$$\bar{\alpha} = \frac{\omega_f - \omega_i}{t_f - t_i} = \frac{\Delta\omega}{\Delta t} = \frac{15\text{rad/s} - 30\text{rad/s}}{15\text{s}} = -1(\text{rad/s}^2)$$

Q 적용예제 5

그림에서 축구 킥 동작을 위해서 하지 분절의 처음 각도와 0.4초 후 킥하는 순간의 하지 분절의 각도가 오른쪽 그림과 같다면 대퇴와 하퇴의 평균각속도, 그리고 얻어진 평균 각속도를 킥하는 순간의 각속도로 간주하여 평균 각가속도를 구하시오

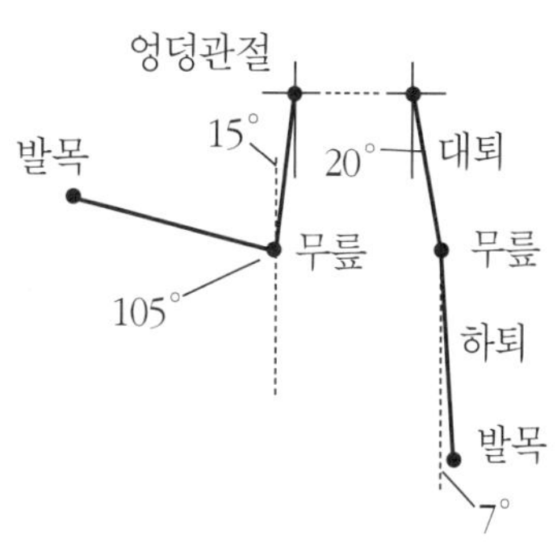

A 해결

대퇴: $\bar{\omega} = \frac{\Delta\theta}{\Delta t} = \frac{15^\circ+20^\circ}{0.4s}$ =87.5°/s=1.53rad/s

$\bar{\alpha} = \frac{\omega_f - \omega_i}{t_f - t_i} = \frac{1.53rad/s-0}{0.4s}$ =3.83rad/s²

하퇴: $\bar{\omega} = \frac{\Delta\theta}{\Delta t} = \frac{(105^\circ+7^\circ)}{0.4s}$ =280° /s=4.89rad/s

$\bar{\alpha} = \frac{\omega_f - \omega_i}{t_f - t_i} = \frac{4.89rad/s-0}{0.4s}$ =12.22rad/s²

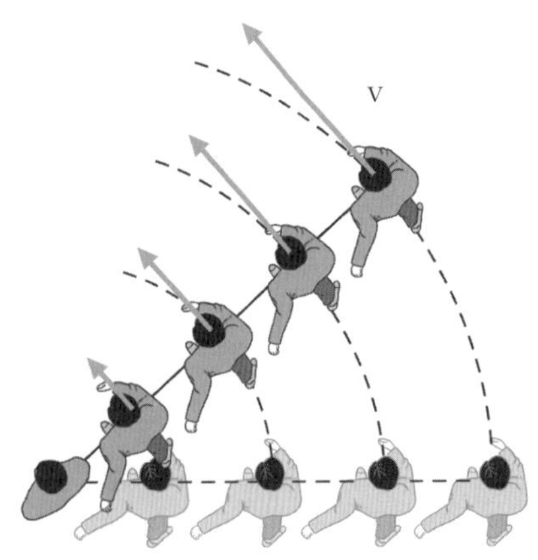

그림 8-19. 회전운동의 선속도 방향과 크기

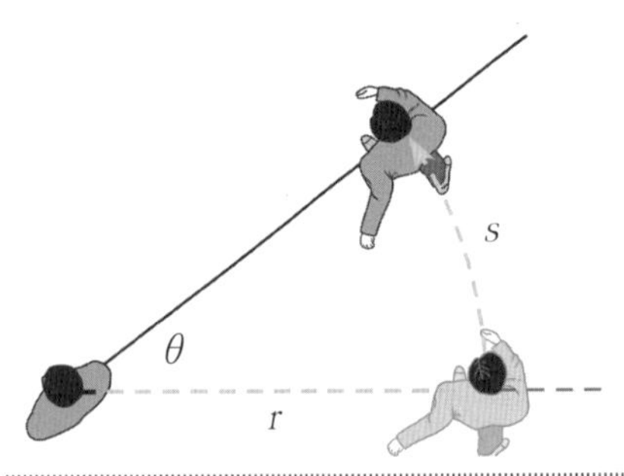

그림 8-20. 회전축으로 부터의 거리, 회전한 각이 면 이동한 거리

5. 선운동과 각운동의 관계

여러 명이 좌우횡대로 서 있다가 가장 왼 쪽에 있는 사람을 축으로 하여 반시계방향으로 돈다고 생각해보자. 이때 각 사람은 원을 그리며 각자의 위치를 지키기 위해 적합한 속도로 움직인다. 각 사람의 선속도의 방향은 같지만 크기는 위치에 따라 다르다. 선속도의 방향은 각 사람이 만드는 원의 접선 방향이다(그림 8-19).

회전축이 되는 맨 왼쪽에 있는 사람은 제자리에서 방향만 바꾸면 되지만 가장 멀리 떨어진 오른쪽에 있는 사람은 누구 보다 더 빨리 움직여야 된다. 사람들이 움직이면서 만드는 각속도는 같은 줄에 있는 누구나 같지만 각자의 선속도는 회전축으로부터 떨어진 거리에 따라 다르다는 것을 알 수 있다. 어떤 사람이 회전축이 되는 사람과 r거리 떨어져 있고 ⊿t시간 동안에 ⊿θ각을 이동했다면 이 사람이 이동한 거리는 (식 8-1)에 의해 s=rθ 이다(그림 8-20).

$s = r\theta$의 양쪽을 이동하는데 걸린 시간 Δt로 나누면 평균 선속도는 다음과 같다.

$$\bar{v} = \frac{s}{\Delta t} = \frac{r\Delta\theta}{\Delta t} = r\bar{\omega} \qquad \text{(식 8-7)}$$

여기서 평균 각속도를 순간 각속도로 바꾸면 평균 선속도가 순간 선속도가 된다.

$$v_t = r\omega \qquad \text{(식 8-8)}$$

여기서 v_t 속도의 방향은 그 사람의 이동 경로에 대한 접선 방향과 항상 같으며 회전축 방향과는 수직이다. 그래서 이런 원운동에서의 선속도를 원의 접선 방향의 속도이기 때문에 접선속도(tangential velocity) 라고 한다. 선속도와 각속도와의 관계를 나타낼 때의 각은 항상 라디안으로 표현한다. r은 회전축으로 부터의 거리이며 ω는 각속도다.

(식 8-8)을 통해 회전하는 물체의 한 부분의 선속도는 회전축으로 부터의 거리 곱하기 각속도와 같다는 것을 알았다. 각속도가 같을 때 회전축으로부터의 거리가 길수록 선속도는 증가한다. 이와 반대로 회전축으로 부터의 거리가 짧을수록 선속도는 감소한다. 회전축으로 부터의 거리가 같을 때 각속도가 빨라지면 선속도도 빨라지고 각속도가 느려지면 선속도도 느려진다.

야구 배트, 테니스 라켓, 아이스하키 스틱, 하키 스틱, 골프 채 등 스포츠에서 사용되는 도구들을 잘 사용하기 위해서는 선운동과 각운동의 관계를 충분히 이해하고 있어야 한다. 이런 도구를 짧게 잡아 회전축으로 부터의 거리가 짧아질 때의 각속도와 정상적으로 잡을 때의 각속도가 같다면 짧게 잡을 때의 선속도는 느려진다. 이와 반대로 그립의 끝을 잡아서 최대한 길게 잡아 회전축으로 부터의 거리가 길어질 때의 각속도와 정상적으로 잡을 때의 각속도가 같다면 길게 잡을 때의 선속도는 빨라진다.

골프채에서 공을 가장 멀리 보내기 위해서 티샷 할 때 사용하는 드라이버채

그림 8-21. 롱 퍼터의 각속도가 벨리퍼터의 각속도 보다 작아야 같은 거리를 보낼 수 있다

의 길이가 가장 길다. 모든 골프채를 같은 각속도로 스윙을 한다면 드라이버 헤드의 선속도가 가장 빨라 선운동량과 운동에너지가 커서 공을 멀리 보낼 수 있다. 골프 퍼터의 경우 퍼터를 배에 고정시켜 그 곳을 회전축으로 삼아 퍼팅하는 벨리퍼터와 턱 밑에 고정시켜 그 곳을 회전축으로 삼아 퍼팅하는 롱 퍼터를 비교해 보자(그림 8-21). 두 퍼터 헤드의 질량이 같다고 가정할 때 같은 거리로 공을 보내기 위해서는 두 퍼터 헤드의 선속도는 같아야 된다. 그러기 위해서는 벨리퍼터에 비해 길이가 긴 롱 퍼터의 각속도는 작아야 된다.

그림 8-22. 바깥쪽에서 돌수록 더 빠른 선속도가 필요하다

숏 트랙 스케이팅과 오토바이 경주에서 원을 바깥쪽에서 크게 도는 것은 회전축으로부터 멀리 떨어지는 결과를 얻게 된다. 그래서 안쪽에서 도는 선수에게 뒤지지 않기 위해서는 보다 빠른 속도로 돌아야 된다.

그림 8-23은 페어 스케이팅 동작이다. 남자선수가 회전축이 되고 남자선수의 팔과 여자선수의 전체 몸이 같은 각속도로 회전하고 있다. 같은 각속도로 회전하고 있지만 회전축에 가까운 남자선수 손의 선속도는 매우 느린 반면에 여자선수 스케이트의 선속도는 가장 빠르다.

그림 8-23. 페어 스케이팅 동작

인체는 관절로 연결되어 있기 때문에 근본적으로 각운동을 수행할 수밖에 없는 구조로 되어 있다. 각 관절의 각운동이 연합하여 인체 전체로 볼 때 걷기, 달리기 등과 같은 선운동이 이루어지며 공 던지기, 차기, 치기 등과 같이 물체의 선운동이 만들어진다.

회전축을 중심으로 발생하는 어떤 물체의 회전운동이라도 부분적인 관점에서 보면 모든 지점은 선 운동을 하고 있다. 다시 말해 물체의 모든 지점이 같은 각속도로 움직이더라도 선속도는 위치에 따라 다르다.

예를 들어 볼링공을 핀을 향해 던지기 위해 스텝을 밟고 마지막에 공을 던지고 난 후까지의 팔의 동작을 생각해 보자. 공을 들고 있는 팔을 앞으로 뻗은 다음 백스윙의 끝에 도달 한 후 공을 던지기 위해 스윙을 하여 마침내 공을 던지게 된다. 백스윙 끝에서 공을 던지는 순간까지의 팔과 공은 함께 각운동을 수행하고 있다. 어깨관절이 회전축이 되어 팔의 모든 부분과 공은 같은 각 변위(angular displacement) 를 이루며 같은 각속도로 움직이고 있다. 그러나 어깨 관절(회전축)에서 가장 멀리 떨어져 있는 공이 가장 긴 거리를 움직인다. 같은 각속도로 움직인다 하더라도 회전축에서 멀리 떨어져 있을수록 긴 거리를 같은 시간에 도달하여야 하므로 선속도가 빨라야 한다.

그림 8-24. 어깨 관절이 회전축이며 볼링공의 선속도가 가장 빠르다

Q 적용예제 6

이대호 선수가 야구 배트를 스윙하여 100° 회전하는 순간의 각속도가 550°/s였고, 회전축을 오른쪽 어깨라고 한다면 오른쪽 어깨로부터 50cm, 70cm 떨어진 지점이 이동한 거리와 이때의 평균 선속도를 구하여 보자.

A 해결

a) 이동한 거리

먼저 100°를 radian 으로 전환한다.

$100° / 57.3° = 1.75\text{rad}$

50cm 지점이 이동한 거리 ; $s = r\theta = (0.5\text{m})(1.75\text{rad}) = 0.88\text{m}$

70cm 지점이 이동한 거리 ; $s = r\theta = (0.7\text{m})(1.75\text{rad}) = 1.23\text{m}$

b) 속도

먼저 550°/s를 radian/s 으로 전환한다.

$(550°/\text{s})/57.3° = 9.6\text{rad/s}$

50cm 지점의 선속도: $\bar{v} = r\bar{\omega}$ $(0.5\text{m})(9.6\text{rad/s}) = 4.80\text{m/s}$

70cm 지점의 선속도: $\bar{v} = r\bar{\omega}$ $(0.7\text{m})(9.6\text{rad/s}) = 6.72\text{m/s}$

Q 적용예제 7

무릎을 1.5초 만에 87° 신전하였다면 다리의 평균 각속도와 발목의 평균 선속도를 구하시오. 무릎에서 발목까지는 45cm다.

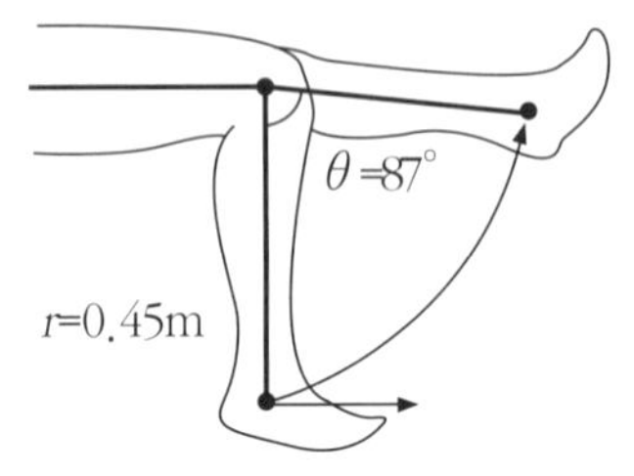

A 해결

다리의 각속도: $\bar{\omega} = \frac{\theta_f - \theta_i}{t_f - t_i} = \frac{\Delta\theta}{\Delta t} = \frac{87°}{1.5s} = 1.01 rad/s$

발목의 선속도: $\bar{v} = r\bar{\omega} = (0.45m)(1.01rad/s) = 0.455m/s$

1) 접선가속도

회전하는 물체의 각속도가 증가하면 그 물체의 어떤 지점의 선속도도 빨라진다. 결론적으로 한 물체의 각가속도와 가속도는 밀접한 관계가 있다. (식 8-9)을 이용해서 회전하는 물체의 한 지점의 접선 속도를 구할 수 있을 뿐 아니라 가속도도 구할 수 있다.

$$\bar{a} = \frac{\bar{v}}{\Delta t} = \frac{r\bar{\omega}}{\Delta t} = r\bar{\alpha} \qquad \text{(식 8-9)}$$

여기서 평균 각가속도를 순간 각가속도로 바꾸면 평균 가속도가 순간가속도가 된다.

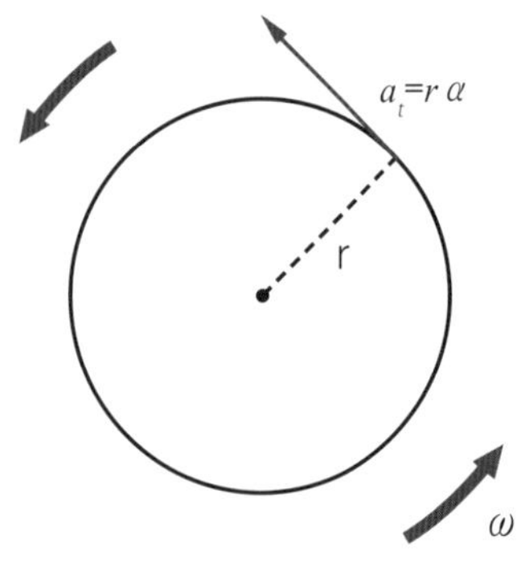

그림 8-25. 접선가속도

$$a_t = r\alpha \qquad \text{(식 8-10)}$$

여기서 a_t 는 접선속도에 대한 가속도이므로 접선가속도(tangential acceleration)라 하며 방향은 접선속도의 방향과 같은 회전 궤도의 접선 방향이고, r은 회전반지름, α는 각가속도다. 회전하는 물체의 한 부분의 접선가속도는 회전반지름과 각가속도의 곱이다(그림 8-25).

Q 적용예제 8

골프채와 팔의 길이가 합쳐서 1.7m를 이룬다. 백스윙 탑에서 공과 임팩트 될 때 까지 움직인 각도가 200° 이고 임팩트 순간 골프채 머리의 선속도가 180km/h라면 (a) 임팩트 때 골프채의 각속도는 얼마인가? (b) 임팩트 때 골프채 머리의 접선가속도는 얼마인가? (가속도는 일정하다.)

A 해결

(a) $v_t = r\omega$

180 km/h =50 m/s

$$\omega = \frac{v_t}{r} = \frac{50\text{m/s}}{1.7\text{m}} = 29.41\text{rad/s}$$

임팩트 때 골프채의 각속도는 29.41 rad/s 이다.

(b) $a_t = r\alpha$

$\omega_i = 0, \quad \omega_f = 29.41\text{rad/s}$

$$\bar{\omega} = \frac{\omega_i + \omega_f}{2} = \frac{0+29.41\text{rad/s}}{2} = 14.71\text{rad/s}$$

$$\bar{\omega} = \frac{\Delta\theta}{\Delta t}$$

$\Delta\theta = 200° = 3.49\text{rad}$

$$\Delta t = \frac{\Delta\theta}{\bar{\omega}} = \frac{3.49\text{rad}}{14.71\text{rad/s}} = 0.24\text{s}$$

$$\bar{\alpha} = \frac{\Delta\theta}{\Delta t} = \frac{29.41\text{rad/s}}{0.24\text{s}} = 122.54\text{rad/s}^2$$

$a_t = (1.7\text{m})(122.54\text{rad/s}^2) = 208.32\text{m/s}^2$

임팩트 때 골프채 머리의 접선가속도는 208.32 m/s² 이다.

6. 등속원운동(uniform circular motion)

어떤 물체가 원을 그리며 도는 운동을 원운동이라 한다. 앞서 언급한대로 운

그림 8-26. 코너를 돌며 원운동을 한다

그림 8-27. 원운동 하는 해머

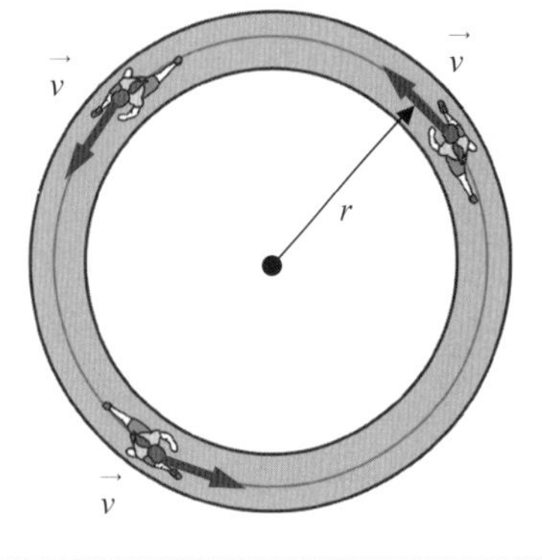

그림 8-28. 속력은 같지만 방향은 계속 바뀌는 등속 원운동

동은 선운동, 각운동, 복합운동으로 구분할 수 있다. 선운동은 직선운동과 곡선운동으로 다시 나눈다. 원운동은 곡선운동의 특별한 경우의 운동이라 할 수 있다.

한 강체가 각운동을 하는 경우 그 강체의 임의의 한 점은 회전축을 중심으로 돌게 되는데 이럴 때 그 점은 원운동을 한다. 팔은 굴곡할 때 팔꿈치를 회전축으로 각운동을 하고 있는 반면, 손목이나 손 끝 등 임의의 한 지점은 원운동을 한다. 어떤 물체를 강체가 아닌 한 입자로 가정하였을 때도 그 물체가 회전축을 중심으로 돌게 되면 원운동이라 한다. 예를 들어 자동차 경주, 봅슬레이, 숏 트랙 스케이팅에서 코너를 돌 때 원운동을 한다(그림 8-26). 그리고 해머던지기에서 줄에 연결되어 있는 해머를 돌릴 때 해머의 머리는 원운동을 한다(그림 8-27).

그림 8-28은 원형의 트랙을 달리며 원운동하고 있는 사람을 위에서 본 모습이다. 같은 속력으로 달리고 있다고 가정해보자. 그러나 속도의 방향은 트랙을 돌면서 계속 변화한다. 달리면서 속도의 방향이 계속 바뀌기 때문에 그 사람의 속력은 일정하지만 속도는 계속 변화한다. 이렇게 같은 속력으로 원 운동하는 것을 등속 원운동(uniform circular motion)이라 한다.

1) 구심성가속도

줄로 연결된 해머를 같은 각속도로 돌리면 해머는 등속 원운동을 하는 것이며 각가속도는 '0'이다. 해머의 접선속도의 크기는 일정하지만 접선속도의 방향은 계속 바뀐다. 비록 크기가 아닌 방향만 계속 바뀌는 속도라도 속도의 변화가 있다는 것은 가속도가 존재한다는 것을 의미한다. 원운동 하는 모든 물체는 속도의 방향을 바꾸는 가속도가 항상 존재한다. 이 가속도의 방향도 계속 바뀐다. 등속원운동 할 때 가속도는 원의 중심을 향하고 접선속도 방향과 수직을 이룬다.

그림 8-29는 등속원운동하는 물체의 두 지점에서의 접선속도 벡터를 보여주고 있다. 두 벡터의 크기는 같고 방향은 서로 다르다. 벡터 v_1에 벡터 Δv를 더하면 벡터 v_2가 된다. 여기서 벡터 Δv는 속도의 변화이며 이것과 같은 방향으로 가속도가 발생하는 것을 의미한다. 가속도의 방향은 항상 원운동하는 원의 중심을 향한다. 다시 말해, 속도의 방향이 변화하면서 생기는 가속도의 방향은 원의 중심을 향하며 접선속도의 방향과 수직을 이룬다(그림 8-30).

이런 가속도를 구심성가속도(centripetal acceleration)라 한다. 모든 원운동에는 구심성가속도가 있다. 구심성가속도가 없다면 원운동이 아닌 직선운동이다. 일반적인 원운동은 구심성가속도와 접선가속도 모두를 갖고 있다. 등속원운동 하는 물체는 구심성가속도만 존재하고 접선가속도는 '0'이다(그림 8-31).

뉴턴의 운동 제2법칙을 통해 가속도가 존재한다는 것은 그 방향으로 힘이 작용한다는 것을 의미한다. 구심성가속도는 원운동 하는 물체에 항상 원의 중심인 회전축으로 향하는 힘이 작용하기 때문에 발생한다. 이 힘에 의해서 원운동이 가능한 것이고 원운동 하다가 이 힘이 사라지면 그 순간의 접선 속도 방향으로 직선운동을 하게 된다. 이 힘을 구심력(centripetal force)라 한다. 예컨대 해머를 돌리다가 해머를 손에서 놓게 되면 구심력이 사라지는 것이고 그 순간의 접

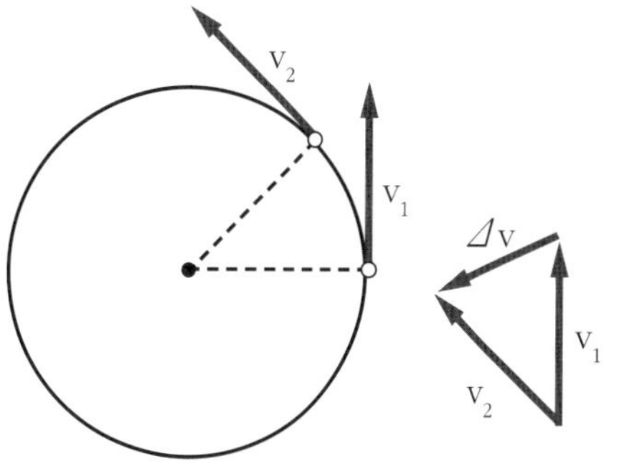

그림 8-29. 등속원운동에서의 속도 변화 벡터 (v1+Δv =v2)

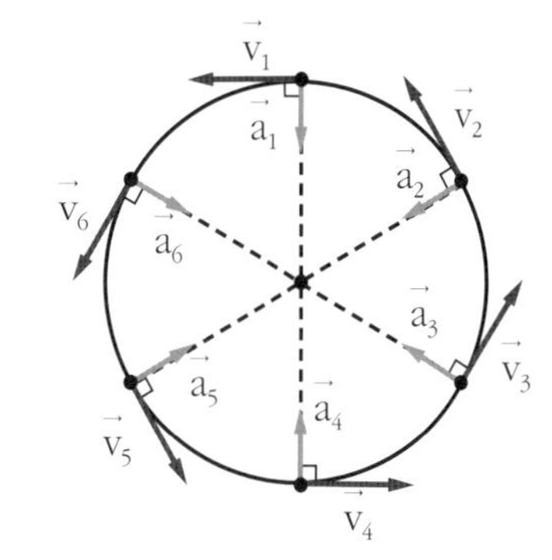

그림 8-30. 등속원운동 할 때 가속도는 원의 중심을 향하고 접선속도 방향과 수직을 이룬다

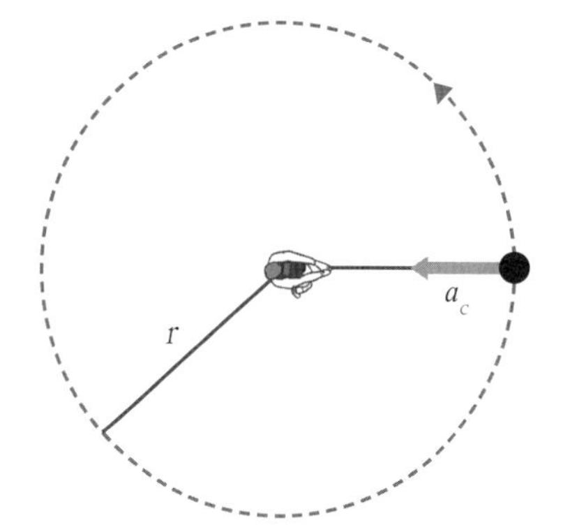

그림 8-31. 등속 원운동은 구심성가속도만 존재한다

선속도 방향으로 해머는 날아가게 된다. 구심력은 뒤에 다시 설명하기로 한다.

구심성가속도의 크기는 반지름 r인 원을 선속도 v로 원운동을 할 때 다음과 같다.

$$a_c = \frac{v^2}{r}, \quad v = r\omega \text{ 이므로 } \quad a_c = \frac{r^2\omega^2}{r} = r\omega^2$$

같이 쓰면 다음과 같다.

$$a_c = \frac{v^2}{r} = r\omega^2 \quad (\mathrm{m/s^2}) \qquad \text{(식 8-11)}$$

여기서 a_c는 구심성가속도, v는 접선속도, r은 회전반지름이다. 주어진 회전반지름(r)과 접선속도(v)로 원운동을 하기 위해서는 구심성가속도 (a_c)가 필수적이다. (식 8-11)을 통해 접선 속도, 회전반지름, 각속도에 따라 구심성가속도의 크기가 달라지는 것을 알 수 있다. 먼저 접선 속도나 각속도가 빨라질수록 구심성가속도는 커진다. 두 번째로 접선 속도가 같다면 회전반지름이 짧아질수록 구심성가속도는 커진다. 예컨대 곡선주를 달려야 되는 200m, 400m 육상경기에서 같은 속도로 뛸 때 1번 레인에 가까운 안쪽 레인에서 달리는 것과 8번 레인에 가까운 바깥쪽 레인에서 달리는 것을 비교해 보면 안쪽 레인의 회전 반지름이 짧기 때문에 안쪽 레인에서 뛰는 사람들의 구심성가속도가 크다. 구심성가속도는 접선속도가 커지거나, 접선속도가 일정할 때 회전반지름이 짧아질수록 커진다.

그림 8-32. 안쪽 레인에서 달릴수록 큰 구심성가속도가 필요하다

쇼트 트랙에서 같은 속도로 코너를 급격히 돌 때 회전반지름이 짧아지는 효과가 나타나서 제대로 돌기 위해서는 더욱 큰 구심성가속도가 필요하기 때문에 오히려 속도를 낮춰야 된다. 숏 트랙과 스피드 스케이팅을 비교해 보면 숏 트랙 코스가 작아서 회전반지름이 짧기 때문에 같은 속도로 코너를 돌기 위해서 숏 트랙에서 더욱 큰 구심성가속도가 필요하게 된다. 실제로 숏 트

랙에서 코너를 돌 때 스피드 스케이팅의 속도 보다 낮은 속도로 탈 수 밖에 없기 때문에 같은 거리를 타야 할 때 숏 트랙에서 시간이 더 소요된다.

세 번째로 각속도가 같을 때는 반대로 회전반지름이 길어질수록 구심성가속도가 커진다. 예컨대 골프 스윙에서 긴 골프채와 짧은 골프채를 휘두를 때 각속도가 같다면 긴 골프채를 사용할 때 구심성가속도는 더욱 커지며 그 만큼의 구심성가속도가 있어야만 같은 각속도로 스윙할 수 있다. 같은 말이지만 각속도가 같을 때 회전반지름이 길어진다는 것은 선속도 즉 여기서는 접선속도가 빨라진다는 의미다. 접선속도가 빨라지면 구심성가속도가 커진다.

7. 비등속원운동(nonuniform circular motion)

해머던지기에서 처음 돌리기 시작해서 해머의 속력이 증가한다. 이렇게 물체의 속력이 변하는 원운동을 비등속원운동이라 한다. 비등속원운동의 경우 모든 순간에서 접선 방향으로 작용하는 접선가속도와 회전축 방향인 원의 중심으로 작용하는 구심성가속도가 존재한다. 두 가속도의 방향은 서로 직교를 이룬다. 두 가속도를 합한 합성 가속도(resultant acceleration)는 다음과 같다.

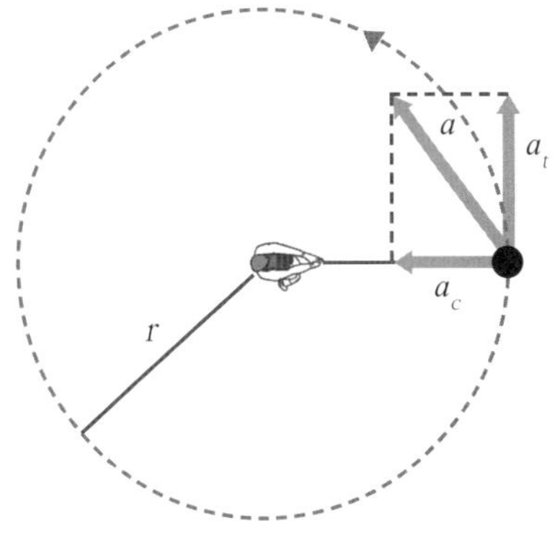

그림 8-33. 비등속원운동 할 때의 가속도는 접선가속도와 구심성가속도의 합이다

$$\vec{a} = \vec{a}_t + \vec{a}_c \qquad \text{(식 8-12)}$$

여기서 $\vec{a}$는 원운동하는 물체의 가속도, $\vec{a}_t$는 접선가속도, $\vec{a}_c$는 구심성가속도를 나타낸다.

그리고 가속도의 크기는 다음과 같다.

$$a = \sqrt{a_t^2 + a_c^2} \qquad \text{(식 8-13)}$$

비등속원운동에서 물체의 속력이 빨라지는 경우 뿐 아니라 느려지는 경우도 있다. 속력이 변하지 않고 일정하면 앞서 살펴본 등속원운동이 된다. 그림 8-34는 모든 원운동의 가속도를 보여 주고 있다. 그림 8-34a은 속력이 빨라지는 원운동의 접선가속도(a_t), 구심성가속도(a_c), 합성가속도(a)를 보여 주고 있다. 그림 8-34b는 속력이 일정한 등속원운동이기 때문에 구심성가속도(a_c)만 존재한다. 그림 8-34c은 속력이 느려지므로 접선가속도(a_t)가 '−'가 되어 그림 8-34a의 접선가속도의 방향과 반대로 나타난다. 당연히 합성가속도의 방향도 달라진다.

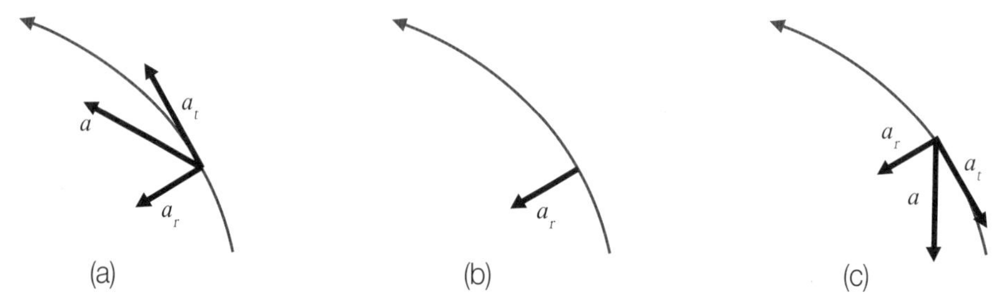

그림 8-34. 원운동의 가속도

Q 적용예제 9

팔과 야구 배트 길이를 합쳐서 1.4m이다. 각속도가 12rad/s이고 각가속도가 30rad/s^2 일 때, 야구배트 끝의 (a) 선속도와 (b) 가속도는 얼마인가?

A 해결

(a) 선속도: $v_t = r\omega = (1.4\text{m})(12\text{rad/s}) = 16.8\text{m/s}$

(b) 가속도:

접선가속도: $a_t = r\alpha = (1.4\text{m})(30\text{rad/s}^2) = 42\text{m/s}^2$

구심성 가속도: $a_c = \frac{v^2}{r} = \frac{(16.8\text{m/s})^2}{1.4\text{m}} = 201.6\text{m/s}^2$

$a_c = r\omega = (1.4\text{m})(12\text{rad/s}) = 201.6\text{m/s}^2$

가속도: $a = \sqrt{a_t^2 + a_c^2} = \sqrt{(42\text{m/s}^2)^2 + (201.6\text{n/s}^2)^2} = 205.93\text{m/s}^2$

Q 적용예제 10

다음 그림과 같은 코스에서 봅슬레이의 속도가 40 m/s일 때 각 코너에서의 구심성가속도는 얼마인가? 중력가속도의 크기로 나타내보시오.

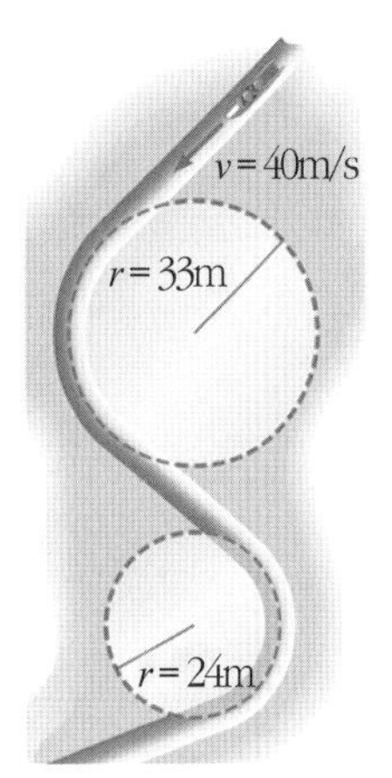

A 해결

처음 코너의 구심성가속도

$a_c = \frac{v^2}{r} = \frac{(40m/s)^2}{33m} = 48.5m/s^2$ $\frac{48.5m/s^2}{9.8m/s^2} = 4.9g$

두 번째 코너의 구심성가속도

$a_c = \frac{v^2}{r} = \frac{(40m/s)^2}{24m} = 66.7m/s^2$ $\frac{66.7m/s^2}{9.8m/s^2} = 6.8g$

같은 속력이라도 회전 반지름이 작아지면 구심성가속도는 커지는 것을 알 수 있다.

Q 적용예제 11

원반던지기 선수가 원반을 던지려고 팔을 회전시키는데 이 때 팔의 각속도는 10rad/s이고 각가속도는 45rad/s² 이다. 어깨에서 원반까지의 거리는 85cm이다. 이 때 원반의 접선가속도, 구심성가속도는 얼마인가? 그리고 총 가속도의 크기는 얼마인가?

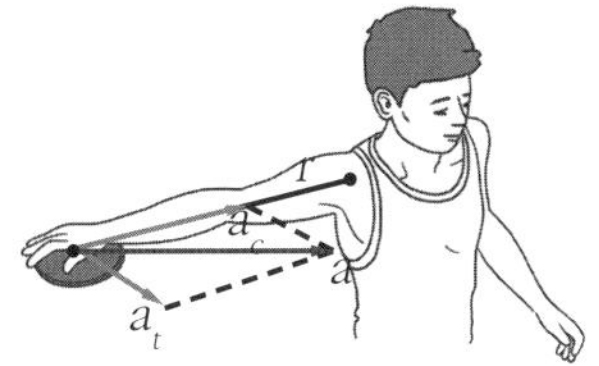

A 해결

접선가속도:

$$a_t = r\alpha = (0.85m)(45rad/s^2) = 38.25m/s^2$$

구심성가속도:

$$a_c = \frac{v^2}{r} = r\omega^2 = (0.85m)(10rad/s^2) = 85m/s^2$$

총가속도:

$$a = \sqrt{a_t^2 + a_c^2} = \sqrt{(38.25m/s^2)^2(85m/s^2)^2} = 93.2m/s^2$$

8. 구심력(centripetal force)

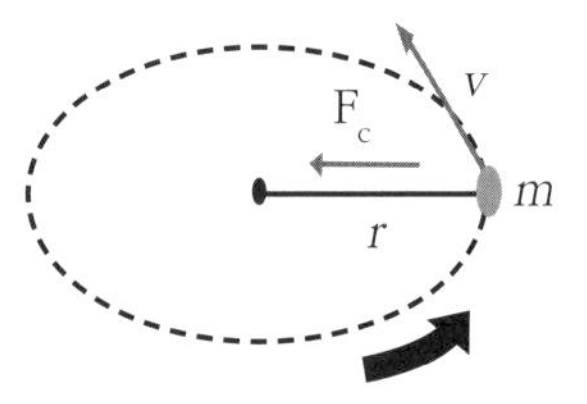

그림 8-35. 원운동의 구심력

뉴턴의 운동 제2법칙을 통해 가속도가 존재할 때는 그 가속도를 만드는 힘이 항상 작용한다는 것을 알고 있다. 원운동 하는 모든 물체는 구심성가속도를 갖고 있는데 이 가속도가 생기도록 작용하는 힘이 있기 때문이다. 구심성가속도를 유발하는 힘을 구심력(F_c) 이라 한다. 구심력의 방향은 구심성가속도의 방향과 일치하며 원의 중심을 향한다(그림 8-35).

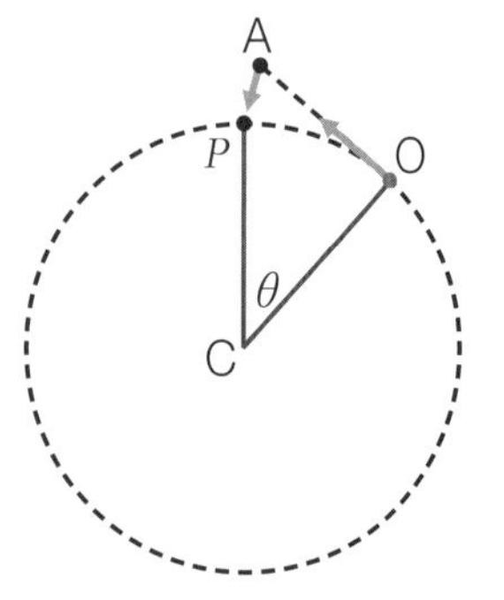

그림 8-36. 구심력이 없다면 이 물체는 OA 방향으로 운동한다

그림 8-36에서 원운동하는 물체는 O지점에서 P지점으로 움직이는데, 아무런 힘이 작용하지 않는다면 뉴턴의 관성의 법칙에 의해 지점 A로 갈 수 밖에 없다. 하지만 A지점이 아닌 P지점으로 이동한다는 것은 그렇게 이동하도록 원의 중심으로 당기는 구심력이 작용하기 때문이다. 이렇게 구심력은 원운동하는 물체에 매 순간 항상 작용하는 힘이다. 구심력은 원운동이 이루어지기 위한 필수 조건이다. 구심력이 없어지면 그 물체의 원운동은 사라지고 구심력이 없어지는 순간의 접선 속도 방향으로 직선운동하게 된다. 구심력의 크기는 물체의 질량과 구심성가속도와의 곱이며 다음과 같이 나타낼 수 있다.

$$F_c = ma_c = m \quad \frac{V^2}{r} mr\omega^2 \qquad \text{(식 8-14)}$$

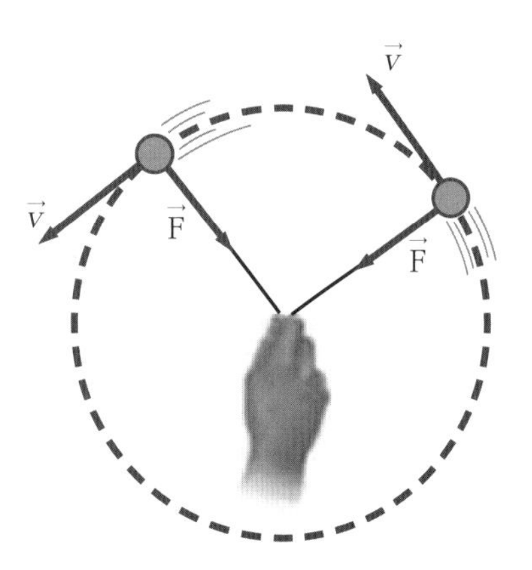

그림 8-37. 원운동에서 작용하는 구심력

구심력이 작용하는 예를 들어 보자. 해머와 같이 줄로 연결된 물체가 원운동 할 때 줄을 잡고 있는 사람에 의해 당겨지는 힘이 바로 구심력의 역할을 한다(그림 8-37). 자동차가 코너를 돌 때는 자동차가 원운동을 하는 것이므로 구심력이 필요하지만 자동차를 당겨줄 구심력이 없기 때문에 자동차 스스로 구심력을 만들어야 한다. 코너를 돌 때 바퀴의 마찰력이 원운동에 필요한

구심력을 제공해 준다(그림 8-38). 코너를 돌 때 끼익 소리가 나는 것은 도로와 타이어 사이에서의 마찰에 의한 소리이며 심한 경우에는 미끄러지면서 도로에 타이어 자국이 남기도 한다.

200m, 400m 육상 경기에서 곡선주를 달릴 때, 숏 트랙 스케이팅에서 코너를 돌 때는 원운동의 중심 쪽으로 몸을 기울여 지면에서 발생하는 좌우 방향의 마찰력이 구심력의 역할을 하여 원운동을 가능케 한다(그림 8-39). 자전거 경주의 벨로드롬(velodrome)은 경사면을 만들어 몸을 지면에 대해 기울지 않더라도 수직항력의 수직 성분을 구심력으로 잘 이용할 수 있도록 만들었다(그림 8-40).

만약 구심력이 사라진다면 그 물체는 원운동을 멈추게 되며 뉴턴의 운동 제1법칙에 따라 그 힘이 사라지는 순간의 지점에서 원운동의 접선 방향으로 똑바로 움직인다. 예컨대 해머를 돌리다가 해머를 놓는 순간 구심력은 사라지고 그 순간의 원운동 접선방향으로 날아간다. 숏 트랙에서 코너를 돌다가 넘어지면 그 순간 구심력이 사라지면서 그 순간의 원운동 접선방향으로 미끄러진다.

공을 던지는 동작, 공을 차는 동작, 배구 스파이크 동작, 태권도 발차기 동작, 야구 배트 스윙 동작, 테니스 서브 및 배드민턴 스매싱 동작, 골프 스윙 동작 등은 근위 분절에서 원위 분절로 연속(proximal-to-distal sequence)이라는 것으로 특징지어지는 동작들이다. 두개의 분절로

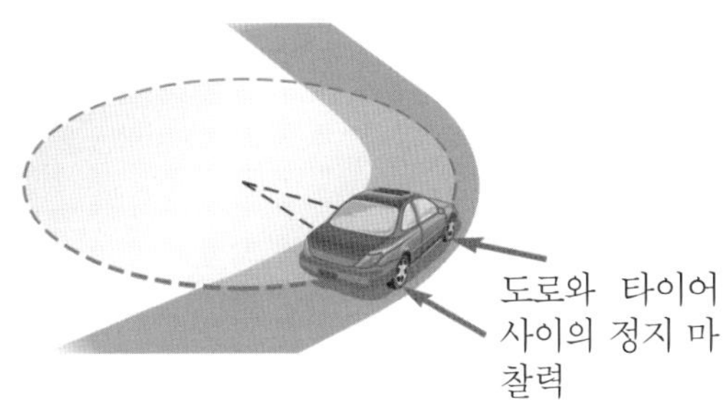

그림 8-38. 타이어의 정지마찰력에 의한 구심력

그림 8-39. 몸을 기울여 구심력을 만든다

그림 8-40. 경사진 바닥이 구심력을 만든다

구성된 팔과 다리의 동작을 살펴보자. 처음 시작 부분 동안 분절들을 굴곡 시켜 몸에 가깝게 위치하도록 하여 원운동을 시킨다. 이 때 원운동 하는 동안 분절들의 위치를 지키기 위해 근력으로 구심력을 만든다. 이 후 구심력을 없애면 원위 분절은 원운동 궤도에서 이탈하면서 회전반지름을 길게 만들고 이로 인해 분절의 선속도를 증가시킨다.

그림 8-41은 골프 스윙 동작이다. 간단하게 골프채와 왼팔 두 개의 분절로 이루어진 동작이라 할 수 있다. 그림 8-41a에서 그림 8-41b까지는 골프채를 회전축이라 할 수 있는 왼쪽 어깨에 가깝게 위치하도록 하여 골프채를 원운동 시키고 있다. 골프채가 그 위치를 유지 할 수 있도록 구심력이 작용해야 된다. 이 때 왼쪽 손목이나 오른쪽 팔에 의한 힘으로 구심력을 만들고 유지한다. 그림 8-41b에서부터 구심력을 줄여서 골프채의 헤드가 관성에 의해 원래의 원운동 궤도를 이탈하면서 왼쪽어깨에서 멀어지고 헤드의 선속도는 커진다. 그림 8-41c에서는 골프채 헤드에 대한 구심력은 거의 사라지고 헤드의 선속도는 최대가 되어 공을 멀리 보낼 수 있게 된다.

(a)

(b)

(c)

그림 8-41. 골프 스윙 동작

Q 적용예제 12

해머의 총 길이는 121.5cm이고 질량은 7.26kg이다. 해머와 같이 돌다가 해머를 놓게 되면 해머는 날아간다. 1988년 서울 올림픽에서는 러시아의 설게이 리티비노브가 84.80m를 던져 금메달을 땄다. 그 때 7바퀴를 돌아 해머를 던졌다. 첫째바퀴를 돌때부터 마지막 바퀴까지 돌때 걸린 시간은 다음과 같았다. 1.52s, 1.08s, 0.72s, 0.56s, 0.44s, 0.40s, 0.36s.

a) 7바퀴 도는 동안의 평균 각가속도는 얼마인가? (단, 각가속도는 일정하다.)
b) 해머와 팔의 길이가 1.70m라고 가정할 때 해머를 던지는 순간의 속도는 얼마인가?
c) 해머를 던지기 직전의 해머 던지는 선수에 의한 구심력은 얼마인가?

A 해결

a)

t=1.52s+1.08s+0.72s+0.56s+0.44s+0.40s+0.36s=5.08s

$\theta = 7(2\pi \text{ rad}) = 14\pi \text{ rad}$

$\theta_f = \theta_i + \omega_i t + \frac{1}{2}\alpha t^2$

$\theta_f = 14\pi \text{ rad},\ \theta_i = 0,\ \omega_i = 0,\ t = 5.08\text{s}$

$14\pi \text{ rad} = \frac{1}{2}\alpha(5.08\text{s})^2$

$\alpha = \frac{2(14\pi \text{ rad})}{(5.08\text{s})^2} = 3.41\text{rad/s}^2$

b)

$\alpha = \frac{\omega_f - \omega_i}{t_f - t_i} = \frac{\omega_f}{5.08\text{s}} = 3.41\text{rad/s}^2$

$\omega_f = (3.41\text{rad/s}^2)(5.08\text{s}) = 17.3\text{rad/s}$

$v = r\omega = (1.7\text{m})(17.3\text{rad/s}) = 29.4\text{m/s}$

c)

$F_c = ma_c = m\frac{v^2}{r} = mr\omega^2 = (7.26\text{kg})(1.7\text{m})(17.3\text{rad/s})^2 = 3694\text{N}$

Q 적용예제 13

숏 트랙 코너를 돌 때의 속도가 8m/s였다면 몸을 몇도 굽혀야 넘어지지 않고 잘 돌 수 있나? 이 때 코너의 반지름이 8m다.

A 해결

먼저 구심성가속도를 구한다.

$$a_c = \frac{v^2}{r} = \frac{(8\text{m/s})^2}{8\text{m}} = 8\text{m/s}^2$$

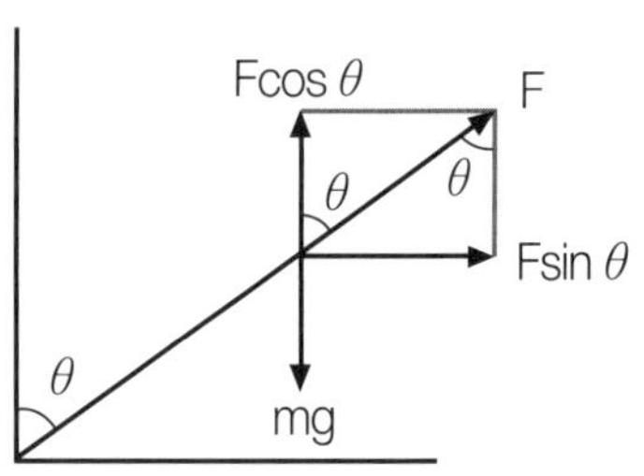

지면반력(F)의 수직 성분은 수직항력이다.

y축 성분: $\Sigma F_y = ma_y = F\cos\theta - mg = 0$

$$F = \frac{mg}{\cos\theta}$$

지면반력(F)의 수평 성분은 마찰력이고 구심력과 같다.

x축 성분: $\Sigma F_x = F_c = F\sin\theta = (\frac{mg}{\cos\theta})\sin\theta = mg\tan\theta \qquad (\frac{\sin\theta}{\cos\theta} = \tan\theta)$

$$F_c = ma_c = m\frac{v^2}{r} = mg\tan\theta$$

$$a_c = \frac{v^2}{r} = g\tan\theta$$

$$\tan\theta = \frac{a_c}{g} = \frac{v^2}{rg} = \frac{8\text{m/s}^2}{9.8\text{m/s}^2} = 0.82$$

$$\theta = 39°$$

몸을 39° 기울어야 코너를 돌 수 있다. 더 빠른 속도로 돌기 위해서는 몸을 더 기울여야 되는데 정도가 지나치면 스케이트의 날이 빙판을 밀 수 없어 마찰력이 줄어들어 미끄러져 넘어지게 된다. 몸을 기울이는 정도는 몸의 질량과 관계가 없다는 것을 알았다. 여기서 몸의 기울기는 구심력의 크기를 조절하는 중요한 요소가 되는 것을 알았으며 그 각도는 다음 식으로 구할 수 있다.

$$\tan\theta = \frac{v^2}{rg}$$

Q 적용예제 14

반지름이 15m 되는 트랙을 7m/s의 속도로 돌기위해서는 몸을 몇도 정도 기울여야 되는지 구하시오.

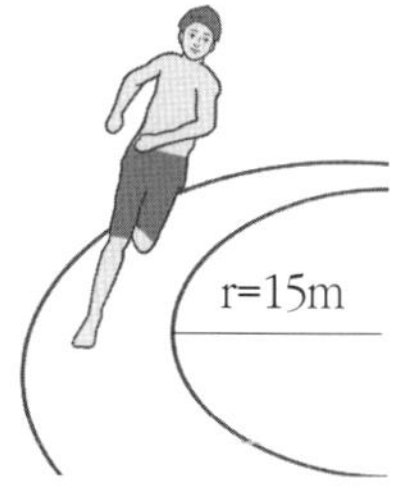

A 해결

$$\tan\theta = \frac{v^2}{rg} = \frac{(7\text{m/s})^2}{(15\text{m})(9.8\text{m/s}^2)} = 0.333$$

$$\theta = 18.43^\circ$$

9. 원심력(centrifugal force)

일반적으로 예기하는 원심력은 원운동할 때 밖으로 작용하는 힘을 의미한다. 그러나 실제로 원운동할 때 원운동하는 물체에 작용하는 힘은 구심력만 있을 뿐 원심력은 존재하지 않는다. 그렇지만 놀이동산에서 회전하는 놀이 기구를 탈 때, 자동차가 급커브를 돌 때 같은 여러 상황에서 밖에서 당겨지는 듯한 힘을 경험해 보았을 것이다. 이런 느낌은 몸의 관성에 의해 생기는 것이지 원심력에 의한 것은 아니다. 이와 비슷한 경험을 선운동에서도 하고 있다. 멈춰 있는 자동차에 타서 앉아 있다가 갑자기 출발하면 뒤에서 힘이 작용하여 잡아당긴 것처럼 앉아 있던 자리를 누르게 된다. 이런 현상 역시 몸의 관성에서 온 것이다. 이와같이 존재하고 있는 것 같지만 실제로 존재하지 않는 이런 힘을 관성력(fictitious force)이라 한다.

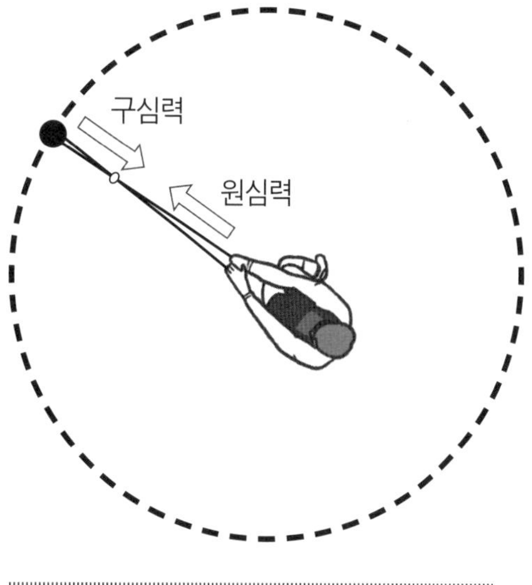

그림 8-42. 구심력과 원심력

해머던지기에서 해머를 돌릴 때 해머 돌리는 사람이 해머에 구심력을 발휘해야 해머는 원운동을 하게 된다. 이런 구심력의 반박용으로 해머가 해머

돌리는 사람에게 크기는 같고 방향이 반대인 힘을 가하게 된다(그림 8-42). 이 때의 힘을 원심력이라고 한다. 뉴턴의 운동 제3법칙에 의해 사람이 구심력으로 해머를 당기면 이에 대한 반작용인 원심력이 작용하여 해머가 사람을 당기는 것으로 설명할 수 있다. 다시 말해 원심력은 돌리는 사람에게 작용하는 것이고 이 힘에 의해 돌리는 사람의 몸이 당겨지는 것을 느낄 수 있다. 그러므로 이 원심력에 의해 몸이 움직이게 될 수 있다. 다시 말해 해머가 원운동 할 때 해머에는 구심력만 작용하고 해머에 작용하는 원심력은 없다. 해머를 돌리는 사람에게는 원심력이 작용한다. 위의 골프 스윙 예에서도 골프채 머리에 원심력이 작용한 것이 아니고 구심력이 사라지고 관성이 작용한 결과다.

9

각운동역학(angular kinetics) -토크와 무게중심

선운동역학장에서는 물체에 힘이 작용하면 가속도가 생긴다는 것을 배웠다. 실제로 순수한 선운동은 그리 많지 않고 어느 정도의 회전을 포함하고 있다. 야구공, 축구공 등 대부분의 구기 종목에서 공중에 투사된 공은 선운동만 하는 것이 아니고 회전운동도 하게 된다. 회전운동은 어떻게 발생하는가? 다시 말해 어떻게 하면 멈춰있는 물체가 회전하게 되며 회전하던 물체가 더 빨리 돌거나 혹은 느려지다가 정지하게 되는가? 일단 힘이 필요하며 그 힘은 회전을 발생시키는 용도로 작용해야 된다. 각운동역학은 각운동의 원인이 되는 내용을 다루기로 한다. 선운동역학(linear kinetics)에서 배운 개념들이 각운동역학에 적용 된다.

1. 토크(torque)

한 축을 중심으로 회전할 수 있는 강체에 힘이 작용하면 그 강체는 축을 중심으로 회전하려는 경향이 있다. 물체를 한 축에 대해 회전시키기 위해서는 힘이 필요하다. 힘에 의한 이런 경향을 측정한 것을 토크라 한다. 토크는 비튼다는 뜻을 가진 라틴어에서 유래 되었다. 힘은 가속도를 야기 시키고 힘에 의한 토크는 각가속도를 야기 시킨다. 토크를 힘의 모멘트(moment of force) 혹은 회전력이라고도 한다. 토크는 힘이 아니고 회전시킬 수 있는 힘의 효과다.

먼저 어린이 놀이터에 있는 시소를 생각해 보자. 그림 9-1에서 한 어린이는 시소 끝에 앉아 있고 반대편에 앉아 있는 다른 어린이는 점프하려 한다. 시소는 가운데의 축을 경계로 오른쪽 사람에 의해 시계방향으로 회전하려하고 왼쪽 사람에 의해 반시계방향으로 회전하려 한다. 그림처럼 점프해서 내려앉게 되면 시소의 각가속도가 생기면서 회전한다.

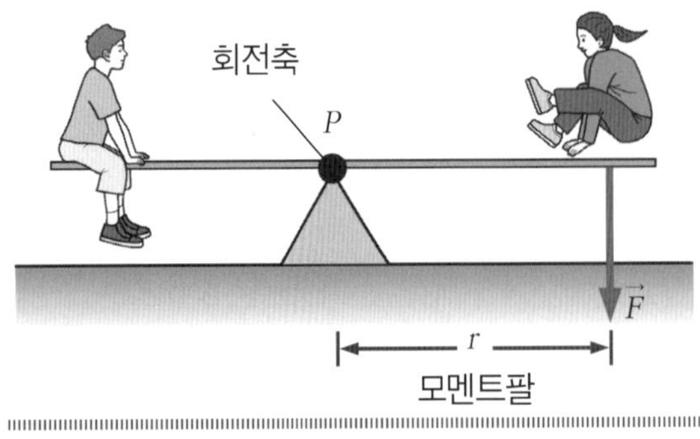

그림 9-1. 시소에서 발생하는 토크

우리는 경험적으로 같은 몸무게일 경우 가운데 회전축 P로부터 같은 거리에 앉고 몸무게가 차이 날 때는 가벼운 사람이 축으로부터 더 멀리 앉고 무거운 사람은 축과 가깝게 앉아서 균형을 맞추게 된다.

이와 같이, 시소에서는 몸무게 뿐 아니라 회전축으로부터 떨어진 거리에 의해 시소가 회전하는 방향이 결정된다. 일반적으로 각운동의 변화를 발생시키는 힘의 효과를 토크(torque)라 한다. 토크는 힘의 크기뿐 아니라 회전축으로부터 그 힘이 작용한 곳까지의 거리에 따라 달라진다. 그림 9-2은 시소에서 무거운 사람이 회전축에 가깝게 앉아서 회전축으로부터 힘이 작용한 곳까지의 거리를 줄여서 토크의 크기를 맞추는 것을 보여준다.

힘은 회전축으로부터 그 힘이 작용한 곳까지를 연결한 선과 직각으로 작용한다고 가정하자. 회전축으로부터 힘이 작용하는 곳까지의 거리를 모멘트 팔(moment arm)이라 한다. 일반적인 상황에서 모멘트 팔을 어떻게 정의하는지는 뒤에서 다시 살펴보기로 한다. 토크는 T로 표시하며 토크의 크기는 다음과 같다.

그림 9-2. 무거운 사람이 회전축에 가깝게 앉는다

$$T = rF \qquad \text{(식 9-1)}$$

여기서 r은 모멘트 팔, F는 작용한 힘의 크기다. 토크는 벡터 량이므로 크기와 방향토크의 방향은 오른손 법칙에 의해 결정된다. 오른손의 손가락을 회전하는 방향 쪽으로 감쌀 때 똑바로 세운 엄지손가락이 가리키는 방향이 토크의 방향이 되며 항상 회전축 방향과 일치 한다. 힘이 작용해서 반시계방향으로 각운동이 발생하면 토크는 '+'이고 시계방향으로 회전하게 되면 토크는 '-'가 된다. 토크의 단위는 Nm를 사용한다. 일의 단위도 N · m를 사용하지만 분명히 다른 물리량이기 때문에 혼돈하면 안 된다. 렌치는 볼트를 조이고 푸는 도구인데 토크를 설명하는데 매우 적합하다. 그림 9-3은 같은 힘으로 회전축으로부터 그 힘이 작용한 지점을 달리 했을 때 같지 않은 힘의 회전 효과를 보여 준다. 그림 9-3a의 토크 보다 그림 9-3b의 토크가 훨씬 크다.

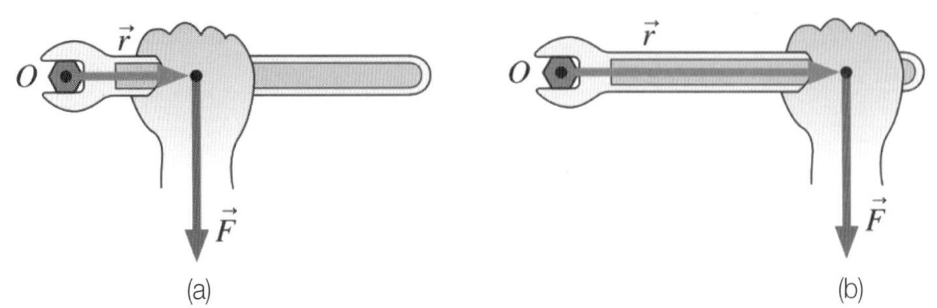

그림 9-3. 토크는 같은 힘(F)이라도 회전축으로부터 모멘트 팔의 길이 (r)가 길수록 커진다

Q 적용예제 1

위의 그림 9-3에서 각각 5cm 와 20cm 떨어진 곳에 50N의 힘을 가할 때 발생하는 토크의 크기와 방향은?

A 해결

5cm : $T=rF=(0.05\ m)(50\ N)=2.5\ N\cdot m$

20cm : $T=rF=(0.2\ m)(50\ N)=10\ N\cdot m$

두 힘 모두 시계방향의 회전을 발생시키기 때문에 토크는 '–' 이다.

Q 적용예제 2

시소 그림 9-1에서 왼쪽 아이의 질량은 20kg이며 축으로부터 3m 떨어진 곳에 앉아있고 오른쪽아이의 질량이 30kg이고 2.5m 떨어진 곳에 앉아 있다면 시소는 어떻게 될까?

A 해결

왼쪽아이에 의한 토크: 반시계방향 토크(+)

$T=rF=(3m)(20kg)(9.8m/s^2)=588N\cdot m$

오른쪽아이에 의한 토크: 시계방향 토크(−)

$T=rF=(2.5m)(30kg)(9.8m/s^2)=735N\cdot m$

$588\ N\cdot m+(-735N\cdot m)=-147N\cdot m$

시계방향으로의 토크가 147N · m 크기 때문에 시계방향으로 회전한다.

지금까지는 토크의 크기를 결정짓는 요소가 힘의 크기, 모멘트 팔의 길이였는데 이는 힘의 방향이 모멘트팔과 직각을 이룬다고 가정했기 때문이다. 그러나 일반적으로 힘의 작용선과 회전축으로부터 힘이 작용하는 곳까지를 연결한 선이 직각을 이루지 않는 경우가 더 많다. 결국 토크는 힘이 작용하는 방향 즉 각도에 따라서도 달라진다.

그림 9-4은 힘의 크기(F)와 회전축에서 힘이 작용하는 지점까지의 길이(r)는 같지만 힘이 작용하는 방향이 다른 경우를 보여준다. (a)는 힘의 방향과 r의 방향 사잇각이 직각($\theta=90°$)을 이루는 경우로 가장 큰 토크를 얻을 수 있다. (b)는 그 사잇각이 직각이 아니 경우 ($\theta\neq90°$)로 (a)보다 작은 토크가 발생한다. 작용한 전체 힘 가운데 r 에 직각으로 작용하는 힘만이 토크에 기여하기 때문이다. 그러므로 작용하는 전체 힘에서 r 에 직각으로 작용하는 힘을 구해야 된다. (c)는 힘 과 r 이 평행이기 때문에 사잇각은 '0'($\theta=0°$)이다. 이때 각운동이 발생할 수 없고 토크는 '0'이다.

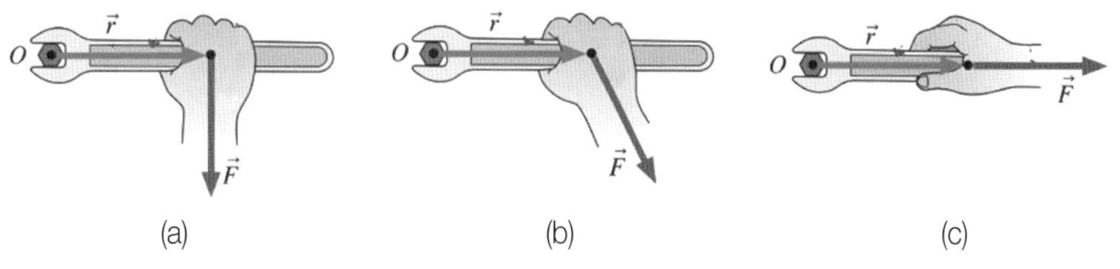

그림 9-4. 힘이 작용하는 방향이 다르면 토크도 달라진다

그림 9-5a에서 힘(F)과 회전축에서 힘이 작용하는 지점까지의 길이 (r)이 이루는 사잇각이 θ라면 모멘트 팔과 직각으로 작용하는 힘은 $F\sin\theta$이므로 이 경우의 토크는 다음과 같다.

$$T=r(F\sin\theta)$$

위의 그림 9-4a는 $\theta=90°$ ($\sin90°=1$)이므로 $F\sin\theta=F$이고, 그림 9-4c는 $\theta=0°$ ($\sin0°=0$) 이므로 $F\sin\theta=0$이고 토크도 '0'이다.

그림 9-5b를 통해 또 다른 방법으로 설명이 가능하다. 힘의 작용선은 힘의 방향과 일치하게 그린 연장선이다. 일반적으로 모멘트 팔은 회전축으로부터 힘의 작용선과의 수직거리다. 여기서 모멘트팔의 길이는 $r\sin\theta$ 이므로 토크는 다음과 같다.

$$T=(r\sin\theta)F$$

토크를 구하는 접근 방법은 다르지만 결론적으로 두 방법을 통해 얻어지는 토크는 같기 때문에 다음과 같이 나타낸다.

$$T=rF\sin\theta \quad \text{(식 9-2)}$$

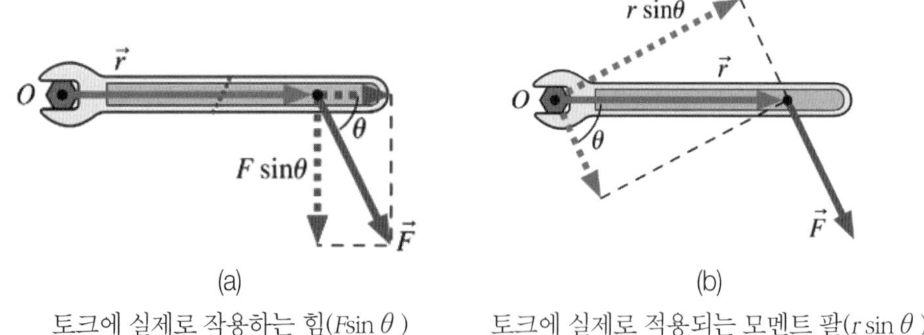

토크에 실제로 작용하는 힘($F\sin\theta$)

토크에 실제로 적용되는 모멘트 팔($r\sin\theta$)

그림 9-5. 힘이 작용하는 방향이 모멘트 팔과 직각이 아닐 때 토크 구하는 법

Q 적용예제 3

그림 9-5a에서 20cm 떨어진 곳에 모멘트 팔과 60° 방향에서 100N의 힘이 작용할 때 발생하는 토크는 얼마인가?

A 해결

$T=rF\sin\theta=(0.2\text{m})(100\text{N})(\sin 60°)=17.32\text{N}\cdot\text{m}$

2. 향심력과 편심력

각운동은 회전축이 명확히 존재하는 물체에서만 발생하는 것은 아니다. 물체의 회전축이 한 곳에 고정되어 있지 않은 경우는 그 물체의 무게중심이 회전축이 된다. 물체에 힘이 작용할 때 어느 곳에 작용하느냐에 따라 각운동이 발생할 수 있다. 그림 9-6a는 상자의 무게중심을 지나는 방향으로 힘이 작용하면 선운동이 발생하는 것을 보여준다. 이렇게 물체의 무게 중심을 통과하는 방향으로 작용하는 힘을 향심력(centric force)이라 한다. 그림 9-6b는 상자의 무게중심을 지나는 방향에서 약간 벗어난 방향으로 힘이 작용하면 상자는 어느 정도 미끄러지면서 각운동 하는 것을 보인다. 상자의 무게중심을 지나는 방향에서 많이 벗어날수록 더 많은 각운동이 발생한다(그림 9-6c). 물체의 무게 중심을 통과하지 않는 방향으로 작용하는 힘을 편심력(eccentric force)이라 한다.

각운동이 발생한다는 것은 토크가 존재하기 때문에 가능하다. 그림 9-6a는 힘은 있지만 힘의 작용선과 무게중심과의 수직 거리인 모멘트 팔의 길이가 '0'이므로 토크가 '0'이어서 선운동만 가능하다. 그림 9-6b은 모멘트 팔이 존재하지만 그 길이가 짧아서 작은 크기의 토크만 생긴다. 반면에 그림 9-6c은 가장

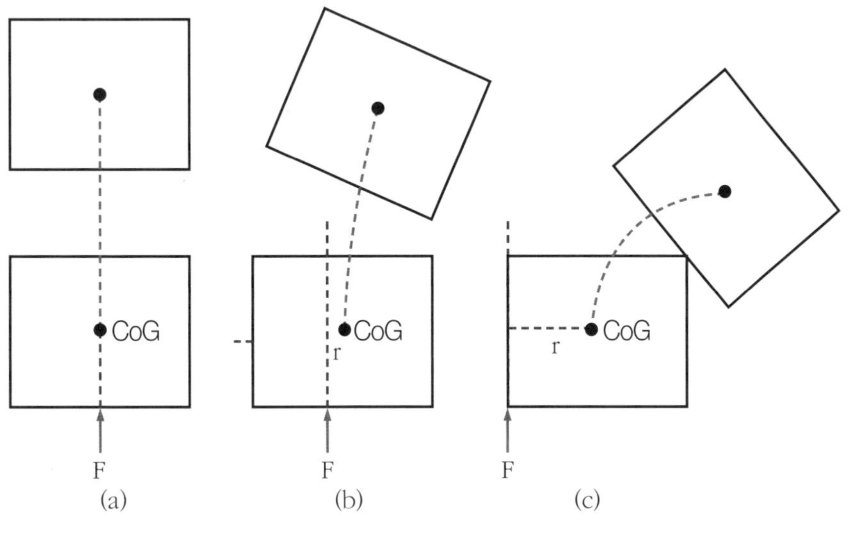

그림 9-6. 상자에 작용하는 힘의 방향에 따라 운동의 형태가 달라진다

긴 모멘트 팔의 길이를 보여 주며 같은 크기의 힘 아래에서 가장 큰 토크를 발휘한다.

여러 스포츠 상황에서 공에 편심력을 가해 토크를 발생시켜 공의 회전을 유발하는 경우가 많다. 예컨대 축구 킥에서 공의 진로 방향을 휘게 하기 위해서는 공에 회전을 많이 주어야 한다. 많은 회전을 만들기 위해서 축구공의 가운데가 아닌 측면에 큰 힘을 가한다. 회전축이 되는 축구공의 중심에서 떨어진 곳에 힘을 가해야 모멘트 팔의 길이가 길어져 같은 힘이라도 보다 큰 토크가 발생하게 되므로 회전이 많아진다. 당구의 경우도 회전을 높이기 위해서는 당구공의 중앙에서 멀리 떨어진 곳을 큐로 친다.

볼링공을 살펴보면 볼링공에는 엄지, 중지, 약지 손가락을 넣어야 할 3개의 구멍이 있다. 구멍과 구멍 사이의 간격을 스팬이라 하는데 스팬의 변화에 따라 세 가지의 그립으로 나누다. 보편적인 그립인 컨벤셔널 그립(conventional grip), 세미핑거그립(semi finger grip), 공의 회전을 더욱 높이기 위한 핑거 그립 (finger grip)으로 나눌 수 있다. 컨벤셔널 그립은 스팬의 간격이 가장 짧고 핑거 그립은 스팬이 가장 길다(그림 9-7). 볼링공을 던질 때 엄지를 중심으로 중지와 약지 손가락으로 공의 회전을 만든다. 결국 엄지손가락이 회전축이 되며 중지와 약지 손가락으로 힘을 가하여 토크를 만드는 것이다. 여기서 스팬은 모멘트 팔의 길이가 된다. 그래서 스팬이 가장 긴 핑거그립에 의해 큰 토크를 만들어 볼링공이 많은 회전을 하게 된다. 회전을 많이 하는 공은 레인을 따라 굴러가면서 많이 휘어져서 핀 전체를 쓰러뜨리는 스트라이크의 확률을 높이게 된다.

야구에서 투수가 변화구를 던지기 위해서는 공에 힘을 가해 토크를 발생시켜 공을 회전시켜야 된다. 공을 던질 때 손가락의 위치를 어디에 놓고 회전시키느냐에 따라 공의 회전량과 방향이 조절이 되어 다양한 변화구를 던질 수 있다. 타자가 투수가 던진 공을 칠 때 배트의 중앙에서 벗어난 곳에 맞게 되면 배트에 토크가 발생하게 되어 타자는 배트가 돌아가려는 것을 느낄 수 있다. 이와 비슷하게 골프에서도 드라이버로 공을 칠 때 헤드의 중앙에서 많이 벗어난 곳에 공이 맞게 되면 헤드가 비틀리는 토크가 발생할 수 있다. 공이 맞는 순간 많이 비틀어지면 정확성이 떨어진다. 그러므로 정확성을 높이기 위해 토크를 줄이는 골프채가 개발되고 있다.

앞에서 예기한 대로 하나의 고정 축을 중심으로 발생하는 토크의 방향은 시계방향 혹은 반시계방향이다. 알짜 토크(net torque)는 모든 토크의 합이다. 다시 말해 반시계방향으로의 모든 토크들의 합과 시계방향으로의 모든 토크들의 합과의 차이라고 할 수 있다.

$$\Sigma T = \text{반시계방향토크} - \text{시계방향토크} \qquad (\text{식 } 9\text{-}3)$$

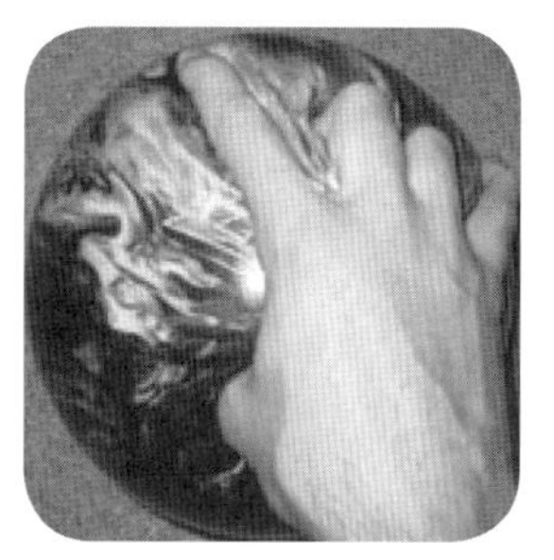

(a) 컨벤셔널 그립

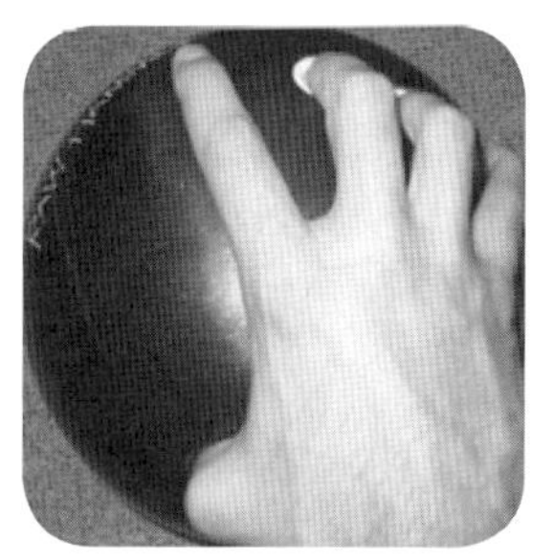

(b) 핑거 그립

그림 9-7. 볼링공의 회전을 조절하는 볼링 그립의 종류

Q 적용예제 4

다음 그림에서 각각의 토크를 구하시오.

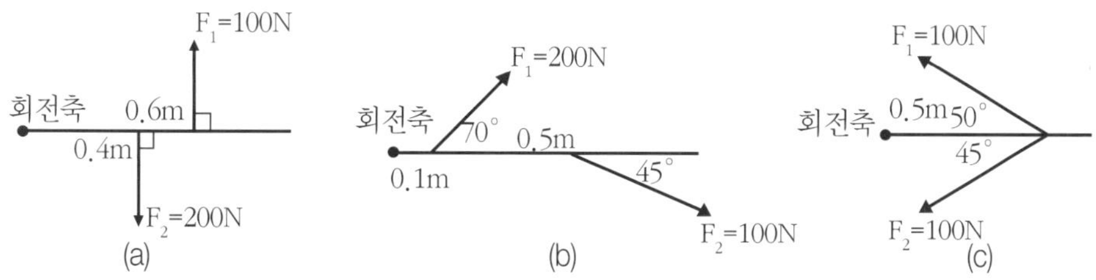

A 해결

a : $\Sigma T = T_1 - T_2 = (0.6\text{m})(100\text{N}) - (0.4\text{m})(200\text{N}) = -20\text{N}\cdot\text{m}$(시계방향 토크)

b : $\Sigma T = T_1 - T_2 = (0.1\text{m})(200\text{N})(\sin 70°) - (0.5\text{m})(100\text{N})(\sin 45°) = -16.6\text{N}\cdot\text{m}$(시계방향 토크)

c : $\Sigma T = T_1 - T_2 = (0.5\text{m})(100\text{N})(\sin 50°) - (0.5\text{m})(100\text{N})(\sin 45°) = 2.9\text{N}\cdot\text{m}$(반시계방향 토크)

3. 근 토크(muscle torque)

일반적으로 회전하는 모든 물체에 토크가 적용될 뿐 아니라 인체의 움직임에도 적용된다.

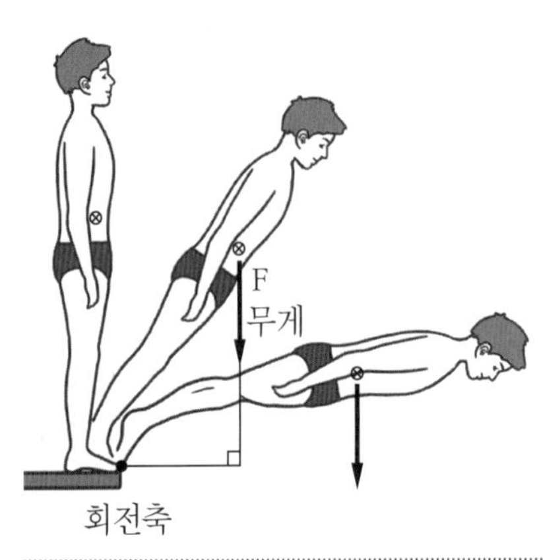

그림 9-8. 인체 무게에 의한 토크

그림 9-8은 다이빙대에서 똑바로 서 있다가 몸을 앞으로 숙이는 모습이다. 똑바로 서있을 때에는 중력에 의한 무게 작용선이 발 위를 지나가기 때문에 토크가 발생하기 위한 요소 둘 중 하나인 힘은 있지만 모멘트 팔의 길이가 '0'이 되어 어떤 토크가 발생하지 않고 몸은 똑바로 서 있을 수 있다. 몸을 약 5° 정도 앞으로 숙이면 모멘트 팔의 길이가 생기고 따라서 토크도 발생한다. 이 때 토크의 방향은 시계 방향인 '−' 방향이다. 하지만 몸이 회전하지 않고 숙여진 상태를 유지할 수 있다. 즉 '+' 방향으로 작용하는 토크가 있기 때문에 알짜 토크는 '0'이 된다. 여기서 '+' 방향의 토크는 하퇴 뒷부분에 있는 비복근(gastrocnemius)과 가자미근(soleus)이 발목에서 plantar flexion 동작이 발생하도록 수축하기 때문이다. 이렇게 근육의 수축에 의한 토크를 근토크라 한다. 몸을 더 숙이게 되면 모멘트 팔의 길이가 더욱 길어져 '−' 방향의 토크가 커지게 된다. 그리고 근토크에 의한 '+' 방향의 토크 보다 커지면서 그 상태를 유지하지 못하고 몸은 결국 회전하게 된다.

모든 인체 분절은 관절로 서로 연결되어 있으며 관절이 회전축이 되어 각운동이 발생한다. 각각의 관절에서 발생하는 각운동들이 연합되어 한 동작을 이루게 된다. 예컨대 수직 점프를 보면 엉덩 관절을 중심으로 몸통과 대퇴의 각운동, 무릎 관절을 중심으로 대퇴와 하퇴의 각운동, 발목 관절을 중심으로 하퇴와 발의 각운동 등이 연합되어 한 동작이 된다.

이렇게 관절에서 각운동이 발생하기 위해서는 토크가 필요하다. 이런 토크를 위한 힘은 근육이 수축되면서 만들어 진다. 대부분의 근육들은 건을 통해 뼈에 붙어 있는데 관절로부터 거리를 두고 떨어져 있기 때문에 건의 방향과 같은 근력의 작용선도 관절 축으로부터 약간의 거리를 두고 떨어져 있다. 그러므로 모멘트 팔은 항상 존재한다. 근육은 수축하면서 뼈를 당기게 되고, 결과적으로 관절을 중심으로 뼈가 각운동을 한다. 이 때 모멘트 팔의 길이는 회전축이 되는 관절 중심부터 수축하는 근육의 근력 방향과 수직 거리다.

예컨대 팔꿈치 관절에서 굴곡이 발생할 때는 여러 근육들이 굴곡근으로서 그룹으로 작용한다. 그러나 여기서는 상완이두근(biceps brachii)만 수축한다고 가정하자. 그림 9-9는 팔꿈치 관절의 각도가 90° 일 때의 상완이두근의 근력 방향과 모멘트 팔의 길이를 보여 준다.

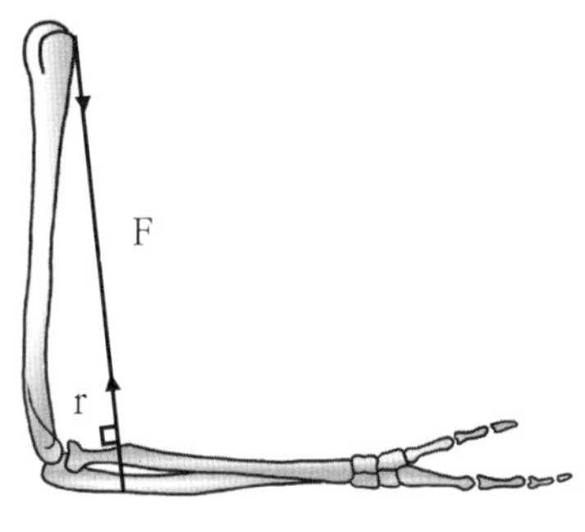

그림 9-9. 팔꿈치 관절의 각도가 90° 일 때의 상완이두박근의 근력 방향과 모멘트 팔

모멘트 팔의 길이는 관절의 각도 변화에 따라 달라지기 때문에 동작을 취하는 동안 모멘트 팔의 길이는 계속 바뀐다. 상완이두근이 같은 근력으로 수축할 때 관절의 각도에 따라 모멘트 팔의 길이가 달라지므로 나타나는 토크의 값도 달라진다. 팔꿈치 관절이 신전되어 있는 상태는 팔꿈치 관절의 각도가 180°에 가깝다. 이때 모멘트 팔의 길이는 관절의 각도가 90°일 때 보다 매우 짧아져서 토크 값 역시 작아진다(그림 9-10a). 팔꿈치 관절이 조금씩 굴곡이 되면서 각도가 90°에 가까워지면서 모멘트 팔의 길이는 점점 길어진다. 실제로 모멘트 팔의 길이가 가장 길어지는 각도는 90°보다 조금 작은 각도에서 이루어진다(그림 9-10b). 그러므로 가장 큰 토크는 팔꿈치 각도가 90°보다 작은 각도에서 발생한다. 사람마다 근육의 부착점 위치가 조금씩 다르기 때문에 최적의 각도는 개인차가 있다.

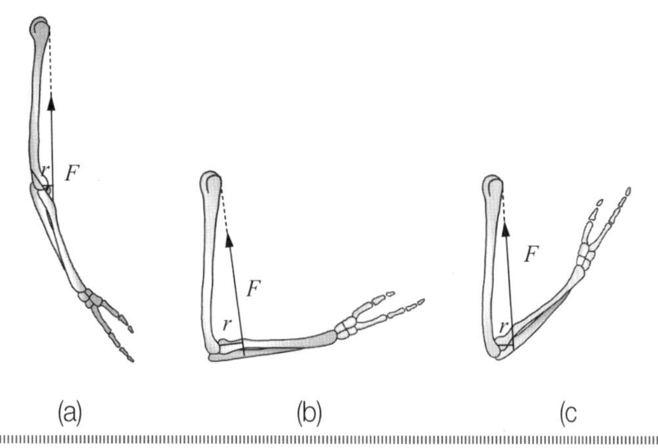

그림 9-10. 관절의 각도에 따라 달라지는 모멘트 팔의 길이

그 이후 계속 굴곡하게 되어 팔꿈치 각도가 작아지면서 모멘트 팔의 길이는 다시 짧아지고 토크 값도 작아진다(그림 9-10c).

비교적 무거운 아령으로 들어 올리는 운동을 할 때 즉 팔꿈치 관절에서 굴곡 운동을 할 때 동작 전체 구간에서 같은 토크를 발휘한다고 생각해 보자. 시작하는 순간의 팔꿈치 관절 각도가 180°에 가까워 모멘트 팔의 길이가 짧기 때문에 들어 올리는데 보다 큰 힘이 필요하다. 그 이후 모멘트 팔의 길이가 길어지면서 필요한 힘의 크기는 점점 줄어들고 90°보다 작아지면서 다시 필요한 힘은 커진다. 다시 말하면, 이 운동 시작하는 시점에는 어렵고 점점 수월하다가 다시 어려워진다.

턱걸이 운동의 경우도, 시작하는 처음 구간이 힘들고, 올라가면서 비교적 쉽게 올라갈 수 있다. 어느 정도 올라가다 턱을 철봉 위로 올리는 마지막 구간에서 다시 힘들어지게 된다. 여러 횟수의 턱걸이를 하고 마지막 시도에서 실패하는 구간은 처음 구간이거나 조금만 더 올라가면 성공이라 할 수 있는 마지막 구간이다. 이런 원인은 최대한 발휘할 수 있는 토크가 관절의 각도에 따라 모멘트 팔의 길이가 달라지기 때문이다.

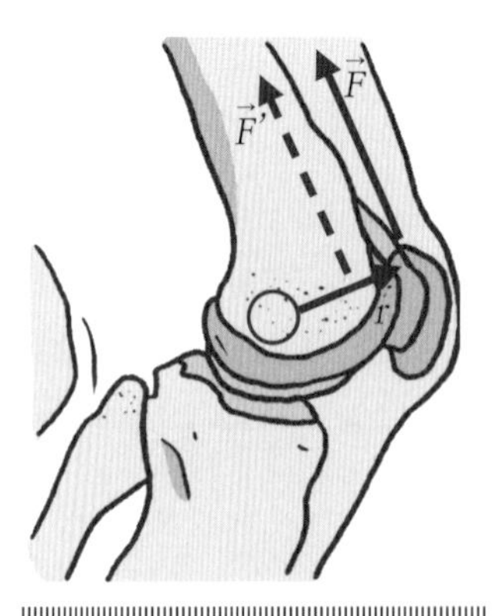

그림 9-11. 슬개골에 의해 모멘트 팔이 길어져 토크가 커진다

결국 근 토크도 (식 9-2)인 $T = rF\sin\theta$ 를 사용하여 토크 값을 구할 수 있다. 여기서 r은 관절의 중심에서 근육의 부착점까지의 길이, F는 근육이 수축하여 발현하는 근력, θ는 r방향과 F방향의 사잇각이다. 모멘트 팔의 길이는 $r\sin\theta$가 된다.

무릎에서 슬개골(patella)에 의해서 대퇴사두근(quadriceps femoris)에 대한 무릎 관절 축으로부터의 모멘트 팔 길이가 늘어난다. 그래서 무릎 관절에서 보다 큰 토크를 생성할 수 있다. 슬개골이 없다면 모멘트 팔의 길이가 짧아져서 무릎관절에서의 토크는 작아진다(그림 9-11).

Q 적용예제 5

아킬레스건이 700N의 힘으로 종골을 당기고 있다. 발목 관절에 대한 아킬레스건의 힘에 의한 토크 크기와 방향을 구하시오.

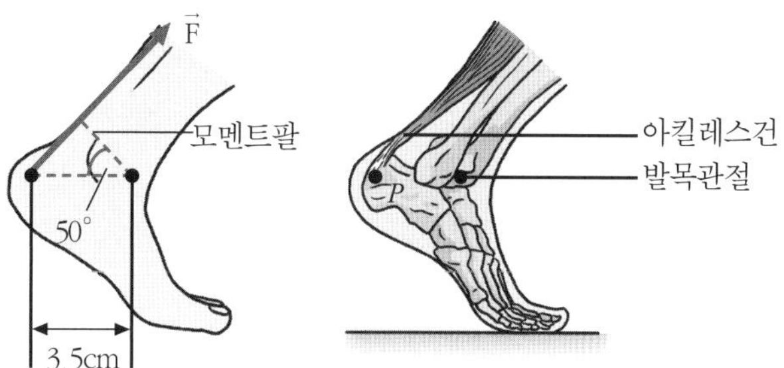

A 해결

그림에서 보여주는 각도는 50° 이지만 우리가 필요로 하는 각도 (F과 r이 이루는 사잇각) 는 40° .

$T=rF\sin\theta$ (0.035m)(700N)(sin40°)=15.75 N · m

시계방향의 각운동이 발생하므로 토크는 '−' 이다.

그러므로 $T=-15.75$ N · m

Q 적용예제 6

누워서 발목에 5kg의 웨이트를 끼워 다리를 들어 올리는 운동을 하고 있다. 엉덩 관절과 발목 웨이트 사이의 거리는 80cm 이다. 다리를 30° 유지하고 있을 때 발목 웨이트에 의한 토크는 얼마인가?

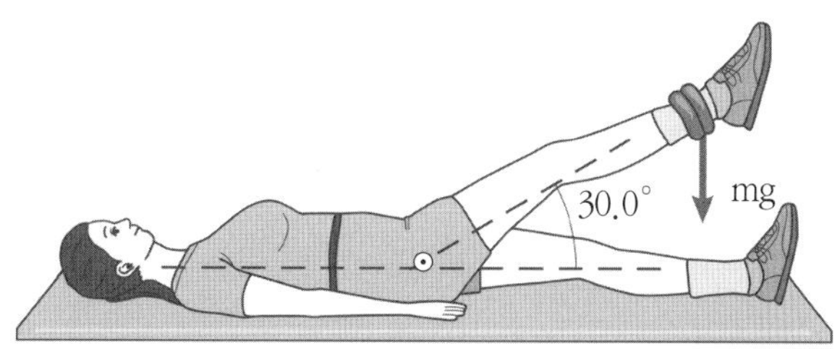

A 해결

그림에서 30° 를 보여주고 있으나 F와 r의 사잇각은 60° .

$T=rF\sin\theta$ =(0.8m)(5kg)(9.8m/s^2)(sin60°)=33.9 N · m

시계방향의 각운동이 발생하므로 토크는 '−' 이다.

그러므로 $v=-33.9$ N · m

---

4. 무게중심(center of gravity)

질량중심(center of mass)은 물체의 전체 질량이 집중되어 있다고 가정하는 하나의 점이다. 농구공처럼 대칭적인 물체의 질량중심은 기하학적 중앙에 위치한다. 불규칙적으로 생긴 물체는 중력에 의해 균형을 잡아 결정된 점이 물체의 질량중심이다(그림 9-14). 일반적으로 질량중심이 그 물체를 대표하는 점이 된다. 질량중심은 중력이 집중적으로 작용하는 점이라고도 할 수 있다. 그래서 질량중심을 무게중심(center of gravity)이라고도 하며 무게중심이라는 용어가 더 많이 사용되므로 지금부터 무게중심(cg)을 사용한다.

일반적으로 물체의 무게중심이 물체 내부에 존재하지만 부메랑처럼 생긴 물체는 외부에 존재할 수도 있다(그림 9-13).

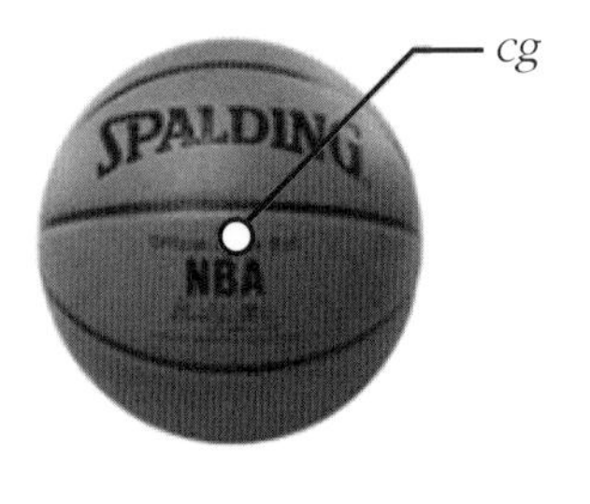

그림 9-12. 농구공의 무게중심

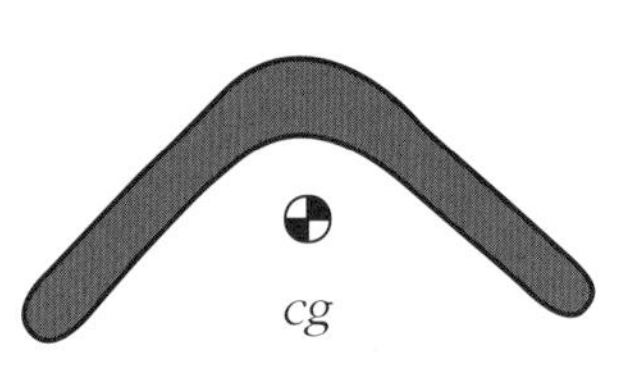

그림 9-13. 부메랑의 무게중심

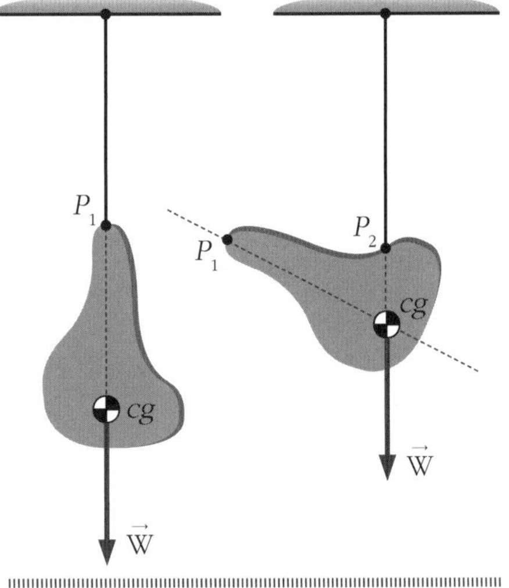

그림 9-14. 불규칙적으로 생긴 물체의 무게중심 구하는 법

5. 무게중심의 위치

그림 9-15와 같이 질량 m_1과 질량 m_2인 물체가 y축으로부터 각각 x_1, x_2에 위치하고 있을 때 두 물체의 무게중심 위치를 구해 보자. 여기서는 무게중심이 두 물체 사이의 임의의 위치에 있다. 각각의 두 물체가 위치한 곳에서 발생하는 토크의 합과 두 물체가 합쳐진 것으로 가정되는 무게중심에서 발생한 토크는

같다.

x축의 원점을 회전축으로 생각하면 m_1과 m_2에 의한 토크가 발생하는데 그 토크는 $(m_1 g)x_1+(m_2 g)x_2$이다. 무게중심에서 생기는 토크는 $(m_1 g+m_2 g)x_{cg}$이다. 여기서 x_{cg}은 우리가 구하려는 무게중심의 위치다. 두 값이 같기 때문에 다음과 같이 나타낸다.

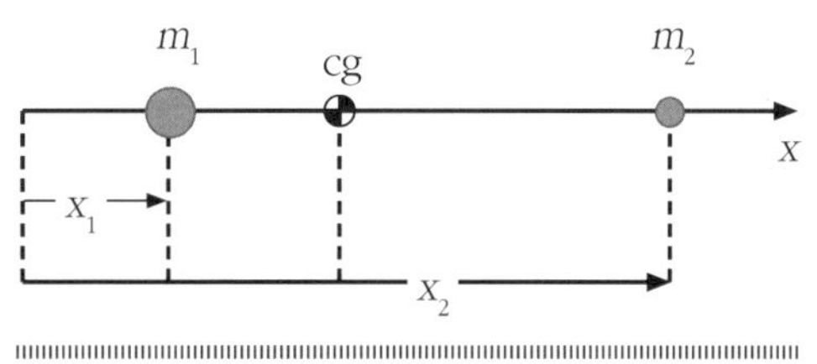

그림 9-15. 무게중심의 위치

$$(m_1 g+m_2 g)x_{cg}=(m_1 g)x_1+(m_2 g)x_2$$

각 항에 공통으로 있는 g를 소거하면

$$x_{cg}=\frac{m_1 x_1+m_2 x_2}{m_1+m_2}$$

전체 질량을 M(여기서 $M=m_1+m_2$) 이라 하고 물체도 여러 개가 있다면 전체 질량 $M=m_1+m_2+m_3+\cdots+m_n$이고 무게중심의 위치는 다음과 같다.

$$x_{cg}=\frac{m_1 x_1+m_2 x_2+m_3 x_3+\cdots+m_n x_n}{M}=\frac{1}{M}\Sigma m_i x_i$$

각 물체들이 2차원적으로 위치하고 있다면 무게중심은 x와 y의 좌표 값으로 표현되어야 한다. y_{cg}도 같은 방법으로 구할 수 있다. 그러므로 무게중심의 좌표 값은 다음과 같다.

$$x_{cg}=\frac{1}{M}\Sigma m_i x_i\ ,\quad y_{cg}=\frac{1}{M}\Sigma m_i y_i \qquad \text{(식 9-4)}$$

Q 적용예제 7

다음 그림과 같이 물체가 배치되어 있을 때 무게중심을 구하시오.

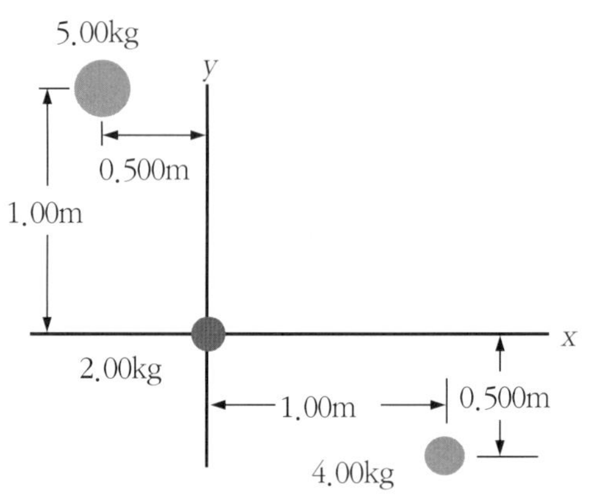

A 해결

$$x_{cg}=\frac{1}{M}\Sigma m_i x_i=\frac{(5kg)(-0.5m)+(2kg)(0m)+(4kg)(1m)}{11kg}=0.136m$$

$$y_{cg}=\frac{1}{M}\Sigma m_i y_i=\frac{(5kg)(1m)+(2kg)(0m)+(4kg)(-0.5m)}{11kg}=0.273m$$

6. 인체의 무게중심

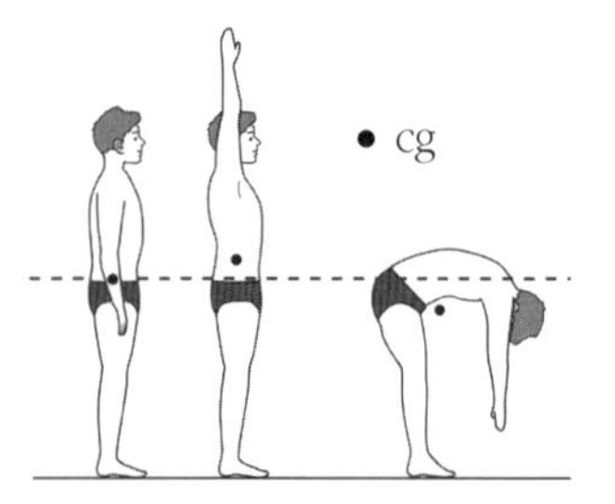

그림 9-16. 인체의 무게중심 (cg)

모든 동작에서 인체 무게 중심의 위치와 속도 등 kinematic적 요인들을 정확히 찾아내고 이해하는 것이 필요하다. 사실상 동작 분석의 시작은 무게 중심의 위치를 알아내는 것으로 시작한다. 인체 무게 중심의 운동 형태에 의해 동작의 옳고 그름, 효율 및 비효율이 근본적으로 가려지기 때문에 무게 중심에 대한 정보는 코치와 스포츠 과학자에게 필수적인 요소다.

그림 9-17. 인체 외부에 위치한 무게중심

인체는 하나의 강체가 아니기 때문에 인체의 무게중심은 분절의 위치에 따라 바뀐다. 그러므로 인체 동작이 발생하는 동안 무게중심의 위치는 계속 변한다. 똑바로 서있으면 무게중심이 인체 내부에 위치하지만 몸의 형태를 바꾸면서 무게중심의 위치도 변하게 되어 인체 외부에 위치할 수도 있다(그림 9-17).

인체의 무게중심을 구하기 위해서는 인체를 구성하고 있는 분절들을 분리해야 된다(그림 9-18). 일반적으로 인체를 14개의 분절로 구성되어 있다고 가정한다. 하지만 연구자에 따라 몸통을 위와 아래 두 분절로 나눠 총 15개의 분절로 만들어 연구하기도 한다. 14개의 분절은 다음과 같다. 오른쪽과 왼쪽 발, 오른쪽과 왼쪽 하퇴, 오른쪽과 왼쪽 대퇴, 오른쪽과 왼쪽 손, 오른쪽과 왼쪽 전완, 오른쪽과 왼쪽 상완, 몸통, 머리.

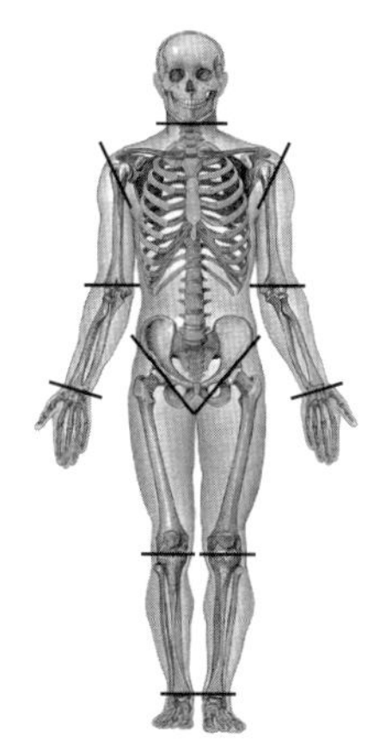

그림 9-18. 14개의 인체 분절

인체 전체의 무게 중심의 위치를 구하기 위해서는 다음 3가지를 먼저 알아야 된다.

1. 모든 분절의 끝 지점의 위치
2. 모든 분절 각각의 무게 중심 위치
3. 모든 분절 각각의 질량.

인체 동작을 비디오 촬영을 비롯한 여러 형태의 사진 촬영에 의해 얻어진 영상을 통해 무게중심의 2차원적 좌표값을 얻을 수 있다. 그림 9-19는 달리는 동작의 어느 한 순간 동작이다. 이 화면에서 각 분절 끝 지점의 위치를 x, y 좌표값으로 얻는 작업을 좌표화과정(digitizing)이라 한다. 인체를 14개의 분절로 가정할 때 좌표화과정이 필요한 최소한의 인체 지점은 다음과 같다.

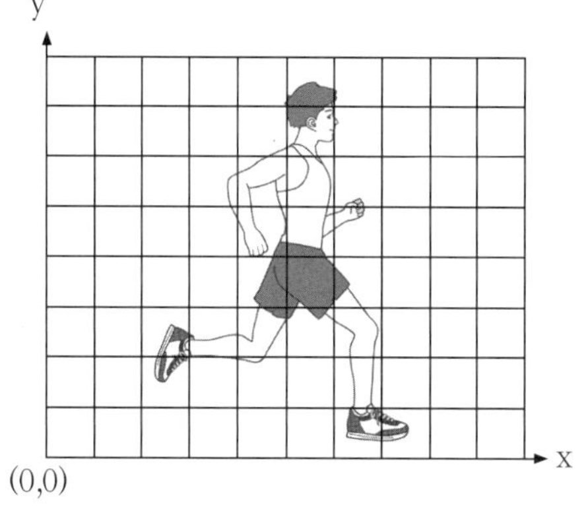

그림 9-19. 인체 지점을 좌표화하기 위한 화면

1. 오른쪽 발끝	2. 오른쪽 발목관절
3. 오른쪽 무릎관절	4. 오른 쪽 엉덩관절
5. 왼쪽 발끝	6. 왼쪽 발목관절
7. 왼쪽 무릎관절	8. 왼쪽 엉덩관절
9. 오른쪽 손끝	10. 오른쪽 손목관절
11. 오른쪽 팔꿈치관절	12. 오른쪽 어깨관절
13. 왼쪽 손끝	14. 왼쪽 손목관절
15. 왼쪽 팔꿈치관절	16. 왼쪽 어깨관절
17. 머리끝	

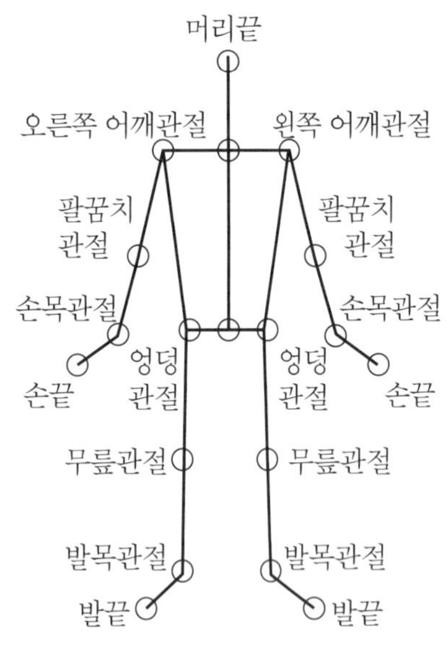

그림 9-20. 인체의 stick-figure

얻어진 인체 지점들을 연결하면 그림 9-20과 같은 막대 모형(stick-figure)을 얻을 수 있다. 그림 9-21은 달리기 동작을 막대 모형으로 표현한 것이다. 오른쪽 분절은 실선으로, 왼쪽 분절은 점선으로 연결하였다.

각 분절의 질량 및 무게중심의 위치는 인체 측정학적 자료(표 9-1)를 사용한다. 표 9-1의 인체측정학적 자료는 사체 연구를 통해 얻어진 것이다. 이 자료들은 미국의 해부학자인 Dempster 교수가 1955년에 발표한 논문에 근거하여 만들어진 것이다. 발표한 논문에서 사용된 사체는 모두 8명의 남성이었으며 나이는 52세에서 83세 까지였다. 이 당시가 미국과 소련이 우주선 개발에 몰두하기 시작한 때이다.

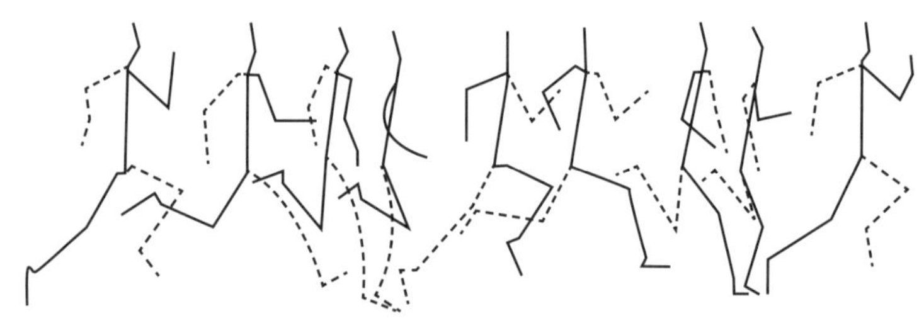

그림 9-21. 달리기 동작의 stick-figure

표 9-1. 인체 분절의 질량, 길이에 관한 인체측정학적 자료

분절	분절 질량/ 전체 질량 (%)	근위단부터 질량중심까지의 길이비율	원위단부터 질량중심까지의 길이비율	분절길이/키
발	1.45	0.5	0.5	0.152
하퇴	4.65	0.433	0.567	0.246
대퇴	10	0.433	0.567	0.245
손	0.6	0.506	0.494	0.108
전완	1.6	0.43	0.57	0.146
상완	2.8	0.436	0.564	0.186
몸통	49.7	0.5	0.5	0.288
머리	8.1	0.464	0.536	0.13

우주선 안은 무중력 상태이므로 무중력 상태에서 우주항공사의 동작을 연구하기 위한 기초 자료를 제공하기 위한 연구들이 활발히 시작 되었다.

우리 한국인에 맞는 자료도 아니고 여자와 어린이에는 특히 적용하는데 큰 문제점이 있다. 하지만 여러 상업적 동작 분석 프로그램들이 이 자료를 계속 사용하고 있기 때문에 아직도 많은 연구들에서 이 자료들이 사용된다.

1) 분절의 무게중심과 인체 전체의 무게중심

인체 전체의 무게중심을 알기 위해서는 각 분절의 무게중심을 먼저 구해야 된다. 각 분절의 무게중심을 구하기 위해서는 각 분절의 근위단(proximal end)과 원위단(distal end)의 위치 좌표 값을 알아야 된다. 두 좌표 값의 차이에 근위관절로부터 표 9-1을 이용하여 무게중심까지의 길이 비율을 곱한 값을 통해 각 분절의 무게중심을 구할 수 있다.

각 분절의 무게중심을 구하는 식은 다음과 같다. 대퇴를 예로 들어 보자(그림 9-22).

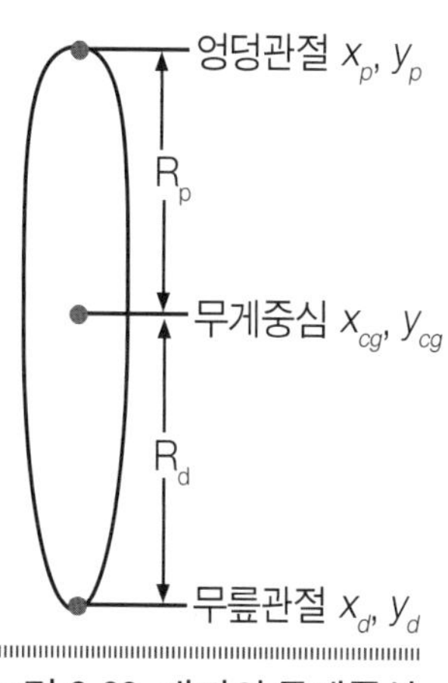

그림 9-22. 대퇴의 무게중심

$$x_{cg} = x_p + R_p(x_d - x_p) \quad \text{(식 9-5)}$$

$$y_{cg} = y_p + R_p(y_d - y_p) \quad \text{(식 9-6)}$$

여기서

(x_{cg}, y_{cg}) = 대퇴의 무게중심 좌표
(x_p, y_p) = 근위 관절 (엉덩관절)의 좌표
(x_d, y_d) = 원위 관절 (무릎 관절)의 좌표
R_p = 분절 전체 길이에 대한 근위관절로부터 무게중심까지의 길이 비율 (0.433)

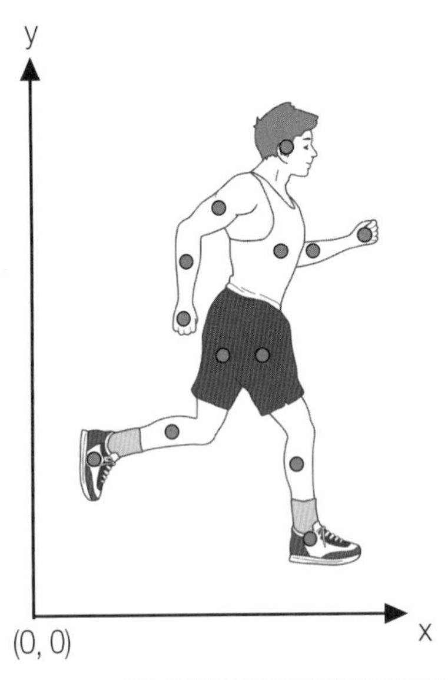

그림 9-23. 각 분절 무게 중심의 위치

R_d= 분절 전체 길이에 대한 원위관절로부터 무게중심까지의 길이 비율 (0.567)

이와 같은 방법으로 모든 분절의 무게중심의 위치를 구한 후 각 분절의 질량을 계산해야 된다. 각 분절의 질량은 개인차가 있지만 개인별로 계산할 수 없기 때문에 인체측정학적 자료(표 9-1)를 사용한다. 예컨대 70kg인 사람의 각 분절 질량은 다음과 같다.

발 : (0.0145)(70 kg) = 1.015 kg
하퇴 : (0.0465)(70 kg) = 3.255 kg
대퇴 : (0.10)(70 kg) = 7 kg
손 : (0.006)(70 kg) = 0.42 kg
전완 : (0.016)(70 kg) = 1.12 kg
상완 : (0.028)(70 kg) = 1.96 kg
몸통 : (0.497)(70 kg) = 34.79 kg
머리 : (0.081)(70 kg) = 5.67 kg
총 질량 = 70 kg

얻어진 각 분절의 무게중심과 각 분절의 질량을 (식 9-4)에 대입하여 인체 전체의 무게중심을 구할 수 있다.

$$x_{cg} = \frac{1}{M} \Sigma m_i x_i \ , \quad y_{cg} = \frac{1}{M} \Sigma m_i y_i$$

적용예제 7

엉덩관절의 위치 좌표가 (30.5, 82.3), 무릎관절의 위치 좌표가 (36.7, 45.2)일 때 대퇴의 무게중심의 위치 좌표는 얼마인가? 여기서 단위는 cm.

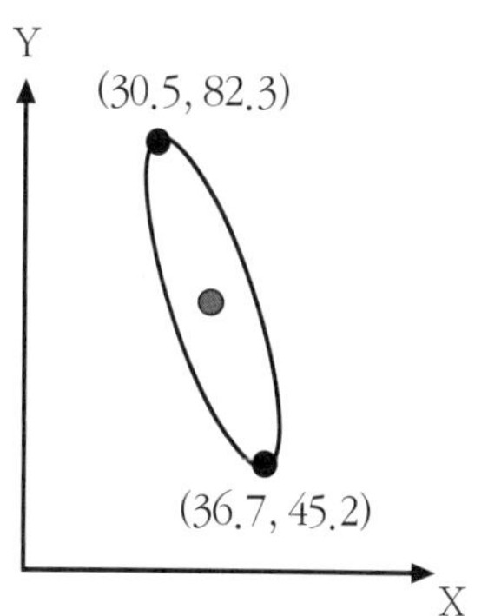

해결

$x_{cg}=x_p+R_p(x_d-x_p)=30.5+(0.433)(36.7-30.5)=33.18$

$y_{cg}=y_p+R_p(y_d-y_p)=82.3+(0.433)(45.2-82.3)=66.24$

$(x_{cg}, y_{cg})=(33.18, 66.24)$

적용예제 8

다음 그림에서 무게중심을 구해보시오. 이 사람의 질량은 70 kg이다.
이 때 인체 지점의 좌표값은 다음과 같다.

1. 오른쪽 발끝 (28,3)
2. 오른쪽 발목관절 (23,10)
3. 오른쪽 무릎관절 (33,24)
4. 오른 쪽 엉덩관절 (27,43)
5. 왼쪽 발끝 (24,16)
6. 왼쪽 발목관절 (25,25)
7. 왼쪽 무릎관절(40,29)
8. 왼쪽 엉덩관절 (32,42)
9. 오른쪽 손끝(45,54)
10. 오른쪽 손목관절 (42,52)
11. 오른쪽 팔꿈치관절(31,52)
12. 오른쪽 어깨관절(33,63)
13. 왼쪽 손끝 (38,50)
14. 왼쪽 손목관절 (36,51)
15. 왼쪽 팔꿈치관절(27,53)
16. 왼쪽 어깨관절(28,63)
17. 머리끝(34,76)

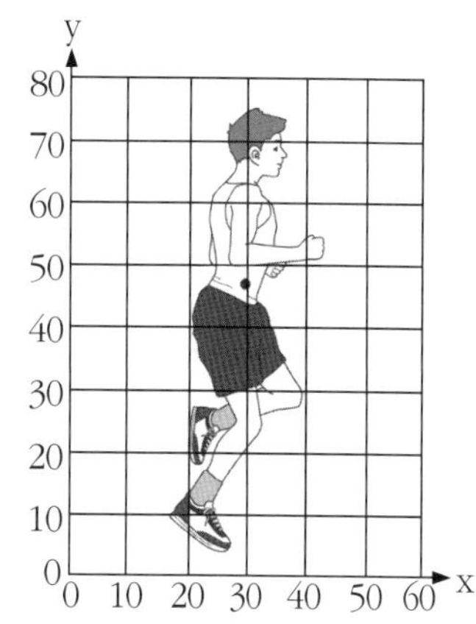

해결

각 분절의 무게중심을 구한다.

오른쪽 발 : $x_{cg}=x_p+R_p(x_d-x_p)=23+0.5(28-23)=25.5$

$y_{cg}=y_p+R_p(y_d-y_p)=10+0.5(3-10)=6.5$

오른쪽 하퇴 : $x_{cg}=x_p+R_p(x_d-x_p)=33+0.433(23-33)=28.67$

$y_{cg}=y_p+R_p(y_d-y_p)=24+0.433(10-24)=17.94$

오른쪽 대퇴 : $x_{cg}=x_p+R_p(x_d-x_p)=27+0.433(33-27)=29.60$

$y_{cg}=y_p+R_p(y_d-y_p)=43+0.433(24-43)=34.77$

왼쪽 발 : $x_{cg}=x_p+R_p(x_d-x_p)=25+0.5(24-25)=24.5$

$y_{cg}=y_p+R_p(y_d-y_p)=25+0.5(16-25)=20.5$

왼쪽 하퇴 : $x_{cg}=x_p+R_p(x_d-x_p)=40+0.433(25-40)=33.51$

$y_{cg}=y_p+R_p(y_d-y_p)=29+0.433(25-29)=27.27$

왼쪽 대퇴 : $x_{cg}=x_p+R_p(x_d-x_p)=32+0.433(40-32)=35.46$

$y_{cg}=y_p+R_p(y_d-y_p)=42+0.433(29-42)=36.37$

오른쪽 손 : $x_{cg}=x_p+R_p(x_d-x_p)=42+0.506(45-42)=43.52$

$y_{cg}=y_p+R_p(y_d-y_p)=52+0.506(54-52)=53.01$

오른쪽 전완 : $x_{cg}=x_p+R_p(x_d-x_p)=31+0.430(42-31)=35.73$

$y_{cg}=y_p+R_p(y_d-y_p)=52+0.430(52-52)=52$

오른쪽 상완: $x_{cg}=x_p+R_p(x_d-x_p)=33+0.436(31-33)=32.13$

$y_{cg}=y_p+R_p(y_d-y_p)=63+0.436(52-63)=58.20$

왼쪽 손 : $x_{cg}=x_p+R_p(x_d-x_p)=36+0.506(38-36)=37.01$

$y_{cg}=y_p+R_p(y_d-y_p)=51+0.506(50-51)=50.49$

왼쪽 전완 : $x_{cg}=x_p+R_p(x_d-x_p)=27+0.430(36-27)=30.87$

$y_{cg}=y_p+R_p(y_d-y_p)=53+0.430(51-53)=52.14$

왼쪽 상완 : $x_{cg}=x_p+R_p(x_d-x_p)=28+0.436(27-28)=27.56$

$y_{cg}=y_p+R_p(y_d-y_p)=63+0.436(53-63)=58.64$

몸통의 근위단은 오른쪽 어깨관절과 왼쪽 어깨관절을 연결한 선의 중앙이라 가정한다. 원위단은 오른쪽 엉덩관절과 왼쪽 엉덩관절을 연결한 선의 중앙이라 가정한다.

몸통의 근위단(양쪽어깨관절 중앙) : $x_p=(33+28)/2=30.5$

$y_p=(63+63)/2=63$

몸통의 원위단(양쪽엉덩관절 중앙) : $x_p=(27+32)/2=29.5$

$y_p=(43+42)/2=42.5$

몸통 : $x_{cg}=x_p+R_p(x_d-x_p)=30.5+0.5(29.5-30.5)=30$

$y_{cg}=y_p+R_p(y_d-y_p)=63+0.5(42.5-63)=52.75$

머리의 근위단을 머리끝으로 간주하고 원위단을 오른쪽 어깨관절과 왼쪽 어깨관절을 연결한 선의 중앙이라 가정한다.

머리 : $x_{cg}=x_p+R_p(x_d-x_p)=34+0.464(30.5-34)=32.38$

$y_{cg}=y_p+R_p(y_d-y_p)=76+0.464(63-76)=69.97$

인체 전체의 무게중심 x좌표 :

$\frac{1}{M}\Sigma m_i x_i$

$=\frac{1}{70}[(1.015)(25.5)+(3.255)(28.67)+(7)(29.60)+(1.015)(24.5)+(3.255)(33.51)+(7)(35.46)+(0.42)(43.52)+(1.12)(35.73)+(1.96)(32.13)+(0.42)(37.01)+(1.12)(30.87)+(1.96)(27.56)+(34.79)(30)+(5.67)(32.38)]=30.88$

≈ 31

인체 전체의 무게중심 y좌표 :

$\frac{1}{M}\Sigma m_i y_i$

$=\frac{1}{70}[(1.015)(6.5)+(3.255)(17.94)+(7)(34.77)+(1.015)(20.5)+(3.255)(27.27)+(7)(36.37)+(0.42)(53.01)+(1.12)(52)+(1.96)(58.20)+(0.42)(50.49)+(1.12)(52.14)+(1.96)(58.64)+(34.79)(52.75)+(5.67)(69.97)]=47.04$

≈ 47

그러므로 인체 전체의 무게중심은 (31, 47)이다.

10

각운동역학(angular kinetics) -각운동량과 회전운동에너지

1. 관성모멘트

관성은 움직임의 변화에 대한 저항이다. 선운동에서는 물체의 관성을 측량한 것이 질량이다. 무거울수록 관성이 크고 선운동의 변화를 일으키기 어렵다. 각운동에서도 이와 비슷하다. 물체의 질량이 클수록 각운동의 변화에 대한 저항이 크다. 예를 들어, 실제 야구 배트와 모양과 크기가 같은 플라스틱으로 만들어진 장난감 배트를 휘둘러서 비교해 보면 가벼운 장난감 배트는 쉽게 휘둘러지는 반면에 무거운 야구 배트는 어렵게 느껴질 것이다. 각운동의 변화에 대한 저항은 이렇게 질량의 크기 뿐 아니라 회전축에 대해 물체의 질량이 어떻게 분포 되어 있느냐에 따라 달라진다. 질량이 회전축에 가깝게 분포되어 있으면 각운동의 변화가 수월하고 같은 질량이라도 회전축에서 멀리 분포되어 있으면 각운동의 변화가 어렵다. 예컨대 야구 배트를 스윙할 때 손잡이 부분이 아닌 반대쪽의 두툼한 부분을 잡고 스윙하면 좀 더 쉽게 휘둘려지는 것을 느낄 수 있다. 이렇게 물체의 질량은 바뀌지 않지만 어디를 잡고 회전시키느냐에 따라 회전축으로부터 질량의 분포가 달라지기 때문에 회전 효과는 달라진다.

이렇게 회전 효과에 영향을 주는 것을 관성모멘트(Moment of inertia)라 한다. 관성모멘트는 회전운동의 변화에 저항하는 물체의 특성이며 질량의 크기 뿐 아니라 회전축을 중심으로 그 질량이 어떻게 분포 되어 있느냐에 따라 그 크기가 결정된다. 관성모멘트가 클수록 회전이 어려워지며 반대로 관성모멘트가 작아질수록 회전은 쉬워진다.

그럼 관성모멘트를 어떻게 구할 수 있는지 살펴보자. 질량이 m인 공을 피아노 줄과 같이 질량이 없다고 가정할 수 있는 길이 r인 줄에 연결하였다고 생각해 보자(그림 10-1). 회전축을 중심으로 공을 회전시키기 위해서는 공과 줄을 연결한 선과 직각을 이루는 방향으로 힘 F가 작용해야 된다. 뉴턴의 운동 제2법칙에 따라 그 힘에 의해 공의 접선가속도 (a_t) 가 생긴다.

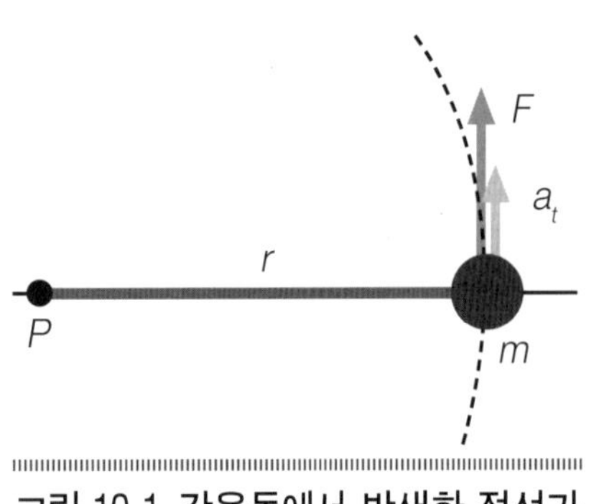

그림 10-1. 각운동에서 발생한 접선가속도

뉴턴의 운동 제2 법칙은 다음과 같이 쓸 수 있다.

$F = ma_t$

각항에 회전축에서 물체까지의 거리 r을 곱하면

$rF = rma_t$

여기서 $a_t = r\alpha$이므로 위 식에 대입하면

$rF = mr^2\alpha$

위 식의 왼쪽 항이 토크이므로 다음과 같이 다시 쓸 수 있다.

$$T = mr^2\alpha \quad \text{(식 10-1)}$$

이 식은 물체에 작용한 토크의 크기는 물체의 각가속도(α)에 비례한다는 것을 나타낸다. 여기서 mr^2를 관성모멘트라 하고 I로 표시한다. 관성모멘트 I의 단위는 kgm^2이다.

$$I = mr^2 \quad \text{(식 10-2)}$$

그러므로 물체가 하나의 입자라면 (식 10-2)를 (식 10-1)에 대입하면 토크는 다음과 같다.

$$T = I\alpha \quad \text{(식 10-3)}$$

그러나 하나의 강체는 여러 개의 입자가 모여서 이루어진 것이므로 회전축을 중심으로 회전하는 강체의 토크는 그 물체를 구성하는 모든 입자에 각각 작용

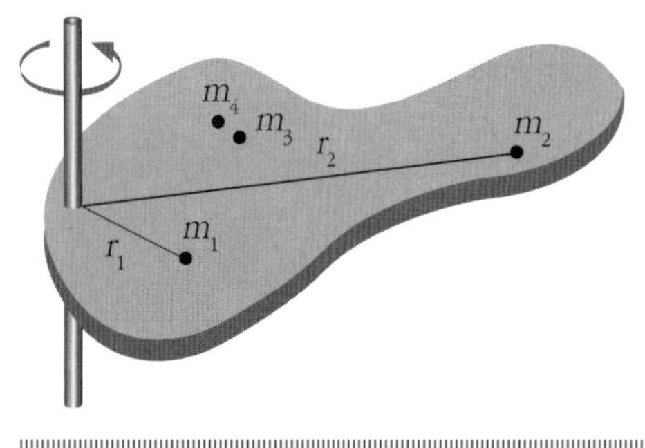

그림 10-2. 하나의 강체는 여러 개의 입자가 모여서 이루어진 것이므로 회전축을 중심으로 회전할 때의 토크는 각 입자들의 토크 합으로 나타낼 수 있다.

하는 토크들의 합으로 구할 수 있다. 그림 10-2는 임의의 한 강체가 회전축을 중심으로 회전하는 것을 보여주고 있다.

이 물체는 무수히 많은 입자들 ($m_1, m_2, \cdots, m_n$) 로 구성되어 있다. 그림 10-2에는 4개의 입자만 표시하였다. 각 입자들의 토크는 위의 (식 10-1)을 이용하여 구하면 다음과 같다. 이때 모든 입자의 각가속도는 같다.

$$T_1 = (m_1 r_1^2)\,\alpha$$

$$T_2 = (m_2 r_2^2)\,\alpha$$

$$\vdots$$

$$T_n = (m_n r_n^2)\,\alpha$$

모든 입자의 토크를 모두 더하면 다음과 같다.

$$\Sigma T_i = (\Sigma m_i r_i^2)\,\alpha$$

여기서 ΣT_i 는 모든 입자의 토크 합이며 $\Sigma m_i r_i^2$ 는 각각 입자의 관성모멘트를 더한 값으로 이 물체의 관성모멘트다.

$$I = m_1 r_1^2 + m_2 r_2^2 + \cdots + m_n r_n^2 = \Sigma m_i r_i^2 \qquad (식\ 10\text{-}4)$$

여기서 I 는 임의의 한 곳을 회전축으로 할 때 물체 전체의 관성모멘트, m_i 는 i 번째 입자의 질량, r_i 는 i 번째 입자의 회전축으로부터의 거리다.

종합하면 한 회전축에 대해 회전하는 강체에 작용하는 토크는 하나의 입자에 대한 토크 (식 10-3)과 같다.

$$\Sigma T = I\alpha \qquad \text{(식 10-5)}$$

여기서 ΣT 는 물체에 작용하는 토크, I 는 임의의 한 곳을 회전축으로 할 때 물체 전체의 관성모멘트, α는 물체의 각가속도이다.

이 식은 한 물체의 각가속도는 그 물체에 작용하는 알짜 토크에 비례하고 관성모멘트에 반비례한다는 것을 말해 준다. $T=I\alpha$는 뉴턴의 운동 제2법칙인 $F=ma$ 와 비슷하여 비교된다. 토크는 힘, 관성모멘트는 질량, 각가속도는 가속도의 역할을 한다. 힘이 강체에 작용하면 강체의 움직임에 두 개의 형태로 영향을 준다. 먼저 힘은 강체의 가속도(a)를 만들 수 있으며 동시에 그 강체의 각가속도(α)를 야기할 수 있다.

앞에서 배운 (식 9-1) $T=rF$ 는 물체에 힘이 작용할 때 발생하는 토크의 크기를 말해 주고 있다. $T=I\alpha$는 이렇게 발생한 토크에 의해 나타나는 물체의 움직임을 표현한다. $T=rF$ 를 토크의 원인이라 한다면 $T=I\alpha$는 토크의 결과라고 할 수 있다. 예컨대 휠체어 경주에서 바퀴를 돌리기 위한 큰 힘이 작용하여 큰 토크가 발생하면, 큰 토크에 의해 바퀴가 빠른 각가속도를 갖는다(그림10-3).

물체의 질량은 변하지 않는 고유의 값을 갖고 있지만 회전축의 위치가 변하

그림 10-3. 바퀴의 토크가 바퀴의 각가속도를 만든다

면 그 회전축으로부터 그 물체를 구성하는 각 입자까지의 거리(r_i)가 바뀌기 때문에 관성모멘트는 회전축이 어디냐에 따라 변한다. 그림 10-2와 같이 물체의 왼쪽이 회전축이 될 수도 있지만 물체의 무게중심, 물체의 오른쪽 등 회전축이 될 수 있는 곳은 무수히 많기 때문에 이 물체의 관성모멘트도 회전축의 위치에 따라 많은 다른 값을 가질 수 있다.

선운동에서는 관성에 영향을 주는 것이 질량뿐이었지만 각운동의 관성에 영향을 주는 것은 질량과 질량의 분포다. (식 10-2)에서 보면 두 요소의 영향이 같지 않고 질량의 분포가 관성모멘트에 보다 큰 영향을 준다. 물체의 질량이 두 배가 되면 관성모멘트도 두 배가 되지만, 분포의 거리가 두 배가 되면 관성모멘트는 네 배가 된다. 조금 더 무거운 배트 보다 조금 더 긴 배트를 스윙할 때 더욱 어려움을 겪게 된다. 야구 배트의 두툼한 부분을 잡고 스윙할 때가 정상적으로 잡고 스윙할 때 보다 쉽게 돌릴 수 있는 것은 배트의 많은 입자들의 질량이

Q 적용예제 1

질량이 1kg인 입자 두 개가 얇은 막대기 끝에 고정되어 있다. 막대기의 길이는 1m이다. 막대기의 질량은 고려하지 않는다. 막대기의 끝을 회전축으로 할 때와 막대기의 가운데를 회전축으로 할 때의 관성모멘트를 구하시오.

회전축
m_1 r_2 m_2
(a)

회전축
m_1 r_1 r_2 m_2
(b)

회전축
(c)

A 해결

a) 회전축이 끝인 경우

$$I=\Sigma m_i r_i^2=m_1 r_1^2+m_2 r_2^2=(1\text{kg})0^2+(1\text{kg})(1\text{m})^2=1\text{kg}\cdot\text{m}^2$$

b) 회전축이 가운데인 경우

$$I=\Sigma m_i r_i^2=m_1 r_1^2+m_2 r_2^2=(1\text{kg})(0.5\text{m})^2+(1\text{kg})(0.5\text{m})^2=0.5\text{kg}\cdot\text{m}^2$$

이 물체의 질량은 2kg으로 변함이 없지만 회전축의 위치에 따라 관성모멘트는 달라진다.

회전축을 그림c와 같이 수직축으로 하면 관성모멘트는 더 작아져 회전운동이 쉬워진다.

회전축에 가까워져서 야구 배트의 관성모멘트가 훨씬 작아지기 때문이다.

관성모멘트를 크게 만들어 안정성을 높이는 경우도 있고, 반대로 관성모멘트를 줄여 동작을 쉽게 하려는 경우도 있다. 먼저 관성모멘트를 크게 하는 경우를 살펴보자. 그림 10-4는 긴 막대기를 들고 외줄타기 하는 것을 보여 준다. 막대기가 없을 때 보다 막대기를 갖고 건널 때 관성모멘트가 매우 커진다. 커진 관성모멘트는 각운동이 발생하는 것을 방해하기 때문에 외줄 타는 것이 가능해진다. 그림 10-5는 막대기 대신에 팔을 벌려 관성모멘트를 증가시켜서 회전을 방해함으로써 균형을 유지하는 것을 보여 준다. 또한, 양궁의 stabilizer는 관성모멘트를 증가시켜 활의 상하 움직임을 억제해 주는 역할을 한다(그림 10-6).

다음은 관성모멘트를 줄이는 경우다. 그림 10-7은 골프선수가 골프채를 짧게 잡고 있는 모습이다. 짧게 잡음으로 인해 회전축에 클럽의 헤드가 가까워져서 관성모멘트는 작아지고 스윙하기 쉬워진다. 야구배트를 짧게 잡고 치는 경우도 마찬가지다. 스윙이 쉬워져서 배트를 컨트롤하기 용이해진다.

그림 10-4. 긴 막대기로 관성모멘트를 증가시킨다

그림 10-5. 팔을 벌려 관성모멘트를 증가시킨다

그림 10-6. 양궁의 stabilizer는 관성모멘트를 증가시킨다

그림 10-7. 골프채와 야구배트를 내려잡아 관성모멘트를 줄인다

1) 회전반경(radius of gyration)

현실적으로 단순하지 않은 물체의 관성모

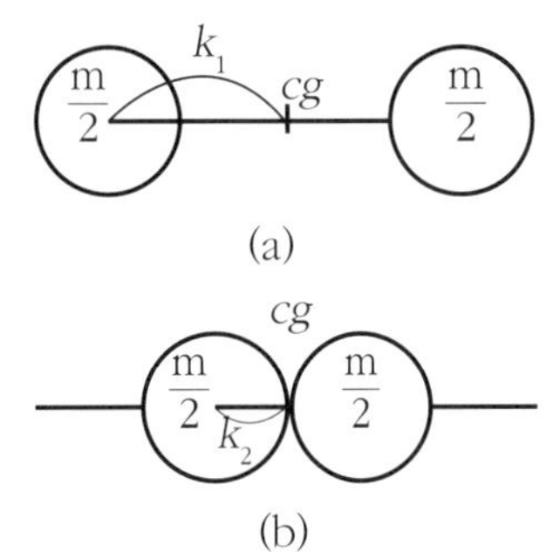

그림 10-8. 무게중심에 대한 회전반경

표 10-1. 원통 막대기와 공의 관성모멘트(m은 질량, L은 길이, R은 반지름)

그림	물체	관성모멘트
L, 무게중심 회전축	얇은 막대기	$I=\frac{1}{12}mL^2$
회전축, L	얇은 막대기	$I=\frac{1}{3}mL^2$
L, R	굵은 원통	$I=\frac{1}{4}mR^2+\frac{1}{12}mL^2$
R, 회전축	속이 찬 공	$I=\frac{2}{5}mR^2$
R, 회전축	속이 빈 공	$I=\frac{2}{3}mR^2$

멘트를 구하는 것은 어렵다. 그 물체를 구성하고 있는 무수히 많은 입자들의 질량과 위치를 정확히 파악할 수 없기 때문이다. 규칙적으로 간단하게 생긴 물체의 관성모멘트는 이미 찾아놓은 수학적 식을 이용하여 구할 수 있다. 표 10-1은 미리 구해진 원통 막대기와 공의 관성모멘트를 보여주고 있다.

모든 물체의 관성모멘트를 구하기 위해 (식 10-4)를 사용해서 계산한다는 것은 매우 어렵고 불가능하기 때문에 (식 10-4)을 수학적으로 다음과 같이 표현할 수 있다.

$$I=mk^2 \qquad \text{(식 10-6)}$$

여기서 I 는 임의의 한 곳을 회전축으로 할 때의 관성모멘트, m 은 물체의 질량, k 는 임의의 회전축에 대한 회전반경이다.

지금부터 관성모멘트는 (식 10-6)에 의한 것으로 한다. 회전반경(radius of gyration: k)은 회전축에 대하여 물체의 질량 분포 정도를 나타내며 회전축으로부터 그 물체의 전체 질량이 집중되어 있다고 가정할 수 있는 점까지의 거리를 의미한다. 예를 들어 보자. 그림 10-8의 물체는 하나의 질량이 m/2인 두 개의 구로 구성되어 있다. a는 두 구가 떨어져 있고 b는 두 구가 붙어 있다. 그림 10-8a와 그림 10-8b 두 물체의 전체 질량은 같다. 그러나 무게중심을 회전축으로 할 때 a의 회전반경은 k_1이고 b의 회전반경은 k_2로 질량의 분포에 따라 회전반경은 다르다. 두 구를 연결한 막대의 질량을 고려하지 않으면, 무게중심을 회전축으로 할 때 a의 질량은 m이고 관성모멘트는 $I_a = mk_1^2$, b의 질량도 m이고 관성모멘트는 $I_b = mk_2^2$이다. 만약, $k_1 = 2k_2$라면 $I_a = 4I_b$이다. 다시 말해 물체 a의 회전반경이 물체 b의 회전반경에 비해 2배 길면, 물체 a의 관성모멘트가 물체 b의 관성모멘트에 비해 4배 크다.

2. 인체의 관성모멘트

인체의 분절은 불규칙적이고 복잡하게 생겼다. 분절은 근육, 뼈, 피부 등과 같이 서로 다른 조직들로 구성되어 있고 질량이 골고루 분포되어 있지 않기 때문에 인체 분절의 관성모멘트를 구하기 위해 (식 10-4)을 사용할 수 없다. 인체 분절의 관성모멘트를 구하는 방법은 몇 가지가 있지만, 가장 많이 인용되는 수치는 사체 연구를 통해 구한 방법이다.

인체 분절의 관성모멘트는 개인별로 많은 차이가 있음에도 불구하고 사체 연구를 통해 얻은 회전반경(radius of gyration)을 사용한다. 회전반경(k)은 회전축에 대한 분절의 질량 분포 정도를 나타내며 회전축으로부터 그 분절의 전체 질량이 집중되어 있다고 가정할 수 있는 점까지의 거리를 의미한다.

관성모멘트의 (식 10-6)을 다시 써보자.

$$I = mk^2 \quad \text{(식 10-6)}$$

여기서 I는 임의의 회전축에 대한 관성모멘트, m은 분절 전체 질량, k는 임의의 회전축에 대한 회전반경이다. 표 10-2에 인체 분절의 회전축이 질량중심, 근위단(proximal end), 원위단(distal end)일 때, 분절의 길이에 대한 회전반경의 위치를 각각의 회전축으로부터의 비율이 제시되어 있다. 예컨대 하퇴의 경우 질량중심에서 0.302가 의미하는 것은 다음과 같다.

표 10-2. 좌우축에 대한 회전반경/분절길이

분절	무게중심축	근위단축	원위단축
발	0.475	0.690	0.690
하퇴	0.302	0.528	0.643
대퇴	0.323	0.540	0.653
손	0.297	0.587	0.577
전완	0.303	0.526	0.647
상완	0.322	0.542	0.645
몸통	0.406	0.640	0.648
머리	0.495	0.116	0.495

하퇴가 질량중심을 지나는 축을 회전축으로 하여 회전할 때 무게중심으로부터 하퇴 전체 길이의 0.302에 해당되는 지점에 하퇴의 질량이 집중되어 있다고 가정할 수 있는 것이다. 근위에서 0.528가 의미하는 것은 다음과 같다. 하퇴의 근위단 즉 축구킥 동작 시 무릎 관절을 회전축으로 하여 회전할 때 무릎 관절로부터 하퇴 전체 길이의 0.528에 해당되는 지점에 하퇴의 질량이 집중되어 있다고 가정할 수 있는 것이다. 원위에서 0.643가 의미하는 것은 다음과 같다. 하퇴의 원위단 즉 걸을 때 발이 지면에 닿아 있을 시 발목 관절을 회전축으로 하여 회전할 때 발목 관절로부터 하퇴 전체 길이의 0.643에 해당되는 지점에 하퇴의 질량이 집중되어 있다고 가정할 수 있다는 것이다.

세 개의 값을 비교해 보면 무게중심일 때 가장 작은데 이는 회전축에 질량 분포가 가깝게 되어 있기 때문이다. 반면에 인체 분절들의 형태는 역삼각형으로 생겼기 때문에 원위단을 중심으로 할 때 질량 분포가 가장 멀리 있는 모양이어서 이때의 회전반경이 가장 크다.

Q 적용예제 2

표 9-1과 표 10-2를 이용하여 질량 70kg, 키 175cm인 사람의 무게중심, 근위단, 원위단에 대한 대퇴의 관성모멘트를 구해보자

A 해결

대퇴의 질량=(0.10)(70 kg)=7kg, 대퇴의 길이=(0.245)(1.75 m)=0.43m

무게중심에 대한 관성모멘트 : 회전반경(k_{cg})=(0.323)(0.43 m)=0.139m

$I_{cg}=mk^2_{cg}=(7kg)(0.139m)^2=0.135kg\cdot m^2$

근위단에 대한 관성모멘트 : 회전반경(k_p)=(0.540)(0.43 m)=0.232m

$I_p=mk^2_p=(7kg)(0.232m)^2=0.377kg\cdot m^2$

원위단에 대한 관성모멘트 : 회전반경(k_d)=(0.653)(0.43 m)=0.281m

$I_d=mk^2_d=(7kg)(0.281m)^2=0.553kg\cdot m^2$

대퇴의 경우 무게중심에 대한 관성모멘트는 만약 대퇴 부위만 분리하여 눕혀서 팽이 돌리듯 돌리면 무게중심을 회전축으로 돌게 될 것이고 이때의 관성모멘트를 의미한다. 근위단에 대한 관성모멘트는 엉덩 관절을 회전축으로 각운동할 때의 관성모멘트를 일컫는다. 걷기와 달리기, 태권도 발차기에서 발을 들어 앞으로 이동 시킬 때 엉덩 관절이 회전축이 된다. 원위단에 대한 관성모멘트는 무릎 관절을 회전축으로 각운동 할 때의 관성모멘트를 일컫는다. 발을 지면에 대고 무릎 관절을 굴곡한 기마 자세에서 똑바로 일어서면서 무릎을 신전시키는 동작은 무릎 관절을 회전축으로 대퇴가 각 운동하는 경우다. 철봉에서 무릎으로 철봉에 거꾸로 매달려서 몸을 흔들면 이때도 무릎 관절을 회전축으로 대퇴가 각 운동하는 것이다.

1) 평행 축 정리(parallel-axis theorem)

같은 물체라도 회전축의 위치에 따라 관성모멘트가 달라지는 것을 배웠다. 회전축의 위치는 수없이 바뀔 수 있고 관성모멘트 값도 이에 따라 변하게 된다. 물체의 무게중심을 통과하는 회전축을 중심으로 회전시킬 때의 회전반경이 가장 작기 때문에 그 회전축과 평행되는 축을 중심으로 회전시킬 때의 어떤 관성모멘트와 비교해도 가장 작다.

인체 분절의 경우 좌우축 방향으로는 3개의 회전축에 대한 회전반경 값이 중요하다. 무게중심 축에 대한 관성모멘트가 가장 작고 그 다음이 근위단, 가장 큰 관성모멘트는 원위단을 회전축으로 할 때 발생한다. 3개의 회전축은 서로 평행 관계이며 관성모멘트 값은 (식 10-7)에 의해 구할 수 있다.

$$I = I_{cg} + md^2 \qquad \text{(식 10-7)}$$

여기서 I_{cg}는 무게중심을 통과하는 회전축에 대한 관성모멘트, m은 분절의 전체 질량, d는 무게중심축과 임의의 회전축과의 길이, I는 임의의 회전축에 대한 관성모멘트이다. (식 10-7)을 평행 축 정리라 한다.

대퇴의 경우를 적용해 보자(표 9-1, 표 10-2를 참고).

무게중심에 대한 관성모멘트 : $I_{cg}=0.135\text{kg}\cdot\text{m}^2$

근위단에 대한 관성모멘트 :

무게중심과 근위단과의 길이 d=(0.433)(0.43m)=0.186m

$I_p=I_{cg}+md^2=0.135\text{kg}\cdot\text{m}^2+(7\text{kg})0.186)^2=0.377\text{kg}\cdot\text{m}^2$

원위단에 대한 관성모멘트 :

무게중심과 원위단과의 길이 d=(0.567)(0.43m)=0.244m

$I_d=I_{cg}+md^2=0.135\text{kg}\cdot\text{m}^2+(7\text{kg})(0.244\text{m})^2=0.552\text{kg}\cdot\text{m}^2$

회전축의 위치에 따라 달라지는 회전반경을 사용해서 얻은 관성모멘트 값과 평행 축 정리에 의해 계산된 관성모멘트 값은 같다. 그러므로 무게중심에 대한 관성모멘트를 알고 있으면 평행 축 정리에 의해 임의의 회전축에 대한 관성모멘트를 구할 수 있다.

무게중심축에 대한 관성모멘트가 임의의 회전축에 대한 관성모멘트에 비해 가장 작다. 그래서 무게중심축에 대해 회전할 때가 가장 쉽고 자연스러운 회전이다.

그림 10-9. 엉덩 관절에 대한 각 분절의 위치

그러나 우리가 배트, 골프 클럽, 테니스 라켓 등을 휘두를 때 그 도구들은 무게중심을 축으로 하여 회전하는 것이 아니고 손으로 잡은 곳 혹은 어깨 관절이 회전축이 된다. 그러므로 회전축으로 무게중심축이 사용될 때보다 관성모멘트는 커지게 된다. 인체 분절은 무게중심축을 중심으로 회전운동이 발생하는 것이 아니고 대부분 분절의 근위관절을 중심으로 회전운동이 발생하기 때문에 평행 축 정리가 매우 유용하게 적용된다.

그림 10-9은 달릴 때 각 하지 관절의 각도에 따라 분절의 위치가 정해지고 관성모멘트가 결정되는 것을 보여 준다. d1은 엉덩 관절에서 대퇴의 무게중심까지의 거리, d2는 엉덩 관절에서 하퇴의 무게중심까지의 거리, d3는 엉덩 관절에서 발의 무게중심까지의 거리를 나타내고 있다. d1의 길이는 달라지지 않기 때문에 엉

덩 관절에 대한 대퇴의 관성모멘트는 항상 같지만 d2와 d3의 길이는 계속 변하기 때문에 엉덩 관절에 대한 관성모멘트 역시 계속 달라진다. d2와 d3의 길이를 줄일수록 엉덩 관절에 대한 하퇴와 발의 관성모멘트가 작아져서 각운동이 쉬워진다. 그러므로 보다 더 빨리 달리기 위해서는 다리를 앞으로 옮기기 전에 발뒤꿈치가 엉덩이에 닿을 정도로 무릎 관절을 최대한 굴곡 시켜 d2와 d3를 최소화 시켜 관성모멘트를 줄이는 것이 필요하다. 관성모멘트가 줄어들면 같은 토크에 각가속도가 커져 빨리 달릴 수 있다.

그림 10-10. 축구 킥

축구에서 킥을 생각해 보자. 공을 차기 전에 엉덩 관절에서 과신전, 무릎 관절에서 굴곡 하여 엉덩 관절에 대한 관성모멘트를 줄인 상태에서 더 쉽고 빠르게 다리를 가속시켜 공을 빠른 속도로 찬다(그림 10-10). 발이 공에 접근하면서 무릎 관절이 신전 되는데 이로 인해 엉덩 관절에 대한 관성모멘트는 증가하여 각속도가 줄어들기 때문에 정확하게 발이 공과 접촉 할 수 있다. 엉덩관절에 대한 각 분절의 관성모멘트는 (식 10-7)인 평행 축 정리를 적용하여 계산한다.

인체의 관성모멘트는 각 분절 별로 나타낼 수 있고, 엉덩 관절에 대한 대퇴,

Q 적용예제 3

그림에서 선수의 질량 80kg, 키 180cm, d1= 0.4m, d2=0.52m, d3=0.8m 일 때 엉덩 관절에 대한 하지의 관성모멘트는 얼마인가?

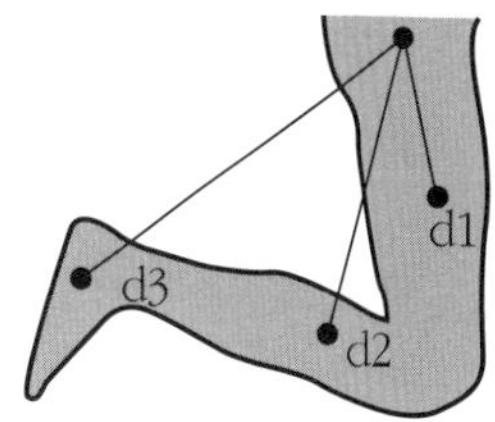

A 해결

각 분절의 I_{cg}를 계산하기 위해 표 9-1과 표 10-2를 이용하여 각 분절의 질량과 회전반경(k_{cg})를 구한다.

$I_{cg}=mk^2_{cg}$

대퇴 : 질량=(80kg)(0.100)=8kg , k_{cg}=(1.8m)(0.245)(0.323)=0.142m

하퇴 : 질량=(80kg)(0.0465)=3.72kg, k_{cg}=(1.8m)(0.246)(0.302)=0.134m

발 : 질량=(80kg)(0.0145)=1.16kg, k_{cg}=(1.8m)(0.152)(0.475)=0.130m

대퇴의 관성모멘트 : $I=I_{cg}+md^2$=(8kg)(0.142m)^2+(8kg)(0.4m)^2=1.441kg · m^2

하퇴의 관성모멘트 : $I=I_{cg}+md^2$=(3.72kg)(0.134m)^2+(3.72kg)(0.52m)^2=1.073kg · m^2

발의 관성모멘트 : $I=I_{cg}+md^2$=(1.16kg)(0.130m)^2+(1.16kg)(0.8m)^2=0.762kg · m^2

엉덩 관절에 대한 하지의 관성모멘트 : I=1.441kg · m^2+1.073kg · m^2+0.762kg · m^2 =3.276kg · m^2

하퇴, 발 등 여러 개의 분절의 관성모멘트를 합하여 나타낼 수 있다. 더 나아가 특정한 한 축에 대해 몸 전체의 관성모멘트를 구할 수 있다.

몸 전체의 관성모멘트는 회전축이 어디에 있느냐 뿐 아니라 인체의 분절을 회전축과 가깝게 하는 정도에 따라서 달라진다. 예컨대 기계체조 마루 운동 혹은 다이빙의 공중 돌기 동작에서 몸을 똑바로 펴느냐 혹은 구부리느냐에 따라 관성모멘트는 조절이 된다. 관성모멘트가 크면 회전에 대한 저항이 크기 때문에 일정한 시간 동안에 많은 회전을 하기 어렵다. 같은 회전수를 도는 동작이라도 관성모멘트가 큰 상태에서 회전하게 되면 어려운 동작으로 간주되어 더 높은 점수를 받을 수 있다.

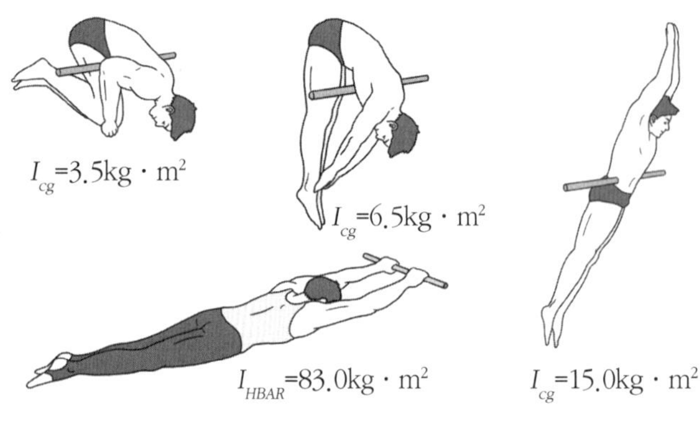

그림 10-11. 다이빙과 기계체조 자세의 관성모멘트

다이빙 동작에서 몸의 질량이 70kg인 경우에 몸 구부려 공중돌기 동작할 때의 회전축은 인체의 무게중심을 지나가기 때문에 회전반경이 매우 작아서 관성모멘트가 약 3.5kg · m^2 정도이고 철봉에서 몸 펴서 회전 동작할 때는 손으로 잡고 있는 철봉대가 회전축이므로 회전반지름은 길어져서 관성모멘트가 대략 83kg · m^2이나 된다(그림 10-11).

2) 다른 축에 대한 관성모멘트

공과 같이 무게중심축을 중심으로 대칭적으로 균형이 잡혀 있는 물체가 아니면 무게중심을 지나가는 축이 어떤 축이냐에 따라 관성모멘트는 달라진다. 인체의 관성모멘트에 대해 살펴보자. 앞의 예에서 피겨스케이팅의 경우는 수직축이 회전축이 되지만 다이빙의 경우는 좌우축이 회전축이 된다. 수직축을 중심으로 회전할 때보다 좌우축을 중심으로 회전 할 때 몸의 질량 분포가 멀리 이루어져 있기 때문에 관성모멘트는 좌우축일 때가 크다. 이런 이유로 피겨스케이팅에서 짧은 시간동안에 3회전이 가능하지만 같은 시간 동안에 다이빙에서는 불가능한 동작이다. 기계체조에서 옆으로 공중 돌기 동작은 전후축을 중심으로 회전하는 동작이다.

이렇게 몸이 공중에 있을 때 회전하게 되면 3개의 축을 중심으로 회전하게 된다. 이 3개의 회전축을 주축(principal axis) 라 하며 무게 중심을 통과하는 축이다(그림 10-12). 관성모멘트는 어느 축을 중심으로 회전하느냐에 따라 달라진다. 수직축에 대한 관성모멘트가 가장 작기 때문에 이 축을 중심으로 쉽게 회전할 수 있으며 좌우축에 대한 관성모멘트가 그 다음이며 전후축에 대한 관성모멘트가 가장 크므로 이 축을 중심으로 회전하기 가장 어렵다. 수직축의 관성모멘트를 기준으로 할 때 좌우축에 대한 관성모멘트는 약 10배정도 커진다. 그리고 전후축에 대한 관성모멘트는 12배

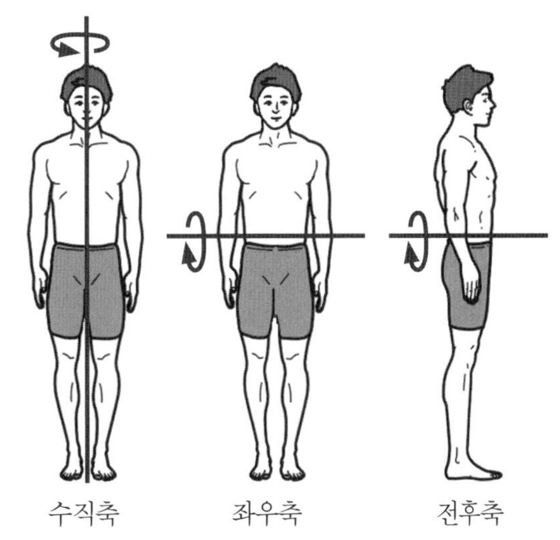

그림 10-12. 세 개의 주축

이상 커진다.

여자 기계체조에서 작은 선수들이 고난도의 기술 동작을 성공시키며 좋은 성적을 올리는 것은 어떤 회전축과 상관없이 관성모멘트 값이 작아서 회전 동작에 유리하기 때문이다. 비교적 몸무게가 많이 나가는 사람은 관성모멘트가 커서 회전이 쉽지 않다. 좋은 성적을 내는 선수들은 타 종목에 비해 나이가 어린 것을 알 수 있다. 인체가 완전히 성장한 후에는 관성모멘트가 어린 시절 보다 커져서 회전이 그만큼 저항을 받기 때문이다. 그러나 너무 어린 나이에 무리한 동작을 계속 반복하면 성장과 발육에 지장을 초래하므로 이를 방지할 목적으로 시합 출전에 나이 제한을 두고 있다.

Q 적용예제 4

다이빙 선수가 다이빙대에서 다이빙 하려는 순간 인체의 무게중심에 대한 관성모멘트가 10 kg · m^2이고 그림과 같이 무게중심으로부터 25 cm 떨어진 곳에 280 N의 힘이 작용하면 (a) 토크의 크기와 (b) 각가속도는 얼마인가?

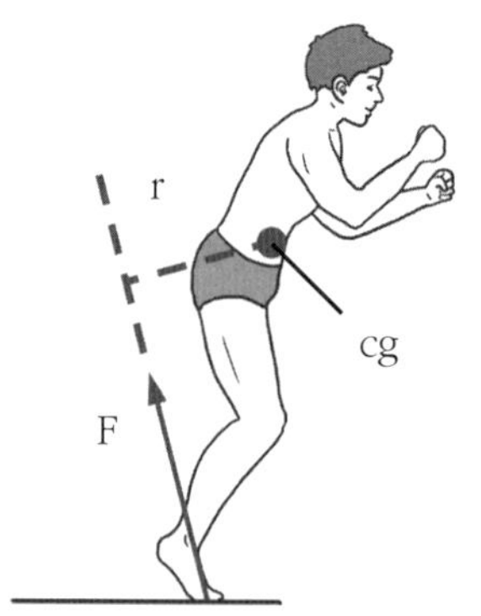

A 해결

(a) 토크의 크기: $T=rF=(0.25\text{m})(280N)=70.0N\cdot m$

(b) 각가속도: $T=I\alpha$

$$70.0Nm=(10\text{kg}\cdot \text{m}^2)\alpha$$

$$\alpha=\frac{70.0\text{N}\cdot\text{m}}{10\text{kg}\cdot\text{m}^2}=\frac{70.0\text{kg}\cdot\text{m/s}^2\cdot\text{m}}{10\text{kg}\cdot\text{m}^2}=7.0\text{rad/s}^2$$

3. 각운동량(Angular momentum)

지금 까지 선운동과 각운동의 여러 물리량을 구하는데 서로 대응되는 것을 많이 보았다. 여기서도 선운동량과 관련된 비슷한 것을 보게 된다. 제6장에서 질량이 m이고 속도가 v인 물체의 선운동량은 $p=mv$인 것을 배웠다. 발생한 선운동량은 어떤 힘이 작용하지 않는다면 계속 유지된다는 것도 알고 있다. 회전하는 물체의 운동량을 각운동량이라 하는데 선운동량 구하는 식을 어떻게 하면 각운동량 구하는 식으로 바꿀지 짐작이 갈 것이다. 질량대신 관성모멘트, 선속도 대신 각속도로 바꾼다. 각운동량은 다음과 같다.

$$H=I\omega \qquad \text{(식 10-8)}$$

그림 10-13은 한 축(P)을 중심으로 질량이 m인 물체가 거리 r만큼 떨어져서 회전할 때의 모습이다. 이 때 물체의 관성모멘트는 $I=mr^2$이고 각속도는 $\omega=\frac{v}{r}$이므로 각운동량을 다음과 같이 다시 쓸 수 있다.

$$H=I\omega=(mr^2)(\frac{v}{r})=mrv \qquad \text{(식 10-9)}$$

각운동량은 관성모멘트와 각속도의 곱이다. 각운동량은 선운동량과 마찬가지로 벡터이기 때문에 크기와 방향이 있다. 각운동량의 방향은 오른손 법칙을 사용해서 얻게 되는 각속도의 방향과 같다. 각운동량의 단위는 관성모멘트의 단위 (kg · m^2) 곱하기 각속도의 단위 (rad/s)이므로 kg · m^2/s이다.

각운동량의 크기에 영향을 주는 요소는 관성모멘트와 각속도인데 하나의 강체인 경우는 회전축이 고정되어 있으면 회전반경이 결정되고 따라서 관성모멘트도 변할 수 없기 때문에 각속도만이 영향을 줄 수 있다. 그러나 강체의 회전축을 옮길 수 있으면 회전반경이 변경되어 관성모멘트도 바뀔 수 있다. 예컨대, 야구 배트를 휘두를 때 배트의 끝을 잡느냐 혹은 그것 보다 짧게 잡느냐에 따라 회전반경이 달라진다. 그래서 끝보다 짧게 잡을 때 관성모멘트는 줄어든다. 잡은 후에는 다시 고쳐 잡지

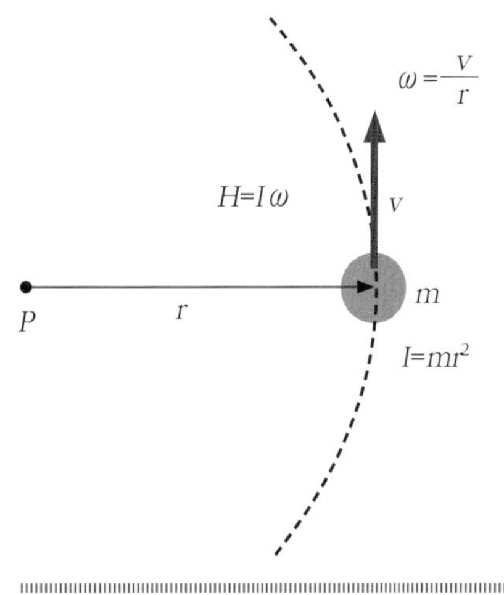

그림 10-13. 회전하는 물체의 각운동량

않는 한 관성모멘트는 계속 같은 값을 유지 한다. 스윙 속도 즉 각속도의 크기에 따라 각운동량이 결정된다.

Q 적용예제 5

1kg의 메디신볼을 2m되는 줄로 묶어 1초에 한바퀴 도는 각속도로 돌리면 이때의 각운동량은 얼마인가?

A 해결

관성모멘트: I=(1kg)(2m)^2=4kg · m^2
각속도: ω=360° /s=6.28rad/s
각운동량: H=$I\omega$=(4kg · m^2)(6.28rad/s)=25.12kg · m^2/s

Q 적용예제 6

골프채로 골프공을 쳤을 때 골프공이 4000rpm (회전/분) 으로 회전하면 각운동량은 얼마인가? (골프공의 질량 m=0.046 kg, 반지름 r=0.021 m)
여기서, 골프공, 야구공과 같이 속이 꽉 찬 공의 관성모멘트 I=$\frac{2}{5}$mR^2 , 축구공, 농구공, 배구공과 같이 속이 빈 공의 관성모멘트는 I=$\frac{2}{3}$mr^2(표 10-1)이다.

A 해결

1회전/분 =(2π)rad/분=6.28rad/60s=($\frac{6.28}{60}$)rad/s

골프공의 각속도 = (4000)($\frac{6.28}{60}$)rad/s=418.7rad/s

골프공의 관성모멘트 = $I=\frac{2}{5}mr^2$=0.4(0.046kg)(0.021m)^2=8.11×10^{-6}kg · m^2

골프공의 각운동량 = H=$I\omega$=(8.11×10^{-6}kg · m^2)(418.7rad/s)=0.0034kg · m^2/s

---

4. 인체의 각운동량

인체는 야구 배트, 골프채, 테니스 라켓처럼 하나의 강체가 아니고 여러 개의 강체로 구성된 분절들이 연결되어 있기 때문에 질량은 변할 수 없지만 팔과 다리를 움직여 회전축과의 거리 조절이 가능하다. 그래서 인체의 관성모멘트는 동작을 취하는 매 순간 마다 분절들의 위치에 따라 변한다. 관성모멘트는 각속도와 더불어 각운동량에 영향을 주기 때문에 각운동량도 달라진다. 인체의 무게중심을 지나는 축에 대한 전체 각운동량은 모든 분절의 각각의 각운동량을 합하여 구한다. 특히 인체 분절의 각속도는 제각기 다르기 때문에 (식 10-8)을 단순하게 사용할 수 없다. 모든 분절의 각운동량 계산에 관성모멘트를 구하는 평행 축 원리가 적용된다. 그래서 인체 전체의 무게중심을 통과하는 축에 대한 한 분절의 각운동량은 다음과 같이 표현할 수 있다.

$$H = I\omega = (I_{cg} + md^2)\omega = I_{cg}\omega + md^2\omega \qquad \text{(식 10-10)}$$

여기서 H은 회전축에 대한 한 분절의 각운동량, I_{cg}는 분절의 무게중심축에 대한 관성모멘트, ω는 각속도, m은 분절의 질량, d는 인체 전체의 무게중심에서 분절의 무게중심까지의 거리다.

(식 10-10)을 지역값(local term)과 원격값(remote term) 두 개의 요소로 구분할 수 있다. 지역값은 분절의 무게중심에 대한 각운동량이고 원격값은 인체 전체의 무게중심에 대한 분절의 각운동량이다.

$$\text{각운동량 } (H) = \text{지역 각운동량 } (H_L) + \text{원격 각운동량 } (H_R) \qquad \text{(식 10-11)}$$

지역값의 각속도 ω는 분절의 각속도이며 원격값의 각속도 ω는 인체 전체의 무게중심에서 분절의 무게중심까지 연결한 선 d의 각속도이므로 지역값의 각속도와 원격값의 각속도는 서로 다른 각속도다. (식 10-10)에서 각속도를 달리 표현해야 되며 정확한 표현은 다음과 같다.

$$H = I_{cg}\omega_s + md^2\omega_d \quad \text{(식 10-12)}$$

여기서 ω_s는 분절의 각속도, ω_d는 전체의 무게중심에서 분절의 무게중심까지 연결한 선 d의 각속도다(그림 10-14).

(식 10-12)는 인체 전체의 무게중심에 대한 분절 하나의 각운동량을 표현하고 있지만 여러 분절 혹은 인체 전체의 총 각운동량은 모든 분절의 각운동량의 합과 같다.

$$H_T = \Sigma(I_i\omega_i + m_i d_i^2\omega_{di}) \quad \text{(식 10-13)}$$

여기서, H_T는 인체 전체의 무게중심에 대한 총 각운동량, I_i는 분절 i의 무게중심에 대한 관성모멘트, ω_i는 분절 i의 각속도, m_i는 분절 i의 질량, d_i는 인체 전체의 무게중심에서 분절 i의 무게중심까지의 거리, ω_{d_i}는 인체 전체의 무게중심에서 분절 i의 무게중심까지 연결한 선 d의 각속도다.

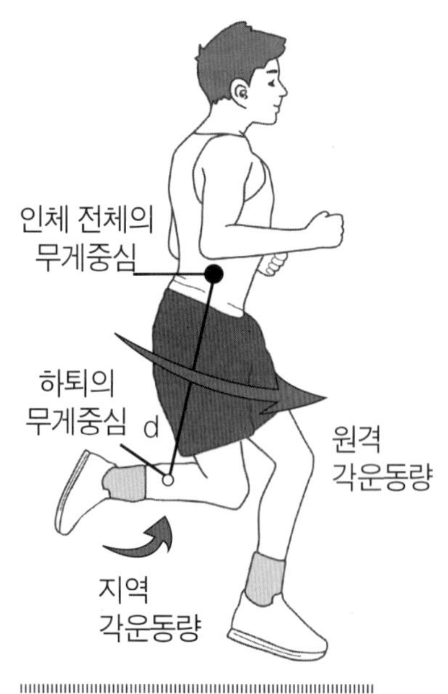

그림 10-14. 지역 각운동량과 원격 각운동량

그림 10-15는 다이빙에서 앞으로 2 1/2회전 동작할 때의 각운동량을 보여 준다. 이륙 후 총 각운동량의 평균은 $-72.44kgm^2/s$이다. '−'값은 시계 방향으로 회전하였기 때문이다. 각운동량은 지역 각운동량과 원격 각운동량으로 구성되어 있지만 이 동작에서 원격 각운동량이 80%를 차지한다고 보고하고 있다.

왼쪽에서 오른쪽으로 보행할 때의 팔과 다리 동작을 생각해 보자. 오른 팔이 앞으로 갈 때 왼 팔은 뒤로 간다. 오른 다리가 뒤로 가면서 왼 다리는 앞으로 간다. 좌우축에 대해 인체의 무게중심에 대한 오른 팔의 각운동량은 '+', 왼 팔의 각운동량은 '−', 오른 다리의 각운동량은 '−', 왼 다리의 각운동량은 '+'가 된다. 몸통과 머리는 거의 회전하지 않기 때문에 각운동량은 '0'이라 할 수 있다. 인체의 무게중심에 대한 각 분절들의 각운동량을 합하면 거의 '0'이 되므로 인체의 총 각운동량은 '0'이라 할 수 있다.

인체의 각운동량은 무게중심을 지나는 축에 대한 각운동량이 필요한 경우도 있지만 다리 혹은 팔의 동작에만 관심을 갖는 경우도 있다. 예컨대 적용예제7에서처럼 엉덩관절을 중심으로 발생하는 하지의 각운동량이나 어깨관절을 중심으로 발생하는 상지의 각운동량 등 인체 전체가 아닌 일부에서만 각운동량을 구하기도 한다.

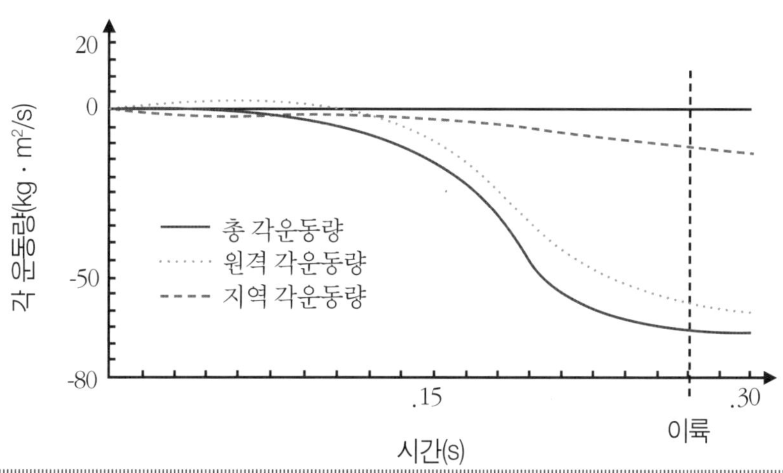

그림 10-15. 다이빙동작에서의 각운동량 (Hamill, Richard, and Golden, 1986)

Q 적용예제 7

적용예제 3에서 d1= 0.4m, d2=0.52m, d3=0.8m 이고, ω_1=13rad/s, ω_2=20rad/s, ω_3=21rad/s, ω_{d1}=13rad/s, ω_{d2}=17rad/s, ω_{d3}=17rad/s 일 때 엉덩관절에 대한 하지의 각운동량을 구하시오.

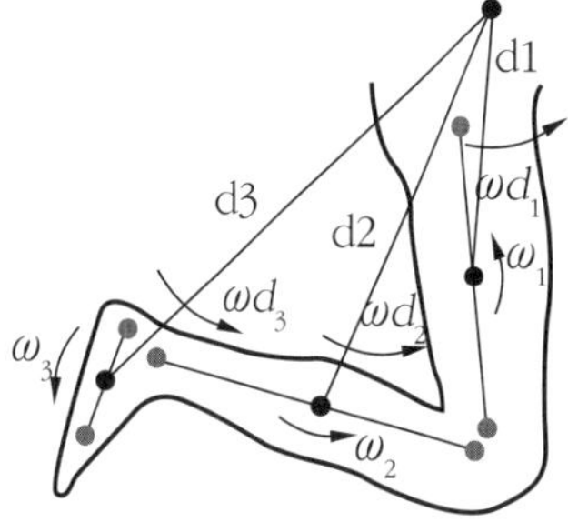

A 해결

I_1=(8kg)(0.142m)^2=0.161kg · m^2

I_2=(3.72kg)(0.134m)^2=0.067kg · m^2

I_3=(1.16kg)(0.130m)^2=0.020kg · m^2

$H_T = \Sigma(I_i\omega_i + m_i d_i^2 \omega_{di})$

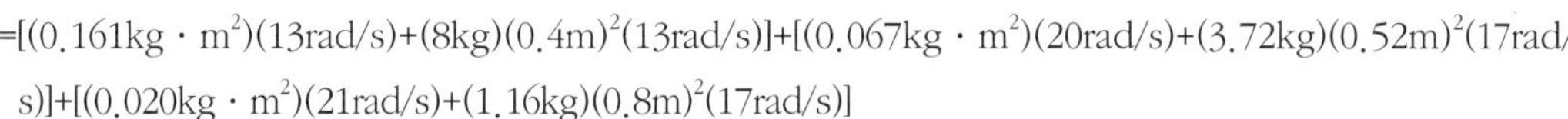

=[(0.161kg · m^2)(13rad/s)+(8kg)(0.4m)^2(13rad/s)]+[(0.067kg · m^2)(20rad/s)+(3.72kg)(0.52m)^2(17rad/s)]+[(0.020kg · m^2)(21rad/s)+(1.16kg)(0.8m)^2(17rad/s)]

=18.733kg · m^2/s+18.440kg · m^2/s+13.041kg · m^2/s

=50.214kg · m^2/s

5. 각운동량의 보존 (Conservation of angular momentum)

포물선 운동을 하는 물체에 작용하는 외부의 힘은 오직 중력뿐이다. 중력은 무게중심에 작용하므로 중력에 의한 토크는 발생하지 않는다. 그러므로 이륙하는 순간의 각운동량이 공중에 있는 동안 변하지 않는다. 이런 원리를 각운동량 보존의 법칙이라 한다. 각운동량 보존의 법칙은 뉴턴의 운동 제1법칙인 관성의 법칙에서 유도되었으며 다음과 같이 표현할 수 있다.

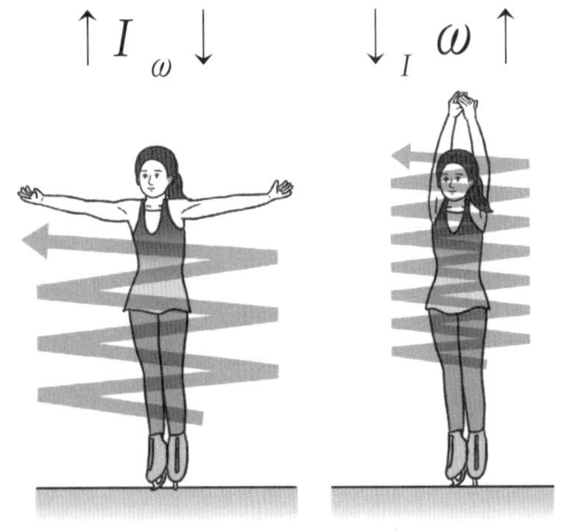

그림 10-16. 각운동량의 보존 (관성모멘트를 줄이면 각속도는 증가하고 관성모멘트를 늘리면 각속도는 감소한다.)

그림 10-17. 팔로 다리를 당겨 관성모멘트를 줄인다

'외부에서 작용하는 알짜 토크가 없는 한, 물체의 각운동량은 일정하다.'

회전하는 물체가 하나의 강체라면 변형이 불가능하므로 회전하는 동안 관성모멘트가 변하지 않는다. 그러나 회전하는 물체가 여러 강체가 합쳐서 이룬 집합체라면 변형이 가능해서 각운동량이 같은 크기로 유지되는 동안 관성모멘트를 크게 하여 각속도를 작게 할 수 있으며 이와 반대로 관성모멘트를 작게 하여 각속도를 크게 할 수 있다.

인체의 각 분절을 하나의 강체로 가정하였다. 인체는 여러 분절이 모여서 이루어진 형태이기 때문에 사람도 여러 강체가 합쳐서 이룬 하나의 집합체라 할 수 있다. 김연아 선수가 스핀동작을 할 때 각운동량의 보존이 매우 중요한 역할을 한다. 얼음과의 마찰력이 없다면 김연아 선수에게 작용하는 힘은 중력과 수직항력인데 이 힘들의 방향이 몸의 수직축인 회전축과 거의 일치하므로 스핀동작을 하는 동안에 외부에서 작용하는 토크는 없다고 가정할 수 있다. 처음 스핀 동작의 각속도가 ω_i이고 이때의 관성모멘트는 I_i라고 하자. 스핀 동작을 수행 하면서 팔과 다리를 몸의 중심부로 가깝게 당긴다면 스핀동작은 매우 빨라진다. 즉 팔과 다리를 중심부로 당겨서 회전축과의 거리를 줄이면 관성모멘트는 처음보다 줄어서 각속도가 처음보다 빨라진다(그림 10-16). 마지막 각속도와 관성모멘트를 ω_f와 I_f라 하면 각운동량 보존에 의해 다음과 같이 쓸 수 있다.

$$I_i \omega_i = I_f \omega_f, \qquad \text{만약 } \Sigma T = 0 \qquad \text{(식 10-14)}$$

여기서, I_i는 처음 관성모멘트, ω_i는 처음 각속도, I_f는 마지막 관성모멘트, ω_f는 마지막 각속도다. 각속도가 얼마나 빨라지는지 여부는 관성모멘트를 얼마나 많이 줄이느냐에 달려있다. 즉 팔과 다리를 회전축에 얼마나 가깝게 붙일 수 있느냐의 문제다.

각운동량이 일정하게 보존되고 있는 상태에서 관성모멘트를 줄이면 각속도가 증가하고 관성모멘트를 늘리면 각속도는 감소한다. 많은 스포츠 동작은 바로 이 관성모멘트를 어떻게 적절히 늘리고 줄이냐에 따라 동작의 성공 여부가 결정 된다.

팔과 다리 뿐 아니라 몸통을 펴거나 구부려서 관성모멘트를 조절하기도 한다. 그림 10-17은 다이빙 동작 할 때 팔과 다리를 회전축에 더 가깝게 하여 관성모멘트를 줄이도록 팔로 다리를 당겨서 잡고 있는 것을 보여주고 있다. 이때 무릎을 구부리면 관성모멘트는 더 줄어들어 회전이 쉬워지지만 동작의 난이도가 낮아져 높은 점수를 받을 수 없다. 반면에 완전히 몸을 피고 돌면 관성모멘트는 최대가 되기 때문에 같은 각운동량일 때 각속도는 작아진다(그림 10-18).

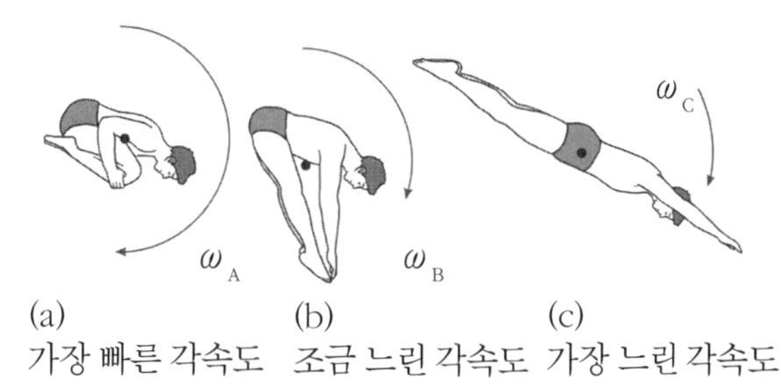

그림 10-18. 관성모멘트 크기에 따라 각속도가 달라진다 ($\omega_A > \omega_B > \omega_C$)

그림 10-19은 다이빙의 뒤로 1회전 반 돌기 동작을 할 때 각운동량, 관성모멘트, 각속도의 변화를 보여 주는 그림이다. 무게중심은 포물선을 그리며 입수한다. 점프

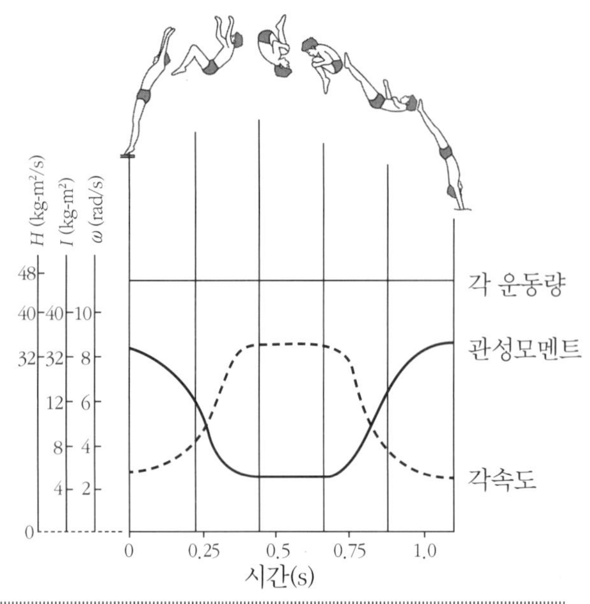

그림 10-19. 다이빙 동작에서 보존되는 각운동량과 변화하는 각속도와 관성모멘트 (Hay, 1985).

하는 순간 무게중심을 좌우로 통과하는 회전축에 대한 각운동량을 갖게 된다. 그래프는 다이빙대에서 몸이 떠나는 순간의 각운동량(H)이 일정하게 입수할 때 까지 계속 유지되는 것을 보여 준다. 다이빙대에서 떠나는 순간 몸이 펴져 있기 때문에 관성모멘트는 최대값을 갖고 있으며 각속도는 최소값을 보여 준다. 그 후 팔과 다리를 당겨 관성모멘트를 줄이면 각속도가 빨라져서 회전할 수 있고, 입수하기 전 팔과 다리를 다시 펴 관성모멘트를 증가시켜서 각속도를 줄이면 결국 입수 할 때 물이 많이 튀지 않게 할 수 있다.

피겨 스케이팅 선수가 점프를 하여 공중에서 3회전한 다음 착지하는 동작을 생각해 보자. 점프한 후 착지하는데 소요되는 시간 즉 공중에 있는 시간은 정해져 있다. 한정된 시간 동안에 3회전을 해야 한다. 그러기 위해서는 회전속도가 매우 빨라야 성공적인 3회전 점프를 수행할 수 있다. 몸이 공중에 떠있는 동안에는 몸이 받게 되는 외부의 힘은 중력만 존재하게 되므로 각운동량은 변하지 않는다. 그 각운동량은 점프하는 순간 즉 스케이팅의 날이 얼음판에서 떨어지는 순간에 생성된 각운동량이며 이것은 착지하는 순간까지 그대로 유지된다. 이미 결정된 각운동량으로 3회전하기 위해서는 관성모멘트를 줄여 각속도를 빠르게 하여 공중에 있는 시간 내에 3회전을 완수하여야 한다. 관성모멘트를 줄이기 위해서는 회전축에 가깝게 팔과 다리를 모아야 한다. 팔과 다리를 모으는 동작을 한정된 짧은 시간 내에 빨리 수행하는 것도 3회전 성공에 중요한 요소다.

그림 10-20. 관성모멘트를 줄여 빠른 각속도를 얻는다

착지 동작을 보게 되면 양팔을 활짝 펴서 우아하게 보인다. 하

지만 양 팔을 벌리는 동작은 시각적인 효과만을 위한 것이 아니다. 3회전 한 후 착지 동작을 성공적으로 마치기 위해서는 착지하면서 몸이 회전되는 것을 방지해야 된다. 그러기 위해서는 착지 순간에 관성모멘트를 크게 만들어 각속도를 줄여야 되기 때문에 양 팔을 활짝 펴서(abduction) 회전축으로부터 멀리 떨어지게 하며, 착지하지 않는 다리 또한 축으로부터 멀어지게 바깥쪽으로 벌려야(abduction) 한다. 이렇게 양 팔과 다리를 펴고 벌리는 동작은 착지시 넘어지지 않기 위한 필연적인 동작이다. 이와 같이 관성모멘트의 조절을 통하여 회전속도를 빠르게 하거나 느리게 하여 성공적인 동작을 할 수 있다.

그림 10-21. 성공적인 착지를 위해 팔과 다리의 관성모멘트를 크게 한다

6. 각운동량의 이동 (transfer of angular momentum)

한번 생긴 각운동량은 외부에서 토크가 작용하지 않는 한 일정하게 유지된다. 우리는 인체에 이러한 각운동량의 보존 법칙이 성립됨을 알고 있다. 인체는 여러 분절로 구성되어 있기 때문에 몸이 공중에 떠 있을 때 한 분절의 각운동량이 증가 하면 다른 분절의 각운동량은 감소한다.

그림 10-22는 다이빙의 앞으로 1/2회전 동작할 때 다리 분절의 각운동량의 변화에 따라 상체의 각운동량이 변화하는 것을 보여주고 있는 그림이다. 다리와 상체의 각운동량의 총 합은 계속 일정하다. 하지만 다리의 각운동량이 증가하면 상체의 각운동량은 감소하게 된다. 이러한 분절들 사이의 관계를

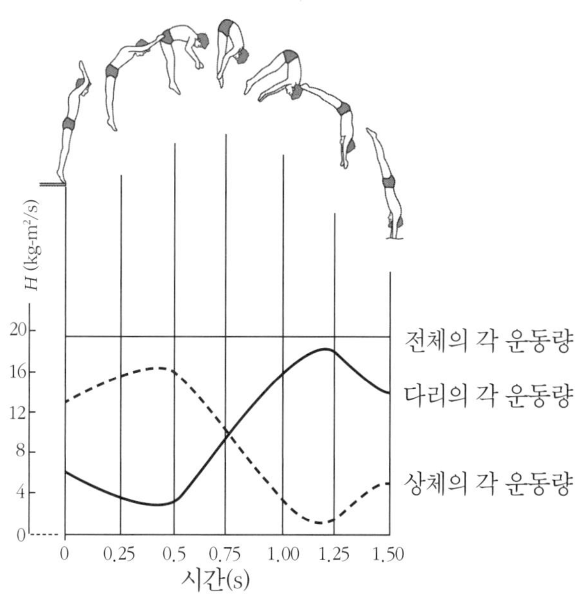

그림 10-22. 다이빙 동작에서 분절들의 각운동량 이동(Hay, 1985)

그림 10-23. 넓이뛰기 할 때 팔을 돌려 반대방향의 각운동량을 만든다

각운동량의 이동이라 한다.

멀리 뛰기 선수가 달려와서 구름판을 밟고 뛰어 오를 때 시계 방향으로 회전하려는 각운동량을 갖게 된다. 이런 각운동량으로는 적절한 착지를 할 수 없다. 적절한 착지란 좋은 기록을 위해 발의 뒤꿈치가 되도록 멀리 가서 착지하는 것이다. 몸이 공중에 떠있는 동안에는 외부에서 작용하는 토크가 없기 때문에 각운동량은 변하지 않는다. 그러나 선수는 팔의 풍차 돌리기 동작을 통해 시계 방향으로 회전시켜 시계 방향 각운동량을 만든다. 몸 전체의 각운동량은 변할 수 없기 때문에 팔을 제외한 몸 전체에서 반시계방향의 각운동량이 생겨 몸을 똑바로 유지해서 적절한 착지를 할 수 있다.

스케이트를 처음 접하거나 초보자인 경우 걸음마 수준의 동작을 배우게 된다. 하지만 이런 동작도 그리 쉽지 않다. 앞으로 넘어지거나 뒤로 넘어지는 상황이 자주 발생하는데 이럴 때 즉, 왼쪽에서 오른쪽으로 가면서 앞으로 넘어지려는 경우는 시계 방향의 각운동량이 발생한 것이다. 넘어지지 않기 위해서는 반시계 방향의 각운동량을 생성해야 된다. 그러기 위해서는 두 팔을 넘어지려는 방향인 시계 방향으로 계속 빠르게 회전시킨다. 팔에서 발생하는 시계 방향의 각운동량이 각운동량의 이동에 의해 몸 전체에서 반시계 방향의 각운동량이 생기도록 유도하는 것이다. 이렇게 해서 넘어지지 않고 다시 균형을 유지 할 수 있다. 뒤로 넘어지려는 경우도 이와 마찬가지다. 사실, 일상생활에서 갑자기 넘어지려는 상황이 발생하면 우리는 무의식적으로 이런 동작을 취하게 된다.

배구에서 점프한 후 서브나 스파이크 동작을 보자(그림 10-24). 점프 할 때의 각운동량은 거의 '0'에 가깝지만 서브하기 위해 먼저 팔을 뒤로 빼는데 이

때 각운동량이 형성된다. 각운동량 보존의 법칙에 따라 각운동량이 '0'이 되기 위해서 팔에 의해 형성된 각운동량과 크기가 같고 방향이 반대인 각운동량이 다리에 의해 만들어진다. 그 이후 공을 칠 때는 팔을 위에서 아래로 빠른 각속도로 회전한다. 이 경우에도 각운동량의 이동이 발생하여 다리가 앞으로 회전하게 된다.

몸이 공중에 떠있을 때 이런 경우는 여러 종목의 동작에서 찾아 볼 수 있다. 예를 들어 농구에서 덩크 슛 동작(그림 10-25), 배구에서 블러킹 동작, 축구에서 점프한 후 헤딩 동작 등이 있다.

그림 10-24. 배구의 서브 와인드 업 모습과 서브 이후의 모습

그림 10-25. 농구의 덩크슛 동작

Q 적용예제 8

피겨 스케이트 선수가 2 rad/s의 각속도로 스핀을 돌기 시작했는데 이때의 관성모멘트는 0.6 kg · m^2 였다. 팔과 다리를 몸에 가깝게 붙여 관성모멘트가 0.2 kg · m^{2}으로 줄었다면 각속도는 얼마인가?

A 해결

$I_i \omega_i = I_f \omega_f$

$(0.6\text{kg} \cdot \text{m}^2)(2\text{rad/s}) = (0.2\text{kg} \cdot \text{m}^2)\,\omega_f$

$\omega_f = 6\text{rad/s}$

Q 적용예제 9

70kg의 다이빙선수가 다이빙대를 떠날 때 회전반경이 0.45m이고 각속도가 4.5rad/s이고, 공중에서 그림과 같은 자세를 만들었을 때 각속도가 17rad/s이라면 이때의 관성모멘트와 회전반경은 얼마인가?

A 해결

떠날 때: $I_i=mk_i^2=(70\text{kg})(0.45\text{m})^2=14.18\text{kg}\cdot\text{m}^2$

$I_i\omega_i=I_f\omega_f$

$(14.18\text{kg}\cdot\text{m}^2)(4.5\text{rad/s})=I_f(17\text{rad/s})$

$$I_f=\frac{(14.18\text{kg}\cdot\text{m}^2)(4.5\text{rad/s})}{17\text{rad/s}}=3.75\text{kg}\cdot\text{m}^2$$

$I_f=mk_f^2$

$$K_f=\sqrt{\frac{I_f}{m}}=\sqrt{\frac{3.75\text{kg}\cdot\text{m}^2}{70\text{kg}}}=0.23\text{m}$$

관성모멘트는 3.75 kg · m²이고 회전반경은 0.23 m이다.

7. 각 충격량(angular impulse)

선운동에서 충격량은 힘과 그 힘이 작용한 시간을 곱한 값이다. 충격량은 힘이 작용한 물체의 운동량의 변화를 일으키며 (식 6-1)으로 표현된다.

$$F\Delta t=mv_f-mv_i$$

선운동과 흡사하게 각운동에서의 각 충격량은 다음과 같은 과정을 통해 얻을 수 있다.

(식 10-3)을 다시 써보자.

$$T = I\alpha$$

위 식에 $\alpha = \frac{\omega_f - \omega_i}{\Delta t}$ 를 대입하면

$T = I\alpha = \frac{I(\omega_f - \omega_i)}{\Delta t}$, 여기서 I는 시간에 따라 변화 할 수 있기 때문에

$$T\Delta t = I_f\omega_f - I_i\omega_i = H_f - H_i = \Delta H \qquad \text{(식 10-15)}$$

여기서 $T\Delta t$ 는 각 충격량, T는 한 축에 대한 토크, Δt는 토크가 작용하는 시간, I_f 는 마지막 관성모멘트, ω_f는 마지막 각속도, I_i 는 처음 관성모멘트, ω_i 는 처음 각속도, H_f 는 마지막 각운동량, H_i 는 처음 각운동량, ΔH은 각운동량의 변화를 의미한다. I_f와 I_i 는 같을 때도 있다.

각 충격량은 토크와 그 토크가 작용한 시간을 곱한 것이다. 각운동은 그 물체에 작용한 토크와 그 토크가 작용하는 시간에 따라 결정된다. 각 충격량을 늘리기 위해서는 토크의 크기를 증가시키고 토크가 작용하는 시간을 늘리면 된다. 각 충격량은 토크가 작용한 물체의 각운동량의 변화와 같으며 단위는 $N \cdot m \cdot s$과 $\text{kg} \cdot \text{m}^2/\text{s}$을 사용할 수 있다. 두 단위는 같지만 $N \cdot m \cdot s$는 각 충격량, $\text{kg} \cdot \text{m}^2/\text{s}$는 각운동량에 사용하는 것이 보다 편리하다.

스포츠 동작에서 발생하는 선운동에서의 충격량은 물체의 질량이 변하지 않기 때문에 속도의 변화를 야기 하지만 각운동에서는 관성모멘트가 달라질 수 있기 때문에 각 충격량은 관성모멘트의 크기에 따라 각속도의 변화를 일으킨다.

토크는 모멘트 팔과 힘과의 곱이므로 보다 큰 토크는 모멘트 팔을 길게 하여 얻을 수 있다. 오랜 시간 큰 토크가 작용하면 각 충격량이 커지기 때문에 각운동량에서 큰 변화가 발생한다. 예컨대 피겨 스케이팅의 스핀 동작을 생각해 보자. 먼저 스핀 동작을 두 구간으로 나눌 수 있다. 토크를 만들기 위해 얼음을 미는 토크 생성 구간과 미는 발이 얼음과 떨어지면서 토크 생성을 끝내고 회전에 들어가는 스핀 구간이다. 스핀 동작을 위해 한 발은 그 발을 통과하는 수직축이 회전축이 되는 역할을 한다. 다른 발은 수직축에 대한 토크를 만들기 위해 얼음을

밀게 된다(토크 생성 구간). 이때 두 발의 위치에 따라 모멘트 팔의 길이가 결정된다. 그래서 얼음을 미는 힘과 미는 발의 위치에 따른 모멘트 팔의 길이를 곱하면 수직축에 대한 토크가 된다. 이렇게 생긴 토크 (T)에 얼음을 미는 시간, 다시 말해 토크 생성 구간의 시간(Δt) 을 곱하면 각 충격량이 된다. 각 충격량이 클수록 각운동량의 변화도 크다. 토크 생성 구간 이전의 처음 각운동량은 '0'이며 토크 생성 구간이 끝날 때의 각운동량이 마지막 각운동량이 된다. (식 10-15)에 의해 각 충격량은 마지막 각운동량에서 처음 각운동량을 뺀 것이므로 피겨 스케이팅의 스핀 동작에서는 마지막 각운동량이 각 충격량과 같다.

빠르고 성공적인 스핀 동작을 수행하기 위해서는 각운동량이 커야 되는데, 그렇게 하기 위해서는 각 충격량이 커야 된다. 각 충격량을 크게 하기 위해서는 얼음을 미는 힘이 커야 되고, 미는 시간이 길어야 되며, 얼음을 미는 발이 회전축과 적절한 거리를 유지하는 위치에 있어야 한다. 너무 가까우면 모멘트 팔이 짧아져 큰 토크를 만들지 못하고 너무 멀리 두면 큰 힘으로 얼음을 밀지 못해서 큰 토크를 생성할 수 없다. 각 충격량에 의해 생긴 각운동량은 토크 생성 구간 끝의 각운동량이며 동시에 스핀 구간이 시작 될 때의 처음 각운동량이다. 얼음과 스케이트의 마찰력을 고려하지 않는다면 스핀 구간의 각운동량은 각운동량 보존의 법칙에 의해 스핀 구간 동안 일정하기 때문에 팔과 다리를 수직축에 가깝도록 붙여서 관성모멘트를 줄이면 각속도가 빨라져서 빠르고 성공적인 스핀 동작을 수행할 수 있다.

Q 적용예제 10

반지름이 30cm인 자전거 바퀴에 1.5초 동안 50 N의 힘을 가하면 각 충격량은 얼마인가?

A 해결

$T\Delta t=(Fd)\Delta t=(50\text{N})(0.3\text{m})(1.5\text{s})=22.5N \cdot m \cdot s$

Q 적용예제 11

공의 질량이 4kg인 해머에 80N · m의 토크로 3초 돌리면 해머의 각속도는 얼마인가? 이때 회전축에서 공까지의 거리는 1.4 m다.

A 해결

처음 관성모멘트와 마지막 관성모멘트는 같다.

$I_f = I_i = mr^2 = (4kg)(1.4m)^2 = 7.84kg \cdot m^2$

처음 각속도 $\omega_i = 0$ 이므로

$T \Delta t = I_f \omega_f - I_i \omega_i = I_f \omega_f$

$(80N \cdot m)(3s) = (7.84kg \cdot m^2)\omega_f$

$\omega_f = 30.61rad/s$

8. 회전운동에너지

운동에너지는 물체가 움직이기 때문에 갖게 되는 에너지다. 질량 m인 물체가 v속도로 움직일 때 운동에너지는 $1/2mv^2$이다. 이것은 물체의 회전을 고려하지 않은 선 운동에너지다. 회전하는 물체는 입자가 아니고 강체다. 강체는 많고 작은 조각들로 구성되어 있고 각각의 조각들을 입자라고 생각할 수 있다(그림 10-26). 회전하는 물체의 운동에너지는 이 모든 조각들의 운동에너지를 합한 것이며 다음과 같이 나타낸다.

$$KE = \Sigma \frac{1}{2} m_i v_i^2 \qquad \text{(식 10-16)}$$

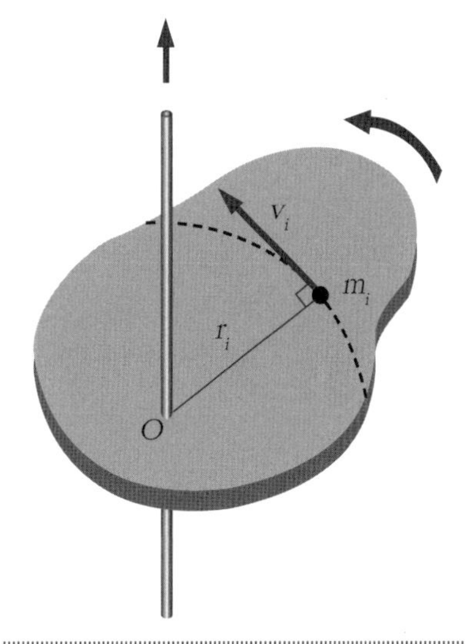

그림 10-26. 회전운동 할 때 각 입자의 운동

여기서 m_i는 각 입자의 질량, v_i는 각 입자의 속도다. 이것은 회전운동을 포함한 움직이는 물체의 총 운동에너지다. 물체가 회전운동만 한다면 위 식은 달리 표현될 수 있다. 회전운동 할 때 모든 입자들의 각속도 ω는 같다. 회전축으로부터 각 조각까지의 거리를 r_i라 하면 각 조각들의 속도는 $v_i = r_i\omega$이며 다음과 같은 식을 얻을 수 있다.

$$KE = \Sigma\frac{1}{2}m_i{v_i}^2 = \Sigma\frac{1}{2}m_i(r_i\omega)^2 = \frac{1}{2}(\Sigma m_i{r_i}^2)\omega^2$$

관성모멘트 $I = \Sigma m_i{r_i}^2$ 이므로 강체의 회전운동에 의한 운동에너지인 회전운동에너지(KE_r)는 다음과 같다.

$$KE_r = \frac{1}{2}I\omega^2 \qquad \text{(식 10-17)}$$

회전운동에너지는 물체가 회전할 때 생기는 에너지다. 그렇지만 물체를 구성하는 모든 입자들의 선운동에너지에서 유래 됐음을 알 수 있다. 선운동에너지와 회전운동에너지 구하는 식을 비교해 보면 앞선 여러 경우와 마찬가지로 선속도 v 대신에 각속도 ω, 질량 m 대신에 관성모멘트 I로 바뀐 것을 볼 수 있다.

일반적으로 물체는 선운동과 각운동이 합쳐진 복합운동이 대부분이다. 이런 복합운동을 선운동과 각운동으로 분리할 수 있다(그림 10-27). 그래서 복합운동을 하는 물체의 운동에너지는 선운동에너지와 회전운동에너지의 합이며 다음과 같이 나타낸다.

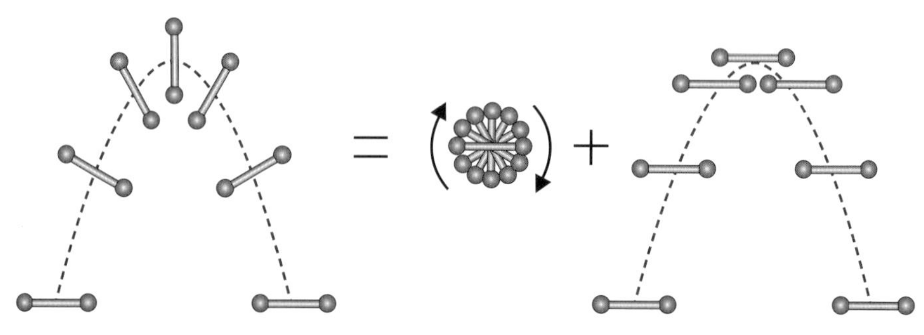

그림 10-27. 한 물체의 복합운동은 각운동과 선운동이 합쳐진 운동이다

총 역학에너지는 운동에너지와 위치에너지의 합이기 때문에 다음과 같다.

$$KE = \frac{1}{2}mv^2 + \frac{1}{2}I\omega^2 \quad \text{(식 10-18)}$$

여기서 m은 물체의 질량, v는 질량중심의 속도, I는 질량중심축에 대한 관성모멘트, ω는 각속도, g는 중력가속도, h는 질량중심의 높이를 나타낸다.

$$ME = \frac{1}{2}mv^2 + \frac{1}{2}I\omega^2 + mgh \quad \text{(식 10-19)}$$

Q 적용예제 12

70kg의 기계체조 선수가 철봉에서 동작을 하고 있다. 이 때 선속도는 2m/s, 각속도는 1.5rad/s, 관성모멘트는 13.5kg · m^2 이고 무게 중심은 3.3 m 높이에 있다면 이 선수의 총 역학적에너지는 얼마인가?

A 해결

$$ME = \frac{1}{2}mv^2 + \frac{1}{2}I\omega^2 + mgh$$

$$= \frac{1}{2}(70kg)(2m/s)^2 + \frac{1}{2}(13.5kg \cdot m^2)(1.5rad/s)^2 + (70kg)(9.8m/s^2)(3.3m)$$

$$= 2419\ J$$

기계체조 선수의 총 역학적에너지는 2419 J 이다.

9. 각운동의 일과 에너지 정리

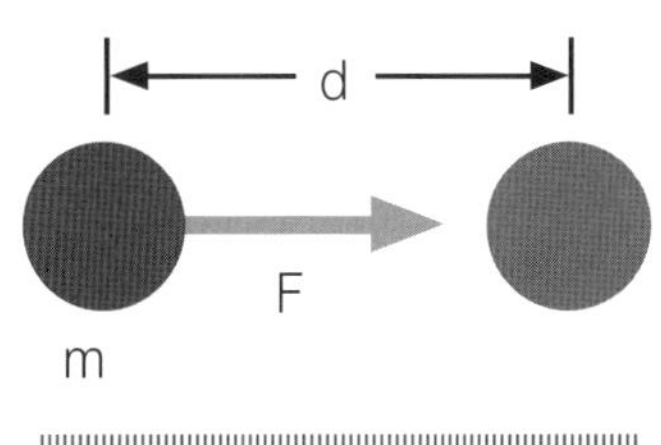

그림 10-28. 선 운동의 일

한 물체에 대해서 한 일은 그 물체의 선 운동에너지의 변화와 같다는 것을 제7장에서 배웠다. 일과 회전운동에너지도 비슷한 관계를 갖고 있다. 그림 10-28은 힘 F를 가하는 동안 질량 m인 물체를 거리 d만큼 이동하면 한 일 $W=Fd$이다. 일과 에너지 정리에 의해 일 W는 물체의 운동에너지의 변화와 같다. 식으로 표현하면 다음과 같다.

$$W=Fd=\Delta KE=\frac{1}{2}mv_f^2-\frac{1}{2}mv_i^2 \quad \text{(식 10-20)}$$

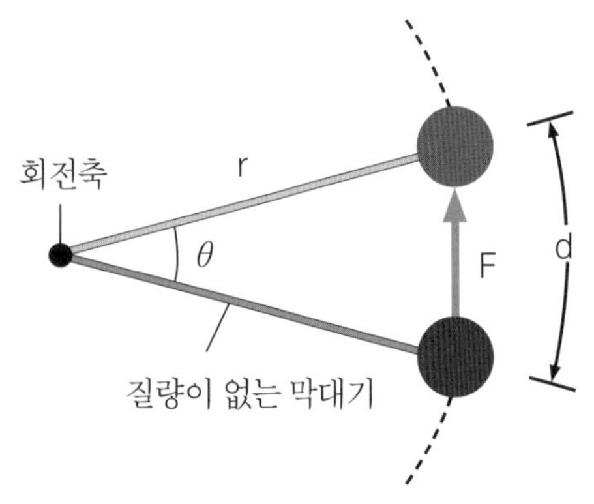

그림 10-29. 각운동의 일

여기서 v_i와 v_f는 물체의 처음과 마지막 속도다. 이 물체가 질량이 없고 반지름 r인 막대기에 연결되어 있다고 생각하자. 만약 각 θ가 매우 작다면 힘 F가 축에 대해 토크 $T=rF$를 생성한다. 그리고 이동한 거리가 d라면 $\theta=d/r$이다. (식 10-20)에 r을 곱하고 다시 r로 나누어 정리하면 각운동의 일은 다음과 같다.

$$W=Fd=(rF)(\frac{d}{r})=T\theta \quad \text{(식 10-21)}$$

각운동의 일은 선운동의 일에 관여하는 요소인 힘 (F)과 변위 (d)를 각운동의 요소인 토크 (T)와 각변위 (θ)로 바꾼 것과 같다. 각운동의 일은 한 축에 대해 작용한 토크와 이 토크에 의해 이동한 각을 곱한 것이다. 토크의 단위는 N · m이고 이동한 각의 단위는 라디안이므로 각운동의 일의 단위는 N · m 혹은 joules 로 선운동의 일의 단위와 같다.

회전운동에너지의 변화는 다음과 같다.

$$\Delta KE_r=\frac{1}{2}I\omega_f^2-\frac{1}{2}I\omega_i^2 \quad \text{(식 10-22)}$$

각운동의 일은 회전운동에너지의 변화와 같기 때문에 (식 10-21)과 (식 10-22)과 같이 쓰면 다음과 같다.

$$W=T\theta=\Delta KE_r=\frac{1}{2}I\omega_f^2-\frac{1}{2}I\omega_i^2 \quad \text{(식 10-23)}$$

이 결과가 회전운동에 대한 일과 에너지 정리다. 토크 T와 각변위 θ의 곱이 각운동의 일이며 회전운동에너지의 변화와 같다는 것을 말하고 있다.

Q 적용예제 13

한 축으로부터 2m 떨어진 곳에 200 N의 힘이 수직으로 작용하여 2rad 회전할 때 행한 일은 얼마인가?

A 해결

$W=T\theta=(200N)(2m)(2rad)=800N\cdot m=800J$

10. 근육의 일과 수축

일반적으로 인체의 근육이 수축하게 되면 근육의 길이가 짧아져 근육이 붙어 있는 뼈를 당기게 되어 그 뼈가 이루고 있는 관절에서 각운동이 발생한다. 근 수축에 의한 토크가 작용하여 관절에서 각운동이 발생하면 근육에 의한 각운동의 일이 이뤄진다. 보편적인 경우에는 근육이 수축하면 관절에서 발생하는 각운동의 방향은 근육이 수축해서 만드는 토크의 방향과 일치한다. 예를 들어 똑바로 서서 오른손에 적당히 무거운 아령을 들고 아령을 들어 올린다고 생각해 보자(그림 10-30a). 아령의 무게에 의해 시계방향으로의 토크보다 근수축에 의해 반시계방향으로의 토크가 크면 아령을 들어 올릴 수 있다. 이때 작용하는 근육은 상완 이두근 뿐이라고 가정하자. 상완 이두근이 수축하면 상완 이두근의 길이가 짧아져서 팔꿈치 관절에서 굴곡이 발생하게 된다. 그러므로 근육이 수축해서 일으키는 토크의 방향과 팔꿈치 관절의 각운동 방향이 일치한다. 각운동의 일은 토크와 토크가 작용해서 변화된 각을 곱한 것인데 아령을 들어 올릴 때 같은 방향이므로 양의 값을 갖게 된다. 즉 상완 이두근은 양의 일(positive work)을 한 것이다. 이 경우 근육이 수축하면서 길이가 짧아지게 되는데 이런 수축을 동심성 수축 (concentric contraction)이라 한다.

두 번째 경우는 근육이 수축하지만 관절에서 각운동이 발생하지 않는 경우다. 아령이 너무 무거워서 아령을 들어 올릴 수 없거나 그냥 움직이지 않고 들고만 있는 상황이다(그림 10-30b). 상완 이두근은 수축하면서 팔꿈치 관절에서 굴곡을 만들려 하지만 각운동이 전혀 발생하지 않는다. 상완 이두근은 수축하여 힘을 발휘하였지만 근육 전체의 길이에 변함이 없고 근육에 의해 이루어진 일도 없다. 이와 같이 근육이 수축하지만 근육의 길이가 변하지 않고 일정한 길이를 유지하는 수축을 등척성 수축(isometric contraction)이라 한다.

세 번째 경우는 근육이 수축하는 방향과 관절에서 발생하는 각운동의 방향이 일치하지 않는 경우다. 들어 올린 아령을 내려놓는 경우를 생각해 보자(그림 10-30c). 아령에 의해 시계방향으로의 토크가 근수축에 의해 반시계방향으로의 토크 보다 크면 아령은 내려간다. 아령을 내려놓을 때 어떤 근육도 작용하지 않는 다면 중력에 의해 아령은 급격히 떨어질 것이며 동시에 팔꿈치 관절에 큰 부하가 작용하여 상해의 위험이 있다. 그러므로 아령을 천천히 내려놓는 노력이 필요하다. 그렇게 하기 위해서는 아령을 들어 올릴 때 사용한 상완 이두근을 계속 수축 하면서 내려놓는다. 큰 힘으로 수축하면 아령은 다시 올라 가기 때문에 이보다 적은 힘으로 수축하여야 한다. 이렇게 상완 이두근은 아령을 들어 올릴 때와 내려놓을 때 모두 수축한다. 근육이 수축하여 발생하는 토크 방향

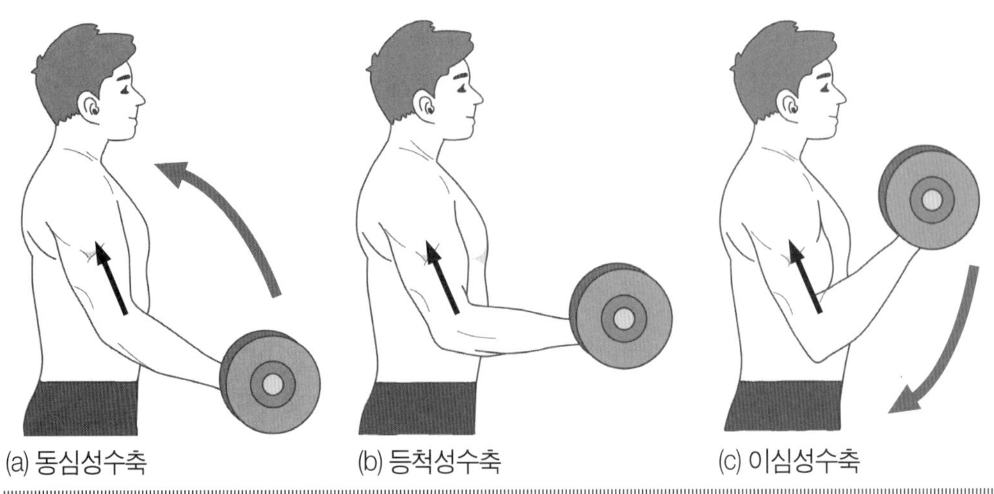

그림 10-30. 근수축 형태

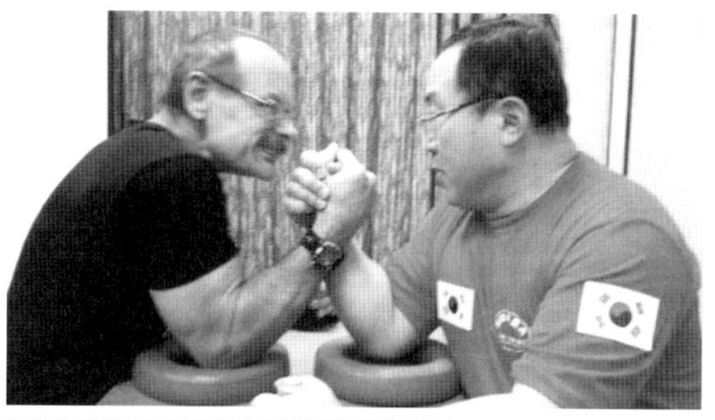
그림 10-31. 팔 씨름

도 들어 올릴 때나 내려놓을 때나 항상 같다. 그러나 내려놓을 때 근육에 의한 토크 방향과 관절의 각운동 방향은 반대다. 토크와 토크가 작용해서 변화된 각을 곱할 때 서로의 방향이 반대면 '−'값이 되기 때문에 근육이 한 일을 음의 일(negative work)이라 한다. 여기서 상완 이두근은 음의 일을 하는 것이다. 일반적으로 수축하면 근육의 길이가 짧아지지만, 아령을 내려놓는 경우는 비록 상완 이두근은 수축을 유지하지만 오히려 근육의 길이는 점점 늘어나게 되는데 이런 수축을 이심성 수축(eccentric contraction) 이라 한다.

팔씨름의 예를 들어 보자. 팔씨름은 여러 요소에 의해 결정되지만 어깨 관절에서 내측회전(medial rotation)시키는 근육의 강함을 겨루는 시합이라고 간주할 수 있다. 두 사람 각자의 근육을 수축하여 내측회전 되는 토크를 만들어 내측회전이 되어 양의 일이 발생하도록 시도하는 것이다. 두 명이 마주보며 손을 잡은 후 시작과 함께 어깨의 내측회전을 시키기 위한 근육들이 작용하게 된다. 처음 시작하여 근육이 수축하고 있음에도 불구하고 두 사람 팔의 움직임이 없다면 두 사람 근육 길이에 변함이 없다는 것이고, 어떤 근육도 일을 하고 있지 않으며, 두 근육은 등척성 수축을 하고 있는 것이다. 시간이 지나 한 쪽으로 기울어지고 있다면 근육의 길이가 짧아지는 쪽이 이기고 있는 중이다. 즉 이기는 쪽은 동심성수축을 하며 그 근육은 양의 일을 한다.

반면에 지는 쪽의 근육은 수축하여 내측회전 시키려 하지만 상대방에 의해 외측회전이 된다. 그러므로 근육이 수축하면서 의도한 방향과 반대 방향으로 회전하면서 근육이 늘어나는 이심성 수축을 하며 근육은 결국 음의 일을 한다. 이심성 수축은 아령을 내려놓을 때처럼 자발적 이심성 수축과 팔씨름에서 질 때처럼 의도하지 않았지만 외력에 의한 비자발적 이심성 수축이 있다.

11. 각운동의 파워(power)

선운동에서 파워를 이루어진 일을 소요된 시간으로 나눈 것 그리고 힘과 속도의 곱으로 정의하였다(식 7-4, 식 7-5).

$$P=\frac{W}{\Delta t}=Fv$$

선운동의 파워에 관여하는 요소인 힘 (F)과 속도 (v)를 각운동의 요소인 토크 (*T*)와 각속도 (ω)로 바꾸면 각운동의 파워는 (식 10-24)와 같이 나타낸다.

$$P=\frac{W}{\Delta t}=T\omega \qquad (식\ 10\text{-}24)$$

표 10-3. 선운동과 각운동의 물리량 대응관계

물리량	선운동	각운동
변위	d	θ
속도	v	ω
가속도	a	α
가속도의 원인	힘 F	토크 T
관성	질량 m	관성모멘트 I
뉴턴의 제2법칙	$\Sigma F=ma$	$\Sigma T=I\alpha$
일	$\frac{1}{2}Fd$	$\frac{1}{2}T\theta$
역학적에너지	$\frac{1}{2}mv^2$	$\frac{1}{2}I\omega^2$
운동량	$P=mv$	$H=I\omega$

여기서 P는 각운동의 파워, T는 토크, ω는 각속도다. 각운동의 파워는 주어진 시간동안 이루어진 각운동의 일이며, 또한 작용하는 토크와 그 토크에 의한 각속도와의 곱으로 나타낸다.

각운동의 파워의 단위는 각운동의 일(J)을 시간(t)로 나눈 와트(W)를 사용한다.

$$1W=1\ J/s=1N\cdot m/s$$

Q 적용예제 14

500N의 힘이 한 회전축으로부터 0.5m 떨어진 곳에 작용하여 2rad 회전시키는데 3초 걸렸다면 그 힘이 한일과 그 힘의 파워는 얼마인가?

A 해결

각운동의 일 : $W=T\theta=(500N)(0.5m)(2rad)=500N\cdot m=500J$

각운동의 파워 : $P=\frac{W}{\Delta t}=\frac{500N\cdot m}{3s}=166.67W$

$$P=T\omega=(500\text{N})(0.5\text{m})(\frac{2rad}{3s})=166.67W$$

Q 적용예제 15

무용하는 사람이 스핀을 돌기 위해 지면에 힘을 가해 60N · m의 토크를 만들어 1초에 2 1/2 회전할 수 있다면 지면반력에 의해 만들어진 파워는 얼마인가?

A 해결

$$P=T\omega=(60\text{N}\cdot\text{m})\left[\frac{(2\frac{1}{2})(2\pi\,\text{rad})}{1s}\right]=942W$$

11

평형(equilibrium)과 안정성(stability)

1. 지렛대 (levers)

지렛대는 지렛대의 받침대(회전축)를 중심으로 회전하는 강체로 정의할 수 있다. 일반적으로 지렛대는 받침점(A), 힘(F), 저항(R) 세 개의 요소로 구성되어 있다(그림 11-1). 여기서 저항은 여러 요인들로 이루어 질 수 있지만 그 자체의 무게 뿐 아니라 첨가된 부하까지 포함한다. 그리고 힘은 저항에 의해 생성된 토크에 대항하는 토크를 만들기 위한 것이다. 받침대에서 저항까지의 거리를 저항 모멘트 팔의 길이(d_r)라 하고 받침대에서 힘까지의 거리를 힘 모멘트 팔의 길이(d_f)라 한다.

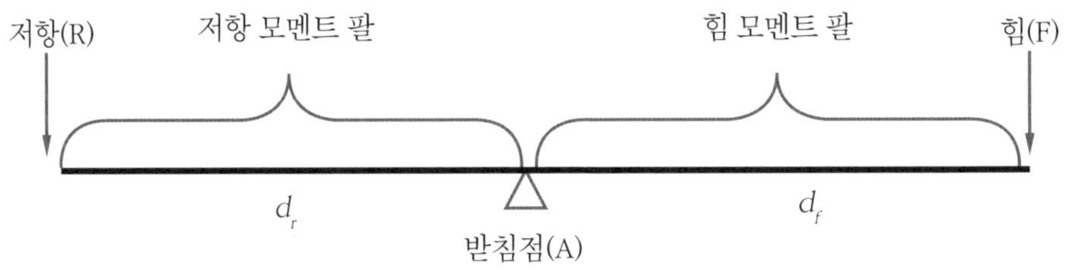

그림 11-1. 지렛대의 명칭

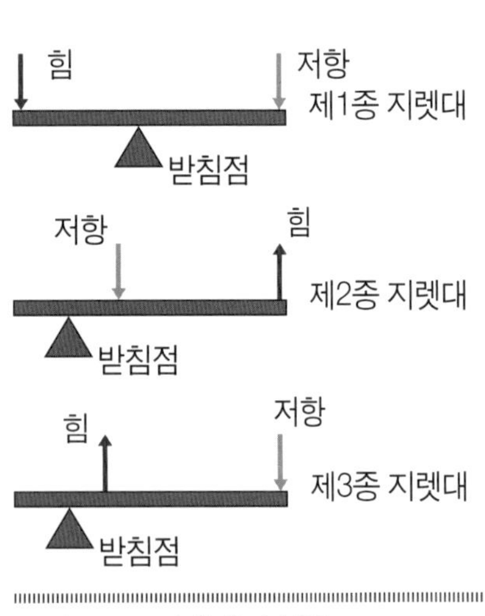

그림 11-2. 지렛대의 분류

받침점으로부터 떨어진 저항과 저항 모멘트팔의 길이를 곱하여 얻어진 토크의 크기를 저항에 의한 토크, 받침대로부터 떨어진 힘의 크기와 힘 모멘트팔의 길이를 곱하여 얻어진 토크의 크기를 힘에 의한 토크라 하며 두 토크의 차이에 의해 시계 방향 혹은 반시계방향으로의 회전이 발생한다. 두 토크의 크기가 같다면 움직이지 않는 균형을 이루는 평형 상태가 되며 다음 (식 11-1)으로 표현할 수 있다.

$$Fd_f = Rd_r \quad \text{(식 11-1)}$$

여기서 F는 힘, d_f는 힘 모멘트 팔의 길이, R은 저항, d_r

은 저항 모멘트 팔의 길이다.

지렛대는 힘, 저항 그리고 받침점의 위치에 따라 세 가지 형태로 구분한다. 일반적으로 제1종 지렛대, 제2종 지렛대, 제3종 지렛대로 표현한다(그림 11-2). 제1종 지렛대는 힘과 저항사이에 받침점이 있는 지렛대를 일컫는다. 제2종 지렛대는 받침점을 중심으로 힘과 저항이 같은 쪽에 위치하나 힘이 더욱 멀리 떨어져 있는 지렛대이다. 제3종 지렛대는 제2종 지렛대에서 힘과 저항의 위치만 바뀐 지렛대로 저항이 받침점으로부터 더욱 멀리 있다.

특히 인체 내의 여러 부위가 이러한 지렛대의 역할을 한다. 인체의 근육은 수축하면서 발생한 힘으로 그 근육이 붙어 있는 뼈를 움직인다. 사람의 분절이 지렛대 구조를 하고 있다고도 할 수 있다. 인체에서 뼈는 강체의 역할, 관절은 받침점의 역할을 하며 근육은 힘을 발휘하여 토크를 만든다. 동작을 하기 위해서는 지렛대의 역할이 매우 중요한데, 인체 내의 부위에 따라 지렛대의 형태가 다르다.

1) 제1종 지렛대

생긴 형태는 받침점이 가운데 위치하고 있으며 각기 양쪽에 저항과 힘이 작용하고 있다. 이 지렛대는 놀이터에서 흔히 볼 수 있는 시소를 생각하면 된다. 받침점을 중심으로 각각 양쪽에 앉게 되는데 몸무게가 더 무거운 사람은 축에 가깝게 앉고 가벼운 사람은 멀리 앉아 균형을 잡게 된다.

안정성을 높여 균형을 이루고 자세 유지에 유용한 지렛대다. 가위도 제1종 지렛대의 좋은 예다. 인체의 예로는 머리를 똑바로 유지하고 끄덕이는 동작에서 찾아 볼 수 있다. 제2경추를 축으로 하며 머리의 무게가 저항의 역할을 하게 된다. 목 뒤에 있는 근육이 수축하면서 힘이 작용하여 균형을 이루거나 신전을 일으킨다. 조정의 경우도 제1지렛대를 이용하는 스포츠 종목이다.

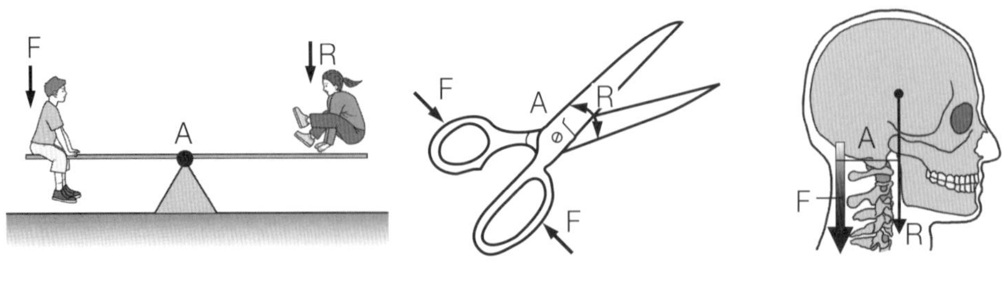

그림 11-3. 제1종 지렛대의 예

2) 제2종 지렛대

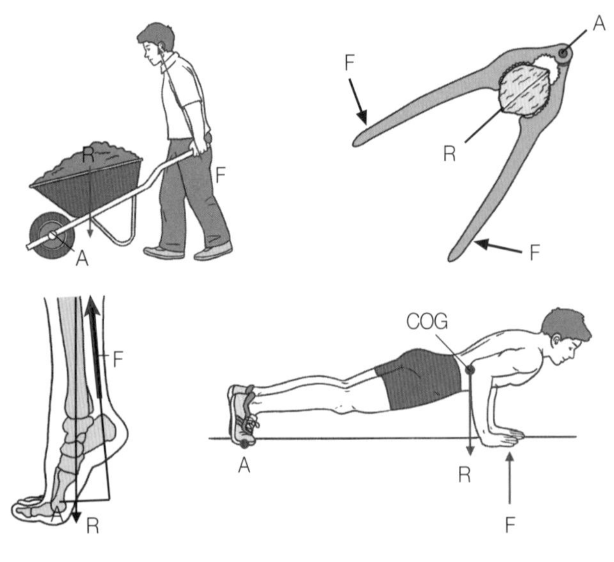

그림 11-4. 제2종 지렛대의 예

작은 힘으로 무거운 것을 지지하거나 움직일 수 있는 효율적인 지렛대지만 비교적 동작 범위가 작은 단점이 있다. 힘과 저항이 받침점을 중심으로 같은 쪽에 위치하고 있고 받침점으로부터 힘까지의 거리가 저항까지의 거리보다 길다. 다시 말해 힘 모멘트팔의 길이가 저항 모멘트팔의 길이 보다 항상 길기 때문에 저항보다 작은 힘으로 더욱 큰 토크를 만들 수 있다. 병뚜껑 따개, 호두 까는 기구, 손수레 등이 제2종 지렛대의 좋은 예가 될 수 있다. 인체의 예로는 서있는 자세에서 발뒤꿈치를 드는 동작이 있다. 인체에서 제2종 지렛대의 예는 많지 않다.

3) 제3종 지렛대

큰 운동 범위가 필요하거나 빠른 속력이 요구되는 곳에 적합한 지렛대다. 제2종과 같이 힘과 저항이 받침점을 중심으로 같은 쪽에 위치하고 있지만 받침점으로부터 힘까지의 거리가 저항까지의 거리보다 짧다. 주어진 저항을 움직이기 위해서는 보다 더 큰 힘이 필요하다는 것을 의미하므로 비효율적이라 할 수 있다. 삽질을 하는 동작, 카누에서 노 젓는 동작에서 제3종 지렛대를 볼 수 있다. 인체의 근육 대부분이 분절의 무게에 의해 생성되는 저항까지의 길이 보다 관절 중심에 가깝게 붙어 있기 때문에 동심성 수축이 이루어지는 동안 뼈와 근육은 제3종 지렛대를 형성하게 된다. 손에 아령을 들고 팔꿈치 관절에서 굴곡(flexion) 동작을 할 때 팔꿈치 관절이 축이 되고 팔과 아령의 무게가 저항이 되며 팔꿈치 관절의 굴곡근이 힘을 제공한다. 인체에서 가장 많은 유형의 지렛대다. 아이스하키 슛팅의 경우 왼손으로 잡고 있는 곳이 축이 되어 왼손에서 오른손까지의 거리가 힘 모멘트 팔이 된다.

그림 11-5. 제3종 지렛대의 예

2. 기계적 확대율

앞서 지렛대의 설명 중에 제2종 지렛대는 효율적이며 제3종 지렛대는 비효율적이라고 하였다. 이것에 대해 좀 더 살펴보도록 하자. 지렛대에서 저항에 효율적으로 대항하는 지를 수치적으로 나타내는 것을 기계적 확대율(mechanical advantage)이라 하며 힘 모멘트 팔의 길이를 저항 모멘트 팔의 길이로 나눈 비율로 정의한다.

Q 적용예제 1

한 어린이의 질량은 20kg이고 다른 어린이의 질량은 30kg이다. 20kg의 어린이가 받침대로부터 오른쪽 1.5m 떨어진 곳에 앉아 있다면 시계방향으로의 토크를 생성하게 되며 시소는 시계방향으로 회전할 것이다. 그렇다면 30kg의 어린이는 회전축으로부터 얼마나 떨어진 거리에 앉아야 균형을 이룰 수 있겠는가? 그리고 기계적 확대율은 얼마인가?

A 해결

균형을 이루기 위해서는 토크의 합이 0이 되어야 한다. ($\Sigma T=0$)
시계방향의 모멘트+반시계방향의 모멘트=0
$(F_1)(d_1)+(F_2)(d_2)=0$

$$d_2=\frac{(F_1)(d_2)}{F_2}$$

$$d_2=\frac{(20\text{kg})(9.8\text{m/s}^2)(1.5\text{m})}{(30\text{kg})(9.8\text{m/s}^2)}=\frac{294\text{N}\cdot\text{m}}{294\text{N}}$$

$\therefore d_2=1\text{m}$
20kg의 어린이를 기준으로 기계적 확대율을 보면 다음과 같다.

$$\text{기계적확대율}=\frac{1.5\text{m}}{1\text{m}}=1.5$$

30kg의 어린이를 기준으로 기계적 확대율을 보면 다음과 같다.

$$\text{기계적확대율}=\frac{1\text{m}}{1.5\text{m}}=0.67$$

$$기계적확대율 = \frac{힘모멘트팔의길이}{저항모멘트팔의길이}$$

제1종 지렛대에서는 받침대의 위치에 따라 힘 모멘트 팔의 길이가 저항 모멘트 팔의 길이와 같을 수도 있고 크거나 작을 수도 있다. 그래서 기계적 확대율이 '1' 이상 또는 이하가 될 수 있다. 제2종 지렛대에서는 힘 모멘트 팔의 길이가 저항 모멘트 팔의 길이 보다 항상 길기 때문에 기계적 확대율은 항상 '1' 보다 크다. 균형을 이루기 위해서는 저항 보다 항상 작은 힘이 필요하다. 기계적 확대율이 '1' 보다 크면 기계적 이득을 얻게 된다. 제3종 지렛대에서는 힘 모멘트 팔의 길이가 저항 모멘트 팔의 길이 보다 항상 짧기 때문에 기계적 확대율은 항상 '1' 보다 작다. 균형을 이루기 위해서는 필요한 힘은 저항보다 항상 크다. 기계적 확대율이 '1' 미만이면 기계적 손실을 입게 된다.

제2종 지렛대에서 기계적 확대율이 '1' 보다 크기 때문에 힘에 대해서는 이득을 얻을 수 있지만 저항을 움직이게 하려 할 때 힘은 더욱 큰 범위를 움직이면서 작용해야 된다. 그림 11-6에서 저항을 d_1만큼 이동시키기 위해서는 힘이 d_2만큼 이동하면서 작용해야 된다. 같은 시간에 이동해야 되기 때문에 속력은 늦다. 결국 힘의 관점에서는 이득을 취하지만 거리와 속력에서는 손해를 본 셈이다.

제3종 지렛대는 제2종 지렛대와 반대로 힘에 대해서는 손해지만 작은 범위 (d_2) 내에서 힘의 작용으로 저항은 큰 범위 (d_3)를 이동시킬 수 있다(그림 11-

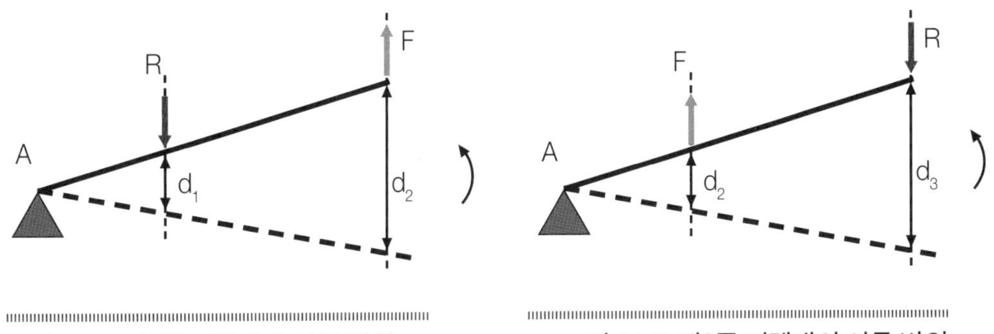

그림 11-6. 제2종 지렛대의 이동 범위

그림 11-7. 제3종 지렛대의 이동 범위

7). 속력도 빨라진다. 힘의 관점에서는 손해를 입지만 거리와 속력에서 이득을 보게 된다. 이렇게 각 지렛대는 장점과 단점을 갖고 있다.

인체는 기계적 확대율이 '1' 보다 큰 제2종 지렛대보다는 기계적 확대율이 '1'미만인 제3종 지렛대가 대부분이다. 결국 저항을 극복하기 위해서는 항상 저항보다 큰 근력이 필요하다. 기계적 확대율로는 비효율적이지만 동작 범위가 커지고 속력이 빨라지는 장점이 있는데 이는 우리 몸에서 이런 기능이 더 많이 필요하기 때문일 것이다.

3. 강체의 정적 평형

하나의 강체가 평형상태에 있다는 것은 현재 상태가 변화 없이 계속 유지되는 상태를 말한다. 평형상태는 외부에서 작용하는 힘이 없기 때문에 움직이지 않고 있는 물체는 계속 움직이지 않고 있으며, 선운동하는 물체는 같은 속도를 유지하며, 각운동하는 물체는 같은 각속도로 회전한다. 같은 속도의 선운동이나 컴퓨터의 CD 회전, 선풍기의 날개 회전 등, 같은 각속도의 각운동을 하면서 이루는 평형을 동적 평형(dynamic equilibrium)이라 하고 움직임이 전혀 없이 멈춰 있는 평형을 정적평형(static equilibrium) 이라 한다. 대부분의 스포츠 상황에서의 평형은 정적평형이다.

정적평형에서 선운동 뿐 아니라 각운동이 발생하지 않는다는 것은 물체의 속도와 각속도가 항상 '0'을 의미한다. 물체의 속도가 항상 '0'이므로 가속도가 '0'이며 그 물체에 작용하는 알짜 힘도 '0'이다. 그리고 각속도가 항상 '0'이므로 각가속도가 '0'이며 그 물체에 작용하는 알짜 토크도 '0'이다. 그래서 물체의 평형 상태를 유지하기 위해서는 다음 두 조건을 충족시켜야 된다.

$\Sigma F_x = 0$ 그리고 $\Sigma F_y = 0$

$\Sigma T = 0$ (식 11-2)

여기서 ΣF_x는 x방향의 알짜 힘, ΣF_y는 y방향의 알짜 힘, ΣT는 알짜 토크인데 모든 '+'토크(반시계방향 토크) 와 '−' 토크(시계방향 토크)의 합이다.

첫 번째는 선운동 평형(translational equilibrium)의 조건이며 두 번째는 각운동 평형(rotational equilibrium)의 조건이다. 그러므로 평형상태에서는 작용하는 모든 힘의 합이 '0'이고 작용하는 모든 토크의 합도 '0'이다.

Q 적용예제 2

500N의 무게를 갖고 있는 다이빙 선수가 4m의 다이빙대 맨 끝에 서 있다. 이 때 다이빙대가 정적 평형상태다. 고정대에서 받침대까지의 거리는 1.5m이고 다이빙대의 무게는 고려하지 않는다. 고정대와 받침대에 작용한 힘은 각각 얼마인가?

A 해결

다이빙대는 움직임이 없는 평형상태이므로 평형상태의 조건에 부합해야 된다.

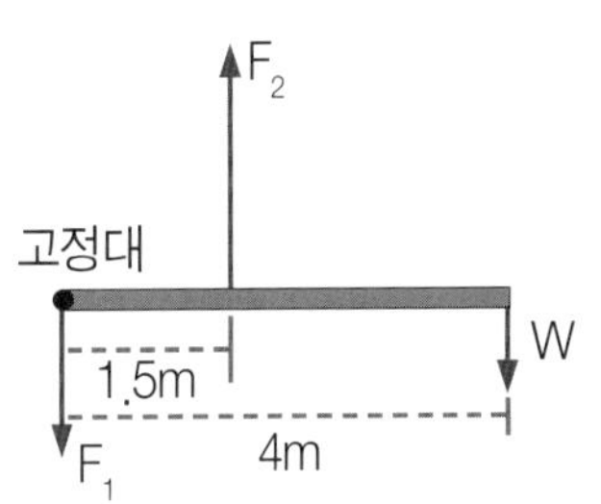

x성분으로 작용한 힘은 없으므로 고려할 필요가 없다.

y성분: $\Sigma F_y = -F_1 + F_2 - W = 0$

받침대를 회전축으로 할 때 생기는 모든 토크의 합은 다음과 같다.

$\Sigma T = (1.5m)(F_1) + 0(F_2) - (2.5m)(500N) = 0$

$$F_1 = \frac{(2.5m)(500N)}{1.5m} = 833N$$

$F_2 = F_1 + W = 833N + 500N = 1333N$

고정대를 회전축으로 할 때 생기는 모든 토크의 합은 다음과 같다.

$\Sigma T = (0m)(F_1) + (1.5m)(F_2) - (4m)(500N) = 0$

$$F_2 = \frac{(4m)(500N)}{1.5m} = 1333N$$

$F_1 = F_2 - W = 1333N - 500N = 833N$

고정대에 작용한 힘의 크기는 833 N이며 방향은 아래 방향이다.
받침대에 작용한 힘의 크기는 1333 N이며 방향은 위 방향이다.
각각의 부위에 작용한 힘을 구하는데 받침대 혹은 고정대 중 어느 곳을 회전축으로 하느냐에 관계없이 같은 값을 얻게 된다.

적용예제 3

60N의 볼링공을 그림과 같이 들고 있다. 상완이두근이 팔꿈치 관절에서 3cm 떨어진 곳에 붙어 있고 볼링공은 37cm 떨어져 있다. 상완이두근이 똑바로 위로 작용한다고 가정할 때 근육이 작용한 힘과 상완골에 의해 척골로 작용한 힘은 얼마인가? 팔의 무게는 고려하지 않는다.

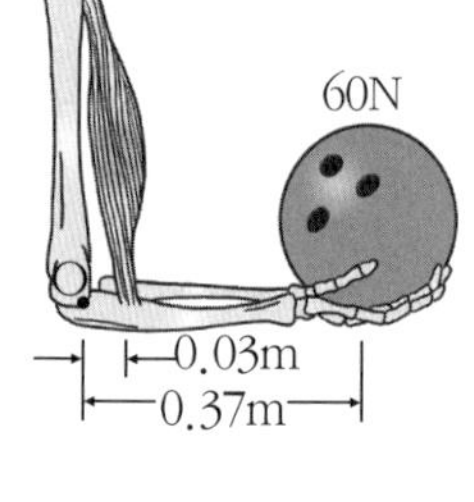

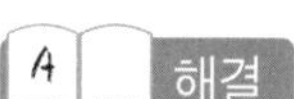

해결

움직임이 없는 평형상태이므로 평형상태의 조건에 부합해야 된다.

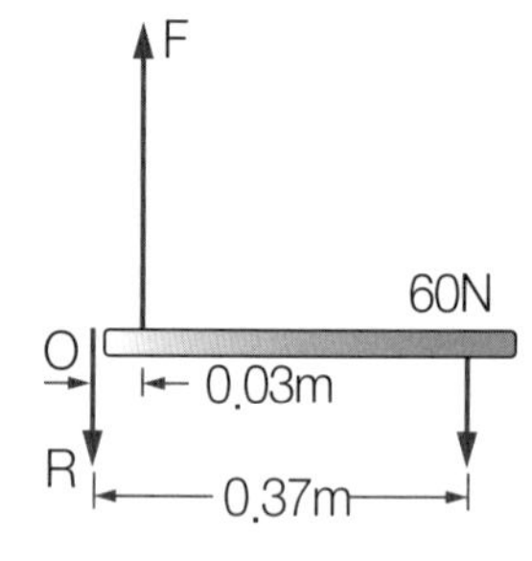

x성분으로 작용한 힘은 없으므로 고려할 필요가 없다.
y성분: $\Sigma F_y = R + F - 60N = 0$

팔꿈치를 회전축으로 할 때 생기는 모든 토크의 합은 다음과 같다.
$\Sigma T = (0m)(R) + (0.03m)(F) - (0.37m)(60N) = 0$

$$F = \frac{(0.37m)(60N)}{0.03m} = 740N$$

$R = -F + 60N = -740N + 60N = -680N$

근력은 740N이며 상완골에 의해 척골에 작용한 힘은 680N이다.
60N의 공을 들고 있기 위해서 10배 이상인 740N의 근력이 필요하다.
이렇게 관절에서 발생한 힘을 관절력(joint reaction force)라고 하고 방향은 근력의 방향과 반대로 작용한다.

적용예제 3처럼 근육에 의한 토크의 크기와 볼링공에 의한 토크의 크기가 같다면, 다시 말해 시계방향의 토크와 반시계 방향의 토크가 같다면 각운동이 발생하지 않는다. 하지만 볼링공을 들어 올릴 때는 근육이 더욱 큰 토크를 만들어야 된다. 반면에 들고 있다가 근육의 힘을 줄이면 근 토크는 작아져 볼링공에 의한 토크에 의해 볼링공과 팔은 떨어지고 팔꿈치 관절은 신전(extension)된다.

Q 적용예제 4

70kg의 사람이 그림과 같이 엎드려 있다. 이와 같이 평형상태에 있을 때 발과 손에서의 반작용력을 구하시오. 발끝에서 무게중심까지의 길이가 0.9m이고 팔까지의 길이가 1.6m이다.

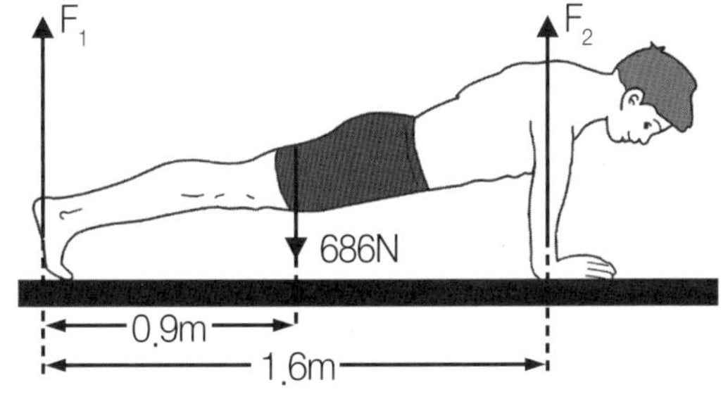

A 해결

움직임이 없는 평형상태이므로 평형상태의 조건에 부합해야 된다.

x성분으로 작용한 힘은 없으므로 고려할 필요가 없다.

y성분 : $\Sigma F_y = F_1 + F_2 - 686N = 0$

$F_1 + F_2 = 686N$

발끝을 회전축으로 할 때 생기는 모든 토크의 합은 다음과 같다.

$\Sigma T = (0m)(F_1) - (0.9m)(686N) + (1.6m)(F_2) = 0$

$$F_2 = \frac{(0.9m)(686N)}{1.6m} = 385.9N$$

$F_1 = 686N - F_2 = 300.1N$

발에서의 반작용력은 300.1N이고
손에서의 반작용력은 385.9M이다.

4. 안정성

스포츠에서 안정성(stability)과 균형(balance)은 매우 중요한 역할을 한다. 안정성은 물체의 평형상태를 방해하려는 것에 대한 저항이라 할 수 있다. 안정성이 클수록 평형상태를 무너뜨리려는 힘이나 토크에 대한 저항이 더 크다. 균형은 평형의 상태로 정의할 수 있으며 평형을 유지하기 위한 여건을 조절할 수 있는 능력으로 사용되기도 한다. 선수들은 성공적인 운동 수행을 위해 안정성과 균형을 적절히 이용하고 있다. 유도, 레슬링, 씨름 등은 서로 상대 선수의 균형 잡힌 평형상태를 무너뜨리기 위해 노력하는 스포츠여서 거기에 저항하기 위해 안정성을 높여야 된다. 반면에 육상의 단거리 경주, 수영, 스케이팅의 출발 자세는 출발 신호에 반응하여 빠른 동작을 수행해야 되기 때문에 평형상태를 쉽게 깰 수 있도록 균형을 유지하되 안정성을 최대한 낮춰야 된다. 기계체조는 수행하는 기술에 따라 안정성과 불안정성이 동시에 요구되는 스포츠다. 빠른 동작에서는 안정성이 불필요하고 착지 동작에서는 최대의 안정성이 필요하다. 특히 여자의 평균대는 안정성을 유지하며 균형 잡는 능력을 평가하는 종목이다.

그림 11-8. 안정성을 유지하며 균형 잡는 능력을 평가하는 여자 평균대

그림 11-9는 삼각형의 안정성을 보여 주는 그림이다. 힘 F가 삼각형의 꼭짓점a에 가해지면 점b가 회전축이 되어 반시계방향의 토크 F · H가 발생한다. 동시에 삼각형의 무게인 W에 의해 시계방향의 토크 W · L이 발생한다. 토크 F · H 보다 토크 W · L이 크면 평형상태가 유지된다. 결국 외부에서 작용하는 힘 F에 대해 평형상태를 유지할 수 있는 능력이 안정성이다. 안정성을 높이기 위해서는 H는 낮게 유지하고, L은 넓히고, W는 무겁게 만들어야 한다. 안정성을 낮추기 위해서는 이와 반대로 유지하면 된다. 힘 F가 반대 방향으로 작용하면 점c가 회전축이 된다.

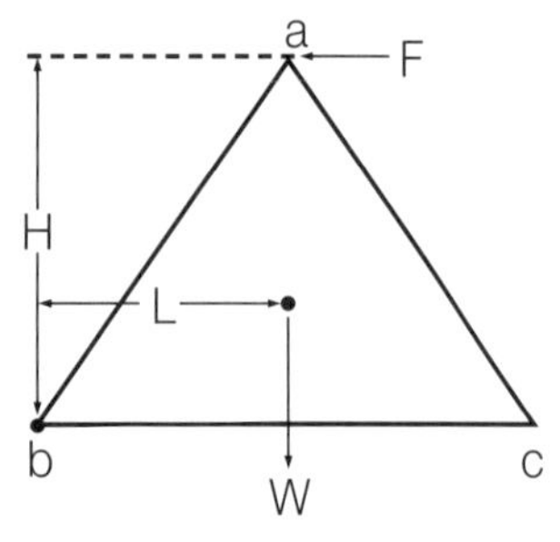

그림 11-9. 삼각형의 안정성

1) 안정성에 영향을 주는 요소

그림 11-9에서 살펴본 바를 다시 설명하면 다음과 같다. 물체의 질량이 클수록 안정성은 높아지고 반대로 질량이 작을수록 안정성은 떨어진다. 뉴턴의 운동 제2법칙에서 질량이 클수록 그 물체를 가속(움직이게)하기 위해서는 더욱 큰 힘이 필요하다는 것을 말해 준다. 그러므로 질량이 클수록 작은 힘으로는 균형을 깨기 힘들다. 씨름 선수들의 몸무게가 무거울수록 안정성이 커셔 쓰러뜨리기 쉽지 않기 때문에 씨름 뿐 아니라 유도, 레슬링 등 많은 스포츠 종목들이 체급별 시합을 한다. 특히 일본의 쓰모 선수들은 몸무게를 늘리기 위한 다이어트를 하기도 한다. 럭비 선수들은 포지션에 따라 역할이 다르다. 스크럼하는 포지션에 있는 선수들의 몸무게가 무거운 반면 공을 들고 많이 뛰는 선수들의 몸무게는 비교적 가벼워야 된다.

물체의 기저면(base of support)의 넓이에 따라 안정성이 달라진다. 물체의 기저면은 물체의 접촉에 의해 형성된 경계선에 포함된 전체 면적을 일컫는다. 그림 11-10은 여러 기저면의 예를 보여 준다.

그림 11-10a는 한 발로 서있는 경우, b는 좁게 두발로 서있는 경우, c는 두발로 넓게 서있는 경우, d는 왼발이 오른발 보다 앞에 있는 경우, e는 오른 쪽에 지팡이를 짚은 경우, *f*는 양 손을 짚은 경우다. 이와 같이 발의 위치에 따라 기저면의 넓이와 모양이 달라진다.

기저면의 넓이가 넓을수록 안정성은 커지고 좁을수록 안정성은 작아진다. 한발로 설 때 는 두발로 설 때보다 기저면이 작아져서 균형을 유지하기 어려워 안

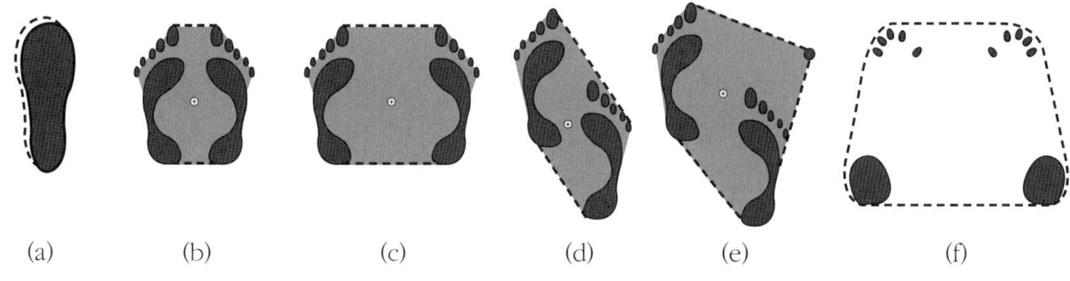

그림 11-10. 기저면의 다양한 예

그림 11-11. 출발자세는 균형을 유지하되 안정성을 최대한 낮춰야 된다

정성이 떨어진다. e에서처럼 발 뿐 아니라 도구를 사용해서 기저면을 넓힐 수 있어 안정성을 높인다. 많이 노쇠한 노인들은 근력이 떨어지고 인체 협응 능력이 저하되어 보행이나 서있는 동작 등 일상생활에서 균형을 유지하기 어려울 때 지팡이를 사용하여 기저면을 넓힌다. 스키에서 폴을 사용하는 것도 이런 원리를 이용하는 것이다.

유도에서 방어하는 사람은 다리를 벌려 기저면을 넓혀 안정성을 높인다. 스케이트나 스키를 처음 배우는 사람들은 넘어지지 않기 위해 다리를 벌려 안정성을 유지한다, 그러므로 스케이트나 스키를 탈 때 양쪽의 스케이트나 스키가 붙어 있는 정도를 보면 타는 사람의 동작 수준을 짐작할 수 있다.

물체의 무게 중심 위치에 따라 안정성이 달라진다. 물체 무게 중심의 수평적 위치가 기저면 밖에 위치하면 무게에 의한 토크가 발생하게 되어 물체는 불균형이 되고 불안정한 상태가 된다. 물체는 무게 중심을 기저면 경계선에 최대한 가깝게 위치할수록 균형을 유지할 수 있지만 작은 힘에도 토크가 발생할 수 있어 안정성은 떨어진다. 육상 단거리 경기, 수영, 스케이팅의 출발 자세는 출발 신호에 빨리 반응 할 수 있도록 기저면을 좁게 만들고 무게 중심을 기저면 경계선에 최대한 가깝게 만든 자세다.

기저면에 대한 무게 중심의 높이도 안정성에 영향을 준다. 무게 중심의 위치가 높을수록 불안정하고 낮을수록 안정성이 높아진다. 무릎 관절이나 엉덩 관절에서의 굴곡은 자세를 낮추게 만들고 무게 중심의 위치가 낮아지는 효과로 인해 안정성을 증가시킨다. 스케이트나 스키를 배울 때 다리를 벌려 기저면을 넓힐 뿐 아니라 무릎 관절이나 엉덩 관절을 굴곡시켜 무게 중심의 높이를 낮춰 안정성을 극대화한다.

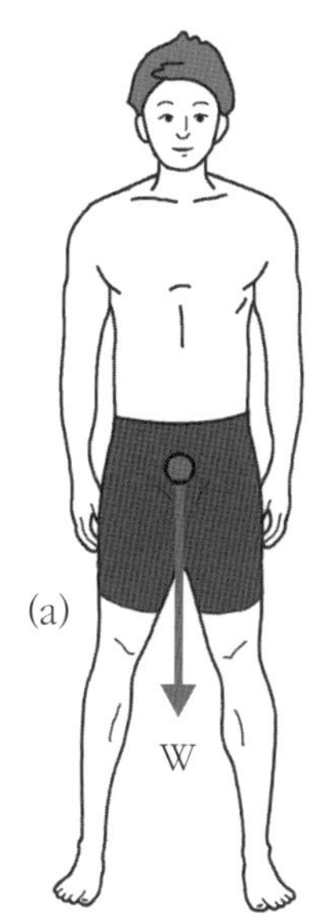

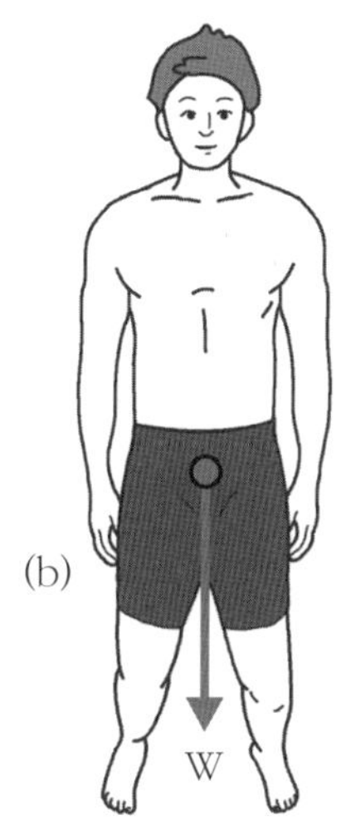

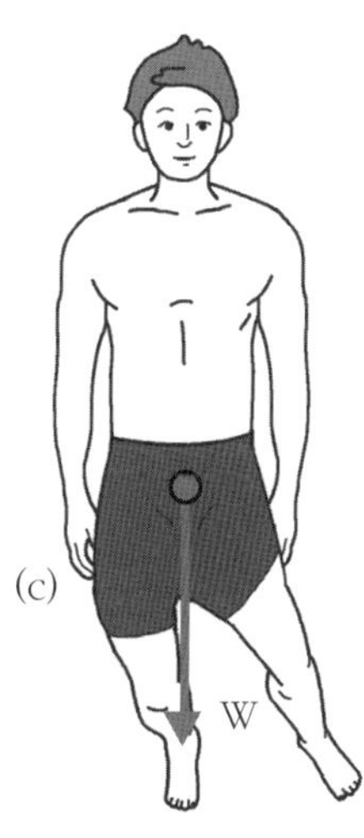

그림 11-12. (a)보다 (b)에서 무게중심의 높이를 낮춰 안정성을 높인다. (c)에서 수평적 무게 중심을 기저면 경계선에 가깝게 만들어 안정성을 떨어뜨린다.

기저면의 넓이를 넓게 하고 무게 중심의 높이를 낮추면 안정성은 더욱 증가한다. 사람에 있어서 가장 안정성이 높은 자세는 누워있는 자세다. 기저면이 좁아질수록 감소하는 안정성을 유지하기 위해 근육의 활동이 증가한다. 그래서 누워 있을 때 보다 앉아 있을 때, 앉아 있을 때보다 서 있을 때, 두발로 서있을 때 보다 한발로 서있을 때 더 힘들고 피로해진다. 그림 11-13는 발레 자세인데 무게 중심이 딛고 있는 발끝 위에 위치해야 균형을 유지할 수 있다. 무게 중심의 위치가 조금이라도 바뀌게 되면 그 자세를 유지하기 어렵다.

그림 11-13. 균형을 이루고 있는 발레 동작

12

유체역학(fluid mechanics) -물과 공기의 저항

유체는 액체와 기체를 일컬으며 고체와 달리 적절한 압력을 가함으로써 흐름이나 모양이 쉽게 바뀌는 특성이 있다. 우리가 관심을 갖고 살펴보아야 할 운동역학에 관련된 유체로는 물과 공기가 있다. 앞장에서 공부할 때에는 공기 저항은 무시하거나 고려하지 않았다. 매우 강한 바람이 불 때 뛰거나 던지는 것뿐 아니라 걷는 것조차 힘들 때가 있다. 실제로 사이클링과 같이 속도가 빠른 운동이나 야구공 혹은 골프공과 같이 속도도 빠르며 회전이 매우 빠르게 발생하는 공의 경우에는 공기의 영향을 고려하여야 한다. 또한 물에서 하는 운동은 물의 저항과 부력을 받는다.

1. 밀도(density)

모든 물질의 중요한 요소 중 하나인 밀도는 단위 부피 당 그 물질의 질량으로 정의된다. 밀도를 나타내는데 ρ (rho)를 사용한다.

$$\rho = \frac{m}{V} \qquad \text{(식 12-1)}$$

여기서 m은 질량, V는 부피를 나타낸다. 단위는 kg/m^3를 사용하지만 kg/liter(kg/L)의 사용이 더 편리할 수 있다. 같은 물질로 만든 두 개의 물체는 비록 질량과 부피가 다를지라도 같은 밀도를 갖고 있다. 부피에 대한 질량의 비율이 같기 때문이다.

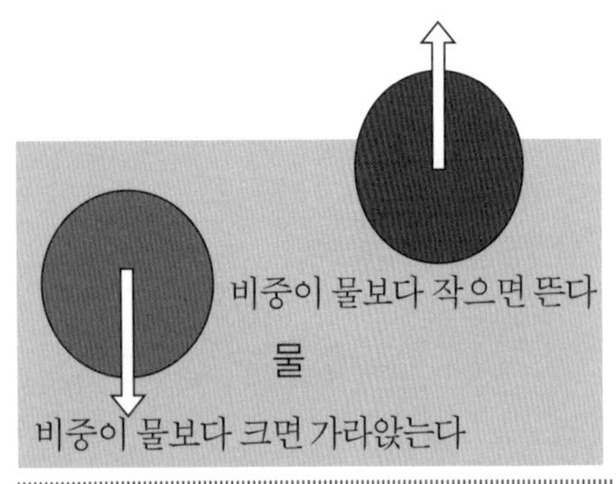

그림 12-1. 비중에 따라 가라 앉거나 뜬다

물의 밀도는 4°C에서 1kg/L 이며 공기의 밀도는 1.2g/L 다. 물의 밀도는 공기의 밀도에 비해 약 1000배 정도다. 근육의 밀도는 약 1.06kg/L 이며 뼈의 밀도는 약 1.5kg/L로 물의 밀도 보다 크다. 지방의 밀도는 약 0.92kg/L로 물의 밀도 보다 작다. 사람의 밀도는 성분 분포에 따라 부분 별로 그리고 사람에 따라 다르지만 일반적으로 0.98~1.02kg/L 정도로 거의 물의 밀도와 비슷하다.

상대 밀도(비중, relative density) 는 물에 대한 물체의 밀도를 의미한다. 상대밀도가 '1' 이면 물의 밀도와 같은 것이고 '1'보다 작으면 물의 밀도 보다 작아서 물에 뜬다. '1' 보다 크면 물에 가라앉는다. 바닷물의 밀도는 보통 물보다 높은 약 1.025kg/L 이므로 바닷물에 대한 사람의 상대 밀도가 '1' 보다 작아 보통 물에서 보다 바닷물에서 뜨는 것이 쉬워진다.

2. 압력(pressure)

임의의 물체의 표면에 대하여 단위면적에 수직으로 가해지는 힘의 크기를 압력이라 하고 다음과 같이 나타낸다.

$$P = \frac{F}{A} \qquad \text{(식 12-2)}$$

여기서 P는 압력, F는 물체의 표면에 수직으로 작용하는 힘의 크기, A는 물체 표면의 넓이다. 압력의 단위는 힘을 면적으로 나눈 것이므로 N/m^2 이다. 이 단위를 파스칼(Pa)이라 한다.

$$1\text{pascal} = 1\text{Pa} = 1\ N/m^2$$

1Pa은 $1m^2$ 넓이에 1N의 힘에 의해 만들어진 압력이다. Pa이 비교적 작은 압력 단위이므로 이것의 1000배에 해당하는 kPa이 주로 사용된다. 힘은 벡터량이지만 압력은 표면에 수직 성분의 힘만 필요한 스칼라량이므로 방향이 없다.

70kg의 사람이 비닐로 덮여 있는 마룻바닥 위를 일반 운동화를 신고 서 있다면 덮여 있는 비닐은 파손이 안 되겠지만 축구화나 골프화처럼 바닥이 징으로 돌출된 신발은 비닐에 구멍이 생기는 파손을 입힐 수 있다. 같은 무게의 힘이지만 징에 의해서 보통 운동화 보다 면적이 크게 줄어 압력이 증가하기 때문이다. 못, 압정 등은 이런 원리가 잘 적용되도록 만든 것들이다. 눈신발은 축구화나 골프화와는 반대로 작용하도록 만든 신발이다. 눈신발의 바닥이 매우 넓어

그림 12-2. 눈신발은 바닥 면적이 넓기 때문에 압력이 작아져서 눈에 빠지는 것을 방지해 준다

서 눈신발에 작용하는 압력이 작아져 눈 속에 깊이 빠지지 않도록 도와준다(그림 12-2).

Q 적용예제 1

육상 경기인 세단뛰기 동작 할 때 발뒤꿈치에 4400N의 힘이 작용한다면 종골 (calcaneus)에 작용한 압력은 얼마인가? 이때 지면과 접촉한 면적은 $5cm^2$이다. ($1m^2=10000cm^2$)

A 해결

$$P=\frac{F}{A}=\frac{4400N}{0.0005m^2}=8800000\mathrm{N/m^2}=8800kPa=8.8MPa \ (1000kPa=1MPa)$$

물체가 물속에 잠겨 있을 때를 생각해 보자. 물은 접촉하는 물체의 표면에 힘을 전달한다. 그 작용하는 힘은 항상 물체의 표면에 수직으로 작용한다(그림

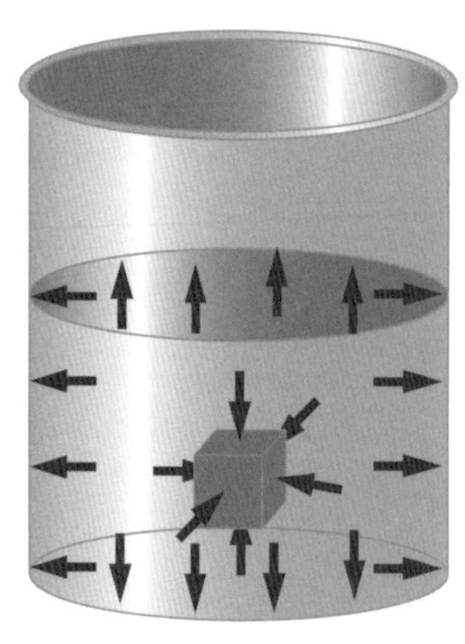

그림 12-3. 물은 접촉하는 물체의 표면에 수직으로 힘을 전달한다

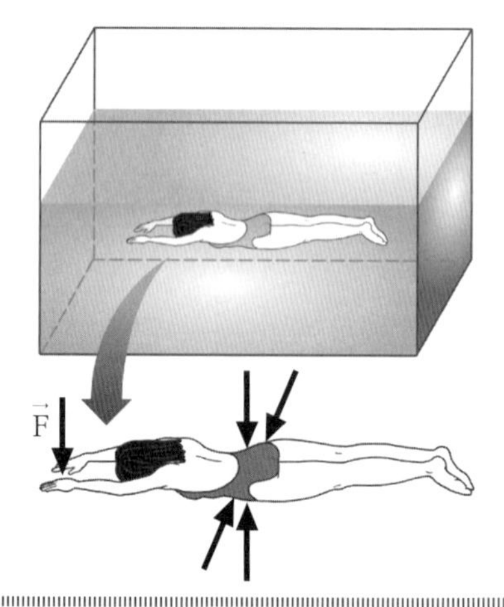

그림 12-4. 물에 의해 사람의 모든 부분 표면에 수직으로 힘이 작용한다

12-3). 그림 12-4는 수영장에서 사람이 물에 잠겨있는 모습이다. 물과 접촉하고 있는 모든 물체, 수영장의 벽, 바닥, 잠겨있는 사람의 모든 부분 표면에 수직으로 힘이 작용한다.

Q 적용예제 2

수영선수의 손등에 작용하는 압력이 100 KPa 이고 손등의 면적이 80 cm^2 일 때 손등에 작용한 힘은 얼마인가?

A 해결

$F=PA=(100KPa)(80\text{cm}^2)=(100000Pa)(0.008\text{m}^2)=800\text{N}$

그림 12-4에서처럼 손등에 작용하는 힘의 방향은 표면과 수직 방향인 위에서 아래로 작용한다. 손바닥에 작용하는 힘은 이와는 반대로 아래에서 위로 작용한다. 손을 90° 회전시켰다면 손등과 바닥에 작용하는 힘의 방향도 90° 회전하여 손등과 바닥에 수직방향인 좌우 방향이 된다.

3. 부력 (Buoyancy)

수영장 물 안에 서있는 사람을 들 때는 수월 하지만 수영장 물 밖에서 들 때는 쉽지 않다는 것을 경험해 보았을 것이다. 또한 물 위에 가만히 떠 있을 수도 있다. 이런 일들이 가능하도록 물이 도움을 주는 것인데 이때의 도움을 부력이라 한다.

물의 압력은 수심이 깊어질수록 증가한다. 스쿠버 다이빙할 수 있는 수영장에서 깊이 들어 갈수록 귀와 폐에 압력이 증가하는 것을 느낄 수 있다. 부피가 있는 물체라면 그림 12-5와 같이 물체의 모든 표면에 압력에 의한 힘이 작용하는데 특히 윗부분과 아래 부분이 위치하

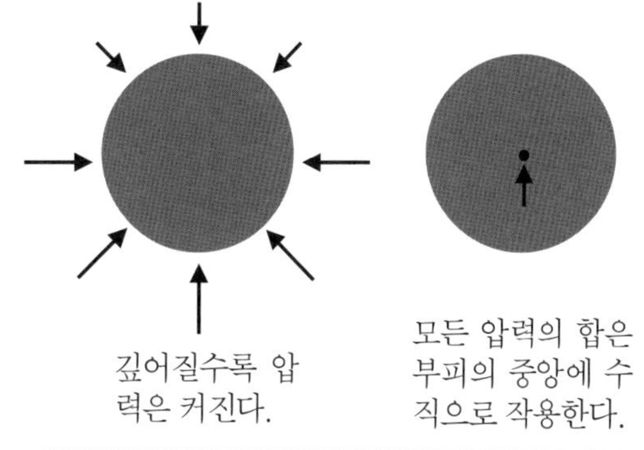

그림 12-5. 윗부분과 아래 부분의 압력 차이에 의해 발생하는 부력

는 깊이가 다르기 때문에 받는 압력이 다르다. 아래 부분의 압력이 상대적으로 윗부분의 압력 보다 항상 크다. 그림 12-5에서는 화살표의 길이로 압력에 의한 힘의 크기를 보여주고 있다. 작용하는 모든 압력을 합하면 수평 성분의 힘들은 모두 상쇄되고 수직으로 작용하는 힘만 남게 된다. 이 힘을 물체의 윗부분과 아래 부분의 압력 차이에 의해 발생하는 부력이라 한다.

부력의 크기는 다음과 같은 아르키메데스(Archimedes) 의 원리에 의해 알 수 있다. 부력은 물에 잠긴 부피에 해당하는 물의 무게와 같고 그 방향은 수직 방향이다. 식으로 표현하면 다음과 같다.

$$F_b = m_\omega g = V_\omega \rho_\omega g \qquad \text{(식 12-3)}$$

여기서 F_b는 부력, m_ω는 물에 잠긴 부피에 해당하는 물의 질량, g는 중력가속도, V_ω는 물에 잠긴 부피에 해당하는 물의 부피, ρ_ω는 물의 밀도를 나타낸다.

물체의 무게가 얼마든 관계없이 받는 부력의 크기는 동일하다. 이 때 물체의 무게가 부력보다 작으면 떠오르고 같다면 멈춰있고 크면 가라앉는다. 그림 12-6a와 b는 같은 부피의 나무와 돌을 물속에 넣은 모습이다. 두 물체의 부피기 같기 때문에 두 물체에 작용하는 부력의 크기(F_b)는 같다. 그러나 그림12-6a에서 나무의 무게가 부력보다 작기 때문에 떠오르는 모습이고 그림 12-6b에서는 돌의 무게가 부력보다 크기 때문에 가라앉는 모습이다.

부력이 작용하는 작용점을 부심이라 하고 이곳은 물에 잠겨 있는 물체 부피의 중심(center of volume)이다. 그림 12-7은 배의 바닥을 형상화해서 앞에서

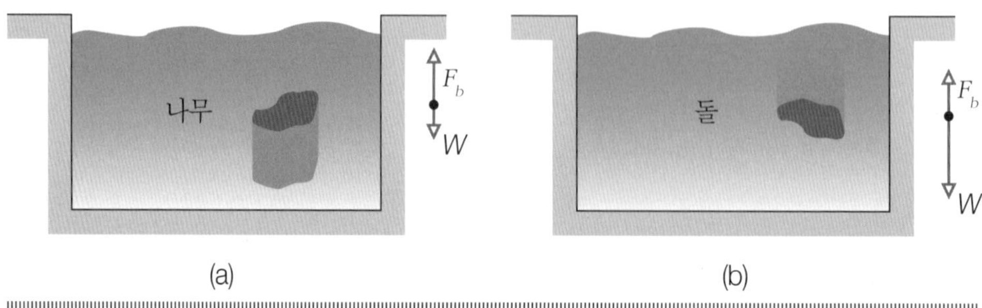

그림 12-6. 부피가 같으면 부력은 같지만 물체의 무게에 의해 떠오르거나 가라앉는다

본 모습이다. 점선은 수면을 나타낸다. 그림 12-7a는 배가 흔들리지 않는 상태로 배의 무게중심과 부심이 같은 선에 위치하고 있는 상황이다. 그러나 그림 12-7b는 배가 흔들리는 상태로 배 부심의 위치는 배가 흔들리더라도 변하지 않지만 오히려 무게 중심의 위치가 부심과 같은 선에 위치하지 못한 상황이라 계속 흔들리게 된다.

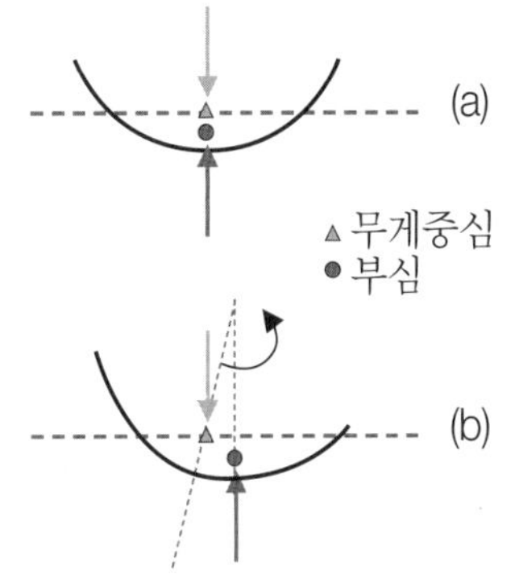

그림 12-7. 배의 무게중심선과 부심선의 방향이 일치하지 않을 때 배는 흔들린다

사람도 물에 떠있는 상태는 무게 중심의 위치와 부심의 위치에 따라 달라진다. 그림 12-8a에서 무게 중심의 위치와 부심의 위치의 간격차가 커서 토크가 발생하여 시계 방향으로 몸이 회전하면서 그 간격이 작아지고(그림 12-8b) 마침내 무게 중심과 부심이 동일 선상에 위치하게 되면 몸은 평형상태가 된다(그림 12-8c). 그림 12-9는 구명 복을 착용하고 물에 있는 모습이다. 그림 12-9a는 부심이 몸 뒤쪽으로 이동하게 되고 반시계 방향으로의 회전이 발생하게 되어 만약 정신을 잃은 상태라면 얼굴이 물에 잠기게 된다. 반면에 그림 12-9b는 조끼 모양의 구명 복을 입으므로 부심과 무게 중심이 같은 선상에 있게 되어 얼굴이 물에 잠기지 않게 도와준다.

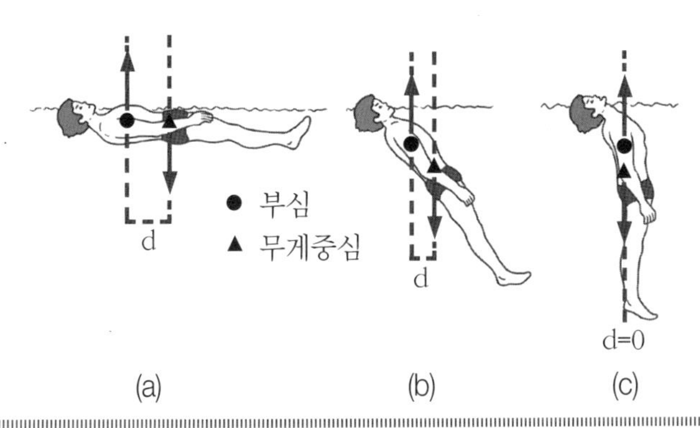

그림 12-8. 사람이 물에 잠길 때의 모습

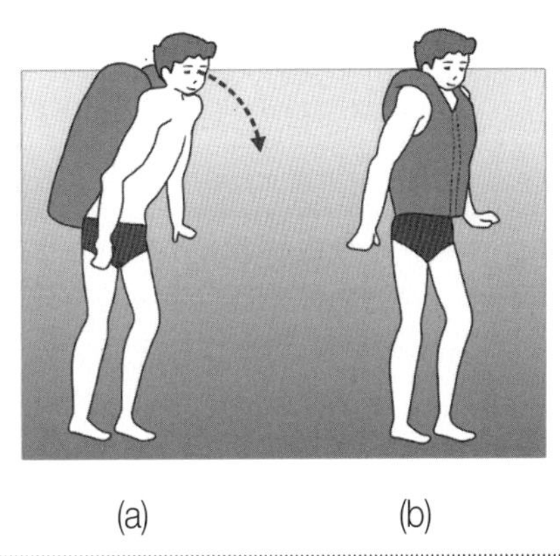

그림 12-9. 조끼 형태의 구명 복

4. 유체동력 (dynamic fluid force)

사이클링, 스키 점프, 스피드 스케이팅, 스카이다이빙과 같은 빠른 스포츠 동작이나 수영을 할 때 인체는 공기나 물의 저항을 받는다. 야구공, 골프공, 축구공, 원반던지기의 원반, 창던지기의 창과 같이 투사된 물체도 공기의 저항을 받는다. 공기나 물의 저항은 그 유체를 통과하는 인체나 물체에 그 유체에 의한 힘이 작용한다는 것을 의미한다. 그 힘을 유체동력이라 한다. 이 힘은 항력과 양력, 두 개의 힘으로 분리될 수 있다. 항력은 물체의 진행 방향과 반대로 작용하고 양력은 항력과 수직 방향으로 작용한다(그림 12-10).

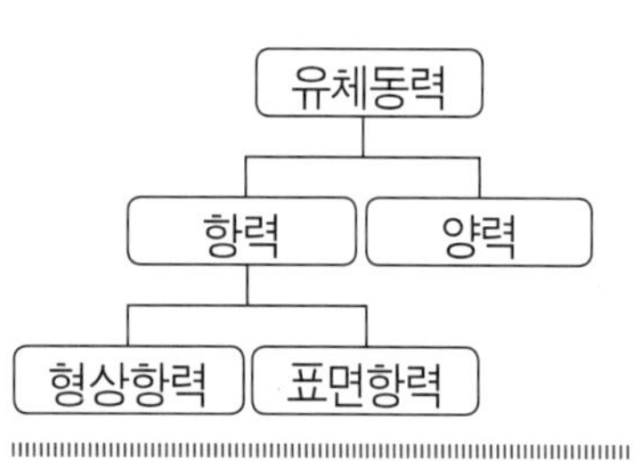

그림 12-10. 유체동력의 구성요소

1) 항력

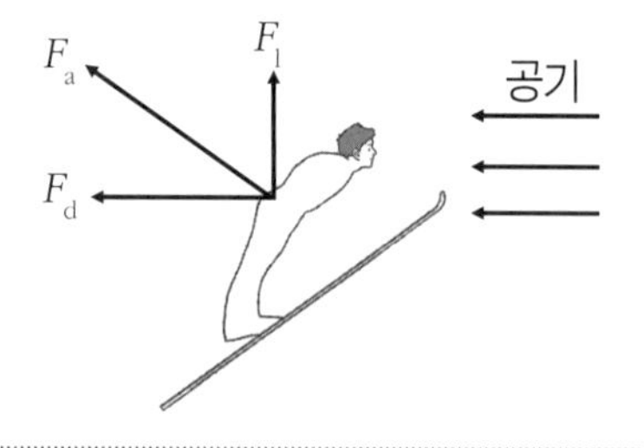

그림 12-11. 스키 점프에서의 공기저항 (F_a)은 항력 (F_d)과 양력 (F_l)으로 분리할 수 있다

물체가 유체 내에서 운동하거나 흐르는 유체 내에 있을 때 유체에 의해서 운동에 방해가 되는 힘을 받는데 이를 항력(drag force)이라고 한다. 이 항력은 물체의 진행 방향과 반대방향으로 작용하기 때문에 물체의 운동 속도를 떨어뜨리는 효과가 있다. 항력은 (식 12-4)으로 정의할 수 있다.

$$F_D = \frac{1}{2} C_D \rho A V^2 \qquad \text{(식 12-4)}$$

여기서 F_D는 항력, C_D는 항력계수, ρ는 유체 밀도, A는 물체의 단면적, V는 유체에 대한 물체의 상대 속도를 의미한다.

항력계수는 항력이 발생하는 정도를 표현한 것으로 다른 계수들과 마찬가지로 단위가 없다. 실험실에서 계산된 값이며 물체형태나 표면상태에 의해서 결정되는 상수다. 항력계수가 클수록 항력이 크게 발생한다는 것을 의미한다. 표 12-1은 여러 물체의 항력계수 근사치를 나타낸다.

유체밀도 중 물의 밀도는 물의 온도가 섭씨 4도 일 때 가장 큰 1,000kg/m^3이며 물의 온도가 올라가거나 내려가면 물의 밀도는 작아진다. 수영장 물의 온도가 높을수록 물의 밀도가 감소하여 항력이 적어지므로 기록을 단축시키는 결과를 얻을 수가 있다. 다음 표 12-2는 물과 공기의 온도별 밀도변화를 나타낸 것이다. 공기 밀도는 해수면에서 온도 섭씨 20도일 때 대략 1.2kg/m^3이다. 고도가 높아지거나 온도가 올라가면 공기 밀도는 낮아진다.

멕시코 올림픽 때 육상 경기 기록들이 향상된 것은 고도가 높아 공기 밀도가 낮아진 장소에서 경기가 열렸기 때문이다. 겨울 보다 여름에 더 좋은 기록이 수립되는 것도 공기 밀도가 낮아져 공기 저항 즉 항력이 작아지기 때문이다. 특히 날씨가 더울 때 야구공이나 골프공들이 더 멀리 날아간다. 일반적으로 공기의 밀도는 1.2kg/m^3, 물의 밀도는 1,000kg/m^3를 주로 사용한다.

물체의 단면적은 물체가 진행하는 방향과 수직인 면적을 의미한다. 표 12-3은 시합 시 자세의 단면적을 나타낸 것으로 비록 개인차는 있지만 기준이 될 수 있는 자료를 제공해 주고 있다. 사람의 경우 몸을 똑바로 펴면 단면적은 넓어지고 몸을 숙이면 그만큼 단면적은 줄어든다.

상대 속도(relative velocity)는 물체의 속도와 유체 속도와의 차이다. 예를 들어, 공을 20m/s의 속도로 던졌을 때 앞바람의 속도가 4m/s라면 상대속도는 20m/s−(−4m/s)=24m/s 이 되며

표 12-1. 물체의 항력계수

대상	항력계수
똑바로 서 있는 사람	1.0~1.3
달리는 사람	0.9
사이클 선수	0.4
스키점프 선수	1.1~1.3
스키선수	1.0~1.1
스피드스케이트	0.26
수영하는 사람	0.66
골프공	0.25~0.35

표 12-2. 온도에 따른 물과 공기의 밀도 변화

온도(℃)	물 밀도(kg/m^3)	공기 밀도(kg/m^3)
-10	997.94	1.342
-5	999.18	1.317
0	999.87	1.292
4	1000	-
10	999.73	1.247
20	998.23	1.204
30	995.68	1.164

표 12-3. 자세의 단면적

대상	단면적(m^2)
달리는 사람	0.45m^2
시합 시 사이클 선수	0.3m^2
윗몸을 똑바로 세운 사이클 선수	0.5m^2
시합 시 스키 선수	0.27m^2
윗몸을 똑바로 세운 스키 선수	0.65m^2
시합 시 수영 선수	0.073m^2

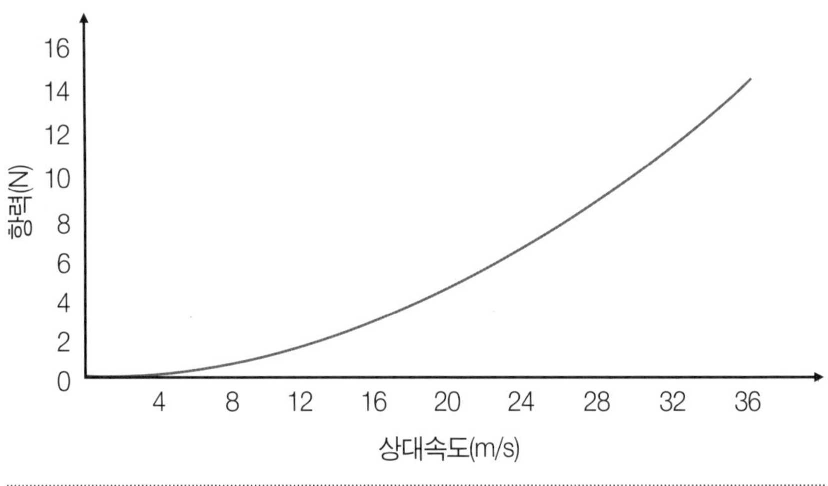

그림 12-12. 축구공의 상대 속도에 따른 항력

바람이 같은 속도의 뒷바람이라면 상대속도는 20m/s−4m/s=16m/s가 된다. 그리고 바람이 없다면 20m/s−0m/s=20m/s가 된다. 상대 속도가 2배로 증가하게 되면 (식 12-4)에 의해 항력은 4배로 증가한다. 그림 12-12에서 상대 속도에 따라 달라지는 축구공에 작용하는 항력을 보여주고 있다. 이 때 항력계수는 0.2, 축구공의 단면적은 $0.04m^2$, 공기 밀도는 $1.2kg/m^3$이다.

항력은 다시 표면항력과 형상항력으로 나눈다. 표면항력은 물체와 유체 사이에서 발생하는 마찰력이라 할 수 있으며 형상항력은 물체와 유체가 부딪치면서 발생하는 충격력이라 할 수 있다. 일반적인 인체 동작의 항력은 표면항력이 3~5%, 형상항력이 95~97%를 차지한다.

2) 표면항력

표면항력(surface drag)은 물체와 유체 사이에서 발생하는 마찰력에 의한 것이므로 마찰항력이라고도 한다. 표면항력은 항력을 구하는 식을 구성하는 요소인 항력계수, 유체밀도, 물체의 단면적, 그리고 속도에 의해 영향을 받는다. 물체 표면이 거칠수록 표면항력은 커진다. 거친 표면이 더욱 큰 마찰력을 유발하기 때문이다. 많은 스포츠 종목에서 속도를 빠르게 하거나 시간을 단축하기 위해서는 표면 항력을 줄이는 것이 필요하기 때문에 장비 혹은 기구, 운동복 등의 표면을 부드럽고 매끄럽게 하는 것이 필수적이다. 스피드 스케이팅 선수의 경기복은 공기 저항을 줄이기 위해 머리를 덮고 있는 후드(hood)부터 온 몸을 감싸며 매끄럽게 하는 역할을 할 수 있도록 디자인된 것이다. 옷감도 6개의 다른 재질을 사용할 정도로 표면항력을 줄이는데 최선을 다하고 있다(그림 12-13). 수영선수의 온몸 수영복은 표면항력을 획기적으로 줄여 기록 단축에 너무 큰 영향을 끼쳐 오히려 착용이 금지 되었다. 팔과 다리를 면도하는 것도 표면항력을 줄이기 위한 노력이다.

그림 12-13. 표면항력을 줄이기 위한 스피드 스케이팅 경기복

또한 표면항력은 유체의 점성도가 커질수록 커진다. 점성도는 유체의 흐름에 대한 저항성으로 정의되며 간단하게 끈적끈적한 정도로 이해할 수 있다. 물이 공기보다 점성도가 크고 기름이 물보다 점성도가 크다. 하지만 스포츠 상황에서 이런 점성도를 조절할 수는 없다.

3) 형상항력

유체는 유체 속을 움직이는 물체의 표면과 부딪치게 되고 그 유체가 다시 물체의 표면을 따라 가면서 유체 흐름 방향이 바뀌게 된다. 그 결과 물체 앞면의 압력이 뒷면의 압력보다 크다. 이런 압력의 차이로 인해 물체를 뒤로 당기는 효과가 발생하여 나타나는 저항력을 형상항력(form drag)이라 한다. 용어대로 생긴 모양에 따라 달라지는 항력이다.

유체 흐름을 층류(laminar flow)와 난류(turbulent flow)로 구분한다. 그림 12-14a와 같이 유선형으로 생긴 물체가 유체 내에서 움직이거나 흐르는 유체 내에 있을 때 유체가 부드럽고 흩어짐이 없는 일정한 흐름이면 물체의 앞면과 뒷면과의 압력 차이가 별로 없기 때

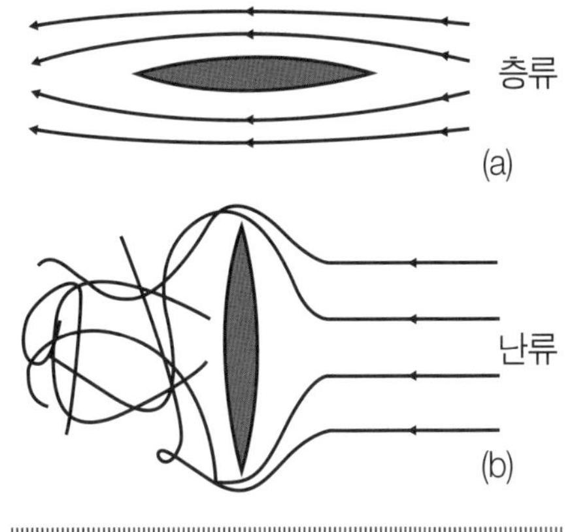

그림 12-14. 층류와 난류

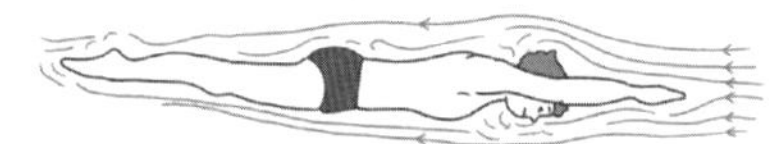

유선형이므로 형상항력이 작다.

유선형이 아니므로 형상항력이 크다.

그림 12-15. 수영자세에 따라 형상항력이 달라진다

그림 12-16. 유선형의 스키 자세와 스키 폴

그림 12-17. 유선형인 사이클 선수의 헬멧

그림 12-18. 축구공과 미식축구공

문에 형상항력이 작다. 이런 유체의 흐름을 층류라 한다. 그림 12-14b는 이와는 반대로 불규칙적이며 일정치 않은 흐름이면 물체의 앞면과 뒷면과의 압력 차이가 크기 때문에 형상항력이 크다. 이런 유체의 흐름을 난류라 한다. 이 경우 물체의 뒷부분에 진공이 형성된다. 진공 상태가 되면 주변의 유체를 채워 넣으려는 힘이 작용하게 되어 소용돌이 현상이 나타난다. 이런 현상을 와류(eddy)라 한다. 그러므로 형상항력은 와류의 양이 많아질수록 증가한다.

표면항력과 마찬가지로 형상항력도 항력을 구하는 식을 구성하는 요소인 항력계수, 유체밀도, 물체의 단면적, 그리고 속도에 의해 영향을 받는다. 물체의 형태가 형상항력에 가장 큰 영향을 준다. 난류를 최소화하기 위해서는 물체의 형태를 유선형으로 만들어야 한다. 예컨대 스키 활강 선수들은 몸 자세를 유선형으로 만들기 위해 노력을 할 뿐 아니라 스키 폴도 단순한 직선 형태가 아니고 몸에 붙일 때 유선형에 도움이 되도록 곡선 형태로 만들었다(그림 12-16). 사이클 선수들이 쓰는 헬멧도 뒤쪽이 늘어진 형태로 유선형을 이루고 있다(그림 12-17). 축구공과 비교해 보면 유선형으로 생긴 미식축구공의 항력이 같은 조건일 때 훨씬 작다(그림 12-18).

대부분의 항력의 연구는 윈드터널(wind tunnel)에서 이루어진다(그림 12-19). 윈드터널은 실험하기 위한 사람이나 물체를 가운데 위치하도록 한 후 강력한 바람을 일으키는 팬(fan)을 돌려서 실제로 움직일 때와 같은 효과의 상대 속도가 발생하도록 만드는 장비다. 상업적으로 자동차 연구에 가장 널리 쓰이지만 스포츠에도 많이 활용된다. 연기를 이용하면 공기의 흐름을 파악할 수

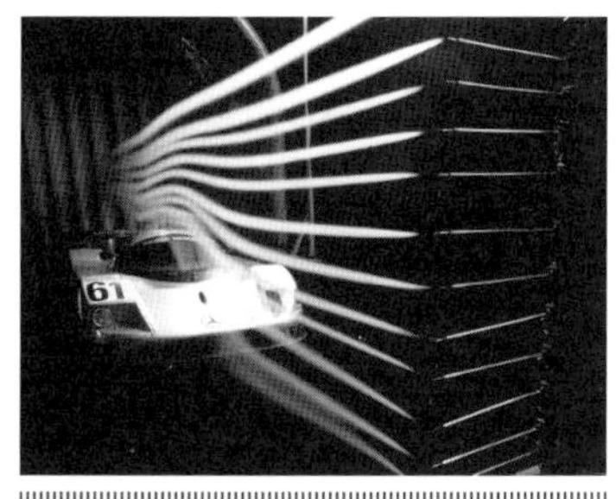
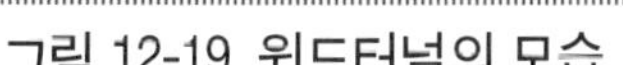
그림 12-19. 윈드터널의 모습

그림 12-20. 윈드터널에서의 스키 자세

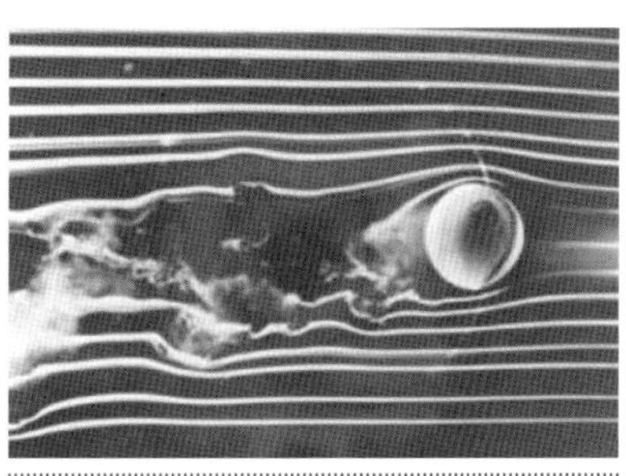
그림 12-21. 난류를 만드는 야구공

있다. 예컨대 스키, 사이클링, 스키점프의 자세 연구에 사용되며 골프공, 야구공 등 공의 회전과 속도의 효과에 대한 연구가 이루어 진다.

그림 12-20은 윈드터널에서 스키 활강 자세를 취하는 동안 연기를 뿜을 때 연기가 지나가는 모습을 보여 준다. 이런 연구를 통해 표면항력을 더욱 줄일 수 있는 자세를 제시해 줄 수 있다. 반면에 그림 12-21은 야구공이 난류를 만드는 것을 보여 준다.

이렇게 형태가 유선형으로 생기면 유체가 물체의 표면을 따라서 부착되어 흐르게 되어 형상항력이 작아지지만 표면의 길이가 길어져서 표면항력은 증가한다. 반면에 공과 같이 표면 길이가 짧은 경우에는 표면항력은 작고 형상항력이 크다.

형상항력은 물체표면의 질감에 의해서도 영향을 받는다. 거친 표면이 매끄러운 표면 보다 더욱 난류를 발생시켜 형상항력을 증가시킨다. 그러나 오히려 거친 표면이 형상항력을 감소시킬 수가 있다. 골프공의 딤플(dimple)을 예로 들어 보자. 빠른 속도로 공중으로 나아가는 골프공은 앞면에서 높은 압력을 받게 된다. 공기는 부드럽게 앞면을 돌아 뒤로 흐르는데 뒤에서는 난류가 발생하여 압력이 낮아지게 된다. 이 차이가 항력을 크게 한다. 골프공의 딤플은 골프공의 표면에 작은 난류를 만들게 되고 공기가 오히려 공의 표면에 밀착하게 한다. 이런 현상이 골프공의 뒤쪽에서 발생하는 와류가 생기는 영역을 감소시킨다. 결국 골프공의 앞면과 뒷면의 압력 차이가 줄어들어 형상항력이 크게 감소한다(그림 12-22). 그리고 결과적으로 공은 더 멀리 날아간다. 딤플이 있는 공이 없

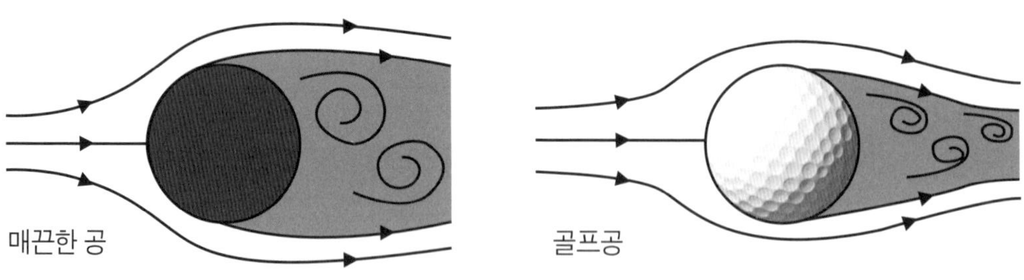

그림 12-22. 골프공 딤플의 역할

는 공보다 약 50%정도의 항력이 감소한다. 테니스 공 표면의 잔털이나 야구공의 실밥 등도 이런 효과를 얻기 위함이다.

적용예제 1

박찬호 선수가 던진 야구공이 150km/h의 속도로 날아갈 때 항력은 얼마인가? 이때 공의 반지름은 3.7cm, 공기의 밀도는 1.2kg/m^3, 야구공의 항력계수는 0.3이다.

해결

야구공의 단면적= πr^2=(3.14)(0.037m)^2=0.0043m^2
야구공의 속도=v=41.67m/s

$$F_D=\frac{1}{2}C_D \rho AV^2=\frac{1}{2}(0.3)(1.2\text{kg/m}^3)(0.0043\text{m}^2)(41.67\text{m/s})^2=1.34\text{kg}\cdot\text{m/s}^2=1.34\text{N}$$

적용예제 2

마라톤의 이봉주 선수가 1.25m/s의 속도로 걸을 때와 4m/s의 속도로 뛸 때의 항력은 얼마인가? (단, 항력계수=0.9, 공기 밀도=1.2 kg/m^3, 단면적=0.45 m^3, 개인차가 있지만 이 값을 사용한다.)

A 해결

$F_D=\frac{1}{2}C_D\rho AV^2=\frac{1}{2}(0.9)(1.2\text{kg/m}^3)(0.45\text{m}^3)V^2=0.243V^2$

a) V=1.25m/s 일 때

F_D= $0.243V^2=0.38$N

b) V=4 m/s 일 때

$F_D=0.243V^2=3.89$N

V=1.25m/s 일 때 보다 항력이 약 10배 정도 커졌다.

Q 적용예제 3

이봉주 선수가 4m/s의 속도로 뛸 때 앞바람이 5m/s의 속도로 불고 있다면 이때의 항력은 얼마인가?

A 해결

여기서 상대 속도 V=4m/s−(−5m/s)=9m/s

F_D= $0.243V^2=(0.243)(9\text{m/s})^2=19.68$N

Q 적용예제 4

박태환 선수가 1.45m/s의 속도로 자유형 수영을 할 때의 항력은 얼마인가?
(단, 항력계수=0.66, 물 밀도=1000 kg/m^3, 단면적=0.073 m^3, 개인차가 있지만 이 값을 사용한다.)

A 해결

$F_D=\frac{1}{2}C_D\rho AV^2=\frac{1}{2}(0.66)(1000\text{kg/m}^3)(0.073\text{m}^2)V^2=(24.1\text{kg/m})V^2$

$F_D=(24.1\text{kg/m})V^2=(24.1\text{kg/m})(1.45\text{m/s})^2=50.7$N

적용예제 2 에서 달릴 때의 항력 $F_D=(0.243\text{kg/m})V^2$이고 수영할 때의 항력 $F_D=(24.1\text{kg/m})V^2$이다.

두 결과를 비교해 보면 같은 속도로 달리거나 수영한다면 수영할 때의 항력이 달릴 때의 항력 보다 약 100 배정도 더 크다는 것을 알 수 있다.

---

4) 종단속도

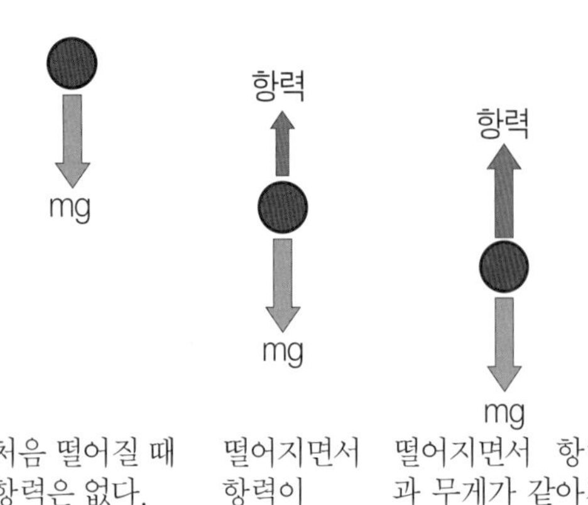

그림 12-23. 종단 속도

그림 12-24. 스카이다이버들의 종단 속도

공기저항 즉 공기의 항력에 영향을 주는 가장 큰 요소는 물체의 상대속도다. 매우 높은 곳에서 떨어지는 물체의 가속도는 9.8m/s^2로 속도는 계속 빨라져야 하지만 항력에 의해 속도가 계속 빨라지지는 않는다. 중력에 의해 떨어지는 물체의 가속도는 처음에는 9.8m/s^2지만 속도가 증가할수록 반대 방향으로 작용하는 항력도 증가한다. 항력이 계속 증가하다가 결국 물체의 무게와 같아 질 때가 있다. 항력이 떨어지는 물체의 무게와 같을 때 그 물체에 작용하는 알짜 힘은 '0'이 된다. 이 상태를 동적 평형(dynamic equilibrium) 이라 한다. 가속도는 '0'이므로 일정한 속도로 떨어지는데 이때의 속도를 종단 속도(terminal velocity)라 한다.

스카이다이버가 비행기에서 뛰어 내리면 떨어지는 속도가 증가하면서 항력도 계속 커진다. 이렇게 증가한 항력이 다이버의 무게와 일치하게 되면 다이버에 작용하는 중력과 상쇄되어 어떤 힘도 작용하지 않는 결과가 된다. 다이버는 뉴턴의 운동 제1법칙에 따라 일정한 속도 즉 종단 속도로 낙하하게 된다. 하늘에서 내리는 비의 속도 역시 우리가 맞게 될 때 종단 속도의 비가 된다. 만약 그렇지 않다면 어떻게 될지 상상해 보자.

물체의 무게와 항력이 같은 관계를 식으로 나타내면 다음과 같다.

$$W = \frac{1}{2} C_D \rho A V^2 \qquad \text{(식 12-5)}$$

이 식을 정리하면 종단 속도를 얻을 수 있다.

$$V = \sqrt{\frac{W}{0.5C_D \rho A}} \quad \text{(식 12-6)}$$

Q 적용예제 5

낙하산을 착용한 스카이다이버의 무게는 800N, 항력계수는 1.1, 공기 밀도는 1.2kg/m^3, 스카이다이버의 단면적은 0.4m^2 이다. 이 다이버가 비행기에서 낙하한 후 종단 속도는 얼마인가?

A 해결

$$V = \sqrt{\frac{W}{0.5C_D \rho A}} = \sqrt{\frac{800N}{(0.5)(1.1)(1.2kg/m^3)(0.4m^2)}} = 55.05m/s$$

5) 양력

물체가 유체 내에서 움직일 때에는 항상 항력을 받게 된다. 항력은 물체의 진행 방향에 반대로 작용한다는 것을 배웠다. 양력(lift force)은 이런 항력에 대해 수직으로 작용하는 유체동력의 한 성분이다. 양력에 의해 물체의 진행 방향이 바뀌게 된다. 일반적으로 위쪽 방향을 의미하지만 실제로 유체흐름의 방향에 따라 양력은 위, 아래, 옆 어느 방향으로나 가능하다. 그러나 모든 물체가 양력을 받는 것은 아니다. 다음 세 가지 상황에서 양력이 발생한다. 첫째로, 유체의 흐름에 각을 세운 물체, 둘째로, 비행기의 날개처럼 위아래가 비대칭적 모양인 물체, 그리고 셋째로 회전하는 물체.

먼저 유체의 흐름에 각을 세워 양력을 얻게 되는 경우를 생각해 보자. 달리는 자동차에서 손을 창문 밖으로 내밀어 보면 손의 자세에 따라 손이 움직이는 것을 경험할 수 있다. 손의 단면적을 변화시켜 항력의 크기를 느껴볼 수 있고 손

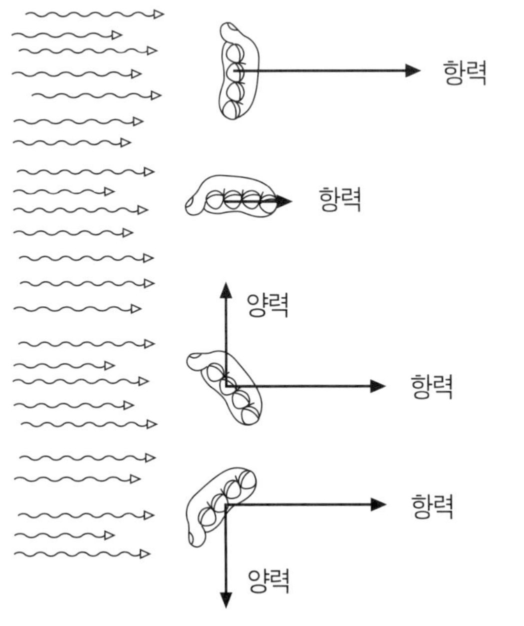

그림 12-25. 공기역학적 각도에 따라 발생하는 양력

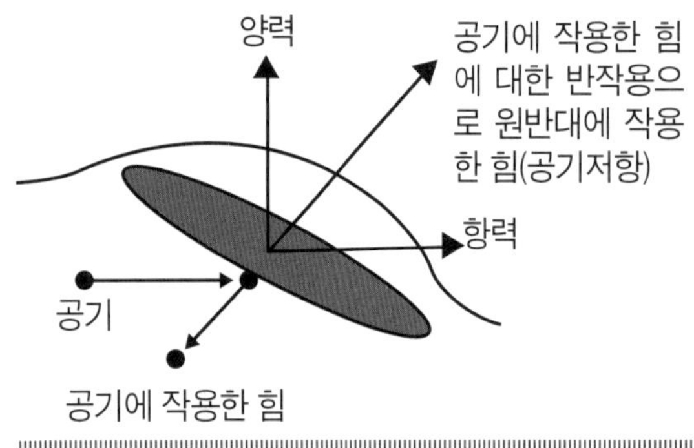

그림 12-26. 원반에서의 양력

의 각도를 변화시켜 양력을 느껴 볼 수 있으며 크기 및 방향도 조절할 수 있다. 이 때 손의 각도를 공기역학적 각도라고 한다. 자동차의 속도가 빠를수록 항력과 양력 모두 증가하는 것을 알 수 있다(그림 12-25).

이 때 발생하는 양력은 뉴턴의 운동 제3법칙에 의해 이해될 수 있다. 그림 12-26은 던져진 원반에 작용하는 항력과 양력을 보여주고 있다. 그림 12-25의 세 번째 그림의 경우도 같다. 원반 바닥과 부딪친 공기는 굴절되면서 그 순간 공기에 작용한 힘에 대한 반작용 힘이 원반에 작용하여 양력과 항력을 만들어 내는 것이다.

던져진 원반이나 창은 투사각(angle of projection), 자세각(angle of attitude), 그리고 받음각(angle of attack) 등 3개의 공기역학적 각을 이루면서 날아간다. 먼저 투사각(angle of projection) 은 처음 투사될 때 투사체 무게중심의 진행 방향과 수평선의 사이 각이다. 자세각은 투사체의 장축과 수평선의 사이 각, 받음각은 자세각과 투사각의 차이 각을 의미한다(그림12-27).

그림 12-28은 원반을 던졌을 때 원반이 나아가는 모습이다. 투사각과 자세각이 일치하여 받음각이 '0'인 경우는 양력이 발생하지 않으며 원반이 유선형으로 생겼기 때문에 발생하는 항력도 매우 작다(그림 12-28a). 적당한 받음각이 유지되는 경우는 큰

양력이 발생하고 얼마간의 항력이 발생한다(그림 12-28b). 이 경우에 가장 멀리 날아갈 수 있다. 받음각이 커지면 항력이 매우 커지며 양력은 감소한다(그림 12-28c).

스키점프 선수들은 양력에 의해 더 오랫동안 공중에 머물러 결국 더 멀리 점프하도록 길고 넓은 스키를 사용한다. 몸도 큰 양력을 얻기 위한 자세를 만들려 노력한다. 그림 12-29는 스키점프 시 큰 양력을 얻기 위한 공중 자세를 연구하는 변인들을 보여주고 있다. 주로 스키와 인체의 각도에 초점을 맞추고 있다. α는 수평선과 스키와의 사이 각, β는 스키와 인체의 사이 각으로 어깨와 발목을 연결한 선과 스키의 사이 각, γ는 몸통의 각으로 어깨와 엉덩관절을 연결한 선과 엉덩관절과 발목을 연결한 선과의 사이 각을 나타낸다.

이런 양력이 공기에 의해서만 얻어지는 것이 아니고 수상스키와 같이 물에 의해서도 발생한다. 스키가 어느 정도 물에 잠겨 있으면서 빠른 속도로 진행하면 스키에 작용하는 양력에 의해 물표면 위로 떠오르기도 한다.

양력을 만들 수 있는 두 번째 경우는 비행기 날개처럼 위아래가 비대칭적 모양인 물체가 유체 속을 빠르게 지나 갈 때 발생한다(그림 12-30). 여기서 양력이 발생하는 원리는 스위스 수학자인 베르누이가 발표한 베르누이 정리에 의해 잘 설명되고 있다.

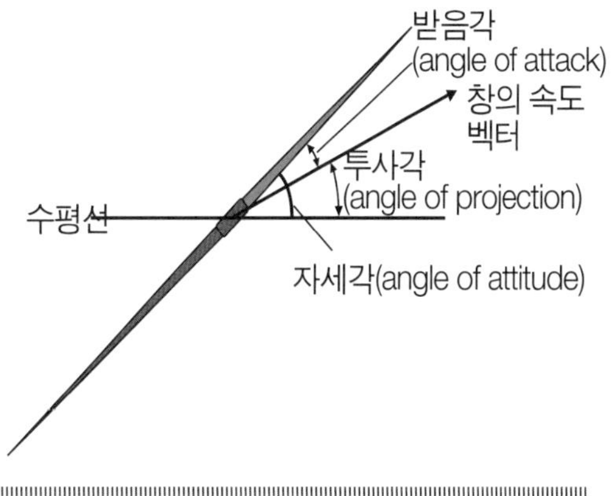

그림 12-27. 투창의 공기역학적 각도

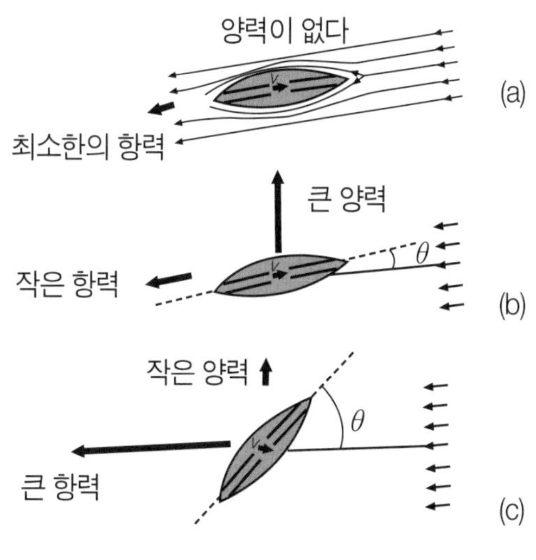

그림 12-28. 원반의 받음각(angle of attack)에 따라 달라지는 항력과 양력

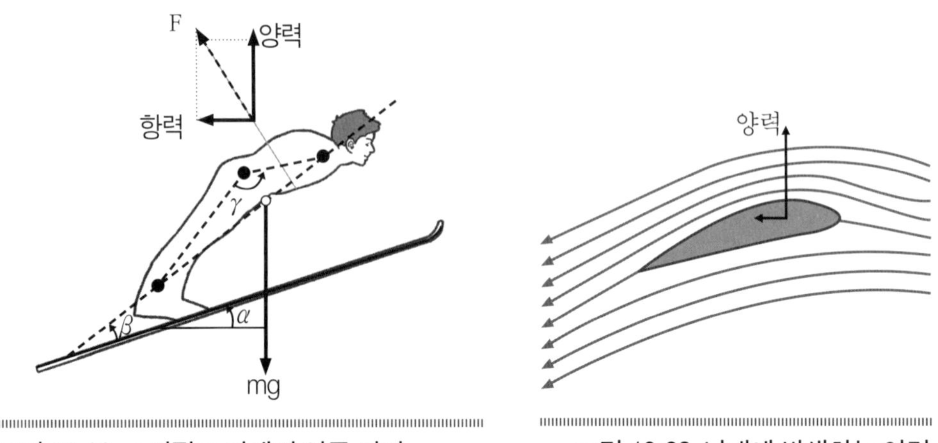

그림 12-29. 스키점프 자세의 연구 변인

그림 12-30. 날개에 발생하는 양력

6) 베르누이 정리(Bernoulli's Principle)

베르누이는 빠르게 흐르는 유체는 느리게 흐르는 유체보다 낮은 압력을 전달한다는 것을 발견하였다. 베르누이 정리를 설명하기 위해 비행기 날개를 예를 들어 살펴보자. 날개 윗부분은 부드럽게 곡선을 이루고 있으며 아랫부분은 비교적 편평하다. 모양은 유선형으로 생겼으므로 항력은 적으며 층류가 발생한다(그림 12-31a). 네 개의 공기 분자가 두 줄로 날개에 접근한다고 생각해 보자(그림 12-31b). 그것들이 날개의 앞부분에 부딪치면 한 줄은 윗부분으로 다른 한 줄은 아랫부분으로 나뉘어져서 지나가게 된다. 공기의 흐름이 그림 12-31a와 같이 층류가 되기 위해서는 윗부분과 아랫부분으로 나눠진 분자들이 뒤에서 동시에 도착하여야 한다. 그런데 윗부분의 길이가 아랫부분의 길이보다 길기 때문에 보다 빠른 속도로 이동하여야 한다(그림 12-31c). 그러므로 윗부분을 지나는 공기의 속도가 아랫부분을 지나는 공기의 속도보다 빠르다. 베르누이의 정리에 의하면 빠르게 흐르는 유체는 느리게 흐르는 유체보다 낮은 압력을 전달하게 된다. 결국 윗부분에서 날

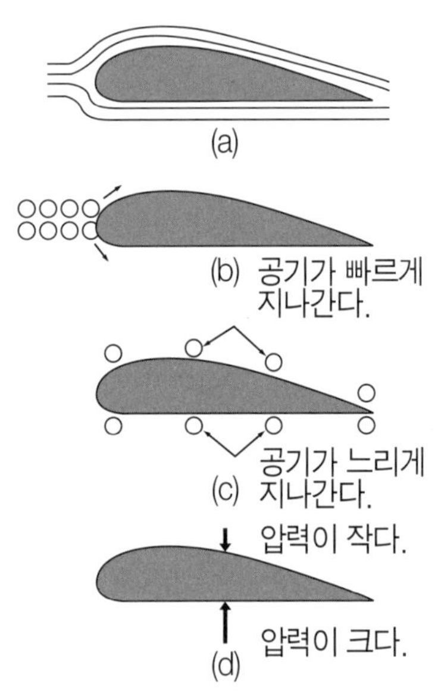

그림 12-31. 베르누이 정리에 의해 날개에서 발생하는 양력

개에 가해지는 힘의 크기는 아랫부분에서 가해지는 힘의 크기보다 작을 수밖에 없다. 결국 위쪽으로 두 힘의 차이만큼 양력이 발생하여 뜨게 된다(그림 12-31d).

양력을 만들 수 있는 세 번째 경우는 구모양의 공이 회전할 때다. 이런 양력은 공이 회전할 때 압력의 차이에 의해서 발생한다. 회전하는 공에 양력이 발생하는 현상을 매그너스 효과(Magnus effect)라 한다.

7) 매그너스 효과(Magnus effect)

독일의 과학자 매그너스는 공이 회전할 때 양력이 발생한다는 것을 발견하였다. 회전에 의해 발생하는 양력을 매그너스 힘(Magnus force)이라 한다. 매그너스 효과를 설명하기 위해 야구 투수의 공을 예를 들어 살펴보자. 그림 12-32은 야구 투수가 던진 공을 위에서 본 그림이다. 그림 12-32a는 공이 회전 없이 던져 졌을 때 공의 양쪽 주위의 공기 흐름 속도는 같고 압력도 차이가 없는 것을 보여 준다. 그래서 공은 똑바로 간다. 그러나 그림 12-32b처럼 공에 반시계 방향 회전을 주면 공기가 공의 왼쪽(그림에서는 위쪽)과 부딪칠 때 그 부분은 공기의 흐름과 같은 방향으로 움직이기 때문에 공기의 흐름 속도가 빨라진다. 그러나 아랫부분을 지나는 공기는 공의 회전방향과 반대 방향으로 진행하게 되므로 공의 오른쪽(그림에서는 아래쪽)을 지나는 공기의 흐름 속도가 느려지게 된다. 베르누이의 정리에 의해 빠르게 흐르는 유체는 느리게 흐르는 유체보다 낮은 압력을 전달하게 된다는 것을 알았다. 그러므로 낮은 압력은 공의 왼쪽(그림에서는 위쪽)에 작용하고 높은 압력은 오른쪽(그림에서는 아래쪽)에 작용하게 된다. 이 압력의 차이에 의해 공을 왼쪽으로

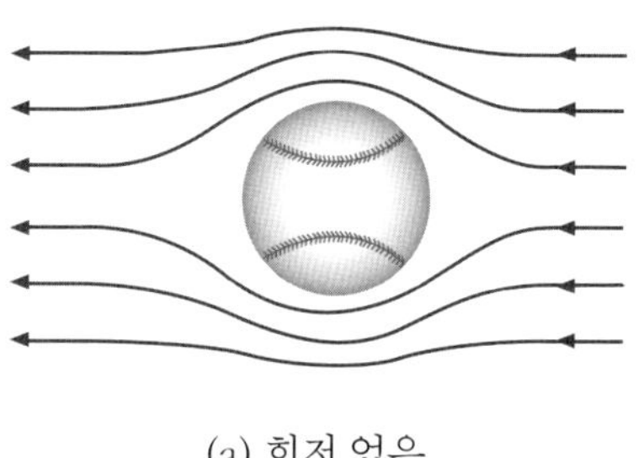
(a) 회전 없음

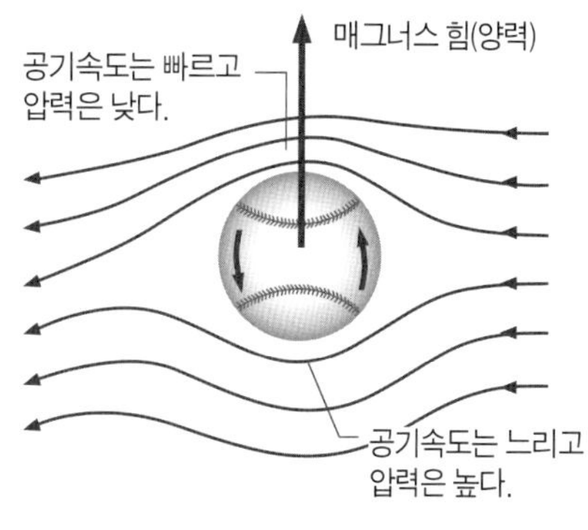

(b) 회전 있음

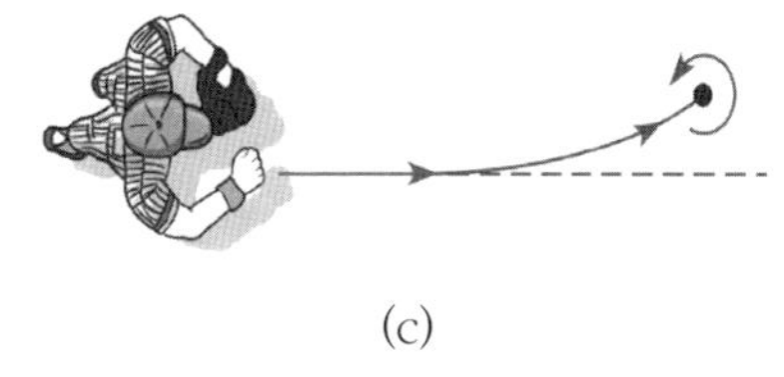
(c)

그림 12-32. 야구공의 매그너스 효과

휘게 하는 양력이 발생하게 된다(그림 12-32c) 야구의 투수들이 이런 회전을 적절히 이용하여 타자가 치기 어려운 변화구를 던지는 것이다.

이와 같은 매그너스 효과에 의해 공의 진행 방향이 바뀌는 상황이 구기 종목의 스포츠에서 많이 관찰된다. 예컨대 탁구, 테니스, 축구, 야구, 골프 등에서 백스핀은 공을 상승시켜 더욱 오랫동안 공중에 머물도록 도와주며 탑스핀은 이와 반대로 빨리 지상에 떨어지도록 영향을 준다. 사이드스핀은 공을 오른쪽 혹은 왼쪽으로 휘도록 한다.

골프에서 사이드스핀이 과도하게 작용하게 되면 공이 원치 않는 방향으로 나아가 많은 어려움을 겪게 된다. 축구에서 상대 골문 근처에서 free kick을 할 때 상대 선수들이 벽을 쌓아 골문 방향으로 공이 가지 못하도록 방해 하지만 공이 회전하면서 그 벽을 위로 넘거나 옆으로 돌아서 골키퍼가 예상치 못한 골이 되는 경우를 많이 보게 된다(그림 12-33). 특히 탁구는 매 샷마다 매그너스 효과가 나타난다고 할 수 있다.

양력을 구하는 식은 항력을 구하는 식과 거의 일치하며 다음과 같다.

$$F_L = \frac{1}{2} C_L \rho A V^2 \qquad \text{(식 12-7)}$$

여기서 F_L은 양력, C_L은 양력계수, ρ는 유체밀도, A는 물체의 단면적(유체흐름 방향에 대한 수직 방향의 단면적), V는 유체에 대한 물체의 상대속도를 의미한다. 양력계수는 유체의 흐름 방향과 물체가 놓인 상태 사이의 각도에 비례한다. 예컨대 원반던지기의 원반의 투사각이 2°일 때의 양력계수는 0.1인데 비해 투사각이 26°로 커지면 양력계수가 1.2로 증가한다.

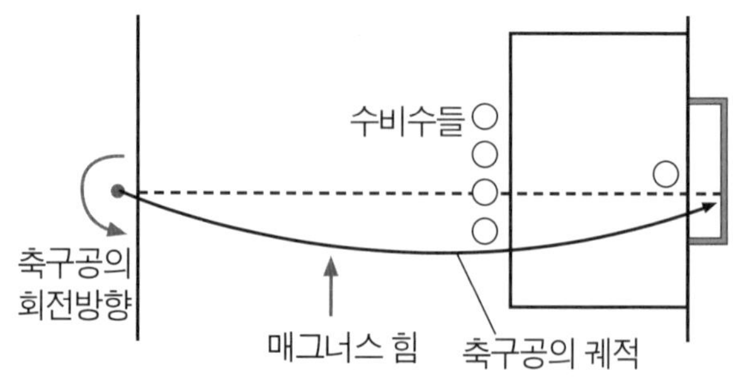

그림 12-33. 매그너스 효과를 얻기 위한 축구의 프리킥

참고문헌

Ackland, T. R., Elliott, B. c., and Bloomfield, J. (2009). Applied anatomy and biomechanics in sport (2nd ed.).

Bartlett, R. (2007). Introduction to sports biomechanics (2nd ed.). New York, NY: Routledge.

Bartlett, R. (1999). Sports biomechanics: preventing injury and improving performance. New York, NY: Routledge.

Bauer, W., and Westfall, G. D. (2011). University physics with modern physics. New York, NY: McGraw-Hill.

Blazevich, A. (2007). Sports biomechanics. London: A&C Black Publishers.

Chapman, A. E. (2008). Biomechanical analysis of fundamental human movements. Champaign, IL: Human Kinetics.

Cummings, K., Laws, P. W., Redish, E. F., and Cooney, P. J. (2004). Understanding physics. Hoboken, NJ: John Wiley & Sons.

Cutnell, J. D., and Johnson, K. W. (2012). Physics (9th ed.). Hoboken, NJ: John Wiley & Sons.

Enoka, R. M. (2008). Neuromechanics of human movement (4th ed.). Champaign, IL: Human Kinetics.

Ewen, D., Schurter, N., and Gundersen, P. E. (2012). Applied physics (10th ed.). Upper Saddle River, NJ.

Giambattista, A., Richardson, B. M., and Richardson, R. C. (2010). College physics: with an integrated approach to forces and kinematics (3rd ed.). New York, NY: McGraw-Hill.

Giordano, N. J. (2010). College physics: reasoning and relationships. Belmont, CA: Brooks/Cole.

Griffiths, I. W. (2006). Principles of biomechanics & motion analysis. Baltimore, MD: Lippincott Williams & Wilkins.

Griffith, W. T., and Brosing, J. W. (2009). The physics of everyday phenomena: a conceptual introduction to physics (6th ed.). New York, NY: McGraw-Hill.

Grimshaw, P., and Burden, A. (2006). Sport and exercise biomechanics. New York, NY: Taylor & Francis.

Hall, S. J. (2012). Basic biomechancis (6th ed.). New York, NY: McGraw-Hill.

Hamill, J., and Knutzen, K. M. (2009). Biomechanical basis of human movement (3rd ed.). Baltimore, MD: Lippincott Williams & Wilkins.

Hamill, J, Richard, M. D., and Golden, D. M. (1986). Angular momentum in multiple rotation nontwisting platform dives. International Journal of Sport Biomechanics, 2:78-87.

Heimbecker, B., Nowikow, I., Hpwes, C. T., Mantha, J., Smith,. B. P., van Bemmel, H. M. (2002). Physis: concepts and connections two. Toaronto, ON: Irwin Publishing.

Hay, J. G. (1985). The biomechanics of sports techniques (3rd ed.). Englewood Cliffs, NJ: Prentice-Hall.

Hay, J. G., and Reid J. G. (1982). The anatomical and mechanical basis of human motion. Englewood Cliffs, NJ: Prentice-Hall.

Holliday, D., Resnick, R., and Walker, J. (2011). Fundamentals of physics (9th ed.). Hoboken, NJ: John Wiley & Sons.

Hong, Y., and Bartlett, R. (2008). Routledge handbook of biomechanics and human movement science. New York, NY: Routledge.

Hsu, T. (2004). Foundations of physics. Peabody, MA: CPO Science.

Johnson, A. T. (1991). Biomechanics and exercise physiology. New York, NY: John Wiley & Sons.

Kirby, R., and Roberts, J. A. (1985). Introductory biomechanics. Ithaca, NY: Mouvement Publications.

Kirkpatrick, L. D., and Francis, G. E. (2010). Physics: a conceptual world views (7th ed.). Boston, MA: Brooks/Cole.

Kirtley, C. (2006). Clinical gait analysis: theory and practice. London: Elsevier.

Knudson, D. (2007). Fundamentals of biomechanics (2nd ed.). New York, NY: Springer.

Krauskopf, K. B., and Beiser, A. (2012). The physical universe (14th ed.). New York, NY: McGraw-Hill.

Kreighbaum, E., and Barthels, K. M. (1981). Biomechanics: a qualitative approach for studying human movement. Minneapolis, MN: Burgess Publishing Company.

Lisppert, L. S. (2011). Clinical kinesiology and anatomy (5th ed.). Philadelphia, PA: F.A.Davis Company.

McGinnis, P. M. (2005). Biomechanics of sport and exercise (2nd ed.). Champaign, IL: Human Kinetics.

McLester, J., and Pierre, P. (2008). Applied biomechanics: conceps and connections. Belmont, CA: Thomson Wadsworth. Champaign, IL: Human Kinetics.

Miller, D. I., Nelson, R. C. (1973). Biomechanics of sport. Philadelphia: Lea & Febiger.

Mow, V. c., and Hayes, W. C. (1997). Basic orthopaedic biomechanics (2nd ed.). Philadelphia, PA: Lippincott-Raven.

Neumann, D. A. (2002). Kinesiology of the musculoskeletal system. St. Louis, Mi: Mosby.

Nigg, B. M., and Herzog, W. (1994). Biomechanics of the musculo-skeletal system. New York, NY: John Wiley & Sons.

Nigg, B. M., Machintosh, B. R., and Mester, J. (2000). Biomechanics and biology of movement. Champaign, IL: Human Kinetics.

Nordin, M., and Frankel, V. H. (2001). Basic biomechanics of the musculoskeletal system (3rd ed.). Baltimore, MD: Lippincott Williams & Wilkins.

Payton, C. J., and Bartlett, R. M. (2008). Biomechanical evaluation of movement in sport and exercise. New York, NY: Routledge.

Rex, A. F., and Wolfson, R. (2010). Essential college physics. Glenview, IL: Pearson.

Robertson, D. G., Caldwell, G. E., Hamill, J., Kamen, G., and Whittlesey, S. N. (2004). Research methods in biomechanics. Champaign, IL: Human Kinetics.

Serway, R. A., and Vuille, C. (2012). College physics (9th ed.). Boston, MA: Brooks/Cole.

Simonian, C. (1981). Fundamentals of sports biomechanics. Englewood Cliffs, NJ: Prentice-Hall.

Shipman, J. T., Wilson, J. D., and Todd, A. W. (2009). An introduction to physical science (12th ed.). Boston, MA: Brooks/Cole.

Tillery, B. W. (2009). Physical science (9th ed.). New York, NY: McGraw-Hill.

Watkins, J. (2010). Structure and function of the musculoskeletal system (2nd ed.). Champaign, IL: Human Kinetics.

Winter, D. (2009). Biomechanics and motor control of human movement (4th ed.). New York, NY: John Wiley & Sons.

Wolfson, R. (2012). Essential university physics (2nd ed.). Glenview, IL: Pearson.

Young, H. D., and Freedman, R. A. (2012). Sears and Zemansky's university physics : with modern physics (13th ed.). Glenview, IL: Pearson.

저 | 자 | 소 | 개

이 성 철

연세대학교 체육학과 졸업(학사)
미국 미네소타대학(University of Minnesota) 대학원 석사
미국 미네소타대학(University of Minnesota) 대학원 박사
연세대학교 체육부장
연세대학교 교육과학대학 학장
연세대학교 체육교육학과 교수
한국운동역학회 부회장 역임

운동역학

초판발행/2014년 10월 31일
초판3쇄/2022년 2월 7일
발행인/김영대
발행처/대경북스
ISBN/978-89-5676-506-8

이 책은 2011학년도 연세대학교 학술연구비의 지원에 의하여 이루어진 것입니다.

등록번호 제 1-1003호
서울시 강동구 서울특별시 강동구 천중로 42길 45(길동) 2F
전화 : 02) 485-1988, 485-2586~87 · 팩스 : 02) 485-1488
E-mail:dkbooks@chol.com · http://www.dkbooks.co.kr